广州统计年鉴

GUANGZHOU STATISTICAL YEARBOOK

2019

（总第31期 NO. 31）

广　州　市　统　计　局
国家统计局广州调查队　编
Guangzhou Municipal Statistics Bureau
Guangzhou Survey Office of National Bureau of Statistics

中国统计出版社
China Statistics Press

图书在版编目（CIP）数据

广州统计年鉴. 2019 / 广州市统计局，国家统计局广州调查队编.
-- 北京 : 中国统计出版社，2019.9
ISBN 978-7-5037-8895-6

Ⅰ. ①广…
Ⅱ. ①广… ②国…
Ⅲ. ①统计资料—广州—2019—年鉴
Ⅳ. ①C832.651-54

中国版本图书馆 CIP 数据核字(2019)第 168666 号

广州统计年鉴-2019

作　　者/ 广州市统计局　国家统计局广州调查队
责任编辑/ 钟　钰
装帧设计/ 广州市人民印刷厂股份有限公司
出版发行/ 中国统计出版社有限公司
地　　址/ 北京市丰台区西三环南路甲 6 号
邮政编码/ 100073
电　　话/ 邮购（010）63376909　书店（010）68783171
网　　址/ http://csp.stats.gov.cn
印　　刷/ 广州星河印刷有限公司
经　　销/ 新华书店
开　　本/ 890mm×1240mm　1/16
字　　数/ 1480 千字
印　　张/ 35
版　　别/ 2019 年 9 月第 1 版
版　　次/ 2019 年 9 月第 1 次印刷
定　　价/ 398 元

如有印装差错，由本社发行部调换。

编者说明

EDITOR'S NOTE

一、《2019广州统计年鉴》是一本全面反映广州经济和社会发展的资料工具书。本书通过大量的统计数据，全面客观地记录了2018年及重要历史年份广州市经济、社会的发展情况。

二、全书内容分为18个篇目，即：1．综合；2．人口；3．从业人员和工资；4．固定资产投资；5．能源和环保；6．财政和金融；7．价格指数；8．人民生活；9．城市建设；10．农业；11．工业；12．建筑业；13．运输和邮电；14．国内贸易；15．对外经济贸易和旅游；16．规模以上服务业；17．科技；18．教育、文化、体育、卫生、社会福利和其他。在附录部分，收集了全国、广东省及香港特别行政区、澳门特别行政区主要经济指标。

三、本年鉴资料主要来自广州市的政府各级统计局、国家统计局广州调查队的各种定期统计报表和抽样调查资料，部分资料来自省属、市属各主管部门。

四、2014年广州市行政区划有调整，原黄埔区和原萝岗区合并为新黄埔区，原增城市和原从化市撤市设区。从2015年起，我市行政区划包括荔湾区、越秀区、海珠区、天河区、白云区、黄埔区、番禺区、花都区、南沙区、从化区和增城区等11个区，无县级市。

五、从2014年起广州市实施城乡一体化分市县住户调查制度，住户调查统计指标体系有较大变动。

六、根据《国家统计局关于执行新国民经济行业分类国家标准的通知》（国统字〔2017〕142号）要求，新《国民经济行业分类》从2017年统计年报和2018年定期统计报表统一开始使用。本资料中凡是涉及到分行业的表式（除个别部门提供的数据仍按旧行业分类，表中有注明），均按照新的行业分类《国民经济行业分类GB/T4754-2017》作调整。

七、从2018年起，新增《规模以上服务业》篇。

八、本年鉴总量指标计算所采用的价格除注明外均为当年价格。

九、读者在使用历年资料时，凡与本年鉴有出入的，均以本年鉴为准。

十、本年鉴中部分数据合计数或相对数由于单位取舍不同而产生的计算误差，均未作机械调整。

十一、本年鉴表中的符号使用说明：“空格”表示该项统计指标数据不详或无该项数据；“…”表示数不足本表最小单位数；“#”表示其中的主要项。

十二、由于第四次全国经济普查数据尚未发布，本年鉴与经济普查有关的专业如核算、工业、固定资产投资、建筑业、规模以上服务业、批发零售业和住宿餐饮业等2018年数据均采用年快报数，部分数据由于只有年报数据故暂时无法提供，上述专业2018年年报数据将在2020年出版的统计年鉴反映。

Ⅰ. Guangzhou Statistical Yearbook 2019 (abbreviation as the Yearbook below)is an annual statistics publication, reflecting comprehensively the economic and social development of Guangzhou. It covers maily statistics in 2018 and some selected major data series in historically important years, at municipal level and local level of district.

Ⅱ. The Yearbook contains the following 18 chapters: 1. Gerneral Survey; 2. Population; 3. Employment and Wages; 4. Investment in Fixed Assets; 5. Energy and Environment; 6. Government Finance and Banking; 7. Price Indices; 8. People's Livelihood; 9. City Construction; 10. Agriculture; 11. Industry; 12. Construction; 13. Transport, Postal and Telecommunication Services; 14. Domestic Trade; 15. Foreign Economy and Tourism; 16. Service Industry above Scale; 17. Science and Technology; 18. Education, Culture, Sports, Public Health, Social Welfare and Others. The data listed in the Appendix are main economic indicators of China, Guangdong province, Hongkong Special Administrative Region and Macao Administrative Region.

Ⅲ. The data in the Yearbook are mainly obtained from regular ststistical reports and sample surveys conducted by statistics bureaus of all levels of government and the Surney office of the National Bureau of statistics in Guangzhou. Some data are collected from the departments of the provincial and municipal government.

Ⅳ. Since 2014 Guangzhou administrative division has been adjusted. The original Huangpu and Luogang districts have been merged into the new Huangpu district. The former Zengcheng City and the former Conghua City are divided into districts. Since 2015, Guangzhou city administrative division has included 11 districts, which are Liwan district, Yuexiu district, Haizhu district, Tianhe district, Baiyun district, Huangpu district, Panyu district, Huadu district, Nansha district, Conghua district and Zengcheng district, excluding county-level cities.

Ⅴ. From 2014 urban and rural integrated household survey is carried out in Guangzhou, statistical indicator system of urban and rural integrated household survey is changed greatly.

Ⅵ. According to the notice of the National Bureau of Statistics on the implementation of the new national standard of national economic industry classification (2017) 142, the new national economic industry classification has been used from the statistical annual report of 2017 and the periodic statistical report of 2018. In this data, all the tables related to sub-industries (except the data provided by individual departments are classified according to the old industry, as indicated in the table), are adjusted according to the new industry classification & GB/T4754-2017 of national economy.

Ⅶ. Starting from 2018, a new chapter entitled "Service Industry above scale" has been added.

Ⅷ. The prices used in calculation in the Yearbook are current prices except noted.

Ⅸ. In any case the data of this book shall be deemed as the authoritative ones.

Ⅹ. In the Yearbook all caculating errors of some total and regular figures for the differency of measuring units haven't been adjusted.

Ⅺ. Notations in this book: blank space indicates data are not available; "…" indicates not large enough to be rounded into the least unit of measurement; "#" indicates major item in a category.

Ⅻ. Because the result of the Fourth National Economic Census have not yet been released, data of 2018 in this Yearbook related to the census such as national account, industry, investment, construction, service above designated size, wholesale and retail sale and catering adopt the result of flash annual report. Some data that only could be collected with annual report are not offered for the present. The data based on the annual report of these industries will be reflected in the Yearbook 2020.

地区生产总值（亿元）
[Gross Domestic Product (100 million yuan)]

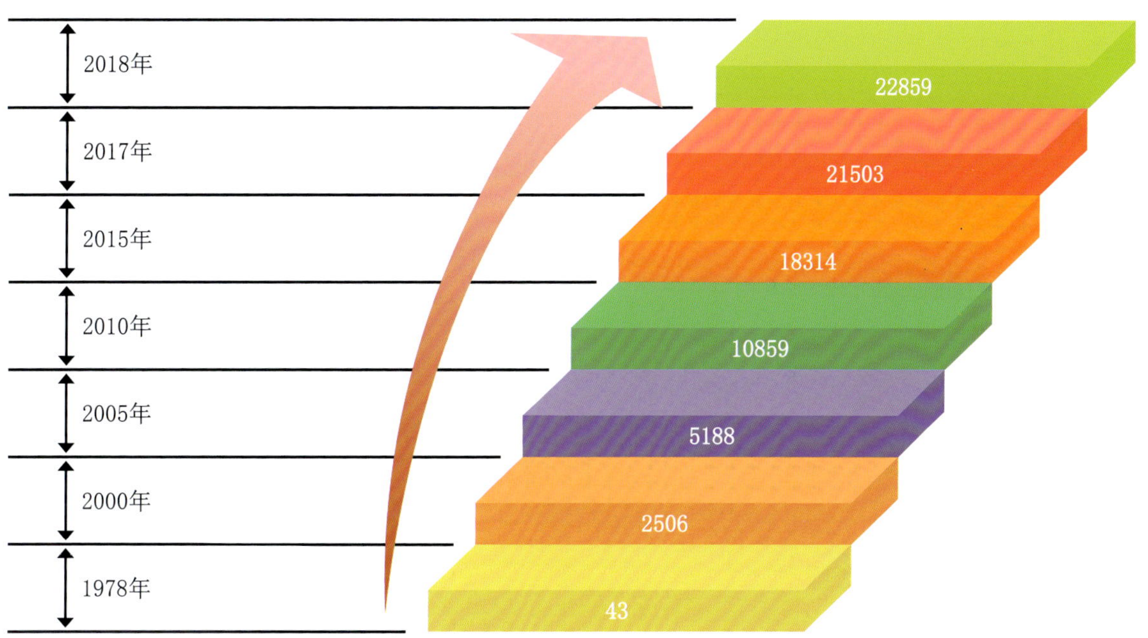

地区生产总值构成（%）
[Proportions in GDP (%)]

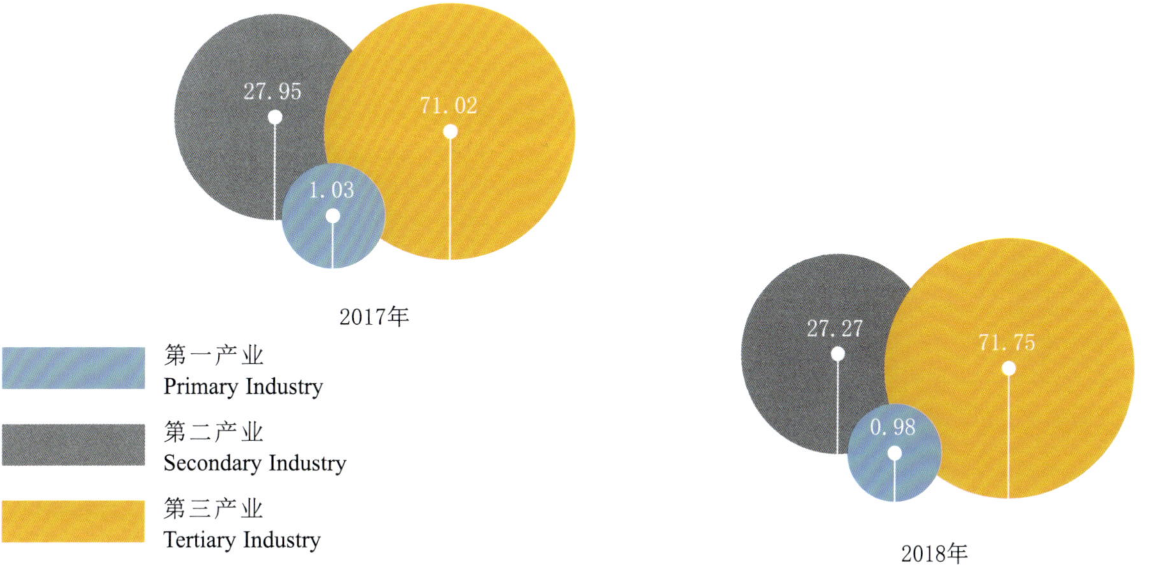

年末户籍总人口（万人）
[Total Registered Permanent Residents at Year-end (10000 persons)]

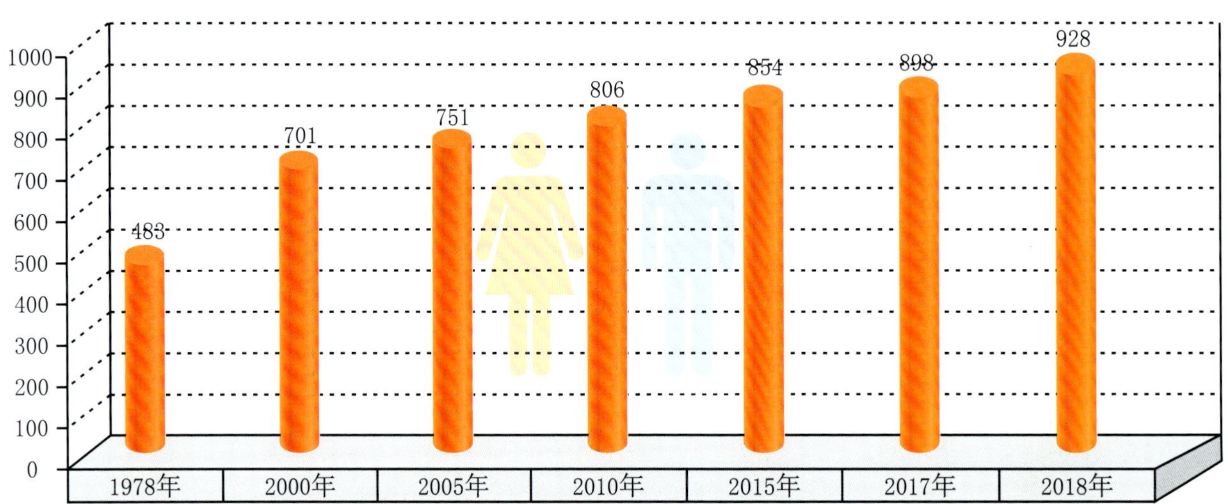

户籍人口自然增长率（‰）
[Natural Growth Rate of Registered Population (‰)]

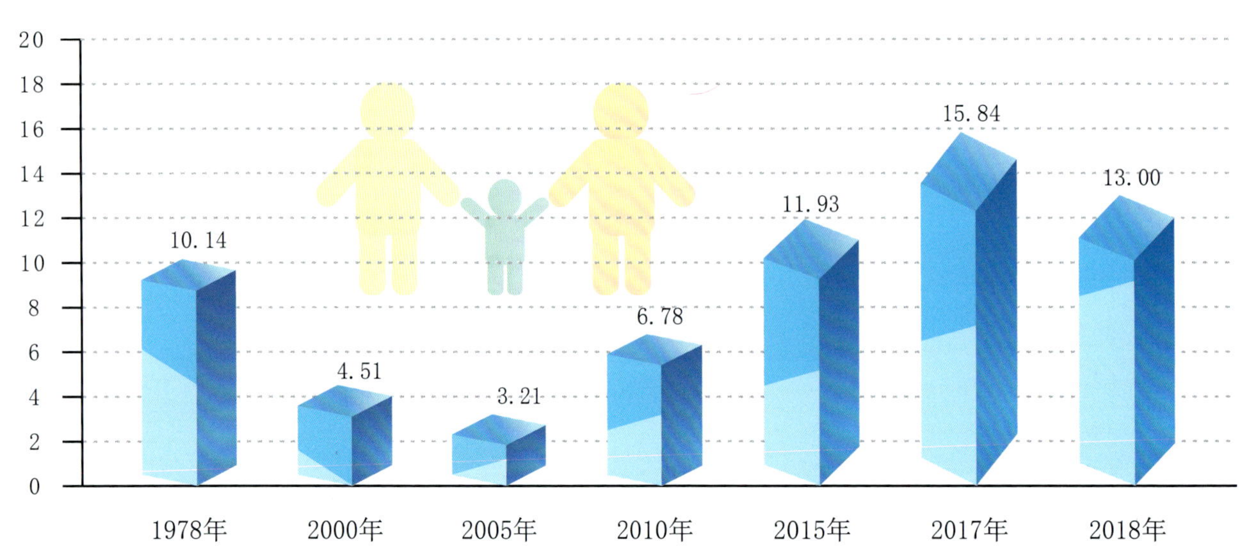

从业人员和工资
EMPLOYMENT AND WAGES

社会从业人员（万人）
[Number of Employed Persons (10000 persons)]

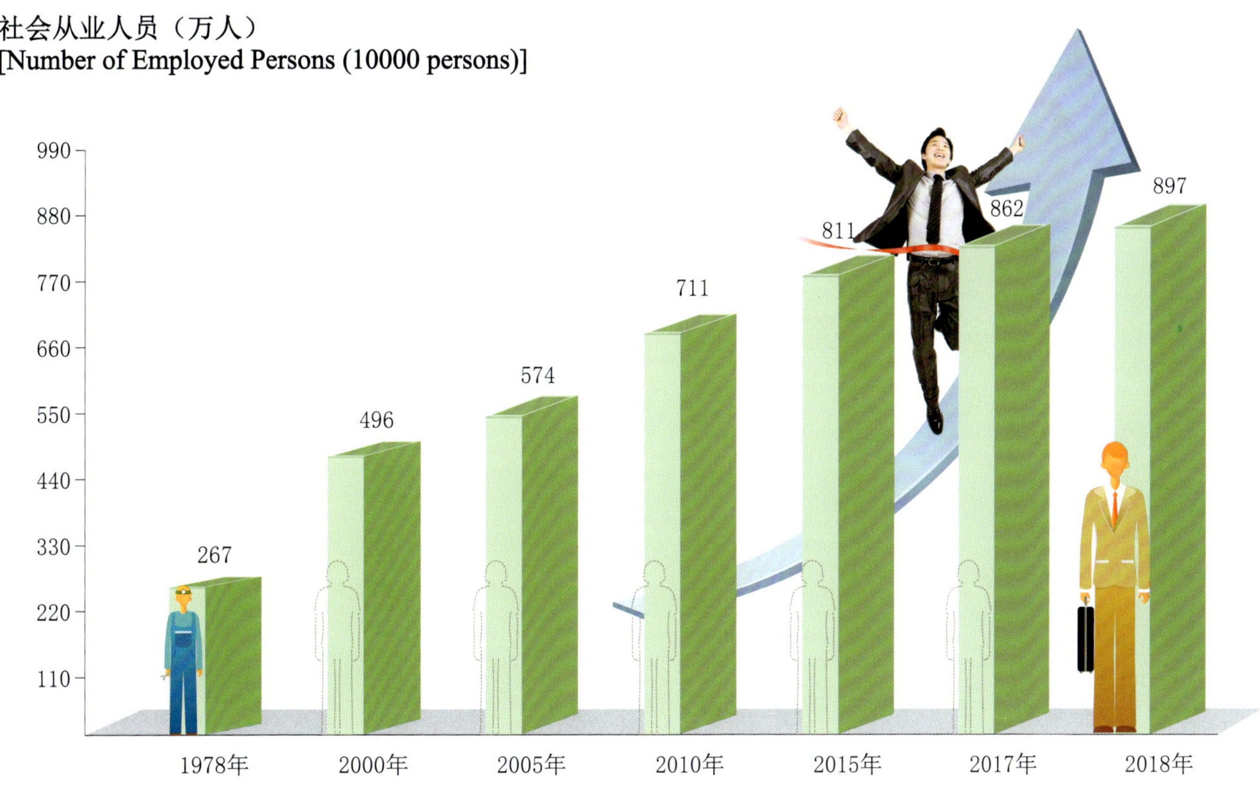

城镇非私营单位在岗职工年平均工资（元）
[Average Wage of Fully Employed Staff and Workers in Urban Units (yuan)]

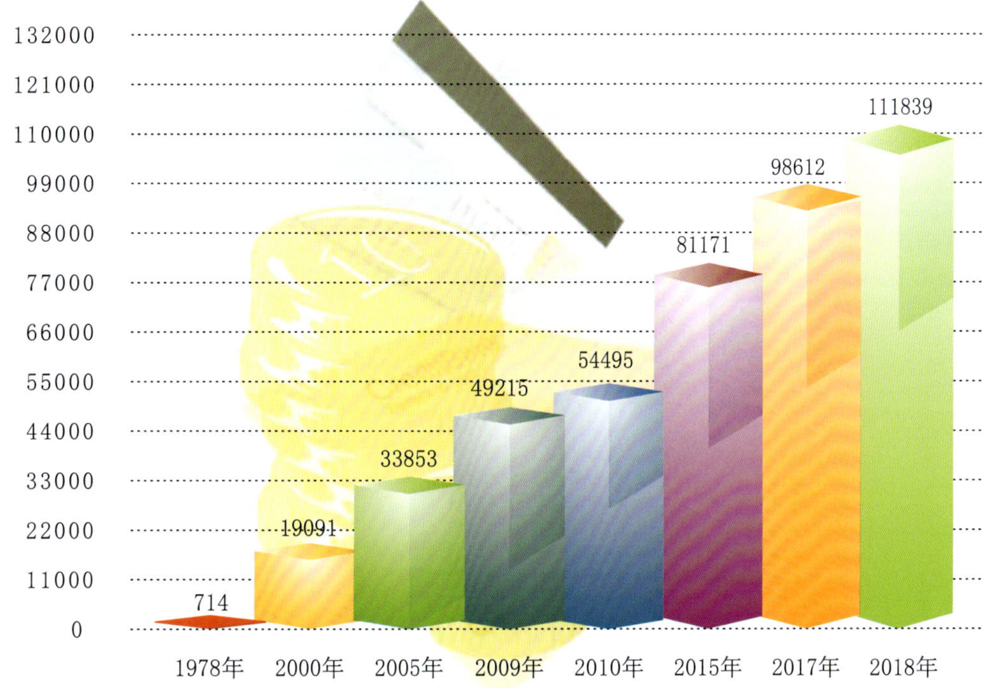

固定资产投资
INVESTMENT IN FIXED ASSETS

固定资产投资额（亿元）
[Total Investment in Fixed Assets (100 million yuan)]

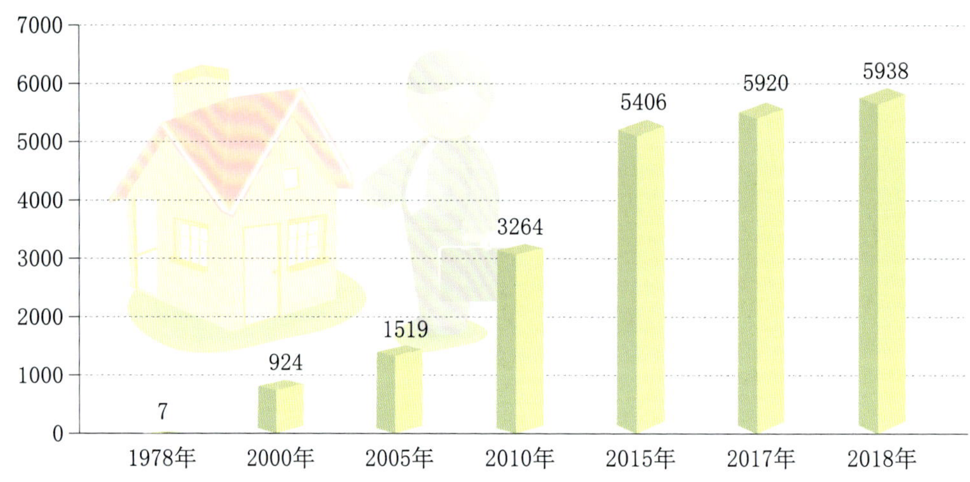

固定资产投资额三次产业构成（%）
[Compositions of Investment in Fixed Assets Classified by Three Strata of Industries (%)]

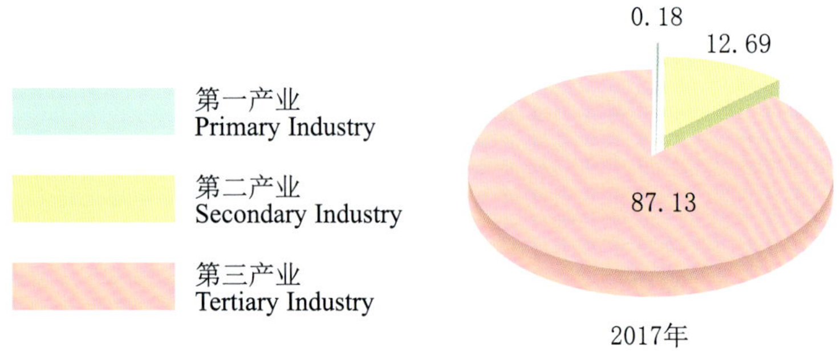

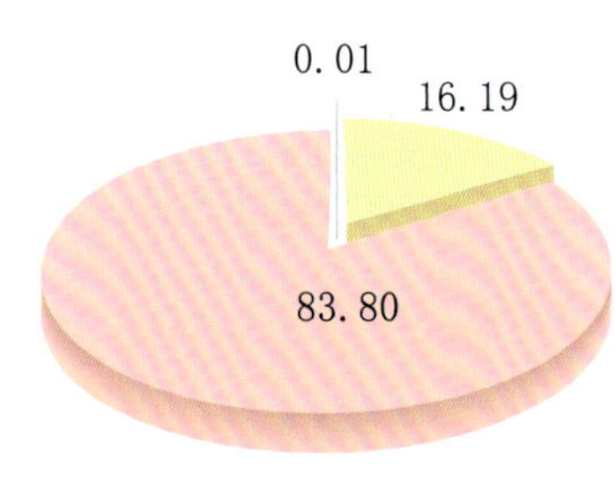

2018年

房屋建设(万平方米)
[Real Estate Development (10000 sq.m)]

房屋施工面积
Floor Space under Construction

12045
14842
2017年
2018年

房屋竣工面积
Floor Space Completed

1496
1601

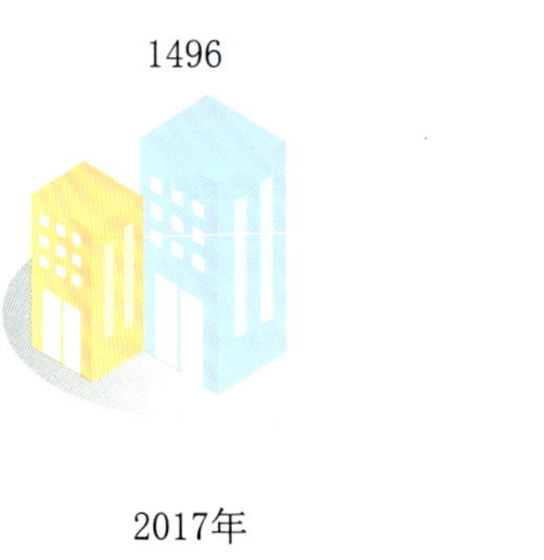

2017年
2018年

能源消费总量（万吨标准煤）
[Total Energy Consumption (10000 tons of SCE)]

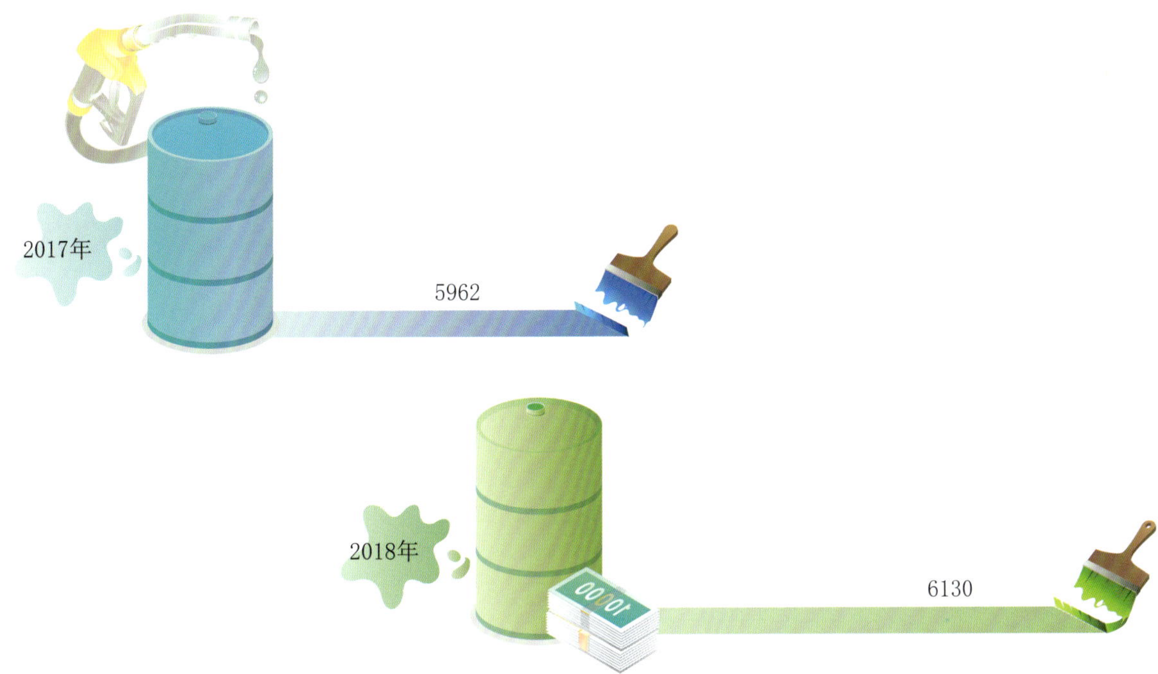

能源消费总量构成（%）（2018 年）
[Proportions of Total Energy Consumption (%) (2018)]

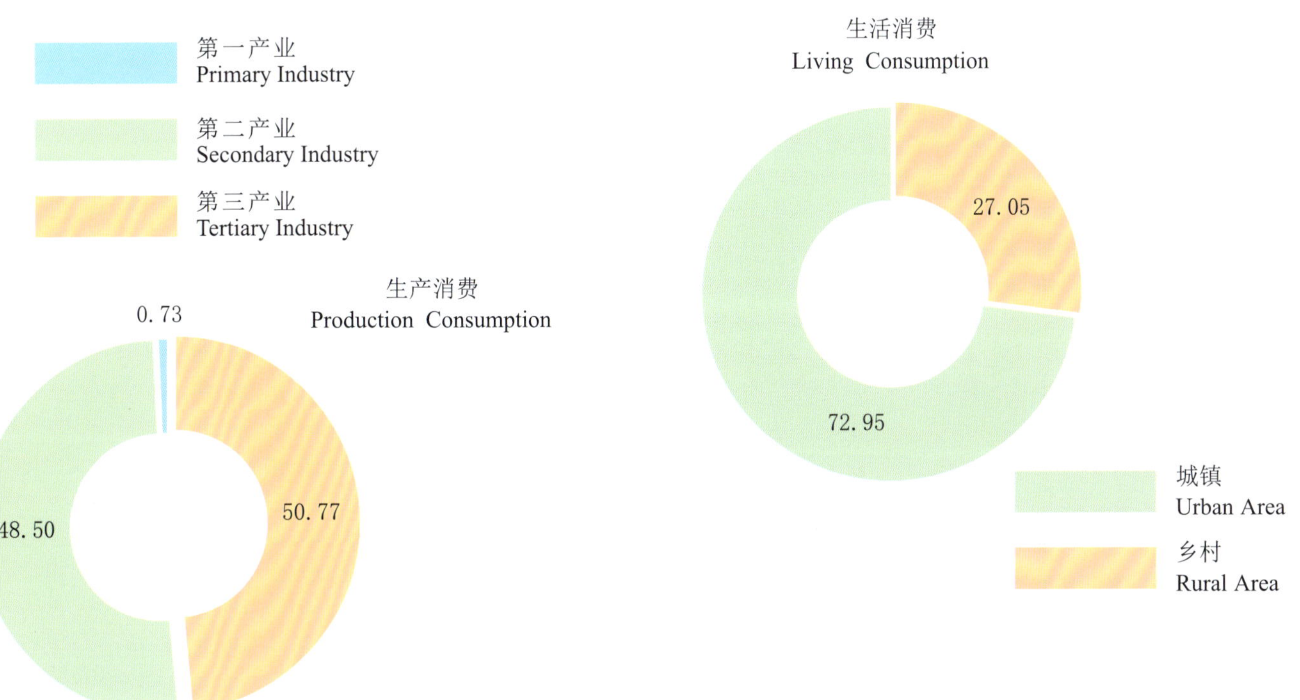

财政和金融

GOVERNMENT FINANCE AND BANKING

◘ 财政收支（按当年口径、亿元）

[Revenue and Expenditure of Local Government (at the Coverage of Current Year,100 million yuan)]

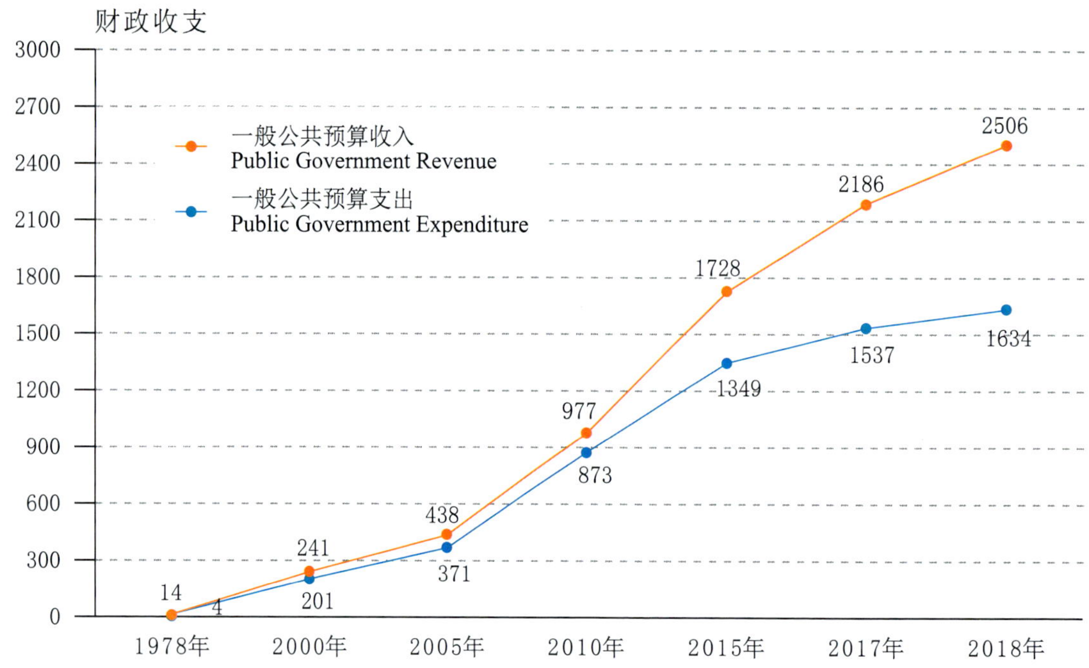

◘ 金融机构人民币存、贷款余额（亿元）

[RMB Saving Deposit and Loan of Financial Institutions (100 million yuan)]

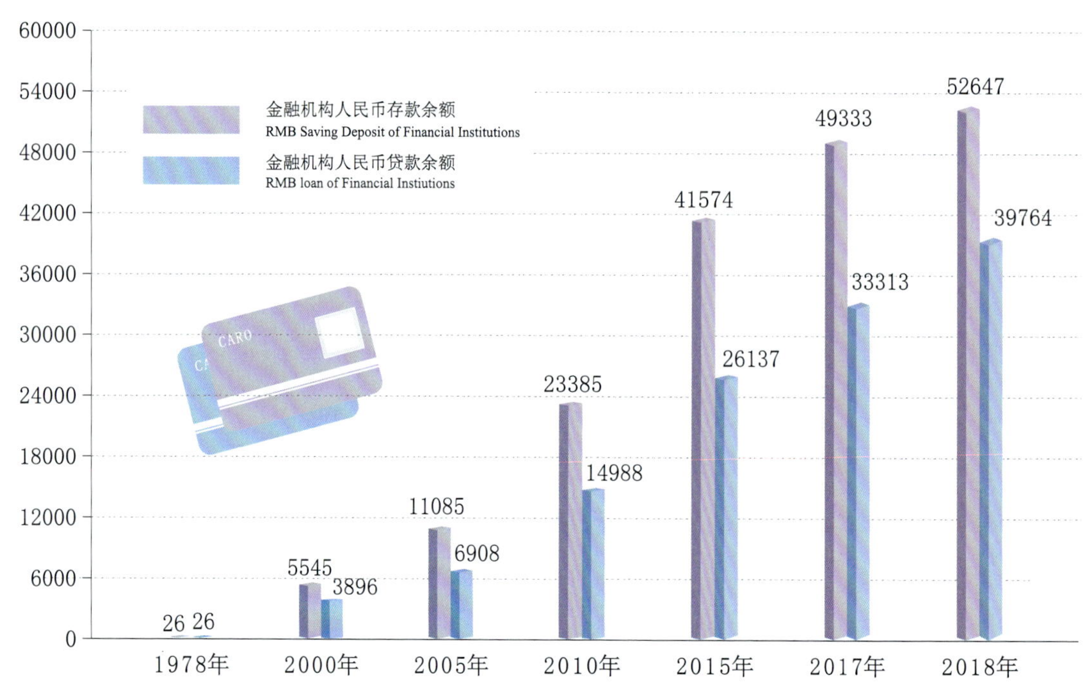

价格指数
PRICE INDICES

城市居民消费价格指数（以1978年价格为100）
[Urban Residents Consumer Price Indices (the price of 1978=100)]

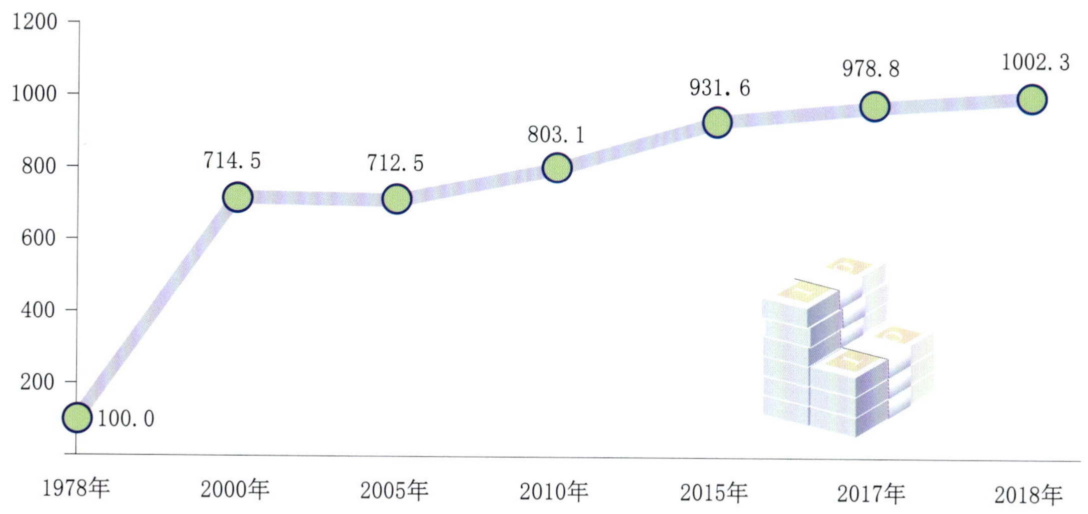

城市商品零售价格指数（以1978年价格为100）
[Urban Retail Price Indices in Main Years (the price of 1978=100)]

城市居民年人均可支配收入（元）
[Per Capita Annual Disposable Income of Urban Residents (yuan)]

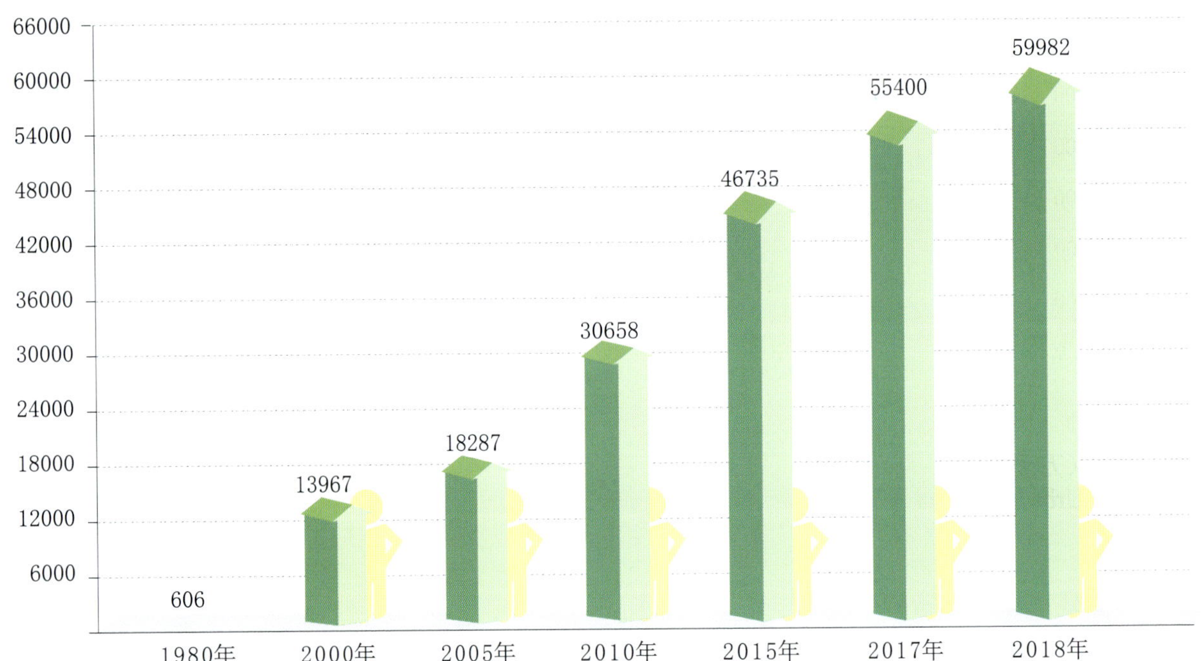

农村居民年人均可支配收入（元）
[Per Capita Annual Net Income of Rural Residents (yuan)]

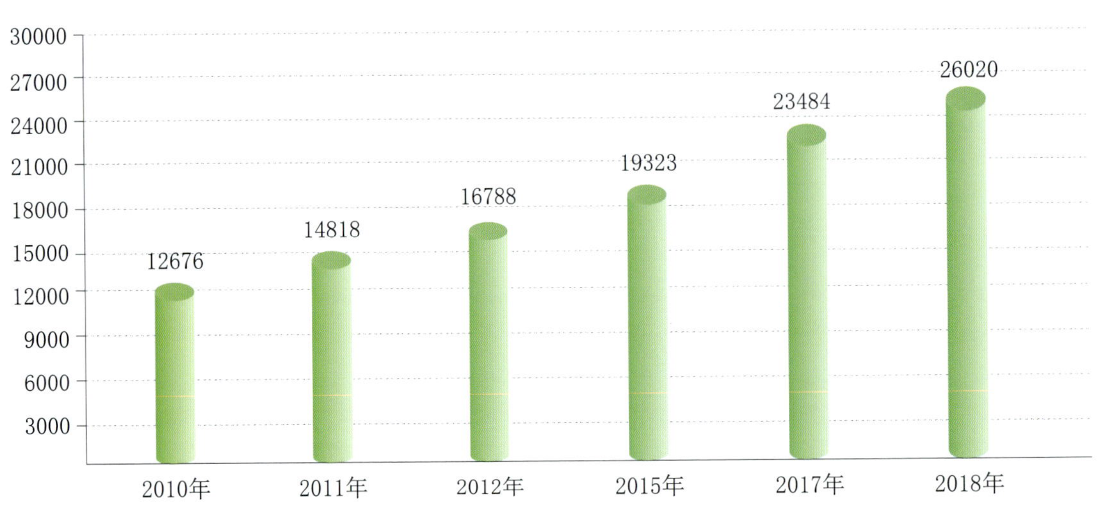

城市建设

CITY CONSTRUCTION

城市市政公用设施建设固定资产投资（亿元）

[Investment in Fixed Assets in Public Facilities in Urban Districts (100 million yuan)]

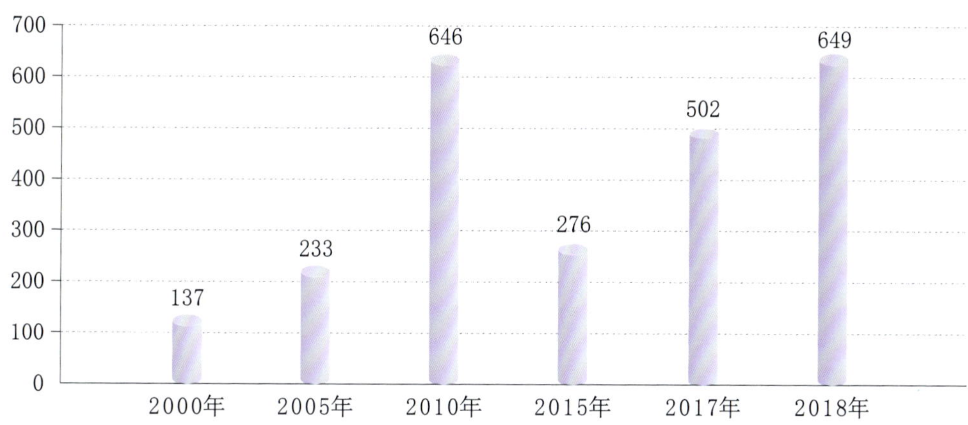

城市道路面积（万平方米）

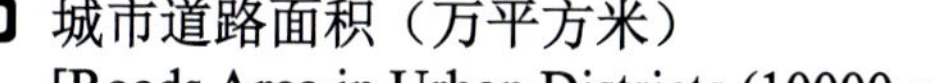

[Roads Area in Urban Districts (10000 sq.m)]

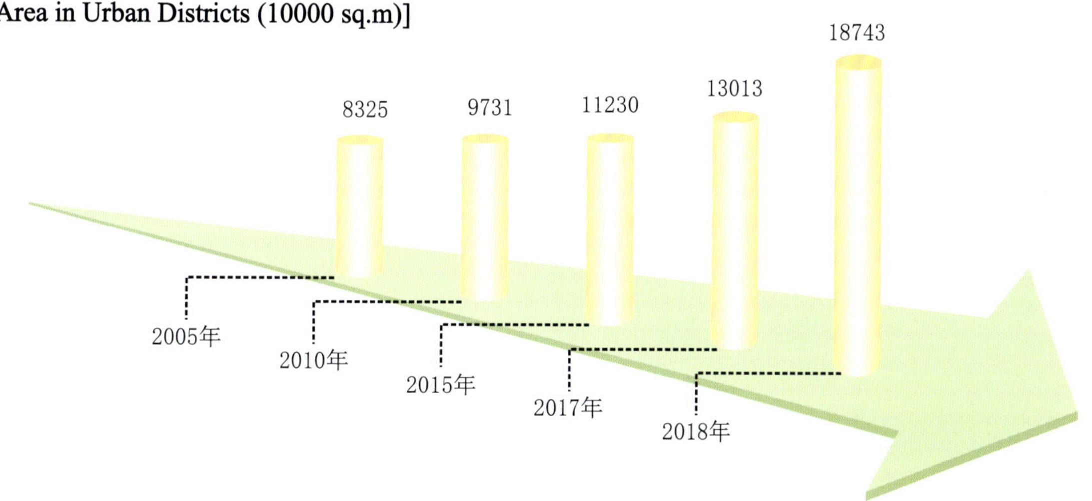

绿地面积（公顷）

[Area of Green Areas (hectare)]

农、林、牧、渔业总产值及增加值（亿元）
[Gross Output Value and Added Value of Agriculture (100 million yuan)]

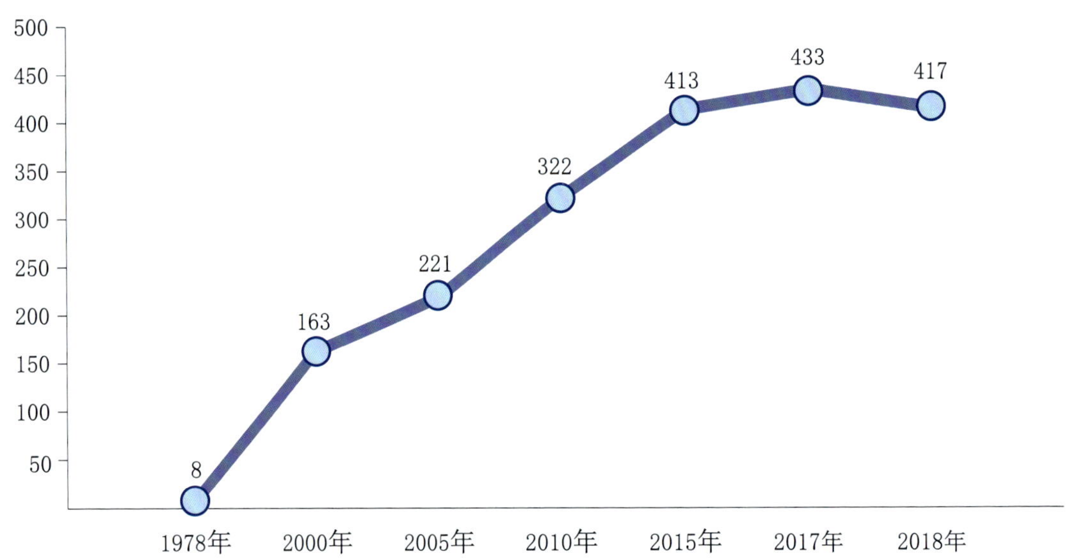

建筑业
CONSTRUCTION

建筑业总产值（亿元）
[Gross Output Value (100 million yuan)]

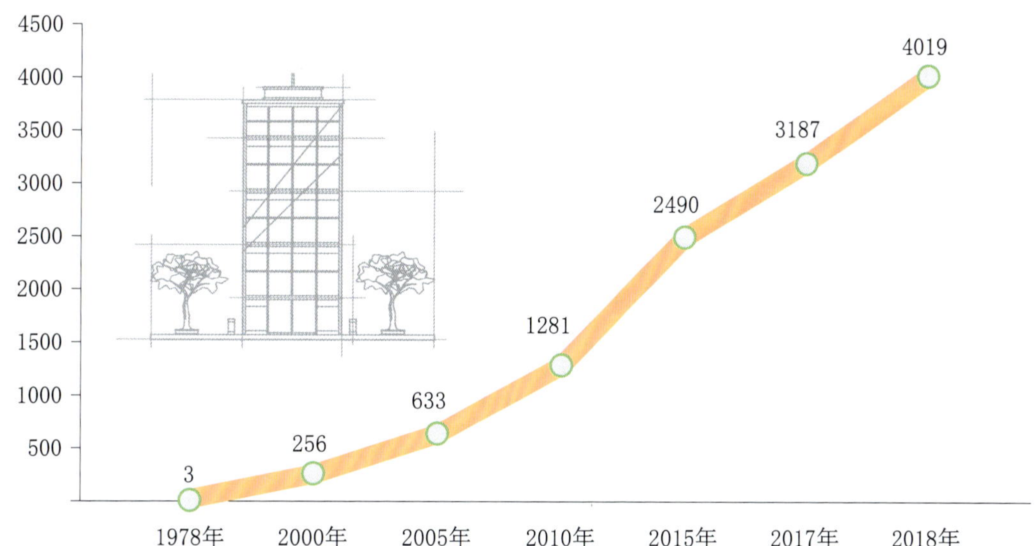

运输和邮电
TRANSPORT, POSTAL AND TELECOMMUNICATION SERVICES

邮电业务收入（亿元）
[Revenue of Postal and Telecommunication Services (100 million yuan)]

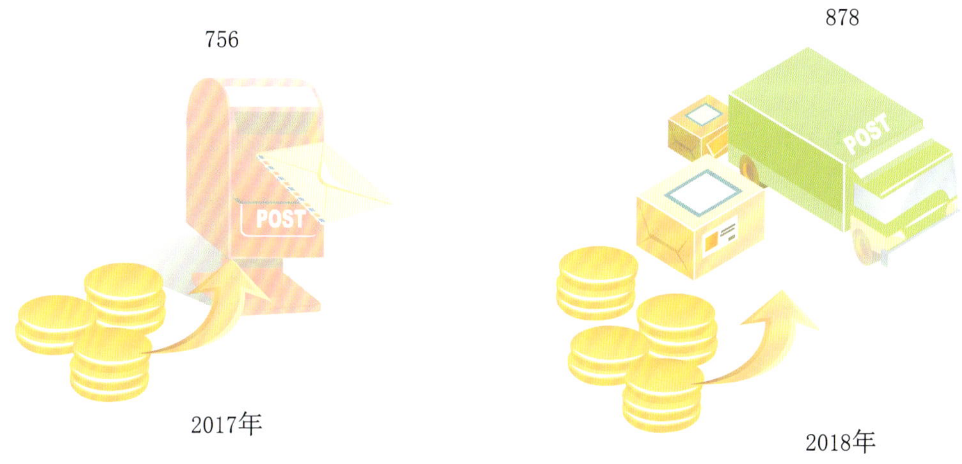

社会消费品零售总额（亿元）
[Retail Sale of Consumer Goods (100 million yuan)]

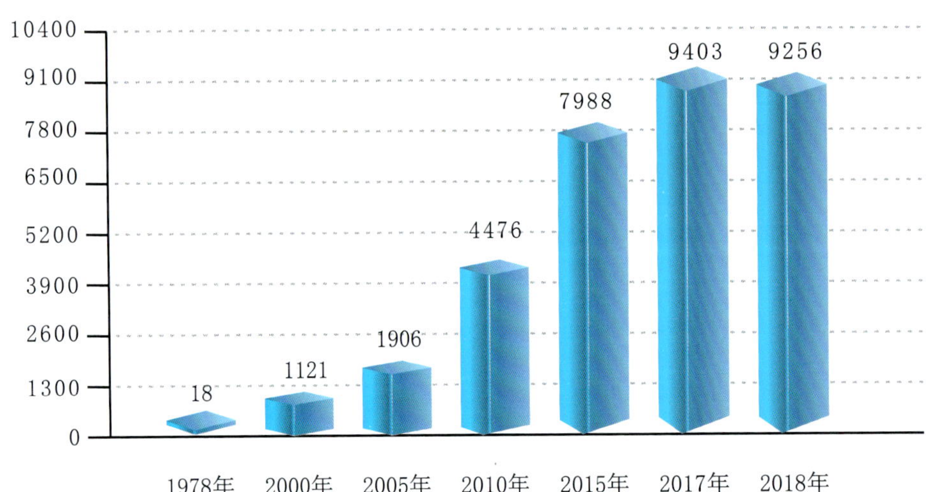

社会消费品零售总额构成（%）
[Proportions in Retail Sale of Consumer Goods (%)]

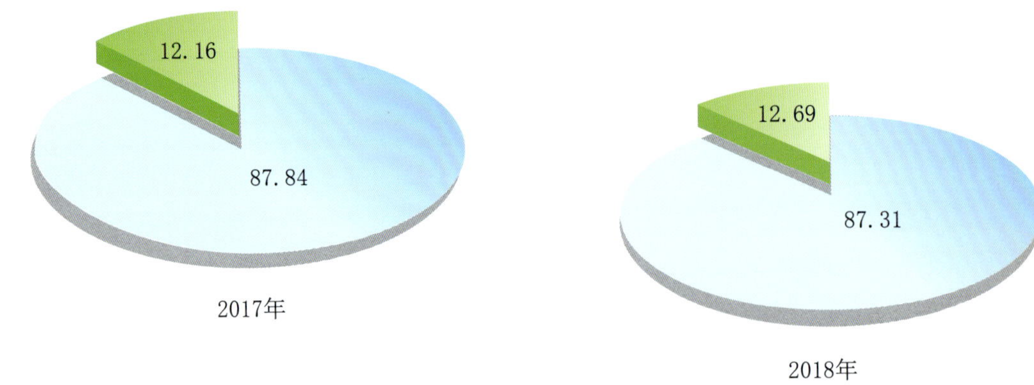

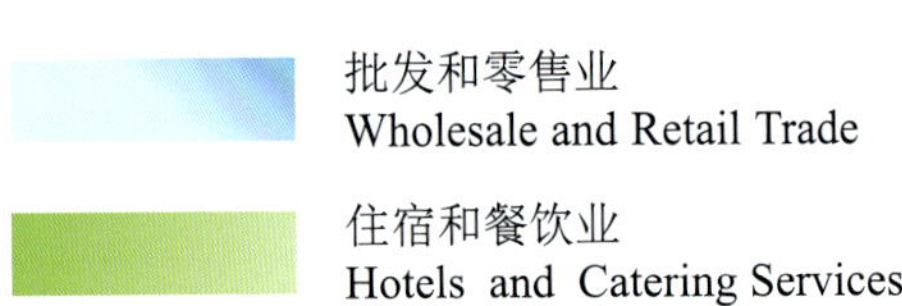

对外经济贸易和旅游
FOREIGN ECONOMY AND TOURISM

海外旅游者（万人次）
[International Tourists (10000 person-times)]

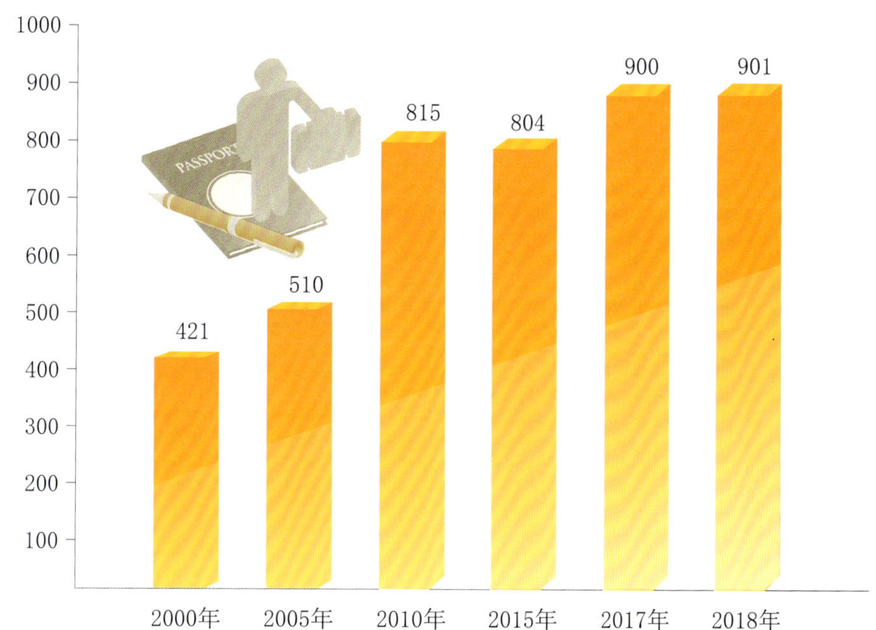

商品出口总值构成（%，以人民币计价）
[Proportions in Total Value of Export Comodities (%，Valuation in RMB)]

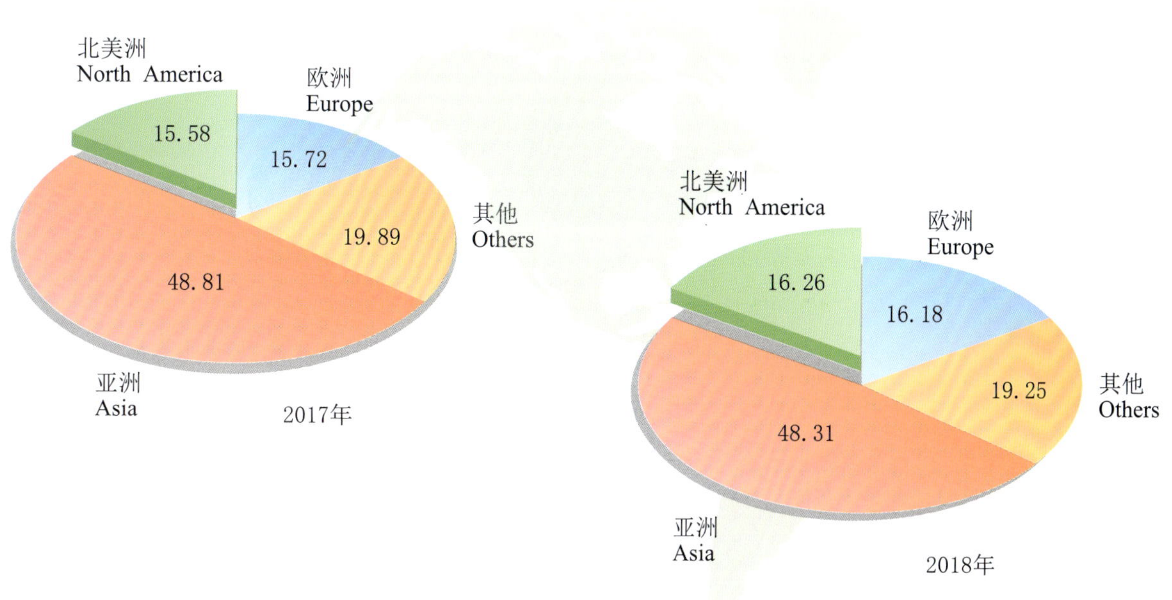

专利申请量和专利授权量
[Patent Applications and Patent Certified]

专利申请量（件）
Patent Applications (item)

专利授权量（件）
Patent Certified (item)

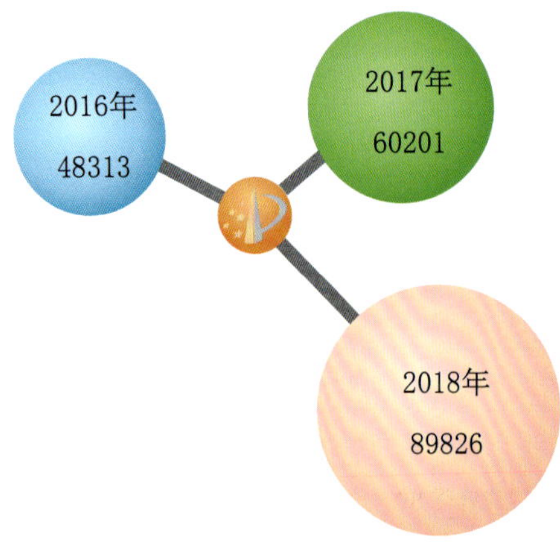

教育、文化、体育、卫生、社会福利和其他

EDUCATION, CULTURE, SPORTS, PUBLIC HEALTH, SOCIAL WELFARE AND OTHERS

各类学校及在校学生数
[Number of Schools and Enrolled Students]

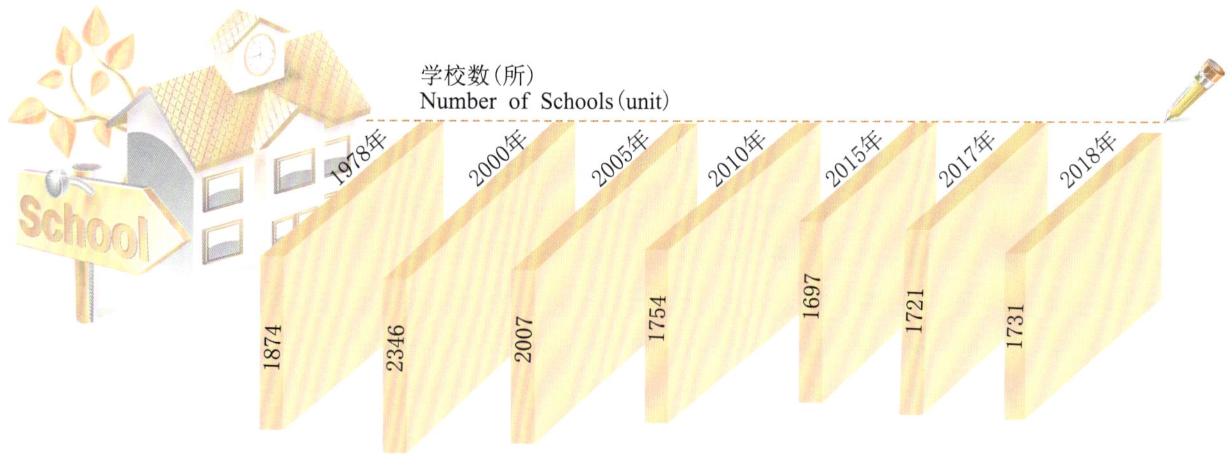

在校学生数(万人)
Number of Enrolled Students (10000 persons)

年份	在校学生数
1978年	99.71
1995年	127.69
2000年	158.09
2005年	232.66
2010年	274.70
2015年	297.41
2017年	301.09
2018年	307.26

卫生事业机构床位数（张）
[Number of Beds in Health Institutions (unit)]

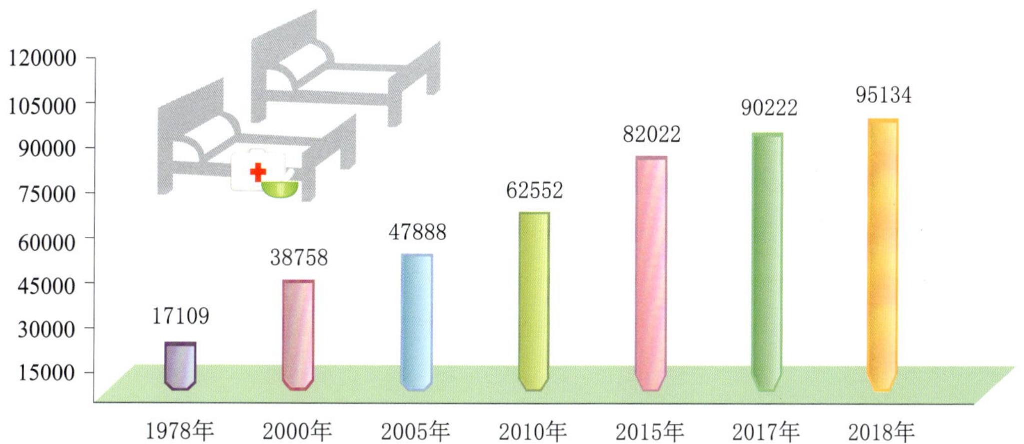

第一篇 综 合
General Survey

第二篇　人　口
Population

第三篇 从业人员和工资
Employment and Wages

第四篇 固定资产投资
Investment in Fixed Assets

第五篇 能源和环境
Energy and Environment

第六篇 财政和金融 Government Finance and Banking

第七篇　价格指数
Price Indices

第八篇　人民生活
People's Livelihood

第九篇　城市建设
City Construction

第十篇 农 业
Agriculture

第十一篇 工 业
Industry

第十二篇　建筑业
Construction

第十三篇　运输和邮电
Transport，Postal and Telecommunication Services

第十四篇 国内贸易
Domestic Trade

第十五篇 对外经济贸易和旅游
Foreign Economy and Tourism

第十六篇　规模以上服务业
Service Enterprise above the Designated Size

第十七篇　科　技
Science and Technology

第十八篇 教育、文化、体育、卫生、社会福利和其他
Education, Culture, Sports, Public Health, Social Welfare and Others

附 录
Appendix

第一篇 CHAPTER I

综 合
GENERAL SURVEY

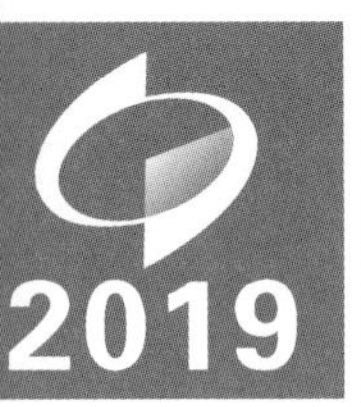

简要说明

Brief Introduction

第一篇　综　合

一、本篇资料反映广州国民经济和社会发展的综合情况以及国民经济核算情况，分别由广州市统计局综合统计处和国民经济核算处整理提供。

二、综合统计资料是根据广州市统计局各专业统计年报资料以及广州市有关部门提供的统计资料加工整理而成。

三、国民经济核算资料主要包括广州市地区生产总值及其有关资料。地区生产总值是根据不同产业部门、不同支出构成的特点和资料来源情况而采用不同方法计算的。2017年，根据国家对研究与开发支出计入GDP核算的统一布置，以及第六次农业普查数据，我市对1995-2016年度GDP数据进行了修订。

地区生产总值是一个价值量指标，其价值的变化受价格变化和物量变化两大因素影响。不变价地区生产总值是把按当期价格计算的地区生产总值换算成按某个固定期（基期）价格计算的价值，从而使两个不同时期的价值进行比较时，能够剔除价格变化的影响，以反映物量变化，反映生产活动成果的实际变动。地区生产总值指数就是根据两个时期不变价地区生产总值计算得到的。随着经济的不断发展，各行业的价格结构也会不断发生变化，为了更好的反映这种变化对于经济的影响，计算不变价地区生产总值需要每隔若干年调整一次基期。我国自开始核算国内生产总值以来，共有1952年、1957年、1970年、1980年、1990年、2000年、2005年、2010年、2015年9个不变价基期，目前的基期是2015年。2015-2017年的不变价地区生产总值是按照2015年价格计算的。

四、根据《国家统计局关于执行新国民经济行业分类国家标准的通知》（国统字〔2017〕142号）要求，新《国民经济行业分类》从2017年统计年报和2018年定期统计报表统一开始使用。本资料中凡是涉及到分行业的表式（除个别部门提供的数据仍按旧行业分类，表中有注明），均按照新的行业分类《国民经济行业分类GB/T4754-2017》作调整。

五、资料来源

1. 行政区划资料由广州市民政局提供；

2. 城市房地产市场交易情况、国有土地使用权出让、划拨情况由广州市国土规划委提供；

3. 气象资料由广州市气象局提供；

4. 劳动力市场情况由广州市人力资源和社会保障局提供；

5. 技术市场交易情况由广州市科学技术局提供；

6. 私营企业、城乡个体工商企业资料由广州市市场监督管理局提供。

1 General Survey

I. The summary data in this chapter reflect the national economy and social development of Guangzhou and also cover the data on its national economic accounts. The data are prepared and provided by the Division of Comprehensive Statistics and the Division of National Accounts of Guangzhou Municipal Bureau of Statistics respectively.

Ⅱ. The summary data are processed and prepared in the light of the annual reports of various specialized fields provided by Guangzhou Municipal Bureau of Statistics and data provided by some related departments of Guangzhou Municipality.

Ⅲ. The data on the national economic accounts mainly cover the gross domestic Product (GDP)and related data of Guangzhou. The regional gross domestic product is calculated by different methods according to the characteristics and sources of different industrial sectors and different expenditure components. In 2017, according to the unified arrangement of national GDP accounting for research and development expenditure, And the sixth agricultural census data, our city to 1995-2016 year GDP data were revised.

Regional GDP is an index of value, and the change of value is influenced by two factors: price change and material quantity change. The regional GDP at constant prices is converted to the value calculated at a fixed (base period) price at current prices, so that when comparing the values of two different periods, the effects of price changes can be excluded. In order to reflect the volume of change, reflect the actual changes in the results of production activities. Regional GDP index is based on two periods of constant price region GDP calculation. With the continuous development of economy, the price structure of various industries will change constantly. In order to better reflect the impact of this change on the economy, the base period should be adjusted once every several years to calculate the gross domestic product in the constant price area. Since the beginning of our gross domestic product (GDP) accounting, there have been nine constant price base periods in 1952, 1957, 1970, 1980, 1990, 2000, 2005, 2010 and 2015. The current base period is 2015. Gross domestic product in constant prices for 2015-2017 is calculated at 2015 prices.

Ⅳ. According to the notice of the National Bureau of Statistics on the implementation of the new national standard of national economic industry classification (2017) 142, the new national economic industry classification has been used from the statistical annual report of 2017 and the periodic statistical report of 2018. In this data, all the tables related to sub-industries (except the data provided by individual departments are classified according to the old industry, as indicated in the table), are adjusted according to the new industry classification & GB/T4754-2017 of national economy.

V. Data Resources comes as follows:

The data on administrative divisions are provided by Guangzhou Municipal Bureau of Civil Affairs.

The data on transaction in urban real estate, lease and administrative allocation of the use right of state-owned land are provided by Guangzhou Land Resources & Urban Planning Committee.

The data on meteorological phenomena are provided by Guangzhou Municipal Bureau Meteorology.

The data on labor force markets are provided by Guangzhou Municipal Science and Technology Bureau.

The data on transactions in technology markets are provided by Guangzhou Science Technology and Innovation Commission.

The data on private enterprises and individuals are provided by Guangzhou Municipal Market Regulatory Administration.

1-1 行政区划（2018年末）
Administrative Divisions (Year-end of 2018)

单位：个　　　　(unit)

地区	Districts	街道办事处 Street Communities	镇 Towns	社区居委会 Community Committees	村民委员会 Villagers' Committees
合计	**Total**	**136**	**34**	**1568**	**1144**
荔湾区	Liwan	22		186	
越秀区	Yuexiu	18		222	
海珠区	Haizhu	18		265	
天河区	Tianhe	21		219	
白云区	Baiyun	18	4	277	118
黄埔区	Huangpu	14	1	102	28
番禺区	Panyu	11	5	97	177
花都区	Huadu	4	6	64	188
南沙区	Nansha	3	6	28	128
从化区	Conghua	3	5	51	221
增城区	Zengcheng	4	7	57	284

注：本表数据由广州市民政局提供。
Note: The data in this table are provided by Guangzhou Municipal Civil Affairs Bureau.

1-2 各月平均温度、湿度（2018年）

Monthly Average Temperature and Humidity (2018)

月份	Month	平均温度（℃） Average Temperature (℃)					平均相对湿度（%） Average Humidity (%)
		全市 Total	番禺站 Panyu	花都站 Huadu	从化站 Conghua	增城站 Zengcheng	全市 Total
全年	**Annual Total**	**22.6**	**23.6**	**23.0**	**21.7**	**22.6**	**78.2**
一月	January	14.2	15.3	14.5	13.2	14.4	74.6
二月	February	14.8	15.7	15.2	13.8	14.7	66.5
三月	March	20.1	20.9	20.7	19.3	20.1	75.7
四月	April	22.3	23.0	22.8	21.5	22.4	79.2
五月	May	27.9	28.6	28.6	27.0	27.9	78.8
六月	June	27.8	28.7	28.2	27.0	27.4	84.0
七月	July	28.8	29.5	29.4	28.2	28.6	82.1
八月	August	28.3	29.0	28.8	27.6	28.2	85.0
九月	September	27.4	28.5	28.0	26.0	27.3	79.8
十月	October	22.9	24.5	23.4	21.6	22.7	74.2
十一月	November	20.7	21.8	20.9	19.6	20.8	80.2
十二月	December	16.1	17.3	16.0	15.1	16.3	78.2

注：本表数据由广州市气象局提供。
Note: The data in this table are provided by Guangzhou Meteorological Bureau.

1-3 各月降雨量、日照时数(2018年)

Monthly Precipitation and Sunshine Hours (2018)

月份	Month	降雨量（毫米） Precipitation (millimeter)					日照时数（小时） Sunshine Hours (hour)				
		全市 Total	#番禺站 Panyu	#花都站 Huadu	#从化站 Conghua	#增城站 Zengcheng	全市 Total	#番禺站 Panyu	#花都站 Huadu	#从化站 Conghua	#增城站 Zengcheng
全年	**Annual Total**	**1884.8**	**2243.0**	**1902.3**	**1682.7**	**1727.1**	**1597.7**	**1582.0**	**1832.5**	**1567.4**	**1462.4**
一月	January	134.6	119.5	135.1	149.7	136.9	97.3	89.7	111.0	94.3	94.0
二月	February	17.9	5.2	36.5	23.5	11.7	110.1	104.5	137.2	105.8	94.6
三月	March	65.1	53.3	95.9	51.4	68.9	134.6	135.7	144.1	139.8	119.0
四月	April	112.7	102.7	118.8	78.7	127.1	75.6	81.6	84.8	76.8	62.1
五月	May	172.9	278.4	73.4	107.9	144.2	202.0	213.5	226.7	181.1	189.3
六月	June	566.1	659.5	561.9	567.0	552.7	128.0	146.6	155.8	125.0	79.0
七月	July	199.2	250.4	193.2	137.3	146.8	186.0	176.7	234.9	190.8	158.5
八月	August	293.1	416.0	373.5	231.6	226.9	137.0	127.8	158.4	133.7	135.7
九月	September	187.4	235.4	148.2	202.6	195.5	170.6	165.9	193.7	169.1	160.5
十月	October	82.0	65.1	123.6	76.8	62.2	149.6	145.9	155.8	151.7	146.3
十一月	November	35.1	39.3	23.8	37.3	34.7	119.3	98.9	143.2	124.0	121.7
十二月	December	18.8	18.2	18.4	18.9	19.5	87.6	95.2	86.9	75.3	101.7

注：本表数据由广州市气象局提供。
Note: The data in this table are provided by Guangzhou Meteorological Bureau.

1-4 行政区域面积和人口密度(2018年)
Land Area and Population Density (2018)

各 区	Districts	行政区域面积（平方公里） Administrative Area (sq.km)	年末常住人口（万人） Permanent Populationat Year-end (10000 person)	年末户籍人口（万人） Registered Permanent Residents at Year-end (10000 person)	常住人口密度（人/平方公里） Permanent Population Density (person/sq.km)	户籍人口密度（人/平方公里） Population Density by Registered Permanent Residents (person/sq.km)
全 市	**Total**	**7434.40**	**1490.44**	**927.69**	**2005**	**1248**
荔湾区	Liwan	59.10	97.00	74.54	16413	12613
越秀区	Yuexiu	33.80	117.89	117.79	34879	34849
海珠区	Haizhu	90.40	169.36	105.59	18735	11680
天河区	Tianhe	96.33	174.66	93.92	18131	9750
白云区	Baiyun	795.79	271.43	103.34	3411	1299
黄埔区	Huangpu	484.17	111.41	52.76	2301	1090
番禺区	Panyu	529.94	177.70	98.94	3353	1867
花都区	Huadu	970.04	109.26	78.24	1126	807
南沙区	Nansha	783.86	75.17	43.93	959	560
从化区	Conghua	1974.50	64.71	63.49	328	322
增城区	Zengcheng	1616.47	121.85	95.15	754	589

注：本表行政区域面积数据由广州市民政局提供，户籍人口数据由广州市公安局提供。

Note: The data of administrative area in this table are provided by Guangzhou Municipal Civil Affairs Bureau, and registered permanent residents data are provided by Guangzhou Public Security Bureau.

1-5　国民经济和社会发展总量与速度指标

指　　标	Item	1978	2000
人口和劳动力	**Population and Employment**		
年末户籍人口（万人）	Year-end Registered Permanent Residents (10000 persons)	482.90	700.69
年末常住人口（万人）	Year-end Permanent Population (10000 persons)	482.90	994.80
年末社会从业人员（万人）	Year-end Employment (10000 persons)	266.90	496.26
城镇非私营单位从业人员年末人数（万人）	Number of Employed Persons at Year-end in Urban Units (10000 person)	147.36	175.55
地区生产总值（亿元）	**Gross Domestic Product (100 million yuan)**	**43.09**	**2505.58**
第一产业	Primary Industry	5.03	94.37
第二产业	Secondary Industry	25.24	1029.94
第三产业	Tertiary Industry	12.82	1381.27
人均地区生产总值（元）	Per Capita GDP (yuan)	907	25758
农业生产	**Agriculture**		
农林牧渔业总产值（亿元）	Gross Output Value of Agriculture, Forestry, Animal Husbandry and Fishery (100 million yuan)	7.99	163.05
主要农业产品产量	Output of Major Farm Products		
粮　食（万吨）	Grain (10000 tons)	111.06	88.11
园林水果（万吨）	Fruits (10000 tons)	5.17	32.97
蔬　菜（万吨）	Vegetable (10000 tons)	55.68	306.49
肉　类（万吨）	Meat (10000 tons)	5.05	32.77
水产品（万吨）	Aquatic Products (10000 tons)	3.16	32.52
工业生产	**Industry**		
工业总产值（亿元）	Gross Industrial Output Value (100 million yuan)	75.39	3100.02
主要工业产品产量	Output of Major Industrial Products		
汽　车（万辆）	Motor Vehicles (10000 unit)	0.23	3.81
新能源汽车（辆）	New Energy Automobile (unit)		
摩托车整车（万辆）	Motorcycles (10000 units)		60.31
家用电冰箱（万台）	Household Refrigerators (10000 sets)		58.14
智能电视（万台）	Smart TV (set)		
房间空气调节器（万台）	Air Conditioners (10000 sets)	0.32	103.43
原电池及原电池组（亿只）	Primary Cells and Batteries (100 million units)	2.69	18.89
锂离子电池（亿只）	Lithium Ion Battery (10000unit)		
光缆（芯千米）	Optical Cable (Core Km)		
工业机器人（套）	Industrial Robot (set)		
工业自动调节仪表与控制系统（万套）	Industrial Automatic Regulating Instrument and Control System (set)		
粗　钢（万吨）	Crude Steel (10000 tons)	18.46	151.16
固定资产投资	**Investment in Fixed Assets**		
固定资产投资（亿元）	Total Investment in Fixed Assets (100 million yuan)	7.26	923.67
#住　宅	Residential Buildings	0.90	325.03
社会消费品零售总额（亿元）	**Total Retail Sales of Consumer Goods (100 million yuan)**	**17.63**	**1121.13**

注：1.本表地区生产总值和工业总产值指数按照可比口径计算。
　　2.2017年农业生产相关数据经过修订，绝对数沿用历史数，相对数以调整后数据为基期进行计算。

Principal Aggregate Indicators on National Economic and Social Development and Growth Rates

2005	2010	2015	2017	2018	速度指标(%) Indices and Growth Rates (%)									
					指数(2018为以下各年) Index(2018 as percentage of the following years)						平均增长速度 Average Annual Growth Rate			
					1978	2000	2005	2010	2015	2017	1979–2018	2001–2018	2006–2018	2011–2018
750.53	806.14	854.19	897.87	927.69	192.1	132.4	123.6	115.1	108.6	103.3	1.6	1.6	1.6	1.8
949.68	1270.96	1350.11	1449.84	1490.44	308.6	149.8	156.9	117.3	110.4	102.8	2.9	2.3	3.5	2.0
574.46	711.07	810.99	862.33	896.54	335.9	180.7	156.1	126.1	110.5	104.0	3.1	3.3	3.5	2.9
199.76	246.37	320.31	329.17	348.65	236.6	198.6	174.5	141.5	108.8	105.9	2.2	3.9	4.4	4.4
5187.85	**10859.29**	**18313.80**	**21503.15**	**22859.35**	**13387.7**	**721.0**	**376.8**	**199.0**	**122.9**	**106.2**	**13.0**	**11.6**	**10.7**	**9.0**
130.22	181.31	206.52	220.45	223.44	596.7	162.5	124.6	115.5	105.4	102.5	4.6	2.7	1.7	1.8
2067.00	4078.90	5873.54	6011.01	6234.07	14187.0	665.6	331.3	180.4	116.2	105.4	13.2	11.1	9.7	7.7
2990.63	6599.09	12233.74	15271.69	16401.84	16786.9	783.8	416.2	211.4	126.4	106.6	13.7	12.1	11.6	9.8
54160	88361	137793	150678	155491	4696.5	477.1	245.5	166.4	111.2	103.1	10.1	9.1	7.2	6.6
220.81	322.13	413.46	432.92	416.69	659.0	165.3	131.1	117.0	105.3	103.9	4.7	2.6	2.1	2.0
51.73	43.04	44.09	27.34	13.01	11.7	14.8	25.1	30.2	29.5	101.5	-5.2	-10.1	-10.1	-13.9
48.87	39.92	48.58	52.81	60.57	1171.6	183.7	123.9	151.7	124.7	114.7	6.3	3.4	1.7	5.3
348.89	325.99	369.10	383.77	368.79	662.3	120.3	105.7	113.1	99.9	101.1	4.8	1.0	0.4	1.6
32.03	32.36	22.86	19.22	13.52	267.7	41.3	42.2	41.8	59.1	97.9	2.5	-4.8	-6.4	-10.3
38.83	44.14	48.39	47.16	45.42	1437.3	139.7	117.0	102.9	93.9	101.5	6.9	1.9	1.2	0.4
6767.96	14438.99	19892.51	22691.06		24024.9	882.4	381.0	183.2	114.7	103.7	14.7	12.8	10.8	7.8
41.35	135.84	220.99	310.81	296.52	128919.7	7782.6	717.1	118.3	134.2	95.4	19.6	27.4	16.4	2.1
		2613	7382	28228					1080.3	382.4				
196.57	441.05	363.77	260.87	232.47		385.5	118.3	52.7	63.9	89.1		7.8	1.3	-7.7
146.29	179.14	349.74	277.89	329.84		567.3	225.5	184.1	94.3	118.7		10.1	6.5	7.9
		568.39	471.39	558.14					98.2	118.4				
292.71	636.78	1154.23	709.62	732.32	228850.4	708.0	250.2	115.0	63.4	103.2	21.3	11.5	7.3	1.8
39.35	22.90	2.26	5.31	3.03	112.6	16.0	7.7	13.2	134.0	57.1	0.3	-9.7	-17.9	-22.3
		1.18	1.67	1.79					151.7	107.3				
		13960	17755	9850.67					70.6	55.5				
		1737	3205	2985					171.8	93.1				
		30.17	77.67	169.40					561.5	218.1				
308.71	403.17	101.44	163.57	160.43	869.1	106.1	52.0	39.8	158.2	98.1	5.6	0.3	-4.9	-10.9
1519.16	3263.57	5405.95	5919.83	5938.40	81750.0	642.9	390.9	182.0	109.5	108.2	18.8	12.0	12.6	10.6
377.70	572.71	1406.81	1778.95	1746.66	194354.3	537.4	462.4	305.0	124.2	98.2	20.8	9.8	12.5	15.0
1905.84	**4476.38**	**7987.96**	**9402.59**	**9256.19**	**59157.9**	**982.3**	**579.1**	**245.8**	**126.7**	**107.6**	**17.3**	**13.5**	**14.5**	**11.9**

Note: I. Indices of gross domestic product and gross industrial output value are calculated at comparable coverage.

II. The relevant data of agricultural production in 2017 have been revised, and the absolute number follows the historical number. The relative number is calculated on the basis of adjusted data.

1-5 续表

指　　标	Item	1978	2000
运输邮电	**Transport, Post and Telecommunication**		
货运量 (万吨)	Total Freight Traffic (10000 tons)		27972
#铁　路	Railway		5398
公　路	Highway		12549
水　路	Waterway		9569
民　航	Civil Aviation		27
客运量 (万人次)	Total Passenger Traffic (10000 person-times)		26097
#铁　路	Railway		4848
公　路	Highway		19964
水　路	Waterway		190
民　航	Civil Aviation		1095
港口货物吞吐量 (万吨)	Volume of Freight Handled at Ports (10000 tons)	1950	12455
邮电业务收入 (亿元)	Postal and Telecommunication Services (100 million yuan)	0.24	138.48
对外贸易、外经	**Foreign Trade and Economic Cooperation**		
商品进口总值 (亿美元)	Total Imports through Customs (USD 100 million)		115.60
商品出口总值 (亿美元)	Total Exports through Customs (USD 100 million)		117.91
外商直接投资实际使用金额 (亿美元)	Amount of Foreign Direct Investment Capital Actually Used (USD 100 million)		29.89
财　政	**Government Finance**		
一般公共预算收入 (亿元)	General Budgetary Revenue (100 million yuan)	13.65	200.55
一般公共预算支出 (亿元)	General Budgetary Expenditure (100 million yuan)	3.87	240.72
价格指数 (上年=100)	**Price Indices (preceding year =100)**		
城市居民消费价格总指数	Urban Residents Consumer Price Index	100.3	102.8
人民生活	**People's Livelihood**		
城镇非私营单位从业人员年平均工资(元)	Average Wage of Employed Persons in Urban Units (yuan)	714	19091
城镇非私营单位在岗职工年平均工资(元)	Average Wage of Fully Employed Staff and Workers in Urban Units (yuan)		19674
城市居民年人均可支配收入 (元)	Per Capita Annual Disposable Income of Urban Households (yuan)	442	13967
农村居民年人均可支配收入 (元)	Per Capita Annual Disposable Income of Rural Households (yuan)	250	6086
教育文化	**Education and Culture**		
普通高等学校所数 (所)	Number of Regular Institutions of Higher Education (unit)	15	31
普通高等学校在校学生数 (万人)	Number of Students Enrollment of Regular Institutions of Higher Education (10000 persons)	2.17	18.51
普通中学所数 (所)	Number of Regular Secondary Schools (unit)	234	388
普通中学在校学生数 (万人)	Number of Students Enrollment of Regular Secondary Schools (10000 persons)	38.43	42.53
小学学校所数 (所)	Number of Primary Schools (unit)	1515	1626
小学学校在校学生数 (万人)	Number of Students Enrollment of Primary Schools (10000 persons)	56.92	75.70
卫　生	**Health Care**		
医院病床数 (万张)	Hospital Beds (10000 units)	1.44	3.37
卫生技术人员 (万人)	Medical Technical Personnel (10000 persons)	3.15	5.57
#医　生	Doctors	1.20	2.35

注：1.国家统计局对2012年城市居民可支配收入统计方法有所调整，绝对值按新口径，增长幅度按可比口径计算。
2.2018年铁路、公路的客货统计口径有所调整，对2017年相关数据也进行了相应调整。

continued

2005	2010	2015	2017	2018	速度指标(%) Indices and Growth Rates (%)									
					指数(2018为以下各年) Index(2018 as percentage of the following years)						平均增长速度 Average Annual Growth Rate			
					1978	2000	2005	2010	2015	2017	1979–2018	2001–2018	2006–2018	2011–2018
38153	57369	100124	117429	127752		489.7	358.7	238.8	136.7	108.8		9.2	10.3	11.5
6379	6689	4811	1822	1989		103.6	87.7	83.7	116.3	109.2		0.2	-1.0	-2.2
20601	39696	71284	77099	82032		694.7	422.9	219.6	122.3	106.4		11.4	11.7	10.3
10710	10169	23007	37496	42608		444.7	397.8	419.0	185.1	113.6		8.6	11.2	19.6
63	90	116	132	137		507.4	217.5	152.2	118.1	103.7		9.4	6.2	5.4
40524	62595	106082	45279	48048		496.9	320.1	207.4	122.3	106.1		9.3	9.4	9.5
6356	9362	13647	11712	13355		367.4	280.4	190.4	130.6	114.0		7.5	8.3	8.4
30782	47296	85109	25430	25725		494.9	321.1	208.7	115.9	101.2		9.3	9.4	9.6
104	273	281	52	55		158.7	289.9	110.5	107.3	105.3		2.6	8.5	1.3
3282	5664	7045	8085	8913		814.0	271.6	157.4	126.5	110.2		12.4	8.0	5.8
27283	42526	52096	59012	61313	3144.3	492.3	224.7	144.2	117.7	103.9	9.0	9.3	6.4	4.7
222.06	290.09	540.01	756.03	877.90	365791.7	634.0	395.3	302.6	162.6	116.1	22.8	10.8	11.2	14.8
268.07	553.89	527.01	579.30	636.55		551.7	237.8	115.1	120.8	109.9		10.0	6.9	1.8
266.68	483.79	811.67	853.20	848.50		718.9	317.6	175.1	104.4	99.4		11.6	9.3	7.3
26.49	39.79	54.16	62.89	66.11		566.1	249.7	166.1	122.1	105.1		10.1	7.3	6.6
371.26	872.65	1349.47	1536.74	1634.22	11972.3	814.9	440.2	187.3	121.1	106.3	12.7	12.4	12.1	8.2
438.41	977.32	1727.72	2186.01	2506.18	64759.2	1041.1	571.7	256.4	145.1	114.6	17.6	13.9	14.4	12.5
101.5	103.2	101.7	102.3	102.4	1002.3	140.3	140.7	124.8	107.6	102.4	5.9	1.9	2.7	2.8
33853	54495	79534	97522	109879	15389.2	575.6	324.6	201.6	138.2	112.7	13.4	10.2	9.5	9.2
34328	54807	81171	98612	111839		568.5	325.8	204.1	137.8	113.4		10.1	9.5	9.3
18287	30658	46735	55400	59982	17162.0	543.5	360.6	215.1	128.4	108.3	13.7	9.9	10.4	10.0
7080	12676	19323	23484	26020	14447.1	592.9	433.5	242.2	134.7	110.8	13.2	10.4	14.7	11.7
59	77	81	82	82	546.7	264.5	139.0	106.5	101.2	100.0	4.3	5.6	2.6	0.8
55.43	84.39	104.32	106.73	108.64	5006.5	586.9	196.0	128.7	104.1	101.8	10.3	10.3	5.3	3.2
448	475	510	518	527	225.2	135.8	117.6	110.9	103.3	101.7	2.1	1.7	1.3	1.3
55.03	57.23	51.52	50.94	51.44	133.9	120.9	93.5	89.9	99.8	101.0	0.7	1.1	-0.5	-1.3
1283	1004	941	961	965	63.7	59.3	75.2	96.1	102.6	100.4	-1.1	-2.9	-2.2	-0.5
90.34	82.48	93.79	100.47	105.85	186.0	139.8	117.2	128.3	112.9	105.4	1.6	1.9	1.2	3.2
3.94	5.32	7.33	8.17	8.60	597.2	255.2	218.3	161.7	117.3	105.3	4.6	5.3	6.2	6.2
6.42	9.55	12.67	14.50	15.65	496.8	281.0	243.8	163.9	123.5	107.9	4.1	5.9	7.1	6.4
2.59	3.36	4.25	4.97	5.41	450.8	230.2	208.9	161.0	127.3	108.9	3.8	4.7	5.8	6.1

Note: 1.Since 2012,the coverage of per capita annual disposable income of urban households has been adjusted,the grow rate of which being calaulate at comparable coverage.

2.The passenger and cargo statistics of railway and highway have been adjusted in 2018, and relevant data of 2017 have also been adjusted accordingly.

1-6 各时期主要指标平均每年增长速度

Average Annual Growth Speed of Main Indicators in Different Periods

单位:% (%)

时 期	Period	地区生产总值 Gross Domestic Product	工业总产值 Gross Output Value of Industry	农林牧渔业总产值 Gross Output Value of Agriculture	社会消费品零售总额 Total Retail Sales of Consumer Goods	一般公共预算收入 Genera Budgetary Revenue	居民消费水平 Resident Consumption Level
"六五"时期	6th Five-year Plan Period	12.7	12.8	6.2	21.2	13.3	13.0
"七五"时期	7th Five-year Plan Period	10.8	13.1	4.6	14.5	5.1	15.8
"八五"时期	8th Five-year Plan Period	20.2	26.1	10.0	30.1	21.3	8.9
"九五"时期	9th Five-year Plan Period	13.2	15.7	5.9	14.1	23.6	6.7
"十五"时期	10th Five-year Plan Period	13.9	18.3	5.8	11.1	18.1	13.0
"十一五"时期	11th Five-year Plan Period	13.6	15.8	2.3	18.7	18.6	11.0
"十二五"时期	12th Five-year Plan Period	10.1	9.8	2.1	14.2	9.1	8.5
1979-2018	1979-2018	13.0	14.7	4.7	17.3	12.7	
2001-2018	2001-2018	11.6	12.8	2.6	13.5	12.4	
2006-2018	2006-2018	10.7	10.8	2.1	14.5	12.1	
2011-2018	2011-2018	9.0	7.8	2.0	11.9	8.2	

1-7 全市产业及主要结构情况

Basic Statistics on Industries and Main Structure of Guangzhou

项　　目	Item	2017	2018
地区生产总值　(亿元)	Gross Domestic Product　(100 milllion yuan)	21503.15	22859.35
# 服务业增加值	Service Industry Added Value	15271.69	16401.84
现代服务业增加值　(亿元)	Modern Service Added Value　(100 milllion yuan)	10100.93	10907.16
民营经济增加值　(亿元)	Added Value of Private Economy　(100 milllion yuan)	8568.24	9139.47
固定资产投资　(亿元)	Total Investment in Fixed Assets　(100 milllion yuan)	5919.83	5938.40
民间投资　(亿元)	Private Investment in Fixed Assets　(100 milllion yuan)	2495.73	2194.73
出口　(亿元)	Exports　(100 milllion yuan)	5792.43	5607.50
现代服务业增加值占服务业增加值比重　(%)	Modern Service Added Value Accounts for Service Industry Added Value　(%)	66.10	66.50
民营经济增加值占GDP比重　(%)	Added Value of Private Economy Accounts for Gross Domestic Product　(%)	39.85	39.98
民间投资占固定资产投资比重　(%)	Private Investment in Fixed Assets Accounts for Total Investment in Fixed Assets　(%)	42.16	36.96
私营企业出口占全市出口的比重　(%)	Private Sector Exports Accounts for Total Exports　(%)	50.34	52.74
一般贸易出口占全市出口的比重　(%)	General Trade Exports Accounts for Total Exports　(%)	35.34	36.85
加工贸易出口占全市出口的比重　(%)	Processing Trade Exports Accounts for Total Exports　(%)	29.01	28.46

1-8 主要年份人民物质文化生活水平
Material and Culture Life of the People in Main Years

项　目	Item	2017	2018
城镇非私营单位在岗职工年平均工资 （元）	Average Wage of Fully Employed Staff and Workers in Urban Units (yuan)	98612	111839
城市居民年人均可支配收入 （元）	Per Capita Annual Disposable Income of Urban Residents (yuan)	55400	59982
农村居民年人均可支配收入 （元）	Per Capita Annual Disposable Income of Rural Residents (yuan)	23484	26020
社会消费品零售总额 （亿元）	Total Retail Sales of Consumer Goods (100 million yuan)	9402.59	9256.19
储　蓄	**Savings Deposits**		
住户存款余额 （亿元）	Deposits of Households (100 million yuan)	14625.63	16042.06
平均每人储蓄额 （元）	Per Capita Savings Deposits (yuan)	102485	109119
交　通	**Transportation**		
每万人拥有公交车辆 （辆）	Possession of Buses per 10000 Persons (unit)	16.80	16.55
公交车辆平均每日乘客人数 （万人次）	Average Daily Passengers by Buses (10000 person-times)	653.43	627.73
每万人拥有出租汽车 （辆）	Possession of Taxis per 10000 Persons (uint)	25.20	24.60
出租车平均每日乘客人数 （万人次）	Average Daily Passengers by Taxi (10000 person-times)	166.24	165.84
通讯、电信	**Postal and Telecommunication Services**		
城市电话普及率(含移动电话) （部/百人）	Possession of Telephones per 100 Persons in Urban Areas (including mobile telephones) (sets/100 persons)	387.47	472.00
每人每年函件交寄 （件）	Per Capita Annual Number of Letters Mailed (unit)	466	568
供　气	**Gas Supply**		
居民燃气普及率 （%）	Popularization Rate of Residents with Access to Gas (%)	99.03	99.10
自来水	**Tap Water**		
人均日生活用水量 （升）	Per Capita Daily Water Used (liter)	278.99	261.36

1-8 续表 continued

项　　目	Item	2017	2018
教　育	**Education**		
每万人拥有在校大学生　（人）	Number of University and College Students Enrollment per 10000 Persons (person)	1189	1171
适龄儿童入学率　(%)	Percentage of School-age Children Enrolled (%)	100.00	100.00
卫　生	**Public Health**		
每万人拥有医院床位　（张）	Number of Hospital Beds per 10000 Persons (unit)	91	58
每万人拥有医生　（人）	Number of Doctors per 10000 Persons (person)	55	36
就　业	**Employment**		
城镇每一就业者负担人口　（人）	Number of Dependents per Employee in Urban Areas (person)	1.70	1.71
绿　化	**Green Areas**		
建成区绿化覆盖率　(%)	Coverage Rate of Green Areas in Developed Land Area (%)	42.5	45.1
人均公园绿地面积　（平方米）	Per Capita Garden (sq.m)	17.1	17.3
居民家庭耐用消费品拥有量	**Number of Durable Consumer Goods Owned**		
每百户城市居民家庭拥有	Owned by per 100 Urban Households		
彩色电视机　（台）	Color TV Sets (set)	132	131
计算机　（台）	Computers (set)	123	122
洗衣机　（台）	Washing Machines (set)	100	102
电冰箱　（台）	Refrigerators (set)	103	103
空调器　（台）	Air Conditioners (set)	237	239
每百户农村居民家庭拥有	Owned by Per 100 Rural Household		
彩色电视机　（台）	Color TV Sets (set)	144	145
计算机　（台）	Computers (set)	86	87
洗衣机　（台）	Washing Machines (set)	103	105
电冰箱　（台）	Refrigerators (set)	108	109
空调器　（台）	Air Conditioners (set)	198	221

1-9 主要年份地区生产总值

Gross Domestic Product in Main Years

单位：万元 (10000 yuan)

年 份 Year	地区生产总值 Gross Domestic Product	第一产业 Primary Industry	第二产业 Secondary Industry	第三产业 Tertiary Industry	地区生产总值中 In GDP: 工 业 Industry	建筑业 Construction	人均地区生产总值（元） Per Capita GDP (yuan)	人均地区生产总值(美元) Per Capita GDP (USD)
1978	430947	50287	252479	128181	243585	8894	907	
1980	575497	62438	313734	199325	295337	18397	1160	
1985	1243623	120449	658130	465044	577048	81082	2302	784
1986	1395466	132079	701074	562313	608511	92563	2536	734
1987	1732050	156794	794127	781129	693003	101124	3092	831
1988	2400818	227772	1141606	1031440	972078	169528	4205	1130
1989	2878733	243187	1296309	1339237	1093864	202445	4953	1315
1990	3195952	257288	1362975	1575689	1180978	181997	5418	1133
1991	3866741	281734	1799166	1785841	1582970	216196	5956	1119
1992	5107027	356399	2413129	2337499	2120096	293033	7521	1364
1993	7443455	475960	3512607	3454888	3050098	462509	10481	1819
1994	9853082	606222	4556278	4690582	3870183	686095	13264	1539
1995	12603097	734606	5787475	6081016	4941140	846335	16222	1943
1996	14706621	811630	6736549	7158442	5791501	945048	18098	2179
1997	16828743	857155	7642990	8328598	6635562	1007428	19800	2389
1998	19004058	888763	8245913	9869382	7113774	1132139	21378	2582
1999	21492534	928522	9375989	11188023	8044065	1331924	23116	2792
2000	25055794	943718	10299412	13812664	8861172	1438240	25758	3112
2001	28579151	972806	11228325	16378020	9657735	1570590	28700	3468
2002	32243283	1030721	12245382	18967180	10638507	1606875	32544	3932
2003	37804451	1099080	15000699	21704672	13279574	1721125	38621	4666
2004	44773511	1171452	18054293	25547766	16111365	1942928	46182	5579
2005	51878466	1302159	20670012	29906295	18652577	2017435	54160	6612
2006	61242011	1285022	24689504	35267485	22538389	2151115	62930	7894
2007	72029498	1495247	28665860	41868391	26428369	2237491	70284	9243
2008	83660227	1664782	32805810	49189635	30240254	2565556	77165	11111
2009	92405785	1676482	34744897	55984406	31851446	2893451	80272	11749
2010	108592945	1813096	40788965	65990884	37199024	3589941	88361	13016
2011	125621226	1940256	46736503	76944467	42351353	4385150	98677	15195
2012	136979051	2002700	48286714	86689637	43700231	4586483	107055	16960
2013	156634798	1961339	53779799	100893660	48764088	5127715	121584	19568
2014	168966187	2008134	57255300	109702753	52030418	5331517	129938	21153
2015	183137985	2065218	58735375	122337392	53330933	5511726	137793	22092
2016	197821876	2160317	59129414	136532145	53770681	5687448	143638	21639
2017	215031516	2204517	60110079	152716920	54596923	5889754	150678	22317
2018	228593471	2234376	62340708	164018387	56217346	6511150	155491	23497

注：1. 本表数据按当年价格计算。
2. 从1991年起，人均地区生产总值按常住人口计算。
3. 人均地区生产总值(美元)按当年年平均汇率换算。
4.2017年，根据国家对研究与开发支出计入GDP核算的统一布置，以及第三次农业普查数据，我市对1995—2016年度地区生产总值数据进行了修订。

Note: I. The data in this table are calculated at current prices.
II. Since 1991 the per capita GDP are calculated by resident population.
III. The Per Capita GDP (USD) are calculated at current annual average exchange rate.
IV. In 2017, according to the unified arrangement of national GDP accounting for research and development expenditure, And the third agricultural census data, our city to 1995-2016 year Gross Domestic Product data were revised.

1-10 主要年份地区生产总值指数（上年=100）

Indices of Gross Domestic Product in Main Years (Preceding Year=100)

年份 Year	地区生产总值 Gross Domestic Product	第一产业 Primary Industry	第二产业 Secondary Industry	第三产业 Tertiary Industry	地区生产总值中：In Gross Domestic Product		人均地区生产总值 Per Capita GDP
					工业 Industry	建筑业 Construction	
1978	110.3	100.1	108.5	117.6	108.7	105.0	108.8
1980	115.4	114.6	119.0	110.3	117.4	154.8	113.2
1985	118.3	107.4	124.3	111.7	123.1	135.7	116.3
1986	105.7	100.5	101.3	114.1	101.3	101.3	103.7
1987	115.2	99.0	108.2	128.9	108.6	104.5	113.2
1988	117.8	104.6	126.3	109.0	125.1	137.2	115.6
1989	104.7	100.7	100.6	111.4	101.0	96.9	102.9
1990	111.3	103.7	107.8	116.9	109.6	92.1	109.7
1991	116.3	109.1	127.2	108.0	128.6	118.2	114.6
1992	123.3	120.4	128.1	118.8	128.7	123.3	117.9
1993	126.4	102.1	133.6	122.4	132.1	144.0	120.9
1994	118.8	112.6	123.2	114.5	121.0	137.3	113.6
1995	116.5	104.1	117.1	117.5	118.8	107.0	111.4
1996	112.5	105.3	113.5	112.1	115.7	99.5	107.6
1997	113.5	105.5	113.0	115.0	114.8	99.7	108.5
1998	113.2	104.0	112.7	114.7	113.0	110.2	108.2
1999	113.3	110.4	115.7	110.6	115.4	118.2	108.3
2000	113.4	101.7	111.9	116.3	112.5	106.7	108.4
2001	112.8	102.2	111.0	114.9	111.2	109.5	110.2
2002	113.3	109.8	112.5	114.1	113.9	103.9	113.9
2003	115.2	104.5	121.4	111.3	124.3	101.6	116.6
2004	115.1	105.4	117.2	113.9	118.6	105.7	116.2
2005	113.0	105.6	113.0	113.3	113.8	105.6	114.3
2006	115.0	95.7	116.6	114.7	117.9	104.4	113.2
2007	115.5	102.8	114.2	116.9	115.5	100.6	109.7
2008	112.6	102.2	111.3	113.9	112.0	102.6	106.5
2009	111.9	104.0	109.7	113.5	109.6	111.6	105.4
2010	113.2	103.2	113.0	113.5	112.5	119.0	106.0
2011	111.4	103.1	111.9	111.3	111.7	114.1	107.6
2012	110.4	103.2	108.5	111.9	109.0	102.8	109.9
2013	111.7	102.9	111.0	112.3	112.1	102.3	110.9
2014	108.6	101.8	107.5	109.5	107.9	102.4	107.6
2015	108.4	102.4	106.8	109.5	107.0	104.8	106.1
2016	108.2	100.6	105.5	109.6	106.0	104.0	104.4
2017	107.0	102.2	104.6	108.2	105.2	99.2	103.2
2018	106.2	102.5	105.4	106.6	105.5	104.1	103.1

注：1.本表数据按可比价格计算。

2.2017年，根据国家对研究与开发支出计入GDP核算的统一布置，以及第三次农业普查数据，我市对1995—2016年度地区生产总值数据进行了修订。

Note: I.The data in this table are calculated at comparable prices.

II.In 2017,according to the unified arrangement of national Gross Domestic Product accounting for research and development expenditure,And the third agricultural census data, our city to 1995-2016 year Gross Domestic Product data were revised.

1-11 主要年份地区生产总值构成
Composition of Gross Domestic Product in Main Years

单位：% (%)

年 份 Year	地区生产总值 Gross Domestic Product	第一产业 Primary Industry	第二产业 Secondary Industry	第三产业 Tertiary Industry	地区生产总值中：In Gross Domestic Product 工 业 Industry
1978	100.00	11.67	58.59	29.74	56.52
1980	100.00	10.85	54.51	34.64	51.32
1985	100.00	9.69	52.92	37.39	46.40
1986	100.00	9.46	50.24	40.30	43.61
1987	100.00	9.05	45.85	45.10	40.01
1988	100.00	9.49	47.55	42.96	40.49
1989	100.00	8.45	45.03	46.52	38.00
1990	100.00	8.05	42.65	49.30	36.95
1991	100.00	7.29	46.53	46.18	40.94
1992	100.00	6.98	47.25	45.77	41.51
1993	100.00	6.39	47.19	46.42	40.98
1994	100.00	6.15	46.24	47.61	39.28
1995	100.00	5.83	45.92	48.25	39.21
1996	100.00	5.52	45.81	48.67	39.38
1997	100.00	5.09	45.42	49.49	39.43
1998	100.00	4.68	43.39	51.93	37.43
1999	100.00	4.32	43.62	52.06	37.43
2000	100.00	3.77	41.11	55.12	35.37
2001	100.00	3.40	39.29	57.31	33.79
2002	100.00	3.20	37.98	58.82	32.99
2003	100.00	2.91	39.68	57.41	35.13
2004	100.00	2.62	40.32	57.06	35.98
2005	100.00	2.51	39.84	57.65	35.95
2006	100.00	2.10	40.31	57.59	36.80
2007	100.00	2.08	39.80	58.12	36.69
2008	100.00	1.99	39.21	58.80	36.15
2009	100.00	1.81	37.60	60.59	34.47
2010	100.00	1.67	37.56	60.77	34.26
2011	100.00	1.54	37.20	61.26	33.71
2012	100.00	1.46	35.25	63.29	31.90
2013	100.00	1.25	34.33	64.42	31.13
2014	100.00	1.19	33.89	64.92	30.79
2015	100.00	1.13	32.07	66.80	29.12
2016	100.00	1.09	29.89	69.02	27.18
2017	100.00	1.03	27.95	71.02	25.39
2018	100.00	0.98	27.27	71.75	24.59

注：本表数据按当年价格计算。
Note: The data in this table are calculated at comparable prices.

1-12 各时期地区生产总值和平均每年增长速度

Gross Domestic Product and Annual Average Growth Speed in Different Periods

时　期	Period	地区生产总值 Gross Domestic Product	第一产业 Primary Industry	第二产业 Secondary Industry	第三产业 Tertiary Industry	地区生产总值中: In Gross Domestic Product 工　业 Industry	建筑业 Construction
绝对值　（万元）	**Absolute Figure (10000 yuan)**						
“六五”时期	6th Five-year Plan Period	4373327	459872	2395362	1518093	2137482	257880
“七五”时期	7th Five-year Plan Period	11603019	1017120	5296091	5289808	4548434	747657
“八五”时期	8th Five-year Plan Period	38873402	2454921	18068655	18349826	15564487	2504168
“九五”时期	9th Five-year Plan Period	97087750	4429788	42300853	50357109	36446074	5854779
“十五”时期	10th Five-year Plan Period	195278862	5576218	77198711	112503933	68339758	8858953
“十一五”时期	11th Five-year Plan Period	417930466	7934629	161695036	248300801	148257482	13437554
“十二五”时期	12th Five-year Plan Period	771339247	9977647	264793691	496567909	240177023	24942591
1950-1978	1950-1978	5578418	753734	3146791	1677893	2999275	147516
1979-2018	1979-2018	2178995948	38563404	753912058	1386520486	680610172	74720910
1991-2018	1991-2018	2161956590	36972413	745637147	1379347030	673369774	73686397
1996-2018	1996-2018	2123083188	34517492	727568492	1360997204	657805287	71182229
2001-2018	2001-2018	2025995438	30087704	685267639	1310640095	621359213	65327450
2003-2018	2003-2018	1965173004	28084177	661793932	1275294895	601062971	62149985
平均每年增长(%)	**Annual Average Growth Speed (%)**						
“六五”时期	6th Five-year Plan Period	12.7	7.6	13.6	12.5	12.5	27.6
“七五”时期	7th Five-year Plan Period	10.8	1.7	8.4	15.9	8.8	5.3
“八五”时期	8th Five-year Plan Period	20.2	9.5	25.7	16.1	25.8	25.3
“九五”时期	9th Five-year Plan Period	13.2	5.4	13.4	13.7	14.3	6.6
“十五”时期	10th Five-year Plan Period	13.9	5.4	15.0	13.5	16.3	5.2
“十一五”时期	11th Five-year Plan Period	13.6	1.5	12.9	14.5	13.5	7.4
“十二五”时期	12th Five-year Plan Period	10.1	2.7	9.1	10.9	9.5	5.2
1950-1978	1950-1978	9.2	3.8	12.7	9.5	12.7	13.1
1979-2018	1979-2018	13.0	4.6	13.2	13.7	13.5	12.1
1991-2018	1991-2018	13.4	4.4	14.0	13.1	14.6	8.9
1996-2018	1996-2018	11.9	3.3	11.6	12.5	12.3	5.6
2001-2018	2001-2018	11.6	2.7	11.1	12.1	11.8	5.4
2003-2018	2003-2018	11.4	2.3	11.0	11.8	11.7	5.2

注：本表数据绝对值按当年价格计算，增长速度按可比价格计算。

Note: The level data in this table are calculated at current prices while the growth rates at comparable prices.

1-13 三次产业对地区生产总值增长的贡献率(1990-2018年)

Share of the Contributions of the Three Strata of Industry to the Growth of Gross Domestic Product (1990-2018)

单位：% (%)

年 份 Year	地区生产总值 Gross Domestic Product	第一产业 Primary Industry	第二产业 Secondary Industry	第三产业 Tertiary Industry	地区生产总值中：In Gross Domestic Product 工 业 Industry
1990	100.0	1.7	37.1	61.2	41.0
1991	100.0	4.2	71.3	24.5	64.9
1992	100.0	6.2	56.3	37.5	50.4
1993	100.0	0.5	61.6	37.9	51.8
1994	100.0	3.7	63.0	33.3	49.8
1995	100.0	1.3	54.7	44.0	51.5
1996	100.0	2.0	57.4	40.6	57.7
1997	100.0	1.8	51.8	46.4	51.9
1998	100.0	1.2	51.5	47.3	47.3
1999	100.0	2.9	62.8	34.3	55.5
2000	100.0	0.5	48.4	51.1	45.7
2001	100.0	0.7	35.3	64.0	31.1
2002	100.0	2.5	38.1	59.4	36.4
2003	100.0	1.0	56.7	42.3	56.1
2004	100.0	1.1	48.4	50.5	46.7
2005	100.0	1.2	43.4	55.4	41.6
2006	100.0	-0.7	44.1	56.6	42.9
2007	100.0	0.4	37.0	62.6	36.9
2008	100.0	0.3	35.7	64.0	35.0
2009	100.0	0.6	32.3	67.1	29.5
2010	100.0	0.4	38.2	61.4	34.2
2011	100.0	0.4	39.2	60.4	35.1
2012	100.0	0.5	30.6	68.9	29.7
2013	100.0	0.3	35.0	64.7	35.1
2014	100.0	0.2	32.0	67.8	31.1
2015	100.0	0.3	29.6	70.1	28.1
2016	100.0	0.1	21.4	78.5	21.4
2017	100.0	0.3	20.5	79.2	21.1
2018	100.0	0.4	26.6	73.0	24.9

注：1. 本表数据按可比价格计算。
2. 三次产业贡献率指各产业增加值增量与地区生产总值增量之比。

Note: I. The data of this table are calculated at comparable prices.
II. Share of the contributions of the three strata of industry to the growth of Gross Domestic Product refers to the proportion of the increment of the Value-added of each Industry to the increment of Gross Domestic Product.

1-14 三次产业对地区生产总值增长的拉动（1990-2018年）

Contribution of the Three Strata of Industry to the Growth of Gross Domestic Product (1990-2018)

单位：百分点 (percentage points)

年 份 Year	地区生产总值 Gross Domestic Product	第一产业 Primary Industry	第二产业 Secondary Industry	第三产业 Tertiary Industry	地区生产总值中：In Gross Domestic Product 工 业 Industry
1990	11.3	0.2	4.2	6.9	4.6
1991	16.3	0.7	11.6	4.0	10.6
1992	23.3	1.4	13.1	8.8	11.7
1993	26.4	0.1	16.3	10.0	13.7
1994	18.8	0.7	11.8	6.3	9.4
1995	16.5	0.2	9.0	7.3	8.5
1996	12.5	0.2	7.2	5.1	7.2
1997	13.5	0.2	7.0	6.3	7.0
1998	13.2	0.2	6.8	6.2	6.2
1999	13.3	0.4	8.3	4.6	7.4
2000	13.4	0.1	6.5	6.8	6.1
2001	12.8	0.1	4.5	8.2	4.0
2002	13.3	0.3	5.1	7.9	4.8
2003	15.2	0.2	8.6	6.4	8.5
2004	15.1	0.2	7.3	7.6	7.0
2005	13.0	0.2	5.6	7.2	5.4
2006	15.0	-0.1	6.6	8.5	6.4
2007	15.5	0.1	5.7	9.7	5.7
2008	12.6		4.5	8.1	4.4
2009	11.9	0.1	3.8	8.0	3.5
2010	13.2	0.1	5.0	8.1	4.5
2011	11.4	0.1	4.4	6.9	4.0
2012	10.4	0.1	3.1	7.2	3.1
2013	11.7	0.1	4.1	7.5	4.1
2014	8.6		2.8	5.8	2.7
2015	8.4		2.5	5.9	2.4
2016	8.2		1.8	6.4	1.8
2017	7.0		1.5	5.5	1.5
2018	6.2		1.7	4.5	1.6

注：1.本表数据按可比价格计算。
2.三次产业拉动指地区生产总值增长速度与各产业贡献率之乘积。

Note: I. The data of this table are calculated at comparable prices.
II. Contribution of the three strata of industry to the growth of Gross Domestic Product refers to the growth rate of Gross Domestic Product multiplied by the contribution share of each industry.

1-15 全市国有土地使用权出让、划拨情况

Total City Lease and Administrative Allocation of the Right to the Use of the State-owned Land

项目		Item		2017	2018
国有土地使用权出让		**Lease of the Right to the Use of the State-owned Land**			
出让小计		Lease Sub-total			
出让地块	(宗)	Number of Plots	(piece)	245	353
出让面积	(公顷)	Areas	(hectare)	1327	2212.27
成交价款	(万元)	Value of Transactions	(10000 yuan)	12199714	15355745
# 公开出让		Lease by Public			
出让地块	(宗)	Number of Plots	(piece)	203	207
出让面积	(公顷)	Areas	(hectare)	1214.46	1243.03
成交价款	(万元)	Value of Transactions	(10000 yuan)	11852290	15234114
国有土地使用权划拨		**Allocation of the Right to the Use of the State-owned Land**			
划拨地块	(宗)	Number of Plots	(piece)	164	146
划拨面积	(公顷)	Areas	(hectare)	839.03	969.24

注：1．本表数据由广州市规划和自然资源局提供。
2．本表数据已剔除被解除合同数据。
3．本表统计范围为全市口径。

Note: I. The data in this table are provided by Guangzhou Municipal Planning and Natural Resources Bureau.
II. The data in this table has excluded the part of terminated contracts.
III.The statistical scale of this table is total city scale.

1-16 全市房地产市场交易情况

Transactions in Total Real Estate Market

项目		Item		2017	2018
新建商品房现售		**Newly-constructed Commercial Buildings Sold out**			
成交面积	(万平方米)	Transacted Floor Space	(10000 sq.m)	326.15	344.84
# 住宅		Residential Buildings		162.77	165.66
成交金额	(万元)	Transacted Value	(10000 yuan)	5987977	6574067
# 住宅		Residential Buildings		3076418	3634625
住宅成交套数	(套)	Number of Transacted Flats	(flat)	12089	13931
新建商品房预售		**Newly-constructed Commercial Buildings Sold in Advance**			
成交面积	(万平方米)	Transacted Floor Space	(10000 sq.m)	987.36	971.53
# 住宅		Residential Buildings		819.03	816.34
成交金额	(万元)	Transacted Value	(10000 yuan)	17184175	19518311
# 住宅		Residential Buildings		13074144	16235378
住宅成交套数	(套)	Number of Transacted Flats	(flat)	77890	78006
存量房买卖		**Sales of Buildings in Stock**			
成交面积	(万平方米)	Transacted Floor Space	(10000 sq.m)	1370.56	1083.11
# 住宅		Residential Buildings		1168.02	882.49
成交金额	(万元)	Transacted Value	(10000 yuan)	22476527	20080639
# 住宅		Residential Buildings		20360897	17974625
住宅成交套数	(套)	Number of Transacted Flats	(flat)	134957	102384

注：1.本表数据由广州市住房和城乡建设局提供。
2.新建商品房现售和新建商品房预售为网签数据，存量房买卖为交易登记数据。
3.本表统计口径为全市口径。

Note: I. The data in this table are provided by Guangzhou Municipal Housing and Urban-Rural Development Bureau.
II.The Data of Newly-constructed Commercial Buildings Sold out and Newly-constructed Commercial Buildings Sold in Advance is Net Registered Data.The Data of Buildings in Stock is Transaction Registered Data.
III.The statistical scale of this table is total city scale.

1-17 劳动力市场情况
Statistics on Labor Force Market

项目	Item	2017	2018
全市经人力资源社会保障部门批准的人力资源服务机构(个)	Number of Employment Service Institutions Approved by Human Resources and Social Security Department (unit)	1026	1308
劳动部门所属	Run by Labor Departments	199	199
非劳动部门所属	Run by Non-labor Departments	827	1109

注：本表数据由广州市人力资源和社会保障局提供。
Note: The data in this table are provided by Guangzhou Municipal Bureau of Human Resources and Social Security.

1-18 技术市场交易情况
Statistics on Transactions in Technological Market

项目	Item	2017		2018	
		合同数(项) Numbers of Contracts (unit)	金额(万元) Value (10000 yuan)	合同数(项) Numbers of Contracts (unit)	金额(万元) Value (10000 yuan)
买方市场	**Buyers' Market**	**6612**	**3575125**	**12158**	**7193802**
机关法人	Official Organ as Juridical Person	982	129173	1655	590830
事业法人	Institution as Juridical Person	859	107747	1463	242745
社团法人	Mass Organization as Juridical Person	42	1769	58	56155
企业法人	Corporate as Juridical Person	4620	3328270	8767	6256247
自然人	Natural Person	75	4359	74	15618
其他组织	Others	34	3807	141	32207
卖方市场	**Sellers' Market**	**6612**	**3575125**	**12158**	**7193802**
机关法人	Official Organ as Juridical Person	4	2990	2	400
事业法人	Institution as Juridical Person	2477	127228	2759	181232
社团法人	Mass Organization as Juridical Person	38	254453	238	527070
企业法人	Corporate as Juridical Person	4024	3155793	9049	6472745
自然人	Natural Person	31	31821	66	9660
其他组织	Others	38	2840	44	2696

注：本表数据由广州市科学技术局提供。
Note: The data in this table are provided by Guangzhou Municipal Science and Technology Bureau.

1-19　各区国民经济主要指标（2018年）

项　　目		Item	
土地面积	(平方公里)	Total Land Area	(sq.km)
年末户籍人口	(人)	Year-end Population by household registered	(person)
街道办事处	(个)	Street Communities	(unit)
镇	(个)	Towns	(unit)
社区居委会	(个)	Community Committees	(unit)
村民委员会	(个)	Village Committees	(unit)
地区生产总值	(万元)	Gross Domestic Product	(10000 yuan)
第一产业	(万元)	Primary Industry	(10000 yuan)
第二产业	(万元)	Secondary Industry	(10000 yuan)
第三产业	(万元)	Tertiary Industry	(10000 yuan)
地区生产总值中：工业	(万元)	Industry In Gross Domestic Product	(10000 yuan)
年末全社会从业人员	(人)	Total Number of Employed Persons at Year-end	(person)
# 城镇非私营单位在岗职工年末人数	(人)	Number of Fully Employed Staff and Workers in Urban Units at Year-end	(person)
城镇非私营单位在岗职工工资总额	(万元)	Total Wages of Fully Employed Staff and Workers in Urban Units	(10000 yuan)
城镇非私营单位在岗职工年平均工资	(元)	Average Wages of Fully Employed Staff and Workers in Urban Units	(yuan)
固定资产投资额(按项目所在地分)	(万元)	Investment in Fixed Assets (by project location)	(10000 yuan)
# 建筑和安装工程	(万元)	Construction and Erection Engineering	(10000 yuan)
新增固定资产(按项目所在地分)	(万元)	Newly-increased Investment in Fixed Assets (by Tegion of Item)	(10000 yuan)
一般公共预算收入	(万元)	General Budgetary Revenue	(10000 yuan)
一般公共预算支出	(万元)	General Budgetary Expenditure	(10000 yuan)
农林牧渔业总产值	(万元)	Gross Output Value of Agriculture	(10000 yuan)
社会消费品零售总额	(万元)	Total Retail Sales of Consumer Goods	(10000 yuan)
实际使用外商直接投资金额	(万美元)	Foreign Direct Capital Actually Utilized	(USD 10000)
普通中学学校数	(所)	Number of Regular Secondary Schools	(unit)
普通中学在校学生数	(人)	Number of Students Enrolled in Regular Secondary Schools	(person)
小学学校数	(所)	Number of Primary Schools	(unit)
小学在校学生数	(人)	Number of Students Enrolled in Primary Schools	(person)
幼儿园数	(所)	Number of Kindergartens	(unit)
幼儿园在园人数	(人)	Number of Children Enrolled	(person)
各类卫生机构数	(个)	Number of Health Institutions	(unit)
# 医　院		Hospitals	
各类卫生机构床位数	(张)	Number of Beds	(unit)
# 医　院		Hospitals	
卫生技术人员	(人)	Medical Technical Personnel	(person)
# 执业(助理)医师		Licensed (Assistant) Doctors	

Main Indicators of National Economic by District (2018)

荔湾区 Liwan	越秀区 Yuexiu	海珠区 Haizhu	天河区 Tianhe	白云区 Baiyun	黄埔区 Huangpu	番禺区 Panyu	花都区 Huadu	南沙区 Nansha	从化区 Conghua	增城区 Zengcheng
59.10	33.80	90.40	96.33	795.79	484.17	529.94	970.04	783.86	1974.50	1616.47
745446	1177903	1055923	939201	1033413	527625	989353	782351	439265	634893	951541
22	18	18	21	18	14	11	4	3	3	4
				4	1	5	6	6	5	7
186	222	265	219	277	102	97	64	28	51	57
				118	28	177	188	128	221	284
12233438	32816125	18814797	46088178	19623879	34651800	20789611	13583660	14584090	4166758	11241135
46065		14384	2207	303265	56734	259722	368614	508235	211360	463790
2678809	595925	2834783	3245498	3367592	20587086	7249340	7114146	8583102	1841970	4242457
9508564	32220200	15965630	42840473	15953022	14007980	13280549	6100900	5492753	2113428	6534888
2544776	252078	2099561	2714630	2853920	19046525	6192472	6872491	8057333	1624699	3958861
349887	897891	674278	1277937	1353103	809460	1192356	760604	501345	423148	725398
145282	474918	301074	722427	333018	530196	268984	170374	194680	71289	106796
1578063	5328647	3363885	9275964	3862299	5865213	2552579	1501678	1904009	707271	1066336
108106	112410	114199	129217	115817	111038	93787	87633	99311	88667	98921
2908144	861307	3010804	4856046	7005263	11648901	7131247	4137033	5881844	1888602	10054812
969877	390265	799591	2186792	2148283	7022506	3426970	2638254	3407347	904453	3365556
274312	491700	290263	1180593	1381747	3245359	2400198	2398610	641333	464729	2482920
485984	568588	540652	738049	582940	1734013	1007574	848233	751900	288692	951599
1005278	1258315	1098035	1443606	1504404	2722521	1493701	1488961	1750268	754619	1860571
72427		19195	45050	558919	116702	502914	628435	907371	439106	876797
6321833	13567309	9764910	18524224	10253758	9308819	12543086	5245950	2087726	1234525	3709733
17898	32299	40034	37402	14817	224705	21260	83038	97424	12045	71643
40	34	37	51	74	35	70	79	25	26	56
39387	58584	43955	49333	61553	30683	72306	57260	23017	29304	49046
51	50	82	70	177	64	134	104	61	67	105
62561	70281	88931	114607	161204	67601	147955	143091	47309	53010	101905
108	117	159	209	330	109	320	116	106	82	190
27007	30730	41924	46570	90561	30458	86258	33362	26974	27372	56911
220	370	307	709	709	323	372	481	222	351	534
26	34	19	44	46	21	24	10	12	8	11
6810	24141	10431	12345	19937	4078	6421	3755	1410	2560	3246
6618	22255	9757	11916	18475	3726	5585	2653	1296	1984	1746
10286	42607	16721	24282	21808	6351	11730	8681	2841	4051	7139
3751	13390	5619	8841	7507	2250	4466	3172	1075	1412	2651

1-20 广州开发区国民经济主要指标

Main Indicators of National Economy of Guangzhou Development Zone

项目		Item		2017	2018
年末社会从业人员	(人)	Year-end Employed Persons	(person)	485120	497801
# 工业从业人员		Employed Persons in Industry		314796	304224
地区生产总值	(万元)	Gross Domestic Product	(10000 yuan)	26394499	27953856
第一产业		Primary Industry		38608	53897
第二产业		Secondary Industry		17118773	18007001
第三产业		Tertiary Industry		9237118	9892958
地区生产总值中：		In Gross Domestic Product			
工　业		Industry		15939547	16624948
建筑业		Construction		1179226	1382053
固定资产投资额	(万元)	Investment in Fixed Assets	(10000 yuan)	9568665	10380710
# 基础(公共)设施		Infrastructure		2143544	2815721
工业项目		Industry		2335320	3466771
区内税收	(万元)	Tax	(10000 yuan)	5711193	8662971
利润总额	(万元)	Total Profits	(10000 yuan)	8380818	9010001
# 工业利润	(规模以上)	Industrial Profit		4991243	5799355
地方可支配财力	(万元)	Local Disposable Financial Resources	(10000 yuan)	3452103	5256501
地方财政支出	(万元)	Local Government Financial Expenditure	(10000 yuan)	2655607	4110926
工业总产值	(万元)	Gross Industrial Output Value	(10000 yuan)	58376812	57967316
# 港澳台企业产值		Enterprises with Funds from Hong Kong, Macao and Taiwan		9665407	10301076
工业销售产值	(万元)	Output Value of Industrial Products Sold	(10000 yuan)	55914197	56672998
商品销售总额	(万元)	Total Sales of Industrial Products	(10000 yuan)	44264594	53483921
外贸出口总值	(万美元)	Total Exports	(USD 10000)	1726538	1667944
外贸进口总值	(万美元)	Total Imports	(USD 10000)	1830630	2153756
利用外资项目(合同)数	(个)	Number of Projects (Contracts) for Utilization of Foreign Capital		112	172
			(USD 10000)		
合同利用外资金额	(万美元)	Contracted Value of Foreign Capital to be Utilized	(USD 10000)	216285	414493
外商直接投资实际使用外资金额	(万美元)	Total Amount of Foreign Capital Actually Used	(USD 10000)	221043	224705

注：1.广州开发区包括广州经济技术开发区、广州保税区、广州高新技术产业开发区和广州出口加工区；
2.2018年区内税收、地方可支配财力和地方财政支出等指标为黄埔区口径数据。

Note: I. The indicators include Guangzhou economic and technological development zone, Guangzhou bonded zone,Guangzhou hi-tech development zone and Guangzhou exportance manufacturing district.

II. The tax,local disposable financial resources and government financial expenditure indicators in 2018 are the caliber data of Huangpu District.

1-21 广州保税区国民经济主要指标

Main Indicators of National Economy of Guangzhou Bonded Zone

项 目	Item	2017	2018
工业增加值 （万元）	Value-added of Industry (10000 yuan)	131395	146662
工业总产值 （万元）	Gross Industrial Output Value (10000 yuan)	507315	549295
固定资产投资额 （万元）	Investment in Fixed Assets (10000 yuan)	254382	12721
进出区货物总值 （万美元）	Total Value of Imports and Exports (USD 10000)	1261857	1329514
税收总额 （万元）	Total Taxes (10000 yuan)	95553	90592

1-22 广州高新技术产业开发区国民经济主要指标

Main Indicators of National Economy of Guangzhou Hi-tech Development Zone

项 目	Item	2017	2018
营业总收入 （万元）	Revenue (10000 yuan)	71318365	105407811
工业总产值 （万元）	Gross Industrial Output Value (10000 yuan)	41674387	68808200
高新区企业数 （个）	Number of Enterprises in Development Zone (unit)	17124	72888
认定高新技术企业数（个）	Number of Enterprises Certified (unit)	2877	3544
港澳台企业数 （个）	Number of Enterprises with Funds from Hong Kong, Macao and Taiwan (unit)	119	127
职工人数 （人）	Number of Staff and Workers (person)	541788	731682
利税总额 （万元）	Total Profits and Taxes (10000 yuan)	7568357	12840351
合同利用外资 （万美元）	Foreign Capital to be Utilized in the Signed Agreements and Contracts (USD 10000)	216285	414493
外商直接投资实际使用外资金额 （万美元）	Foreign Capital Actually Utilized (USD 10000)	221043	224705

1-23 私营企业基本情况（2018年末，按行业分）

项　　目	Item
总　计	**Total**
农林牧渔业	Agriculture, Forestry, Animal Husbandry and Fishing
采矿业	Mining
制造业	Manufacturing
电力、热力、燃气及水生产和供应业	Production and Supply of Electricity, Heat,Gas and Water
建筑业	Construction
批发和零售业	Wholesale and Retail Trade
交通运输、仓储和邮政业	Transport, Storage and Post
住宿和餐饮业	Hotels and Catering Services
信息传输、软件和信息技术服务业	Information Transmission, Software and Information Technology
金融业	Financial Intermediation
房地产业	Real Estate
租赁和商务服务业	Leasing and Business Services
科学研究和技术服务业	Scientific Research and Technical Services
水利、环境和公共设施管理业	Management of Water Conservancy, Environment and Public Facilities
居民服务、修理和其他服务业	Service to Households, Repair and Other Services
教育	Education
卫生和社会工作	Health and Social Service
文化、体育和娱乐业	Culture, Sports and Entertainment
其他	Others

注：1.本表数据由广州市市场监督管理局提供。
2.年末人数包括年末投资者人数和年末雇工人数。

Basic Statistics on Private Enterprises (Year-end of 2018, by Sector)

全 市 Total		#城 镇 Urban Areas	
户 数 (户) Number of Enterprises (unit)	年末人数 (人) Number of Personnel at Year-end (person)	户 数 (户) Number of Enterprises (unit)	年末人数 (人) Number of Personnel at Year-end (person)
930843	**2092670**	**884968**	**1952875**
3984	12497	3790	11298
52	158	52	158
83046	216270	74761	177014
369	1221	353	1157
43132	91277	40954	85745
344201	693572	327935	652740
21994	43431	20547	39839
13965	32498	13278	27375
54421	138961	53465	136452
3668	20584	3595	20270
23834	54107	22123	49892
144789	372677	138890	358174
145450	308819	138949	294115
1267	3980	1183	3692
11916	27804	11144	23829
2677	5543	2610	5356
1441	4582	1391	3953
30637	64689	29948	61816

Note: I.Data in this table are provided by Guangzhou Municipal Market Regulatory Administration.
II. The number of people at the year end include the number of investors and hired workers.

1-24 私营企业基本情况（2018年末，按地区分）

Basic Statistics on Private Enterprises (Year-end of 2018, by Region)

地区	District	年末户数（户）Number of Enterprises at Year-end (unit)	年末人数（人）Number of Personnel at Year-end (person)		
				投资者人数 Numbers of Investors	雇工人数 Number of Employees
合　计	**Total**	**930843**	**2092670**	**1655685**	**436985**
# 荔湾区局	Liwan District Bureau	31297	66787	55404	11383
越秀区局	Yuexiu District Bureau	76660	168870	137195	31675
海珠区局	Haizhu District Bureau	64284	132940	113335	19605
天河区局	Tianhe District Bureau	232280	515785	411868	103917
白云区局	Baiyun District Bureau	164528	317496	274005	43491
黄埔区局	Huangpu District Bureau	58152	131045	108833	22212
番禺区局	Panyu District Bureau	103555	237105	178146	58959
花都区局	Huadu District Bureau	41850	84995	66437	18558
南沙区局	Nansha District Bureau	74787	151257	126714	24543
从化区局	Conghua District Bureau	9345	30031	15980	14051
增城区局	Zengcheng District Bureau	40183	99028	66154	32874

注：本表数据按注册地区分，由广州市市场监督管理局提供。

Note: Data in this table are provided by Guangzhou Municipal Market Regulatory Administration according to the registered area.

1-25 城乡个体工商业基本情况

Basic Statistics on Individual Business in Urban and Rural Areas

年 份 Year	期末户数 (户) Number of Year-end Enterprises (unit)	从业人数 (人) Number of Employees (person)
2000	226016	380941
2001	250672	427923
2002	245505	415817
2003	230229	360809
2004	244756	375349
2005	285557	446874
2006	308655	492191
2007	417392	633234
2008	469128	710642
2009	552031	858694
2010	596854	953510
2011	661026	1031588
2012	675449	1055281
2013	716711	1127338
2014	739923	1169148
2015	799583	1256776
2016	862631	1357477
2017	933528	1480664
2018	1006472	1597471

注:本表数据由广州市市场监督管理局提供。

Note: Data in this table are provided by Guangzhou Municipal Market Regulatory Administration.

1-26 城乡个体工商业基本情况（2018年末，按行业分）

项　目	Item
总　计	**Total**
# 农林牧渔业	Agriculture, Forestry, Animal Husbandry and Fishing
采矿业	Mining
制造业	Manufacturing
电力、热力、燃气及水生产和供应业	Production and Supply of Electricity, Heat,Gas and Water
建筑业	Construction
批发和零售业	Wholesale and Retail Trade
交通运输、仓储和邮政业	Transport, Storage and Post
住宿和餐饮业	Hotels and Catering Services
信息传输、软件和信息技术服务业	Information Transmission, Software and Information Technology
金融业	Financial Intermediation
房地产业	Real Estate
租赁和商务服务业	Leasing and Business Services
科学研究和技术服务业	Scientific Research and Technical Services
水利、环境和公共设施管理业	Management of Water Conservancy, Environment and Public Facilities
居民服务、修理和其他服务业	Service to Households, Repair and Other Services
教育	Education
卫生和社会工作	Health and Social Service
文化、体育和娱乐业	Culture, Sports and Entertainment

注：本表数据由广州市市场监督管理局提供。

Basic Statistics on Individual Business in Urban and Rural Areas
(Year-end of 2018, by Sector)

户 数 (户) Number of Enterprises (unit)	# 城 镇 Urban Areas	从业人员 (人) Number of Employed Persons (person)	# 城 镇 Urban Areas
1006472	**992109**	**1597471**	**1573317**
5612	5207	13477	12256
1	1	1	1
72970	71251	229395	223407
100	42	203	90
6070	5981	11354	11169
662718	653878	853439	842570
10564	10517	16973	16902
146067	144352	292523	289142
1207	1151	1689	1616
52	52	78	78
1581	1569	2708	2689
17210	17029	28819	28513
5388	5299	9189	9063
57	54	106	96
68448	67335	120579	118851
1405	1404	3011	3010
1446	1435	4218	4197
5576	5552	9709	9667

Note: Data in this table are provided by Guangzhou Municipal Market Regulatory Administration.

1-27　内资企业基本情况（2018年末）

项　　目	Item
总　计	**Total**
按行业分	**Grouped by Sector**
农林牧渔业	Agriculture, Forestry, Animal Husbandry and Fishing
采矿业	Mining
制造业	Manufacturing
电力、热力、燃气及水生产和供应业	Production and Supply of Electricity, Heat,Gas and Water
建筑业	Construction
批发和零售业	Wholesale and Retail Trade
交通运输、仓储和邮政业	Transport, Storage and Post
住宿和餐饮业	Hotels and Catering Services
信息传输、软件和信息技术服务业	Information Transmission, Software and Information Technology
金融业	Financial Intermediation
房地产业	Real Estate
租赁和商务服务业	Leasing and Business Services
科学研究和技术服务业	Scientific Research and Technical Services
水利、环境和公共设施管理业	Management of Water Conservancy, Environment and Public Facilities
居民服务、修理和其他服务业	Service to Households, Repair and Other Services
教育	Education
卫生和社会工作	Health and Social Service
文化、体育和娱乐业	Culture, Sports and Entertainment
其他	Others

注：1．本表数据由广州市市场监督管理局提供。
　　2．本表不包括私营企业。

Basic Statistics on Domestic-Funded Enterprises (Year-end of 2018)

企业数 (户) Numbers of Enterprises (unit)	# 国有企业 Stated-owned Enterprises	# 集体企业 Collective-owned Enterprises	# 公司 Corporations	# 其他企业 Other Enterprises
86476	**2475**	**4304**	**76072**	**3625**
534	41	84	402	7
21	1	2	18	
4346	228	692	2610	816
452	29	50	371	2
2697	158	198	2257	84
18624	718	1891	14427	1588
3153	338	149	2574	92
2343	137	80	1819	307
5384	4	11	5358	11
5072	13		5056	3
6916	136	558	6156	66
19696	408	340	18787	161
12022	164	104	11647	107
296	21	20	250	5
1126	34	83	716	293
446	9	16	408	13
894		4	887	3
2453	36	22	2328	67
1			1	

Note: I.Data in this table are provided by Guangzhou Municipal Market Regulatory Administration.
II. This table excludes private enterprises.

【地区生产总值(GDP)】 指一个地区所有常住单位在一定时期内生产活动的最终成果。国内生产总值有三种表现形态，即价值形态、收入形态和产品形态。从价值形态看，它是所有常住单位在一定时期内生产的全部货物和服务价值与同期投入的全部非固定资产货物和服务价值的差额，即所有常住单位的增加值之和；从收入形态看，它是所有常住单位在一定时期内创造的各项收入之和，包括劳动者报酬、生产税净额、固定资产折旧和营业盈余；从产品形态看，它是所有常住单位在一定时期内最终使用的货物和服务价值与货物和服务净出口价值之和。在实际核算中，国内生产总值有三种计算方法，即生产法、收入法和支出法。三种方法分别从不同的方面反映国内生产总值及其构成。

【三次产业】 三产业的划分是世界上较为常用的产业结构分类，但各国的划分不尽一致。根据《国民经济行业分类》（GB/T 4754-2011），我国的三次产业划分是：

第一产业是指农、林、牧、渔业（不含农、林、牧、渔服务业）。

第二产业是指采矿业（不含开采辅助活动），制造业（不含金属制品、机械和设备修理业），电力、热力、燃气及水生产和供应业，建筑业。

第三产业即服务业，是指除第一产业、第二产业以外的其他行业。

【劳动者报酬】 指劳动者从事生产活动应获得的全部报酬，既包括货币形式的报酬，也包括实物形式的报酬。主要包括工资、奖金、津贴和补贴，单位为其员工交纳的社会保险费、补充社会保险费和住房公积金、行政事业单位职工的离退休金、单位为其员工提供的其他各种形式的福利和报酬等。

【生产税净额】 指生产税减生产补贴后的差额。其中，生产税指政府对生产单位从事生产、销售和经营活动，以及因从事生产活动使用某些生产要素（如固定资产和土地等）所征收的各种税收、附加费和其他规费。生产税分为产品税和其他生产税，产品税主要有：增值税、消费税、进口关税、出口税等；其他生产税主要有：房产税、车船使用税、城镇土地使用税等。生产补贴则相反，它是政府为影响生产单位的生产、销售及定价等生产活动而对其提供的无偿支付，包括农业生产补贴、政策亏损补贴、进口补贴等。生产补贴作为负生产税处理。

【固定资产折旧】 指由于自然退化、正常淘汰或损耗而导致的固定资产价值下降，用以代表固定资产通过生产过程被转移到其产出中的价值。原则上，固定资产折旧应按照固定资产的重置价值计算。

【营业盈余】 指常住单位创造的增加值扣除劳动者报酬、生产税净额和固定资产折旧后的余额。

【支出法国内生产总值】 是从最终使用的角度反映一个国家(或地区)一定时期内生产活动最终成果的一种方法，包括最终消费支出、资本形成总额及货物和服务净出口三部分。计算公式为：

支出法国内生产总值=最终消费支出+资本形成总额+货物和服务净出口

【最终消费支出】 指常住单位为满足物质、文化和精神生活的需要，从本国经济领土和国外购买的货物和服务的支出。它不包括非常住单位在本国经济领土内的消费支出。最终消费支出分为居民消费支出和政府消费支出。

【居民消费支出】 指常住住户在一定时期内对于货物和服务的全部最终消费支出。居民消费支出除了直接以货币形式购买的货物和服务的消费支出外，还包括以其他方式获得的货物和服务的消费支出，即所谓的虚拟消费支出。居民虚拟消费支出包括如下几种类型：单位以实物报酬及实物转移的形式提供给劳动者的货物和服务；住户生产并由本住户消费了的货物和服务，其中的服务仅指住户的自有住房服务；金融机构提供的金融媒介服务。

【政府消费支出】 指政府部门为全社会提供的公共服务的消费支出和免费或以较低的价格向居民住户提供的货物和服务的净支出，前者等于政府服务的产出价值减去政府单位所获得的经营收入的价值，后者等于政府部门免费或以较低价格向居民住户提供的货物和服务的市场价值减去向住户收取的价值。

【资本形成总额】 指常住单位在一定时期内获得减去处置的固定资产和存货的净额，包括固定资本形成总额和存货变动两部分。

【固定资本形成总额】 指常住单位在一定时期内获得的固定资产减处置的固定资产的价值总额。固定资产是通过生产活动生产出来的，且其使用年限在一年以上、单位价值在规定标准以上的资产，不包括自然资产、耐用消费品、小型工器具。固定资本形成总额包括住宅、其他建筑和构筑物、机器和设备、培育性生物资源、知识产权产品（研发支出、矿藏的勘探、计算机软件）的价值获得减处置。

【存货变动】 指常住单位在一定时期内存货实物量变动的市场价值，即期末价值减期初价值的差额，再扣除当期由于价格变动而产生的持有收益。存货变动可以是正值，也可以是负值，正值表示存货上升，负值表示存货下降。存货包括生产单位购进的原材料、燃料和储备物资等存货，以及生产单位生产的产成品、在制品和半成品等存货。

【可比价格】 指在不同时期的价值指标对比时，扣除了价格变动的因素，以确切反映物量的变化。按可比价格计算有两种方法：一种是直接用产品产量乘某一年的不变价格计算；另一种是用价格指数换算。

【平均增长速度】 表明社会经济现象在一个较长的时期内逐期平均增长变化的程度，它不能根据各个环比增长速度直接求得，但与平均发展速度之间存在着一定的数量关系：平均增长速度＝平均发展速度－1。

平均发展速度是一种根据环比发展速度计算的序时平均数，由于各时期对比的基础不同，所以计算平均发展速度不能采用一般的序时平均数的计算方法，计算方法分为水平法和累计法。水平法，又称几何平均法，即将环比发展速度按连乘法用几何平均数公式计算。累计法，也称方程法，根据一段时期内各年发展水平总和与基期水平的关系，列出方程式计算平均发展速度。水平法着重考虑最后一年所达到的发展水平；累计法着重考虑整个时期累计发展水平的总量。

本《年鉴》内所列的平均增长速度，除固定资产投资用

“累计法”计算外，其余均用“水平法”计算。从某年到某年平均增长速度的年份，均不包括基期年在内。如1979年平均增长速度是以1978年为基期计算的，余类推。

【国有企业】指企业全部资产归国家所有，并按《中华人民共和国企业法人登记管理条例》规定登记注册的非公司制的经济组织。不包括有限责任公司中的国有独资公司。

【集体企业】指企业资产归集体所有，并按《中华人民共和国企业法人登记管理条例》规定登记注册的经济组织。

【股份合作企业】指以合作制为基础，由企业职工共同出资入股，吸收一定比例的社会资产投资组建，实行自主经营，自负盈亏，共同劳动，民主管理，按劳动分配与按股分红相结合的一种集体经济组织。

【联营企业】指两个及两个以上相同或不同所有制性质的企业法人或事业单位法人，按自愿、平等、互利的原则，共同投资组成的经济组织。联营企业包括国有联营企业、集体联营企业、国有与集体联营企业和其他联营企业。

【有限责任公司】指根据《中华人民共和国公司登记管理条例》规定登记注册，由2个以上，50个以下的股东共同出资，每个股东以其所认缴的出资额对公司承担有限责任，公司以其全部资产对其债务承担责任的经济组织。有限责任公司包括国有独资公司以及其他有限责任公司。

【股份有限公司】指根据《中华人民共和国公司登记管理条例》规定登记注册，其全部注册资本由等额股份构成并通过发行股票筹集资本，股东以其认购的股份对公司承担有限责任，公司以其全部资产对其债务承担责任的经济组织。

【私营企业】指由自然人投资设立或由自然人控股，以雇佣劳动为基础的营利性经济组织。包括按照《公司法》、《合伙企业法》、《私营企业暂行条列》以及《个人独资企业法》规定登记注册的私营有限责任公司、私营股份有限公司、私营合伙企业、私营独资企业和个人独资企业。

【其他企业】指国有企业、集体企业、股份合作企业、联营企业、有限责任公司、股份有限公司和私营企业之外的其他内资经济组织。

【合资经营企业（港或澳、台资）】指港澳台地区投资者与内地企业依照《中华人民共和国中外合资经营企业法》及有关法律的规定，依照合作合同的约定进行投资或提供条件设立、分配利润、分担风险和亏损的企业。

【合作经营企业（港或澳、台资）】指港澳台地区投资者与内地企业依照《中华人民共和国中外合作经营企业法》及有关法律的规定，依照合作合同的约定进行投资或提供条件设立、分配利润和分担风险的企业。

【港澳台商独资经营企业】指依照《中华人民共和国外资企业法》及有关法律的规定，在内地由港澳台地区投资者全额投资设立的企业。

【港澳台商投资股份有限公司】指根据国家有关规定，经商务部（原外经贸部）依法批准设立，其中港、澳、台商的股本占公司注册资本的比例达25%以上的股份有限公司。凡其中港、澳、台商的股本占公司注册资本的比例小于25%的，属于内资企业中的股份有限公司。

【其他港澳台商投资企业】指在中国境内参照《外国企业或个人在中国境内设立合伙企业管理办法》和《外商投资合伙企业登记管理规定》，依法设立的港、澳、台商投资合伙企业。

【中外合资经营企业】指外国企业或外国人与中国内地企业依照《中华人民共和国中外合资经营企业法》及有关法律的规定，按合同规定的比例投资设立、分享利润和分担风险的企业。

【中外合作经营企业】指外国企业或外国人与中国内地企业依照《中华人民共和国中外合作经营企业法》及有关法律的规定，依照合作合同的约定进行投资或提供条件设立、分享利润和分担风险的企业。

【外资企业】指依照《中华人民共和国外资企业法》及有关法律的规定，在中国内地由外国投资者全额投资设立的企业。

【外商投资股份有限公司】指根据国家有关规定，经商务部（原外经贸部）依法批准设立，其中外资的股本占公司注册资本的比例达25%以上的股份有限公司。凡其中外资股本占公司注册资本的比例小于25%的，属于内资企业中的股份有限公司。

【其他外商投资企业】指在中国境内依照《外国企业或个人在中国境内设立合伙企业管理办法》和《外商投资合伙企业登记管理规定》，依法设立的外商投资合伙企业。

【法人单位】指同时具备以下条件的单位：（1）依法成立、有自已的名称、组织机构和场所、能够独立承担民事责任；（2）独立拥有和使用（或授权使用）资产或者经费、承担负债、有权与其它单位签订合同；（3）具有包括资产负债表在内的账户，或者能够根据需要编制账户。法人单位包括企业法人、事业单位法人、机关法人、社会团体法人、民办非企业法人和其他法人。

【单产业法人】指只在一个地点，主要从事一种生产经营活动的法人单位。

【多产业法人】指坐落于两个及两个以上地点或主要从事两种及两种以上生产经营活动的，按照单位划分规定可以划分为两个或两个以上的产业活动单位的法人单位。

【产业活动单位】是法人单位的组成部分。产业活动单位应同时具备下列条件：（1）在一个场所从事一种或主要从事一种社会经济活动；（2）相对独立组织生产活动或经营活动；（3）能够提供收入和支出等相关资料。

【Gross Domestic Product (GDP)】 refers to the final products produced by all resident units in a country during a certain period of time. Gross domestic product is expressed in three different perspectives, namely value, income, and products respectively. GDP in its value perspective refers to the balance of total value of all goods and services produced by all resident units during a certain period of time, minus the total value of input of goods and services of the nature of non-fixed assets; in other words, it is the sum of the value-added of all resident units. GDP from the perspective of income refers to the sum of all kinds of revenue, including Compensation of Employees, Net Taxes on Production, Depreciation of Fixed Assets, and Operating Surplus. GDP from the perspective of products refers to the value of all goods and services for final demand by all resident units plus the net exports of goods and services during a given period of time. In the practice of national accounting, gross domestic product is calculated from three approaches, namely production approach, income approach and expenditure approach, which reflect gross domestic product and its composition from different angles.

【Three Strata of Industry】 Classification of economic activities into three strata of industry is a common practice in the world, although the grouping varies to some extent from country to country. In China, according to Industrial classification for National Economic Activities (GB/T 4754-2011) and Dividing Basis of Three Industries, economic activities are categorized into the following three strata of industry:

Primary industry refers to agriculture, forestry, animal husbandry and fishery industries (not including services in support of agriculture, forestry, animal husbandry and fishery industries).

【Secondary industry】 refers to mining and quarrying(not including support activities for mining), manufacturing(not including repair service of metal products, machinery and equipment), production and supply of electricity, heat, gas and water, and construction.

Tertiary industry refers to all other economic activities not included in the primary or secondary industries.

【Compensation of Employees】 refers to the total payment of various forms to employees for the productive activities they are engaged in. It includes the employees earn in cash or in kind. It mainly include: wages, bonuses and allowances, subsidies, social insurance paid by company or unit for its staff, supplementary social insurance, housing fund, the pension for the employees of the administrative institution, other forms of welfare and remuneration provide by the units for its employees.

【Net Taxes on Production】 refers to taxes on production less subsidies on production. The taxes on production refers to the various taxes, extra charges and fees levied on the production units on their production, sale and business activities as well as on the use of some factors of production, such as fixed assets, land etc. in the production activities they are engaged in. Taxes on production are divided into product tax and other kinds of taxes on production, product tax mainly includes: value-added tax, consumption tax, import duty, export duty; other taxes on production mainly include: House Property Tax, Tax on Vehicles and Boat Operation, Urban Land Use Tax, etc. In contrast to taxes on production, subsidies on production refer to the payment by the government for free to the production units to influence production activities of production units such as production, sales and pricing, which include agricultural production subsidies, subsidies for policy losses, import subsidies, etc. Subsidies on production are therefore regarded as negative taxes on production.

【Depreciation of Fixed Assets】 Refers to the decline of the value of fixed assets due to natural deterioration, normal elimination or loss, it reflects the value of transfer of the fixed assets in the production of the current period. In principle, the depreciation of fixed assets should be calculated on the basis of the re-purchased value of the fixed assets.

【Operating Surplus】 refers to the balance of the value added created by the resident units after deducting the labourers remuneration, net taxes on production and the depreciation of fixed assets.

【GDP by Expenditure Approach】 refers to the method of measuring the final results of production activities of a country (region) during a given period from the perspective of final uses. It includes final consumption expenditure, gross capital formation and net export of goods and services. The formula for computation is:

GDP by expenditure approach = final consumption expenditure + gross capital formation + net export of goods and services.

【Final Consumption Expenditure】 refers to the total expenditure of resident units for purchases of goods and services from both the domestic economic territory and abroad to meet the needs of material, cultural and spiritual life. It does not include the expenditure of non-resident units on consumption in the economic territory of the country. The final consumption expenditure is broken down into household consumption expenditure and government consumption expenditure.

【Household Consumption Expenditure】 refers to the total expenditure of resident households on the final consumption of goods and services. In addition to the consumption of goods and services bought by the households directly with money, the household consumption expenditure also includes expenditure on goods and services obtained by the households in other ways, i.e. the latter so-called imputed consumption expenditure, which mainly includes: (a) the goods and services provided to households by employers in the form of payment in kind and transfer in kind; (b) goods and services produced and consumed by the households themselves (such as self produced agricultural products); (c) financial intermediate services provided by banking and insurance institutions.

【Government Consumption Expenditure】 refers to the consumption expenditure spent for the provision of public services provided by the government to the whole country and the net expenditure on the goods and services provided by the government

to households free of charge or at reduced prices. The former equals to the output value of the government services minus the value of operating income obtained by the government departments. The latter equals to the market value of the goods and services provided by the government free of charge or at reduced prices to the households minus the value received by the government from the households.

【Gross Capital Formation】 refers to the fixed assets acquired less disposals and the net value of inventory, thus including gross fixed capital formation and changes in inventories.

【Gross Fixed Capital Formation】 refers to the value of acquisitions less those disposals of fixed assets during a given period. Fixed assets are the assets produced through production activities with unit value above a specified amount and which could be used for over one year. Natural assets, consumer durables, small instruments are not included. Gross Fixed Capital Formation includes the value of housing, other buildings and structure, equipment and machinery, breeding biological resources, intellectual property right product (expenditure for R&D, the prospecting of minerals and the acquisition of computer software) minus the disposal of them.

【Changes in Inventories】 refers to the market value of the change in the physical volume of inventory of resident units during a given period, i.e. the difference between the values at the beginning and at the end of the period minus the gains due to the change in prices. The changes in inventories can have a positive or a negative value. A positive value indicates an increase in inventory while a negative value indicates a decrease in inventory. The inventory includes raw materials, fuels and reserve materials purchased by the production units as well as the inventory of finished products, semi-finished products and work-in-progress.

【Comparable price】 refers to when the value index is compared in different periods, the factors of price change are deducted to reflect the change of material quantity. There are two methods to calculate the comparable price: one is to calculate the product output directly by the constant price of a certain year, and the other is to convert by the price index.

【Average Annual Growth Rate】 shows the average growth rate of social and economic development during a longer period. It can not be directly calculated by chain based growth rate. The relation is:

Average Annual Growth Rate = Average Speed of Development - 1

Average speed of development is the time series average of speed which calculated by chain based. Because the reference bases during the different periods are not same, average speed of development can not be calculated by the general method. Level approach and accumulative approach for calculating average speed of development rate are applied. The "level approach", or the method of calculating the geometric average, is derived by the formula of geometric average of the chain-based speeds of development, or comparing the level of the last year of the interval with that of the beginning year; the other is called the "accumulative approach" or the "algebraic average", "equation" method, which is derived by the summation of the actual figure of each year in the interval divided by the figure in the base year. The level approach focuses on the level of the last year, while the accumulative approach emphasizes the aggregate development in the duration.

The average annual growth rates listed in the Yearbook are calculated by the level approach except for the growth rate of investment in fixed assets. The base year is not listed in the duration for which average annual growth rates are computed. For example, the average growth rate in 1979 is calculated on the basis of 1978, and so on.

【The state-owned enterprises】 are economic organizations whose assets are solely owned by the state and whose registrations are made according to "Regulations of the People's Republic of China for Controlling the Registration of Enterprises as legal Persons." Excluding the state-owned solely enterprises of liability limited companies.

【The collective-owned enterprises】 are economic organizations whose assets are owned by the collective and whose registration are made according to"Regulations of the People's Republic of China for Controlling the Registration of Enterprises as Legal Persons."

【Joint stock cooperative enterprises】 are a kind of collective economic organizations based on a cooperative system. In addition to the shares bought by their workers and staff, the enterprises also absorb a certain percentage of social capital. They enjoy staff, the autonomy in operation and take care of their own losses and profits. The shareholding work together, conduct democratic management, and combine distribution according to one's performance with sharing out profits according to shares.

【Joint operation enterprises】 refer to economic organizations set up with joint investment from legal persons of two or more enterprises of different ownerships or institutions according to principle of voluntary participation, equality and mutual benefit. They include state-owned joint operation enterprises, collective joint operation enterprises, state-collective joint operation enterprises and other types of joint operation enterprises.

【Company with limited liability】 is a company registered in accordance with the "Regulations of the People's Republic of China on Administration of Company Registration."Its investment comes from more than 2 and less than 50 shareholders. Each shareholder assumes limited liability for the company according to his subscription to capital stock. The company assumes liabilities for its debts according to all its assets. Such economic organizations include solely state invested companies and other types of companies with limited liability.

【The joint stock company limited】 refers to economic organizations registered in accordance with the"Regulations of the People's Republic of China on Administration of Company Registration."All its registered capital is composed of shares of equal value and its capital is collected through share issuing. The shareholders bear limited liability for the company according to the amount of shares they have bought from the company and the company assumes liabilities for its debts according to all its assets.

【Private enterprise】 refers to profit making economic organizations set up with investment from natural persons or with controlling interest in the hands of natural persons who employ laborers for operation. Such enterprises include private companies with limited liability, private joint stock companies limited, private partnership enterprises and solely individual invested enterprises, which are registered according to the "Company Law","Partnership Enterprises Law","Temporary Regulations of Private Enterprises" and "Individual Proprietorship Enterprise Law".

【Other companies】 refers to other economic organizations exclude the state-owned enterprises, the collective-owned enterprises, joint stock cooperative enterprises, joint operation enterprises, company with limited liability, the joint stock company limited, private enterprise.

【Joint Venture Enterprises(Funds are from Hong Kong, Macao or Taiwan.)】 are enterprises established by investors from Hong Kong, Macao and Taiwan with enterprises in the mainland of China in accordance with the Law of the People's Republic of China on Sino-foreign Equity Joint Ventures and other relevant laws, where the establishment of the investment and the sharing of profits and risks are stipulated under joint venture contracts.

【Cooperative Enterprises(Funds are from Hong Kong, Macao or Taiwan.)】 established by investors from Hong Kong, Macao and Taiwan with enterprises in the mainland of China in accordance with the Law of the People's Republic of China on Sino-foreign Contractual Joint Venture and other relevant laws, where the investment or provision of facilities and the sharing of profits and risks are stipulated under cooperative contracts.

【Solely invested Hong Kong, Macao and Taiwan enterprises】 refer to enterprises set up on the mainland according to the "Law of the People's Republic of China on Foreign Capital Enterprises and solely invested by investors from Hong Kong, Macao and Taiwan."

【The joint stock company limited funded by investors from Hong Kong, Macao and Taiwan】 refers to any joint stock company limited that is set up according relevant state regulations and is approved by the Ministry of Commerce of PRC (former Ministry of Foreign Economic Relations and Trade). The investment from Hong Kong, Macao and Taiwan investors must account more than 25 percent of the company's total capital. If such investment is less than 25 percent, it shall be classified as a joint stock company limited invested by domestic investors.

【Other Enterprises with Funds From Hong Kong, Macao and Taiwan】 refer to partnership enterprises with investments from Hong Kong, Macao and Taiwan established within the territory of China in accordance with Administrative Measures on the Establishment of Partnership Enterprises in China by Foreign Enterprises or Foreign Individuals and Regulations for the Administration of the Registration of Foreign-invested Partnership Enterprises.

【The Sino foreign joint ventures】 refers to any enterprise that is jointly set up by foreign enterprises or foreigners with Chinese enterprises in accordance with the "Law of the People's Republic of China on Joint Ventures with Chinese and Foreign Investment." The investors shall put in investment, share profits and risks according to the contract on the joint venture.

【The foreign capital enterprise】 refers to any enterprise that is set up on the Chinese mainland according to the "Law of the People's Republic of China on Foreign Capital Enterprises" and with all its investment coming from foreign investors.

【The foreign-invested joint stock company limited】 refers to any joint stock company limited that is set up according to relevant state regulations and is approved by the Ministry of Foreign Economic Relations and Trade. The foreign investment must account more than 25 percent of the company's total capital .If such investment is less than 25 percent, it shall be classified as a joint stock company limited invested by Chinese investors.

【Other foreign capital enterprises】 refer to the foreign capital enterprises set up on the mainland according to the Ministry of Commerce of PRC (former Ministry of Foreign Economic Relations and Trade) on Foreign enterprises or individuals to establish a partnership enterprises"and "Foreign-invested Partnership Enterprise Registration Regulations".

【Legal entities】 Refers to a unit meet the following conditions at the same time: Established by law, it has its own name, organization and location, ability to independently bear civil liability; Independently owned and use (or authorize the use of) assets or funds, assume liabilities, and entitled to sign contracts with other units; Having accounts including balance sheet, including, or can prepare accounts according to needs. Legal entities including corporate, legal institutions, corporate bodies, corporate social groups, private non-enterprise legal persons and other legal entities.

【Single-industry Legal entities】 refers to the legal entities at only one location and mainly one production and business activities .

【Multi-industry Legal entities】 refers to the legal entities located in two or more locations or mainly engaged in two kinds and two or more production and business activities, in accordance with the provisions of the unit can be divided into two or more of the industrial units of legal entities.

【Industrial units】 is part of Legal entities. Industrial units should also meet the following conditions: engaged in a place or primarily in a social economic activities; a relatively independent production activities or operating activities; the ability to provide income and expenditure and other related information.

第二篇 CHAPTER 2

人口

POPULATION

第二篇　人　口

一、本篇资料由广州市统计局人口和社会科技统计处整理提供。

二、本篇资料2-4表中2006-2009年的常住人口数根据2010年第六次全国人口普查结果进行了修正。2-6表中的婴儿死亡率和2-8表数据由广州市卫生健康委员会提供，其他资料均由广州市公安局提供。

三、本篇资料中的农业与非农业人口统计，2003年以前按户口性质分类。2003-2014年，非农业人口的统计口径根据省公安厅《转发公安部办公厅关于修改人口统计年报表等有关问题的通知》（广公（办）字[2003]146号）调整为：设区市的区和不设区市的市区所辖街道办事处区域内的常住人口和市辖镇、县辖镇所辖居民委员会或镇政府驻地村委会区域内的常住人口按非农业人口统计。表2-2中2003-2014年的农业人口和非农业人口均按此口径列出。从2015年开始，按户籍人口所在区域城乡属性分为城镇人口和乡村人口。

2 Population

I. The data in this chapter are prepared by the Division of Population, Social, Science and Technology Statistics of Guangzhou Statistics Bureau.

II. The resident population data for 2006- 2009 of table 2-4 in this chapter has been revised, according to the Sixth National Census in 2010. The death rate of infants in table 2-6 and table 2-8 is provided by Guangzhou Municipal Health Commission, the other data on household population are provided by the Public Security Bureau of Guangzhou Municipality.

Ⅲ. The agricultural population and nonagricultural population in this chapter were cataloged by residence registration before 2003. From 2003 to 2014 the statistical coverage of nonagricultural population has been adjusted in accordance with The Notice about Some Items on Changing the Annual Reporting Tables of Population Statistics Transmitted from the Ministry of Public Security stipulated by Guangdong Provincial Bureau of Public Security. The permanent population living in the region of sub-district offices under the jurisdiction of districts, neighborhood committees under the jurisdiction of towns and village committees where town governments seat are cataloged to non-agricultural population. The agricultural population and nonagricultural population from 2003 to 2014 in table 2-2 are cataloged on this coverage. Since 2015, urban population and rural population are divided by the registered region of registered population.

2-1 主要年份全市年末户籍总户数、总人口数

Total Registered Households and Population at Year-end in Main Years

年 份 Year	总户数 (户) Total Households (household)	总人口 (人) Total Population (person)	男 Male	女 Female	性别比 (女=100) Sex Ratio (Female=100)
1978	1145925	4828961	2454010	2374951	103.33
1980	1162717	5018638	2549801	2468837	103.28
1985	1369661	5449820	2786389	2663431	104.62
1986	1414794	5554073	2844443	2709630	104.98
1987	1462530	5650761	2898250	2752511	105.29
1988	1514705	5769101	2964697	2804404	105.72
1989	1565517	5854265	3009581	2844684	105.80
1990	1641840	5942534	3055107	2887427	105.81
1991	1675951	6022186	3096991	2925195	105.87
1992	1722833	6122016	3151204	2970812	106.07
1993	1825541	6236647	3210324	3026323	106.08
1994	1832571	6370241	3284477	3085764	106.44
1995	1871894	6467115	3334356	3132759	106.44
1996	1905998	6560508	3380751	3179757	106.32
1997	1945905	6664862	3432921	3231941	106.22
1998	2007082	6741400	3469164	3272236	106.02
1999	2044756	6850024	3522913	3327111	105.89
2000	2100434	7006896	3605481	3401415	106.00
2001	2135837	7125979	3670177	3455802	106.20
2002	2162532	7206229	3705036	3501193	105.82
2003	2202851	7251888	3722168	3529720	105.45
2004	2259730	7376720	3779757	3596963	105.08
2005	2302890	7505322	3839680	3665642	104.75
2006	2346536	7607220	3883760	3723460	104.31
2007	2382491	7734787	3942645	3792142	103.97
2008	2425582	7841695	3990328	3851367	103.61
2009	2474396	7946154	4036898	3909256	103.27
2010	2526804	8061370	4089885	3971485	102.98
2011	2595686	8145797	4125784	4020013	102.63
2012	2646091	8222969	4158292	4064677	102.30
2013	2706068	8323096	4201393	4121703	101.93
2014	2765020	8424169	4244403	4179766	101.55
2015	2802675	8541913	4293289	4248624	101.05
2016	2871024	8704901	4366737	4338164	100.66
2017	2950211	8978717	4493885	4484832	100.20
2018	3059851	9276914	4628811	4648103	99.58

2-2 主要年份全市年末户籍常住户口户数、常住户口人口数

Permanent Registered Households and Population at Year-end in Main Years

年 份 Year	总户数 (户) Total Households (household)	人口数 (人) Total Population (person)	农业人口(乡村人口) Agricultural Population	非农业人口(城镇人口) Non-agricultural Population
1978	1145925	4815417	2500559	2314858
1980	1162717	5000658	2444826	2555832
1985	1369170	5431487	2475329	2956158
1986	1414007	5532926	2485169	3047757
1987	1461719	5632622	2492576	3140046
1988	1513715	5750293	2484339	3265954
1989	1564202	5837019	2475068	3361951
1990	1641063	5918462	2504602	3413860
1991	1674843	5997893	2514973	3482920
1992	1721098	6095547	2537164	3558383
1993	1784571	6204135	2450263	3753872
1994	1831663	6338332	2465936	3872396
1995	1871173	6433241	2480482	3952759
1996	1905305	6532967	2500263	4032704
1997	1945526	6629339	2520700	4108639
1998	2006279	6704699	2531875	4172824
1999	2042447	6807635	2551340	4256295
2000	2090384	6939568	2578513	4361055
2001	2127840	7058885	2548091	4510794
2002	2162199	7171300	2297622	4873678
2003	2202124	7226882	990540	6236342
2004	2251393	7348972	828510	6520462
2005	2294825	7466206	784226	6681980
2006	2330293	7573939	782154	6791785
2007	2361299	7701900	787611	6914289
2008	2402885	7802474	760735	7041739
2009	2450739	7917646	806140	7111506
2010	2510473	8042445	820905	7221540
2011	2580335	8129427	806652	7322775
2012	2646091	8222969	782640	7440329
2013	2706068	8323096	792254	7530842
2014	2765020	8424169	761300	7662869
2015	2802675	8541913	1731646	6810267
2016	2871024	8704901	1762341	6942560
2017	2950211	8978717	1823858	7154859
2018	3059851	9276914	1875737	7401177

注：2003—2014年，农业人口、非农业人口资料口径与以前口径不同，详细情况见第二篇简要说明。2015年开始，户籍人口按所在区域城乡属性分为城镇人口和乡村人口。

Note: 2003-2014 agricultural population and non-agricultural population has been calculated on different coverage.Since 2015, urban population and rural population are divided by the registered region of registered population.

2-3 主要年份全市户籍总人口自然变动情况

Statistics on Natural Changes of Total Registered Population in Main Years

单位：人、‰ (person, ‰)

年 份 Year	年平均人数 Annual Average Population	出 生 Birth		死 亡 Death		自然增长率 Natural Growth Rate
		人 数 Population	出生率 Birth Rate	人 数 Population	死亡率 Death Rate	
1978	4753314	73470	15.46	25283	5.32	10.14
1980	4959822	80604	16.25	27643	5.57	10.68
1985	5402904	89630	16.59	28968	5.36	11.23
1986	5501946	91522	16.63	27839	5.06	11.57
1987	5602417	89106	15.90	28794	5.14	10.76
1988	5709931	86032	15.07	30265	5.30	9.77
1989	5811683	91402	15.73	30910	5.32	10.41
1990	5898400	88289	14.97	32388	5.49	9.48
1991	5982360	78680	13.15	30476	5.09	8.06
1992	6072101	79592	13.11	33588	5.53	7.58
1993	6179332	82515	13.35	34619	5.60	7.75
1994	6303444	78614	12.47	33349	5.29	7.18
1995	6418678	75867	11.82	35735	5.57	6.25
1996	6513812	78339	12.03	37216	5.71	6.32
1997	6612685	75184	11.37	35696	5.40	5.97
1998	6703131	67695	10.10	40981	6.11	3.99
1999	6795712	81485	11.99	39176	5.76	6.23
2000	6928460	71248	10.28	39987	5.77	4.51
2001	7066438	67542	9.56	37641	5.33	4.23
2002	7166104	61929	8.64	39673	5.54	3.10
2003	7229059	57277	7.92	41082	5.68	2.24
2004	7314304	69928	9.56	41961	5.74	3.82
2005	7441021	65840	8.85	41949	5.64	3.21
2006	7556271	67662	8.95	40936	5.42	3.53
2007	7671004	71332	9.30	42548	5.55	3.75
2008	7788241	79130	10.16	44420	5.70	4.46
2009	7893925	76482	9.69	42746	5.42	4.27
2010	8003762	99779	12.47	45571	5.69	6.78
2011	8103584	87024	10.74	44130	5.45	5.29
2012	8184383	101782	12.44	50538	6.17	6.27
2013	8273033	115813	14.00	44966	5.44	8.56
2014	8373633	113926	13.61	46767	5.59	8.02
2015	8483041	150403	17.73	49158	5.79	11.94
2016	8623407	137275	15.92	47145	5.47	10.45
2017	8841809	200958	22.73	60947	6.89	15.84
2018	9127816	170997	18.73	52293	5.73	13.00

2-4 各区、县级市年末人口数(2005-2014年)

Population at Year-end by District and County-level City (2005-2014)

单位:万人 (10000 person)

地 区	District	2005	2006	2007	2008	2009	2010	2011	2012	2013	2014
户籍人口	**Registered Population**										
全 市	**Total**	**750.53**	**760.72**	**773.48**	**784.17**	**794.62**	**806.14**	**814.58**	**822.30**	**832.31**	**842.42**
荔湾区	Liwan	70.47	70.53	70.48	70.61	70.65	70.93	71.04	71.20	71.56	71.96
越秀区	Yuexiu	115.06	115.15	115.84	116.33	116.69	116.97	117.17	117.21	117.52	117.55
海珠区	Haizhu	87.70	89.05	90.79	92.31	93.73	95.28	96.75	97.74	98.89	99.81
天河区	Tianhe	61.97	64.54	69.00	71.66	74.53	77.06	78.51	79.63	80.95	82.43
白云区	Baiyun	76.07	76.77	77.65	78.99	80.65	83.19	84.66	86.31	88.15	89.83
黄埔区	Huangpu	19.27	19.36	19.55	19.71	19.85	19.97	20.15	20.42	20.64	20.93
番禺区	Panyu	93.08	94.76	97.51	98.92	99.92	100.39	100.86	80.81	82.06	83.57
花都区	Huadu	63.03	63.67	63.93	64.62	65.16	66.19	66.93	67.71	68.73	69.56
南沙区	Nansha	14.26	14.76	14.86	15.05	15.23	15.41	15.68	36.74	37.23	37.74
萝岗区	Luogang	16.37	16.73	17.16	17.63	18.27	18.90	19.57	20.20	20.91	21.58
增城市	Zengcheng	79.43	81.06	81.80	82.66	83.36	83.98	84.58	84.77	85.44	86.46
从化市	Conghua	53.82	54.34	54.91	55.68	56.58	57.87	58.68	59.56	60.23	61.00
常住人口	**Permanent Population**										
全 市	**Total**	**949.68**	**996.66**	**1053.01**	**1115.34**	**1186.97**	**1270.96**	**1275.14**	**1283.89**	**1292.68**	**1308.05**
荔湾区	Liwan	71.08	73.80	77.11	80.74	84.91	89.82	89.15	89.31	88.92	89.14
越秀区	Yuexiu	98.34	100.66	103.69	107.03	110.98	115.73	114.89	114.95	114.09	114.65
海珠区	Haizhu	122.07	127.01	132.99	139.56	147.09	155.92	156.63	157.58	158.34	159.98
天河区	Tianhe	104.56	110.34	117.19	124.74	133.34	143.37	143.65	144.66	148.43	150.61
白云区	Baiyun	155.45	165.46	177.24	190.27	205.16	222.48	223.67	225.20	226.57	228.89
黄埔区	Huangpu	27.52	30.19	33.34	36.89	41.00	45.83	46.10	46.47	46.67	47.43
番禺区	Panyu	142.36	147.26	153.31	159.95	167.61	176.65	177.64	143.75	144.86	146.75
花都区	Huadu	67.93	71.91	76.61	81.79	87.70	94.59	94.86	95.64	96.48	97.51
南沙区	Nansha	17.80	19.03	20.46	22.06	23.89	26.01	26.77	62.33	62.51	63.53
萝岗区	Luogang	19.60	22.10	25.08	28.51	32.57	37.41	38.06	38.67	39.61	40.58
增城市	Zengcheng	75.70	79.88	84.83	90.29	96.51	103.76	104.14	104.92	105.18	106.97
从化市	Conghua	47.27	49.02	51.16	53.51	56.21	59.39	59.58	60.41	61.02	62.01

注：2006年～2009年常住人口数根据2010年第六次全国人口普查结果进行了修正。2015年行政区划调整，数据见表2-5.

Note: The permanent population from 2006 to 2009 are revised according to the Sixth National Population Census.The district has been adjusted in 2015, data in Form 2-5

2-5 主要年份各区年末人口数

Population at Year-end by District in Main Years

单位:万人 (10000 person)

地 区	District	2015	2016	2017	2018
常住人口	**Permanent Population**				
全 市	**Total**	**1350.11**	**1404.35**	**1449.84**	**1490.44**
荔湾区	Liwan	92.17	92.50	95.00	97.00
越秀区	Yuexiu	115.68	116.11	116.38	117.89
海珠区	Haizhu	161.37	163.79	166.31	169.36
天河区	Tianhe	154.57	163.10	169.79	174.66
白云区	Baiyun	240.34	244.19	257.24	271.43
黄埔区	Huangpu	89.85	108.26	109.10	111.41
番禺区	Panyu	154.41	164.11	171.93	177.70
花都区	Huadu	101.58	105.49	107.55	109.26
南沙区	Nansha	65.58	68.74	72.50	75.17
从化区	Conghua	62.53	63.53	64.21	64.71
增城区	Zengcheng	112.03	114.53	119.83	121.85
户籍人口	**Registered Population**				
全 市	**Total**	**854.19**	**870.49**	**897.87**	**927.69**
荔湾区	Liwan	72.10	72.69	73.59	74.54
越秀区	Yuexiu	117.48	117.44	117.82	117.79
海珠区	Haizhu	101.05	102.26	104.03	105.59
天河区	Tianhe	84.46	86.77	90.28	93.92
白云区	Baiyun	91.78	94.36	98.92	103.34
黄埔区	Huangpu	43.95	45.75	48.94	52.76
番禺区	Panyu	85.57	88.65	93.45	98.94
花都区	Huadu	70.68	72.38	74.90	78.24
南沙区	Nansha	38.35	39.26	41.54	43.93
从化区	Conghua	61.52	61.85	62.63	63.49
增城区	Zengcheng	87.25	89.08	91.77	95.15

2-6 各区户籍总人口自然变动状况（2018年）

Statistics on Natural Changes of Total Registered Population by District (2018)

单位：人、‰ (person, ‰)

区	District	年平均人数 Annual Average Population	出生 Birth 人数 Population	出生率 Brith Rate	死亡 Death 人数 Population	死亡率 Death Rate	#婴儿 Infant
全　市	**Total**	**9127816**	**170997**	**18.73**	**52293**	**5.73**	**2.50**
荔湾区	Liwan	740693	8539	11.53	6484	8.75	1.78
越秀区	Yuexiu	1178066	12208	10.36	8777	7.45	1.99
海珠区	Haizhu	1048093	12748	12.16	7486	7.14	2.87
天河区	Tianhe	921005	16151	17.54	3180	3.45	2.54
白云区	Baiyun	1011291	21806	21.56	5222	5.16	2.34
黄埔区	Huangpu	508491	14385	28.29	2202	4.33	2.30
番禺区	Panyu	961940	22483	23.37	4269	4.44	2.75
花都区	Huadu	765676	18547	24.22	3470	4.53	1.98
南沙区	Nansha	427330	9335	21.84	2537	5.94	2.69
从化区	Conghua	630618	12503	19.83	3675	5.83	2.84
增城区	Zengcheng	934615	22292	23.85	4991	5.34	2.86

2-7 各区户籍人口迁移状况（2018年）

Statistics on Migration of Registered Population by District (2018)

单位:人、‰ (person, ‰)

区	District	迁入人数 Number of Immigration	迁入率 Immigration Rate	迁出人数 Number of Emigration	迁出率 Emigration Rate	净增人数 Number of Net Migration	净增率 Net Migration Rate
全　市	**Total**	**228093**	**24.99**	**48835**	**5.35**	**179258**	**19.64**
荔湾区	Liwan	8153	11.01	1878	2.54	6275	8.47
越秀区	Yuexiu	19278	16.36	6223	5.28	13055	11.08
海珠区	Haizhu	17817	17.00	5563	5.31	12254	11.69
天河区	Tianhe	45283	49.17	14173	15.39	31110	33.78
白云区	Baiyun	27033	26.73	3795	3.75	23238	22.98
黄埔区	Huangpu	20889	41.08	1997	3.93	18892	37.15
番禺区	Panyu	37644	39.13	7277	7.56	30367	31.57
花都区	Huadu	17799	23.25	2443	3.19	15356	20.06
南沙区	Nansha	11163	26.12	730	1.71	10433	24.41
从化区	Conghua	4131	6.55	1828	2.90	2303	3.65
增城区	Zengcheng	18903	20.23	2928	3.13	15975	17.10

2-8 各区计划生育情况（2018年）

Statistics on Family Planning by District (2018)

单位：人、% (person, %)

区	District	已婚育龄妇女人数 Married Women at Childbearing Age	女性初婚人数 Number of Women First Married	晚婚率 Late Married Rate	政策生育率 Family Planning Rate	一孩率 One-child Rate	二孩率 Two-child Rate	多孩率 More Than One-child Rate	出生人口性别比 Sex Ratio of Birth Population
全　市	**Total**	**1760424**	**48877**	**87.41**	**95.75**	**40.23**	**53.16**	**6.61**	**114.22**
荔湾区	Liwan	111478	2761	95.00	97.96	48.02	47.56	4.42	110.24
越秀区	Yuexiu	185497	5240	96.41	98.19	46.63	49.07	4.30	109.67
海珠区	Haizhu	174867	4236	95.66	97.98	45.89	49.61	4.50	113.84
天河区	Tianhe	187333	6699	96.64	97.21	44.21	50.88	4.91	117.67
白云区	Baiyun	210985	5387	87.95	95.84	38.32	55.42	6.26	114.55
黄埔区	Huangpu	116667	3155	86.05	95.96	39.31	53.82	6.87	111.53
番禺区	Panyu	209573	5315	89.46	97.86	41.07	55.19	3.74	113.93
花都区	Huadu	159732	3767	83.49	95.20	34.34	57.91	7.74	115.13
南沙区	Nansha	90647	2769	79.81	98.47	41.33	54.97	3.70	110.62
从化区	Conghua	124167	3585	70.49	88.45	35.24	49.79	14.97	115.42
增城区	Zengcheng	189478	5963	74.34	91.97	35.43	54.45	10.12	118.26

2-9 各区户籍人口年龄构成（2018年）

The Registered Population Age Composition by District (2018)

地 区	District	人口数（人）Total Population (person)			占总人口比重（%）The Proportion of the Total Population (%)		
		18岁以下 Under 18	18-60岁 Between 18 and 60	60岁以上 Above 60	18岁以下 Under 18	18-60岁 Between 18 and 60	60岁以上 Above 60
总 计	**Total**	**1854274**	**5729948**	**1692692**	**19.99**	**61.76**	**18.25**
荔湾区	Liwan	104409	434151	206886	14.01	58.24	27.75
越秀区	Yuexiu	172083	706482	299338	14.61	59.98	25.41
海珠区	Haizhu	168029	623714	264180	15.91	59.07	25.02
天河区	Tianhe	190930	617497	130774	20.33	65.75	13.92
白云区	Baiyun	230006	630616	172791	22.26	61.02	16.72
黄埔区	Huangpu	128568	328030	71027	24.37	62.17	13.46
番禺区	Panyu	228748	624923	135682	23.12	63.17	13.71
花都区	Huadu	179036	482880	120435	22.89	61.72	15.39
南沙区	Nansha	90347	276665	72253	20.57	62.98	16.45
从化区	Conghua	146873	403624	84396	23.13	63.58	13.29
增城区	Zengcheng	215245	601366	134930	22.62	63.20	14.18

2-10 主要年份各区常住人口城镇人口比重（2010-2018年）

The Proportion of Urban Population in the Permanent Population by District in Main Years (2010-2018)

单位:% (%)

地 区	District	2010	2011	2012	2013	2014	2015	2016	2017	2018
全 市	**Total**	**83.78**	**84.13**	**85.02**	**85.27**	**85.43**	**85.53**	**86.06**	**86.14**	**86.38**
荔湾区	Liwan	96.70	96.81	97.68	98.02	100.00	100.00	100.00	100.00	100.00
越秀区	Yuexiu	100.00	100.00	100.00	100.00	100.00	100.00	100.00	100.00	100.00
海珠区	Haizhu	100.00	100.00	100.00	100.00	100.00	100.00	100.00	100.00	100.00
天河区	Tianhe	99.61	99.72	100.00	100.00	100.00	100.00	100.00	100.00	100.00
白云区	Baiyun	78.13	78.47	79.95	80.21	80.26	80.53	80.73	80.93	81.02
黄埔区	Huangpu	90.37	90.77	91.39	91.45	91.47	91.56	91.58	91.58	91.65
番禺区	Panyu	80.06	82.55	83.94	84.24	84.28	85.04	88.49	89.07	89.13
花都区	Huadu	64.54	64.91	66.21	66.53	66.59	66.85	67.26	67.26	68.80
南沙区	Nansha	68.83	70.59	71.99	72.11	72.19	72.33	72.47	72.50	72.79
从化区	Conghua	38.61	41.33	43.09	44.31	44.49	44.79	44.81	45.01	45.08
增城区	Zengcheng	68.47	69.32	70.95	71.67	71.86	71.88	71.90	72.12	73.10

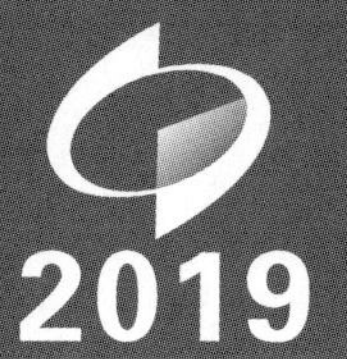

2019

主要统计指标解释

Explanatory Notes on Main Statistical Indicators

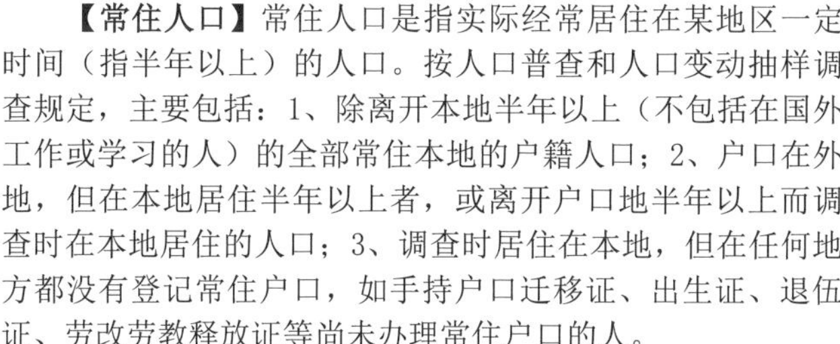

【常住人口】常住人口是指实际经常居住在某地区一定时间（指半年以上）的人口。按人口普查和人口变动抽样调查规定，主要包括：1、除离开本地半年以上（不包括在国外工作或学习的人）的全部常住本地的户籍人口；2、户口在外地，但在本地居住半年以上者，或离开户口地半年以上而调查时在本地居住的人口；3、调查时居住在本地，但在任何地方都没有登记常住户口，如手持户口迁移证、出生证、退伍证、劳改劳教释放证等尚未办理常住户口的人。

【户籍人口】户籍人口是指公民依照《中华人民共和国户口登记条例》，已在其经常居住地的公安户籍管理机关登记了常住户口的人。这类人口不管其是否外出，也不管外出时间长短，只要在某地注册有常住户口，则为该地区的户籍人口。户籍人口数一般是通过公安部门的经常性统计月报或年报取得。

【晚婚率】指在一定时期内(通常为一年)的女性初婚人口中23岁以上人数占当年女性初婚人数的比例，一般用百分比表示。计算公式：

晚婚率=本年23岁以上女性初婚人数/本年女性初婚人数×100%

【出生率(又称粗出生率)】指在一定时期内(通常为一年)一定地区的出生人数与同期平均人数(或期中人数)之比，一般用千分率表示。计算公式：

$$出生率 = \frac{年出生人数}{年平均人数} \times 1000‰$$

出生人数是指活产婴儿，即胎儿脱离母体时(不管怀孕月数)，有过呼吸或其他生命现象。年平均人数是年初、年底人口数的平均数，也可用年中人口数代替。

【死亡率(又称粗死亡率)】指在一定时期内(通常为一年)一定地区的死亡人数与同期平均人数(或期中人数)之比，一般用千分率表示。计算公式：

$$死亡率 = \frac{年死亡人数}{年平均人数} \times 1000‰$$

【人口自然增长率】指在一定时期内(通常为一年)人口自然增加数(出生人数减死亡人数)与该时期内平均人数(或期中人数)之比，一般用千分率表示。计算公式：

$$人口自然增长率 = \frac{本年出生人数-本年死亡人数}{年平均人数} \times 1000‰$$

人口自然增长率 = 人口出生率-人口死亡率

【The population of permanent residents】 The population of permanent residents refers to the population who actually and usually lives in a given area for a certain time (above half a year). According to the provisions of the population census and the sampling survey of population, the population of permanent residents mainly includes the following types: 1.All registered population who usually live in one certain place, excluding the person who leave away above half a year, including persons working or studying abroad. 2.The population who has lived in a certain place above half a year and whose household registration at other place, or living at a certain place at the survey moment, and leaving the household registered location for half a year. 3.The population who live at a certain place at the survey moment, but without registered permanent residence certificate everywhere, for example the person who has not gained registered permanent residence certificate, and with registration movement certificate, birth certificate,retirement certificate,or prisoners released certificate.

【The registered population】 According to the household registration ordinance of the People's Republic of China, the registered population refers to the citizens who have registered in the household registration department where the citizens usually live. No matter going out or not, no matter how long dose he go out, as long as the person has gained the permanent residence registration, the person is the region's registered population. Registered population data is generally gained from the regular statistical monthly or annual report of republic security department.

【Birth Rate (or Crude Birth Rate)】 means the ratio between the number of births in a certain period (usually a year)and the average population in the same period (or mid-year figure).It is usually calculated in terms of permillage and its calculating formula is:

$$\text{Birth Rate} = \frac{\text{Number of Births}}{\text{Average Number of Population}} \times 1000‰$$

Number of Births refers to live births,when babies have showed any vital phenomena regardless of the length of pregnancy.

Average Number of Population is the average of the number of population at the beginning of the year and,at the end of the year and sometimes is substituted for with mid-year population.

【Death Rate(or Crude Death Rate)】 refers to the ratio of number of deaths to the average population (or mid-year population)during a certain period of time (usually a year),which is often presented as perminvar.its calculating formula is:

$$\text{Death Rate} = \frac{\text{Number of Deaths}}{\text{Average Number of Population}} \times 1000‰$$

【Natural Growth Rate of Population】 refers to the ratio of natural increase in population (number of births minus number of deaths) in a certain period of time (usually a year) to the average population (or mid-year population) of the same period,which is often presented as perminvar.The following formula are applied:

$$\text{Number of Growth of Population} = \frac{\text{Number of Births} - \text{Number of Deaths}}{\text{Average Number of Population}} \times 1000‰$$

Natural Growth Rate of Population = Birth Rate-Death Rate

第三篇 CHAPTER 3

从业人员和工资

EMPLOYMENT AND WAGES

第三篇　从业人员和工资

一、本篇资料反映广州市社会从业人员总量及构成、城镇单位就业与工资等基本情况。

二、本篇资料由广州市统计局人口和社会科技统计处整理提供。

三、本篇资料中的城镇非私营单位在岗职工及工资统计范围只包括城镇以上国有、集体及其他经济类型单位，不包括乡镇企业、私营单位和个体工商户。

四、本篇资料中的社会从业人员主要包括本市劳动力以及外来劳动力。

五、1998年，劳动统计年报中对全部调查单位改按企业登记注册类型分组，使统计口径发生变化，即国有单位中不再包括国有联营和有限责任公司中的国有独资公司；城镇集体单位中不再包括集体联营和股份合作企业；其他单位则包括国有联营和有限责任公司中的国有独资公司，集体联营和股份合作企业。

3 Employment and Wages

I. The data in this chapter show the basic conditions of social composition of employees, employment and wages in urban units of Guangzhou.

II. The data in this chapter are prepared and provided by the Division of Population, Social, Science and Tech1ology Statistics of Guangzhou Statistical Bureau.

Ⅲ. The statistical coverage of staff and worker urban units and wages in this chapter only includes the state-owned units, the collective -owned units and other economic ownership in urban areas, not including township enterprises, private institutions and individual businesses.

Ⅳ. The employed persons in this chapter mainly include the labor resources of Guangzhou origin and the migrant labors.

V. Since 1998,the statistical coverage of the annual reports of labor statistics has been adjusted, in which all the survey units are grouped by registration ownership of the enterprises, i.e. the state-owned units excludes the exclusively state-invested companies in state-owned joint ownership units and limited liability companies, the urban collective units excludes the collective-owned joint ownership units and share-holding cooperative operation and the other units include the exclusively state-invested companies in state-owned joint ownership units and limited liability companies, the collective-owned jointed owner-ship units and share-holding cooperative operation.

3-1 社会就业情况主要指标

Main Indicators of Social Employment Situation

项　　目	Item	2018	2018年比2017年增长(%) Growth Rate in 2018 over 2017 (%)
全社会从业人员　(人)	Total Number of Employed Persons at Year-end　(person)	8965407	4.0
第一产业	Primary Industry	606307	-2.2
第二产业	Secondary Industry	2894039	1.0
第三产业	Tertiary Industry	5465061	6.4
城镇非私营单位从业人员　(人)	Number of Employed Persons in Urban Units at Year-end　(person)	3486454	5.9
国有单位	State-owned Units	716136	-1.3
集体单位	Urban Collective-owned Units	59038	-18.6
其他单位	Units of Other Types of Ownership	2711280	8.7
# 外商及港澳台投资单位	Enterprises with Funds from Foreign Countries, Hong Kong,Macao and Taiwan	964632	1.0
私营、个体和其他从业人员　(人)	Employed Persons in Private Enterprises and Self-employed Individuals at Year-end　(person)	5478953	2.8
城镇非私营单位从业人员工资总额(万元)	Total Wages of Employed Persons in Urban Units　(10000 yuan)	38035167	18.9
国有单位	State-owned Units	10439713	18.2
集体单位	Urban Collective-owned Units	345959	-0.3
其他单位	Units of Other Types of Ownership	27249495	19.5
# 外商及港澳台投资单位	Enterprises with Funds from Foreign Countries, Hong Kong,Macao and Taiwan	9027434	9.9
城镇非私营单位从业人员年平均工资(元)	Average Wage of Employed Persons in Urban Units　(yuan)	109879	12.7
国有单位	State-owned Units	146502	19.8
集体单位	Urban Collective-owned Units	57820	21.1
其他单位	Units of Other Types of Ownership	101333	10.4
# 外商及港澳台投资单位	Enterprises with Funds from Foreign Countries, Hong Kong,Macao and Taiwan	94225	10.5
城镇非私营单位在岗职工年平均工资(元)	Average Wage of Fully Employed Staff and Workers in Urban Units　(yuan)	111839	13.4
国有单位	State-owned Units	148640	20.0
集体单位	Urban Collective-owned Units	59912	23.9
其他单位	Units of Other Types of Ownership	102980	11.2
# 外商及港澳台投资单位	Enterprises with Funds from Foreign Countries, Hong Kong,Macao and Taiwan	96319	13.1
年末城镇登记失业人员　(人)	Number of Registered Unemployed Persons in Urban Areas　(person)	180883	-13.7
城镇登记失业率　(%)	Registered Unemployment Rate in Urban Areas　(%)	1.90	-0.5(个百分点)

注：1．私营、个体和其他从业人员指全社会从业人员中扣除城镇非私营单位从业人员外的部分。
　　2．城镇登记失业人员及城镇登记失业率由广州市人力资源和社会保障局提供。

Note: I. Employed persons in private enterprises and self-employed individuals are refer to employed persons other than employed persons in urban units.

II. Data on number of registered unemployed persons in urban areas and registered unemployment rate in urban areas are provided by Guangzhou Municipal Bureau of Labor and Social Security.

3-2 主要年份全社会从业人员人数

Number of Employed Persons in Main Years

单位：人 (person)

年 份 Year	合 计 Total	城镇非私营单位从业人员 Employed Persons in Urban Units	私营、个体和其他从业人员 Employed Persons in Private Enterprises, Self-employed Individuals and others
1978	2668989	1473615	1195374
1980	2750467	1565533	1184934
1985	3134739	1756497	1378242
1990	3411513	1893944	1517569
1995	4077775	2082361	1995414
2000	4962579	1755512	3207067
2001	5029338	1686900	3342438
2002	5070216	1755779	3314437
2003	5210706	1880184	3330522
2004	5407087	1943955	3463132
2005	5744550	1997579	3746971
2006	5994973	2071574	3923399
2007	6236312	2236902	3999410
2008	6529045	2255380	4273665
2009	6791495	2351538	4439957
2010	7110695	2463713	4646982
2011	7431755	3102356	4329399
2012	7512997	3268488	4244509
2013	7599295	3245858	4353437
2014	7848358	3263983	4584375
2015	8109881	3203134	4906747
2016	8352580	3252340	5100240
2017	8623278	3291696	5331582
2018	8965407	3486454	5478953

注：1．2000年以前，城镇非私营单位从业人员统计口径为城镇单位职工口径。
　　2．2006年～2010年数据根据第六次全国人口普查结果作了相应调整。

Note: I.The statistical scale of employed persons in urban units is the statistical scale of staff and workers before 2000.
　　II. The data from year 2006 to 2010 are revised according to the Sixth National Population Census.

3-3 主要年份三次产业从业人员及构成
Employed Persons and Composition by Three strata of Industry in Main Years

年份 Year	从业人员（人）Employed Persons (person)	第一产业 Primary Industry	第二产业 Secondary Industry	第三产业 Tertiary Industry	构成（%）Composition (%) 第一产业 Primary Industry	第二产业 Secondary Industry	第三产业 Tertiary Industry
1978	2668989	1165987	857527	645475	43.69	32.13	24.18
1980	2750467	1106432	922756	721279	40.23	33.55	26.22
1985	3134739	979869	1180526	974344	31.26	37.66	31.08
1990	3411513	963548	1241813	1206152	28.24	36.40	35.36
1995	4077775	924969	1583686	1569120	22.68	38.84	38.48
2000	4962579	956596	1982905	2023078	19.27	39.96	40.77
2001	5029338	969793	1960309	2099236	19.28	38.98	41.74
2002	5070216	949624	1953095	2167497	18.73	38.52	42.75
2003	5210706	958819	2001677	2250210	18.40	38.42	43.18
2004	5407087	901318	2046552	2459217	16.67	37.85	45.48
2005	5744550	869141	2222177	2653232	15.13	38.68	46.19
2006	5994973	831303	2335315	2828355	13.87	38.95	47.18
2007	6236312	774596	2477232	2984484	12.42	39.72	47.86
2008	6529045	730174	2625645	3173226	11.18	40.22	48.60
2009	6791495	733557	2733281	3324657	10.80	40.25	48.95
2010	7110695	590223	2736424	3784048	8.30	38.48	53.22
2011	7431755	629012	2829341	3973402	8.46	38.07	53.47
2012	7512997	647755	2817179	4048063	8.62	37.50	53.88
2013	7599295	646758	2631214	4321323	8.51	34.62	56.87
2014	7848358	627996	2842800	4377562	8.00	36.22	55.78
2015	8109881	628668	2868823	4612390	7.75	35.38	56.87
2016	8352580	620855	2930870	4800855	7.43	35.09	57.48
2017	8623278	620030	2866097	5137151	7.19	33.24	59.57
2018	8965407	606307	2894039	5465061	6.76	32.28	60.96

注：2006年～2010年数据根据第六次全国人口普查结果作了相应调整。

Note:The data from year 2006 to 2010 are revised according to the sixth National Population Census.

3-4 三次产业全社会从业人员及构成（2018年末）

Employed Persons and Composition by Three Strata of Industry (Year-end of 2018)

项　　目	Item	从业人员（人）Employed Persons (person)	构成（%）Composition (%)
合　　计	**Total**	**8965407**	**100.00**
按产业分	**Grouped By Industry**		
第一产业	Primary Industry	606307	6.76
第二产业	Secondary Industry	2894039	32.28
第三产业	Tertiary Industry	5465061	60.96
按行业分	**Grouped By Sector**		
农、林、牧、渔业	Agriculture, Forestry, Animal Husbandry and Fishery	607027	6.77
工　业	Industry	2580683	28.78
建筑业	Construction	318720	3.56
批发和零售业	Wholesale and Retail Trade	1839428	20.52
交通运输、仓储和邮政业	Transport, Storage and Post	527307	5.88
住宿和餐饮业	Hotels and Catering Services	551362	6.15
信息传输、软件和信息技术服务业	Information Transmission, Software and Information Technology	298905	3.33
金融业	Financial Intermediation	121730	1.36
房地产业	Real Estate	334199	3.73
租赁和商务服务业	Leasing and Business Services	359815	4.01
科学研究和技术服务业	Scientific Research and Technical Services	216071	2.41
水利、环境和公共设施管理业	Management of Water Conservancy, Environment and Public Facilities	72572	0.81
居民服务、修理和其他服务业	Service to Households, Repair and Other Services	398922	4.45
教　育	Education	331152	3.69
卫生和社会工作	Health and Social Work	134706	1.50
文化、体育和娱乐业	Culture, Sports and Entertainment	76851	0.86
公共管理、社会保障和社会组织	Public Management, Social Security and Social Organizations	195957	2.19

3-5　全市全社会从业人员（2018年末）

Number of Employed Persons (Year-end of 2018)

单位：人　　(person)

项　　目	Item	合　计 Total	城镇非私营单位从业人员 Number of Employed Persons in Urban Units	私营、个体和其他从业人员 Employed Persons in Private Enterprises, Self-employed Individuals and Others
总　　计	**Total**	**8965407**	**3486454**	**5478953**
按国民经济行业分	**Grouped by Economic Sector**			
农、林、牧、渔业	Agriculture, Forestry, Animal Husbandry and Fishery	607027	1363	605664
采矿业	Mining	160	1	159
制造业	Manufacturing	2537905	743799	1794106
电力、热力、燃气及水生产和供应业	Production and Supply of Electricity, Heat, Gas and Water	42618	34596	8022
建筑业	Construction	318720	279157	39563
批发和零售业	Wholesale and Retail Trade	1839428	312008	1527420
交通运输、仓储和邮政业	Transport, Storage and Post	527307	326077	201230
住宿和餐饮业	Hotels and Catering Services	551362	129380	421982
信息传输、软件和信息技术服务业	Information Transmission, Software and Information Technology	298905	218077	80828
金融业	Financial Intermediation	121730	102631	19099
房地产业	Real Estate	334199	221591	112608
租赁和商务服务业	Leasing and Business Services	359815	239653	120162
科学研究和技术服务业	Scientific Research and Technical Services	216071	144193	71878
水利、环境和公共设施管理业	Management of Water Conservancy, Environment and Public Facilities	72572	71200	1372
居民服务、修理和其他服务业	Service to Households, Repair and Other Services	398922	29219	369703
教　育	Education	331152	271888	59264
卫生和社会工作	Health and Social Service	134706	132960	1746
文化、体育和娱乐业	Culture, Sports and Entertainment	76851	32704	44147
公共管理、社会保障和社会组织	Public Management, Social Security and Social Organizations	195957	195957	

3-6 主要年份城镇非私营单位从业人员数及工资

Number and Wages of Employed Persons in Urban Units in Main Years

年 份 Year	城镇非私营单位从业人员年末人数（人） Number of Employed Persons in Urban Units at Year-end (person)	城镇非私营单位从业人员工资总额（万元） Total Wages of Employed Persons in Urban Units (10000 yuan)	城镇非私营单位从业人员年平均工资（元） Average Wage of Employed Persons in Urban Units (yuan)
1995	2104432	2176743	10349
2000	1755512	3489371	19714
2005	1997579	6772629	34171
2006	2071574	7532573	36566
2007	2236902	8961040	40280
2008	2255380	10251127	45368
2009	2351538	11439796	49054
2010	2463713	13354746	54091
2011	3102356	17486373	56618
2012	3268488	20305943	62598
2013	3245858	21724541	68594
2014	3263983	23881767	73131
2015	3203134	25674928	79534
2016	3252340	28537980	88136
2017	3291696	31983933	97522
2018	3486454	38035167	109879

3-7 主要年份城镇非私营单位在岗职工工资总额及指数

Total Wages of Fully Employed Staff and Workers in Urban Units and Related Indices in Main Years

年 份 Year	在岗职工工资总额（万元） Total Wages of Fully Employed Staff and Workers in Urban Units (10000 yuan)	国有单位 State-owned Units	集体单位 Urban Collective-owned Units	其他单位 Units of Other Types of Ownership	# 外商及港澳台投资单位 Enterprises with Funds from Foreign Countries,Hong Kong,Macao and Taiwan	在岗职工年平均工资（元） Average Wage of Fully Employed Staff and Workers in Urban Units (yuan)
1978	101809	76913	24896			714
1980	142243	108015	34228			941
1985	278892	208829	65660	4403	3127	1621
1990	656434	487524	121441	47469	41198	3504
1991	783043	565974	148783	68286	61119	4022
1992	971335	690135	183771	97429	89978	4792
1993	1316773	941475	226929	148369	106957	6342
1994	1815428	1277944	308933	228551	183030	8623
1995	2146245	1481375	344494	320376	263343	10317
1996	2395597	1672483	348629	374485	313623	11813
1997	2615842	1798987	338388	478467	404483	13118
1998（原口径） 1998 (Original Standards)	2831440	1900631	344677	586132	454061	14318
1998（新口径） 1998 (New Standards)	2831440	1758088	322399	750953	454061	14318
1999	3085768	1917375	296558	871835	507875	16202
2000	3480880	2188085	289750	1003045	586413	19091
2001	3878065	2401471	216967	1259627	691639	22141
2002	4534911	2817578	229015	1488318	838420	25583
2003	5335484	3185006	243455	1907023	1097924	28237
2004	5983255	3529828	240966	2212461	1251256	31025
2005	6653196	3837476	233643	2582077	1464470	33853
2006	7389676	3967484	238729	3183463	1718714	36321
2007	8770687	4448123	254851	4067713	2228358	40187
2008	10053742	4970189	261939	4821614	2655221	45365
2009	11180296	5345813	276463	5558020	2889870	49215
2010	13044801	6053212	284742	6706846	3565786	54495
2011	17008733	7040246	274165	9694322	5332522	57473
2012	19695115	7944452	356403	11394260	5950277	63752
2013	21107782	5536325	408310	15163147	6568426	69692
2014	23049712	6233018	414591	16402103	6773266	74245
2015	24874876	6690706	361441	17822729	7250138	81171
2016	27703134	7457706	357722	19887706	7595025	89096
2017	31032760	8704188	327055	22001517	7945622	98612
2018	37005944	10292371	320460	26393113	8741982	111839

注：1．本表数据2011年以前为城镇单位职工工资总额，2011年起为城镇非私营单位在岗职工工资总额。
2．城镇非私营单位职工含劳务派遣人员。

Note: I. The name of Total Wages of Fully Employed Staff and Workers in Urban Units is adjusted to Total Wages of Staff and Workers in Urban Units since 2011.
II. Fully employed staff and workers in urban units contain labor dispatching personnel .

3-7 续表 continued

指数(上年=100) Indices (preceding year=100)

年 份 Year	在岗职工工资总额(上年=100) Total Wages of Fully Employed Staff and Workers in Urban Units (preceding year=100)	国有单位 State-owned Units	集体单位 Urban Collective-owned Units	其他单位 Units of Other Types of Ownership	#外商及港澳台投资单位 Enterprises with Funds from Foreign Countries,Hong Kong,Macao and Taiwan	在岗职工年平均工资(上年=100) Average Wage of Fully Employed Staff and Workers in Urban Units (preceding year=100)
1978	116.2	121.3	102.8			105.0
1980	139.7	140.4	137.5			114.8
1985	123.2	122.0	124.3	190.7	236.4	121.2
1990	107.7	106.1	105.4	137.1	152.4	107.1
1991	119.3	116.1	122.5	143.9	148.4	114.8
1992	124.1	121.9	123.5	142.7	147.2	119.1
1993	135.6	136.4	123.5	152.3	118.9	132.4
1994	137.9	135.7	136.1	154.0	171.1	136.0
1995	118.2	115.9	111.5	140.2	143.9	119.7
1996	111.6	112.9	101.2	116.9	119.1	114.5
1997	109.2	107.6	97.1	127.8	129.0	111.1
1998	108.2	105.7	101.9	122.5	112.3	109.2
1999	109.0	109.1	92.0	116.1	111.9	113.2
2000	112.8	114.1	97.7	115.1	115.5	117.8
2001	111.4	109.8	74.9	125.6	117.9	116.0
2002	116.9	117.3	105.6	118.2	121.2	115.6
2003	117.7	113.0	106.3	128.1	131.0	110.4
2004	112.1	110.8	99.0	116.0	114.0	109.9
2005	111.2	108.7	97.0	116.7	117.0	109.1
2006	111.1	103.4	102.2	123.3	117.4	107.3
2007	118.7	112.1	106.8	127.8	129.7	110.6
2008	114.6	111.7	102.8	118.5	119.2	112.9
2009	111.2	107.6	105.5	115.3	108.8	108.5
2010	116.7	113.2	103.0	120.7	123.4	110.7
2011	130.4	116.3	96.3	144.5	149.6	111.6
2012	115.8	112.8	130.0	117.5	111.6	110.9
2013	107.2	69.7	114.6	133.1	110.4	109.3
2014	109.2	112.6	101.5	108.2	103.1	106.5
2015	107.9	107.3	87.2	108.7	107.0	109.3
2016	111.4	111.5	99.0	111.6	104.8	109.8
2017	112.0	116.7	91.4	110.6	104.6	110.7
2018	119.2	118.2	98.0	120.0	110.0	113.4

注：1．本表数据2011年以前为城镇单位职工工资总额指数，2011年起为城镇非私营单位在岗职工工资总额指数。
2．2011年城镇非私营单位在岗职工年平均工资指数按可比口径计算。

Note: I. The name of Total Wages of Fully Employed Staff and Workers in Urban Units is adjusted to Total Wages of Staff and Workers in Urban Units since 2011.

II. The data of 2011 are calculated at comparable coverage.

3-8 城镇非私营单位从业人数与工资（2018年）
Number and Wages of Employed Persons in Urban Units (2018)

项　　目	Item	2017	2018
城镇非私营单位从业人员年末人数（人）	**Number of Employed Persons in Urban Units at Year-end (person)**	**3291696**	**3486454**
国有单位	State-owned Units	725640	716136
集体单位	Urban Collective Owned Units	72509	59038
其他单位	Units of Other Types of Ownership	2493547	2711280
# 外商及港澳台投资单位	Enterprises with Funds from Foreign Countries, Hong Kong, Macao and Taiwan	955340	964632
城镇非私营单位从业人员年平均人数（人）	**Average Number of Employed Persons in Urban Units (person)**	**3279659**	**3461542**
国有单位	State-owned Units	721847	712598
集体单位	Urban Collective Owned Units	72724	59834
其他单位	Units of Other Types of Ownership	2485088	2689110
# 外商及港澳台投资单位	Enterprises with Funds from Foreign Countries, Hong Kong, Macao and Taiwan	963064	958075
城镇非私营单位从业人员工资总额（万元）	**Total Wages of Employed Persons in Urban Units (10000 yuan)**	**31983933**	**38035167**
国有单位	State-owned Units	8829974	10439713
集体单位	Urban Collective Owned Units	347116	345959
其他单位	Units of Other Types of Ownership	22806843	27249495
# 外商及港澳台投资单位	Enterprises with Funds from Foreign Countries, Hong Kong, Macao and Taiwan	8213989	9027434
城镇非私营单位从业人员年平均工资（元）	**Average Wage of Employed Persons in Urban Units (yuan)**	**97522**	**109879**
国有单位	State-owned Units	122325	146502
集体单位	Urban Collective Owned Units	47731	57820
其他单位	Units of Other Types of Ownership	91775	101333
# 外商及港澳台投资单位	Enterprises with Funds from Foreign Countries, Hong Kong, Macao and Taiwan	85290	94225

3-9 全市城镇非私营单位在岗职工人数与工资（2018年）

项　　目	Item
合　计	**Total**
按隶属关系分	**Grouped by Subordination**
中央单位	Units Subordinated to Central Government
地方单位	Units Subordinated to Provincial Government
其他单位	Units Subordinated to Municipal Government
按执行会计制度类别分	**Grouped by Accounting Regulation Implemented**
企　业	Enterprises
事业单位	Institutions
行政单位	Agencies & Organizations
民间非营利组织	Civil Nonprofit Organizations
其　他	Others
按国民经济行业分	**Grouped by Economic Sector**
农、林、牧、渔业	Agriculture, Forestry, Animal Husbandry and Fishery
#农、林、牧、渔专业及辅助性活动	Services for Agriculture, Forestry, Animal Husbandry and Fishery
采矿业	Mining
制造业	Manufacturing
#食品制造业	Manufacture of Foods
纺织服装、服饰业	Manufacture of Textile Wearing Apparel, Clothing
皮革、毛皮、羽毛及其制品和制鞋业	Manufacture of Leather, Fur, Feather and Related Products and Footwear
文教、工美、体育和娱乐用品制造业	Manufacture of Culture and Education,Art and Crafts,Sports and Entertainment Supplies
化学原料和化学制品制造业	Manufacture of Raw Chemical Materials and Chemical Products
医药制造业	Manufacture of Medical
通用设备制造业	Manufacture of General Purpose Machinery
汽车制造业	Manufacture of Automobile
铁路、船舶、航空航天和其他运输设备制造业	Manufacture of Railway, Ship, Aerospace and Other Transportation Equipment
电气机械和器材制造业	Manufacture of Electrical Machinery and Equipment
计算机、通信和其他电子设备制造业	Manufacture of Computers, Communications and Other Electronic Equipment
电力、热力、燃气及水生产和供应业	Production and Supply of Electricity, Heat,Gas and Water
建筑业	Construction
房屋建筑业	Housing Industry
土木工程建筑业	Civil Engineering Construction
建筑安装业	Architectural Installation
建筑装饰和其他建筑业	Building Decoration and Other Construction
批发和零售业	Wholesale and Retail Trade
批发业	Wholesale
零售业	Retail Trade
交通运输、仓储和邮政业	Transport, Storage and Post
铁路运输业	Railway Transport
道路运输业	Highway Transport

Number and Wages of Fully Employed Staff and Workers in Urban Units (2018)

单位数 (个) Number of Units (unit)	在岗职工年末人数 (人) Number of Fully Employed Staff and Workers in Urban Units at Year-end (person)	在岗职工年平均人数 (人) Average Number of Fully Employed Staff and Workers in Urban Units (person)	在岗职工工资总额 (万元) Total Wages of Fully Employed Staff and Workers in Urban Units (10000 yuan)	在岗职工年平均工资 (元) Average Wages of Fully Employed Staff and Workers in Urban Units (yuan)
21709	**3319038**	**3308859**	**37005944**	**111839**
783	445328	443541	6002736	135337
7512	981738	973504	13376498	137406
13414	1891972	1891814	17626710	93174
15946	2704473	2699261	27812334	103037
3677	415412	412408	6297875	152710
1224	160728	159245	2643961	166031
763	34625	34314	226968	66145
99	3800	3631	24806	68318
30	1338	1404	11860	84475
12	718	746	7262	97339
1	1	1	4	42000
2587	735981	750076	6855625	91399
94	42735	42364	462947	109278
188	30789	31316	192818	61572
97	21065	22400	110068	49137
129	34367	36951	213392	57750
233	42816	43176	558425	129337
78	31948	31565	341859	108303
151	30356	31075	288710	92907
209	124425	123198	1525935	123860
43	20350	21090	206916	98111
176	52696	53753	419921	78120
221	137787	142792	1083419	75874
78	34547	34716	545878	157241
548	258562	255835	2131803	83327
145	123598	121810	825201	67745
144	84286	82915	931878	112390
124	25229	25909	229838	88710
135	25449	25201	144886	57492
3298	280375	285563	2573651	90125
2344	171331	171919	1771264	103029
954	109044	113644	802387	70605
688	319465	308909	3394556	109889
7	14775	14708	169997	115581
255	119706	119590	1138888	95233

3-9 续表

项　　目	Item
水上运输业	Waterway Transport
航空运输业	Air Transport
管道运输业	Pipeline Transport
多式联运和运输代理业	Handing and Transportation Agents
装卸搬运和仓储业	Storage
邮政业	Post
住宿和餐饮业	Hotels and Catering Services
住宿业	Hotels Services
餐饮业	Catering Services
信息传输、软件和信息技术服务业	Information Transmission, Software and Information Technology
电信、广播电视和卫星传输服务	Telecommunications, Broadcasting, TV Transmission and Satellite Services
互联网和相关服务	Networks Related Services
软件和信息技术服务业	Software and Information Technology Services
金融业	Financial Intermediation
# 货币金融服务	Monetary Financial Services
资本市场服务	Capital Market Services
保险业	Insurance
房地产业	Real Estate
租赁和商务服务业	Leasing and Business Services
租赁业	Leasing Services
商务服务业	Business Services
科学研究和技术服务业	Scientific Research and Technical Services
研究与试验发展	Research and Experimental Development
专业技术服务业	Professional Skill Services
科技推广和应用服务业	Science and Technology Popularization and Application Services
水利、环境和公共设施管理业	Management of Water Conservancy, Environment and Public Facilities
水利管理业	Management of Water Conservancy
生态保护和环境治理业	Ecological Protection and Environmental Governance Industry
公共设施管理业	Management of Public Facilities
土地管理业	Land Management
居民服务、修理和其他服务业	Service to Households, Repair and Other Services
教　育	Education
卫生和社会工作	Health and Social Work
卫　生	Health
社会工作	Social Work
文化、体育和娱乐业	Culture, Sports and Entertainment
新闻和出版业	Press and Publishing Industry
广播、电视、电影和影视录音制作业	Radio,Television,Movie and Recording Manufacturing
文化艺术业	Culture and Art
体　育	Sports
娱乐业	Entertainment
公共管理、社会保障和社会组织	Public Management, Social Security and Social Organizations
# 社会保障	Social Security

continued

单位数 (个) Number of Units (unit)	在岗职工年末人数 (人) Number of Fully Employed Staff and Workers in Urban Units at Year-end (person)	在岗职工年平均人数 (人) Average Number of Fully Employed Staff and Workers in Urban Units (person)	在岗职工工资总额 (万元) Total Wages of Fully Employed Staff and Workers in Urban Units (10000 yuan)	在岗职工年平均工资 (元) Average Wages of Fully Employed Staff and Workers in Urban Units (yuan)
61	14684	14805	234198	158189
18	92059	90886	1216345	133832
1	386	381	5140	134919
208	35025	25404	229876	90488
117	14688	13762	114873	83471
21	28142	29373	285239	97109
824	104387	103771	570044	54933
321	30485	30841	195516	63395
503	73902	72930	374528	51354
1009	215153	206106	3065651	148741
43	32450	32147	520090	161785
122	31998	30173	542566	179818
844	150705	143786	2002995	139304
429	80354	80066	1909134	238445
323	58231	58170	1365872	234807
39	6449	6370	260346	408706
58	15409	15269	278358	182303
2472	213028	213333	1891779	88677
1891	226443	224181	2173306	96944
58	5654	5509	46452	84320
1833	220789	218672	2126854	97262
1216	139080	139589	2071151	148375
298	24097	23822	352279	147880
761	103301	102165	1560640	152757
157	11682	13602	158232	116330
419	68472	67199	521153	77554
77	2537	2517	37538	149137
44	2935	2788	37774	135487
295	62863	61757	442868	71711
3	137	137	2973	217036
383	28168	29063	176042	60573
2777	261507	259878	3723337	143273
577	130482	128713	1902322	147796
456	122046	120486	1826932	151630
121	8436	8227	75390	91638
458	29798	30412	456144	149988
93	8487	8951	132159	147647
89	8535	8684	130798	150619
173	6976	6931	95718	138101
57	4461	4519	84593	187194
46	1339	1327	12876	97034
2024	191897	190044	3032504	159569
8	550	547	11967	218768

3-10 城镇国有单位在岗职工人数与工资（2018年）

项　　目	Item
总　计	**Total**
按执行会计制度类别分	**Grouped by Accounting Regulation Implemented**
企　业	Enterprises
事业单位	Institutions
行政单位	Agencies & Organizations
民间非营利组织	Civil Nonprofit Organizations
其　他	Others
按国民经济行业分组	**Grouped by Economic Sector**
农、林、牧、渔业	Agriculture, Forestry, Animal Husbandry and Fishery
采矿业	Mining
制造业	Manufacturing
电力、热力、燃气及水生产和供应业	Production and Supply of Electricity, Heat,Gas and Water
建筑业	Construction
批发和零售业	Wholesale and Retail Trade
交通运输、仓储和邮政业	Transport, Storage and Post
住宿和餐饮业	Hotels and Catering Services
信息传输、软件和信息技术服务业	Information Transmission, Software and Information Technology
金融业	Financial Intermediation
房地产业	Real Estate
租赁和商务服务业	Leasing and Business Services
科学研究和技术服务业	Scientific Research and Technical Services
水利、环境和公共设施管理业	Management of Water Conservancy, Environment and Public Facilities
居民服务、修理和其他服务业	Service to Households, Repair and Other Services
教　育	Education
卫生和社会工作	Health and Social Service
文化、体育和娱乐业	Culture, Sports and Entertainment
公共管理、社会保障和社会组织	Public Management, Social Security and Social Organizations

Number and Wages of Fully Employed Staff and Workers in Urban State-owned Units (2018)

单位数 (个) Number of Units (unit)	在岗职工年末人数 (人) Number of Fully Employed Staff and Workers in Urban Units at Year-end (person)	在岗职工年平均人数 (人) Average Number of Fully Employed Staff and Workers in Urban Units (person)	在岗职工工资总额 (万元) Total Wages of Fully Employed Staff and Workers in Urban Units (10000 yuan)	在岗职工年平均工资 (元) Average Wages of Fully Employed Staff and Workers in Urban Units (yuan)
5728	**695570**	**692438**	**10292371**	**148640**
936	135139	136315	1566788	114939
3506	397171	394377	6059552	153649
1213	160489	159008	2640285	166047
62	2316	2320	22720	97933
11	455	418	3026	72390
19	949	990	8841	89301
67	7756	7881	83860	106408
6	5177	5138	59106	115036
41	8649	8640	81008	93760
137	3711	3810	40715	106863
68	31013	32802	341756	104187
92	10373	10473	70308	67133
35	1798	1817	28320	155864
54	7019	6964	134827	193606
117	4204	4249	44225	104082
184	34411	33788	271290	80292
408	44459	44006	828011	188159
297	38704	38444	349760	90979
126	8010	7980	61205	76698
1582	172991	172041	2903131	168747
361	110333	109020	1714540	157268
215	15491	15745	255039	161981
1919	190522	188650	3016429	159895

3-11 城镇集体单位在岗职工人数与工资（2018年）

项　　目	Item
总　计	**Total**
按执行会计制度类别分	**Grouped by Accounting Regulation Implemented**
企　业	Enterprises
事业单位	Institutions
行政单位	Agencies & Organizations
民间非营利组织	Civil Nonprofit Organizations
其　他	Others
按国民经济行业分组	**Grouped by Economic Sector**
农、林、牧、渔业	Agriculture, Forestry, Animal Husbandry and Fishery
采矿业	Mining
制造业	Manufacturing
电力、热力、燃气及水生产和供应业	Production and Supply of Electricity, Heat,Gas and Water
建筑业	Construction
批发和零售业	Wholesale and Retail Trade
交通运输、仓储和邮政业	Transport, Storage and Post
住宿和餐饮业	Hotels and Catering Services
信息传输、软件和信息技术服务业	Information Transmission, Software and Information Technology
金融业	Financial Intermediation
房地产业	Real Estate
租赁和商务服务业	Leasing and Business Services
科学研究和技术服务业	Scientific Research and Technical Services
水利、环境和公共设施管理业	Management of Water Conservancy, Environment and Public Facilities
居民服务、修理和其他服务业	Service to Households, Repair and Other Services
教　育	Education
卫生和社会工作	Health and Social Service
文化、体育和娱乐业	Culture, Sports and Entertainment
公共管理、社会保障和社会组织	Public Management, Social Security and Social Organizations

Number and Wages of Fully Employed Staff and Workers in Urban Collective-owned Units (2018)

单位数（个）Number of Units (unit)	在岗职工年末人数（人）Number of Fully Employed Staff and Workers in Urban Units at Year-end (person)	在岗职工年平均人数（人）Average Number of Fully Employed Staff and Workers in Urban Units (person)	在岗职工工资总额（万元）Total Wages of Fully Employed Staff and Workers in Urban Units (10000 yuan)	在岗职工年平均工资（元）Average Wages of Fully Employed Staff and Workers in Urban Units (yuan)
1107	**52241**	**53488**	**320460**	**59912**
943	45592	46947	275280	58636
68	3866	3878	31509	81249
1	23	23	45	19391
60	1529	1541	6776	43973
35	1231	1099	6850	62328
60	13969	14400	86644	60170
3	165	165	1182	71630
28	2890	3570	28025	78503
140	1601	1599	12773	79883
17	558	632	2176	34426
30	1631	1446	8181	56576
1	471	511	7384	144493
274	7760	7803	40501	51905
330	14616	14681	73027	49742
15	646	676	10023	148269
24	2067	2103	11639	55346
27	720	747	4272	57185
121	4367	4374	29612	67698
23	675	677	4307	63622
11	80	79	536	67861
3	25	25	178	71280

3-12 城镇非私营其他单位在岗职工人数与工资（2018年）

项　　目	Item
总　计	**Total**
按登记注册类型分	**Grouped by Registration Status**
股份合作	Cooperative Enterprises
联　营	Joint Ownership Enterprises
有限责任公司	Limited Liability Corporations
股份有限公司	Share Holding Enterprises
内资其他	Other Enterprises
港澳台投资	Enterprises with Funds from Hong Kong, Macao and Taiwan
外商投资	Foreign Funded Enterprises
按国民经济行业分	**Grouped by Economic Sector**
农、林、牧、渔业	Agriculture, Forestry, Animal Husbandry and Fishery
采矿业	Mining
制造业	Manufacturing
电力、热力、燃气及水生产和供应业	Production and Supply of Electricity, Heat,Gas and Water
建筑业	Construction
批发和零售业	Wholesale and Retail Trade
交通运输、仓储和邮政业	Transport, Storage and Post
住宿和餐饮业	Hotels and Catering Services
信息传输、软件和信息技术服务业	Information Transmission, Software and Information Technology
金融业	Financial Intermediation
房地产业	Real Estate
租赁和商务服务业	Leasing and Business Services
科学研究和技术服务业	Scientific Research and Technical Services
水利、环境和公共设施管理业	Management of Water Conservancy, Environment and Public Facilities
居民服务、修理和其他服务业	Service to Households, Repair and Other Services
教　育	Education
卫生和社会工作	Health and Social Service
文化、体育和娱乐业	Culture, Sports and Entertainment
公共管理、社会保障和社会组织	Public Management, Social Security and Social Organizations

注：城镇非私营其他单位指城镇非私营单位中扣除国有单位和集体单位外的其他各种类型单位。

Number and Wages of Fully Employed Staff and Workers in Urban Other Types of Ownership (2018)

单位数 (个) Number of Units (unit)	在岗职工年末人数 (人) Number of Fully Employed Staff and Workers in Urban Units at Year-end (person)	在岗职工年平均人数 (人) Average Number of Fully Employed Staff and Workers in Urban Units (person)	在岗职工工资总额 (万元) Total Wages of Fully Employed Staff and Workers in Urban Units (10000 yuan)	在岗职工年平均工资 (元) Average Wages of Fully Employed Staff and Workers in Urban Units (yuan)
14874	**2571227**	**2562933**	**26393113**	**102980**
657	10036	9945	60755	61091
82	2766	2782	20583	73987
8125	1126067	1119236	11046597	98698
1128	437488	429554	5650286	131538
1392	95035	93810	872910	93051
1998	402651	413390	3677251	88954
1492	497184	494216	5064731	102480
11	389	414	3020	72935
1	1	1	4	42000
2460	714256	727795	6685121	91854
69	29205	29413	485590	165094
479	247023	243625	2022770	83028
3021	275063	280154	2520163	89956
603	287894	275475	3050624	110741
702	92383	91852	491554	53516
973	212884	203778	3029946	148689
375	73335	73102	1774307	242717
2081	201064	201281	1807053	89778
1377	177416	175712	1828989	104090
793	93975	94907	1233116	129929
98	27701	26652	159754	59941
230	19438	20336	110566	54369
1074	84149	83463	790594	94724
193	19474	19016	183475	96484
232	14227	14588	200569	137489
102	1350	1369	15898	116126

Note: Other types of units in urban are refer to units other than state-owned units and collective-owned units.

3-13 城镇非私营单位从业人员女性年末人数（2018年）

行　　业	Sector
合　计	**Total**
农、林、牧、渔业	Agriculture, Forestry, Animal Husbandry and Fishery
采矿业	Mining
制造业	Manufacturing
电力、热力、燃气及水生产和供应业	Production and Supply of Electricity, Heat,Gas and Water
建筑业	Construction
批发和零售业	Wholesale and Retail Trade
交通运输、仓储和邮政业	Transport, Storage and Post
住宿和餐饮业	Hotels and Catering Services
信息传输、软件和信息技术服务业	Information Transmission, Software and Information Technology
金融业	Financial Intermediation
房地产业	Real Estate
租赁和商务服务业	Leasing and Business Services
科学研究和技术服务业	Scientific Research and Technical Services
水利、环境和公共设施管理业	Management of Water Conservancy, Environment and Public Facilities
居民服务、修理和其他服务业	Service to Households, Repair and Other Services
教　育	Education
卫生和社会工作	Health and Social Service
文化、体育和娱乐业	Culture, Sports and Entertainment
公共管理、社会保障和社会组织	Public Management, Social Security and Social Organizations

Number of Female Staff and Workers at Year-end in Urban Units (2018)

年末人数 (人) Number of Staff and Workers at Year-end (person)			女性从业人员比重（%） Proportion of Female Staff and Workers (%)		
	#国 有 State-owned Units	#集 体 Urban Collective-owned Units	合 计 Total	#国 有 State-owned Units	#集 体 Urban Collective-owned Units
1450479	**330785**	**27322**	**41.60**	**46.19**	**46.28**
454	326		33.31	33.92	
297716	2154	10507	40.03	27.27	75.05
8400	1666	53	24.28	32.17	31.74
40263	1621	541	14.42	16.93	14.32
167417	1789	863	53.66	45.74	53.21
99939	6833	184	30.65	21.70	32.97
71194	5007	857	55.03	46.62	51.91
83085	696	153	38.10	35.12	32.48
56820	3570		55.36	50.42	
82458	1669	2644	37.21	30.30	28.60
97993	5818	5419	40.89	16.68	30.63
49934	16427	227	34.63	35.61	34.55
29173	14383	1359	40.97	36.10	42.79
13983	3741	233	47.86	46.56	31.87
174458	109792	3780	64.17	61.13	84.13
91679	77465	460	68.95	69.01	66.67
14852	8077	31	45.41	47.92	38.75
70661	69751	11	36.06	35.91	44.00

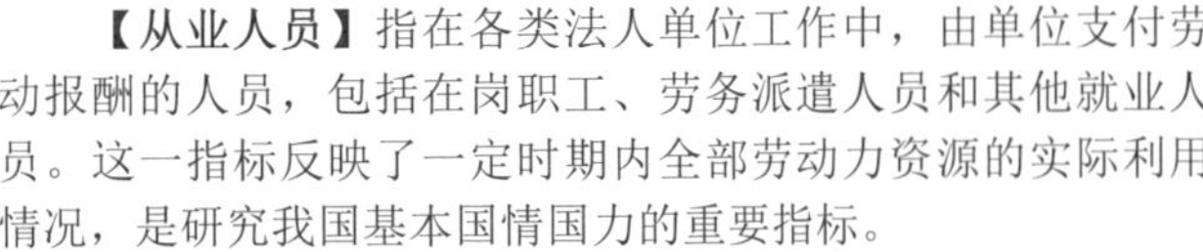

【从业人员】指在各类法人单位工作中，由单位支付劳动报酬的人员，包括在岗职工、劳务派遣人员和其他就业人员。这一指标反映了一定时期内全部劳动力资源的实际利用情况，是研究我国基本国情国力的重要指标。

【在岗职工】指在本单位工作且与本单位签订劳动合同，并由单位支付各项工资和社会保险、住房公积金的人员，以及上述人员中由于学习、病伤、产假等原因暂未工作仍由单位支付工资的人员。

【劳务派遣人员】根据《中华人民共和国劳动合同法》规定，指与劳务派遣单位签订劳动合同；并被劳务派遣单位派遣到实际用工单位工作；且劳务派遣单位与实际用工单位签订《劳务派遣协议》的人员。无论用工单位是否直接支付劳动报酬，劳务派遣人员均由实际用工单位填报，而劳务派遣单位（派出单位）不填报这些人员。

【工资总额】根据《关于工资总额组成的规定》，工资总额是指本单位在报告期内（季度或年度）直接支付给本单位人员的劳动报酬总额。包括计时工资、计件工资、奖金、津贴和补贴、加班加点工资、特殊情况下支付的工资。

工资总额是税前工资，包括单位从个人工资中直接为其代扣或代缴的房费、个人所得税、水费、电费、住房公积金和社会保险基金个人缴纳部分等。

工资总额不论是计入成本的还是不计入成本的，不论是以货币形式支付的还是以实物形式支付的，均应列入工资总额的计算范围。

工资总额由基本工资、绩效工资、工资性津贴和补贴、其他工资四部分组成。工资总额不包括病假、事假等情况的扣款。

【在岗职工平均工资】指企业、事业、机关单位的在岗职工在一定时期内平均每人所得的货币工资额。它表明一定时期在岗职工工资收入的高低程度，是反映在岗职工工资水平的主要指标。

计算公式为：在岗职工平均工资=报告期实际支付的全部在岗职工工资总额/报告期全部在岗职工平均人数。

【Practitioners】refers to employees in various legal person units, paid by the unit labor remuneration, including on-the-job, labor dispatch personnel and other employees. This indicator reflects all the actual utilization of labor resources at a certain period of time, is an important index to study the basic situation of our country national strength.

【Staff and workers 】refers to the staff work in the unit and the unit signed labor contracts, and by the unit to pay the wages and social insurance, housing provident fund staff, and the staff in learning, because of injuries and other reasons not to work on maternity leave, still receive wages from their working units.

【Dispatch Personnel】refers to personnel signed labor contracts with the labor dispatch unit,and by the labor dispatch unit sent to the actual labor units, and the labor dispatch unit and the actual labor units signed “labor dispatch agreement” ,according to the "Labor contract law provisions of the people's Republic of China". No matter whether the direct labor units to pay labor remuneration, labor dispatch personnel are filled by the actual labor units.

【Total Wages】according to the “Regulations on the payroll” the composition of total wages, payroll is refers to the unit paid directly to the total remuneration of the staff during the reporting period (quarterly or annual). Including hourly wages, piece-rate wages, bonuses, allowances and subsidies, overtime pay overtime wages, special circumstances wages.

Total wages is pre-tax wages, including the unit from individual pay directly for its withholding or paying rent, personal income tax, water, electricity, housing provident fund and the social insurance fund individual pay part etc.

Wages regardless of whether it is included in the cost was not included in the cost, whether in monetary form of payment or payment in kind, should be included in the scope of calculation of total wages.

Four parts of Total wages including the basic salary, performance salary, wages and allowances and subsidies, and other wages. Total wages not including deduction of sick leave and personal leave.

【Average Wage of Fully Employed Staff and Workers】refer to the average wage in monetary terms per person during a certain period of time for fully employed staff and workers in enterprises, institutions and government agencies, which reflects the general level of wage income of fully employed staff and workers during a certain period of time and is calculated as follows:

Average Wage of Fully Employed Staff and Workers =Total Wages of Fully Employed Staff and Workers at the Report Period/Average Number of Fully Employed Staff and Workers at the Report Period

第四篇 CHAPTER 4

固定资产投资

INVESTMENT IN FIXED ASSETS

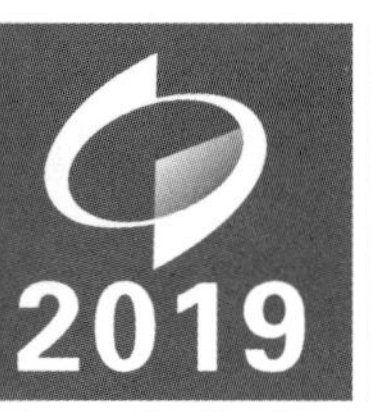

第四篇　固定资产投资

一、本篇资料反映广州市固定资产投资的基本情况。

二、本篇资料由广州市统计局固定资产投资统计处整理提供。

三、固定资产投资统计的资料来源主要为全面统计报表。按照现行的固定资产投资统计报表制度，从2011年起固定资产投资项目统计起报点由计划总投资50万元及以上提高到500万元及以上，固定资产投资不再称全社会固定资产投资。固定资产投资按经济类型分为：国有经济、集体经济、联营经济、股份制经济、私营经济、港澳台投资经济、外商投资经济、其他经济和个体经济。

从2012年起民间投资包含内容有所调整，民间投资是指工商登记注册类型为：集体、股份合作、私营独资、私营合伙、私营有限责任公司、个体户、个人合伙等纯民间主体的固定资产投资及混合经济成分中由集体、私营、个体控股的投资主体单位的全部固定资产投资。

四、本篇资料本年数据为快报数。

4 Investment in Fixed Assets

I. The data in this chapter show the basic conditions of the total investment in fixed assets of Guangzhou .

II. The data in this chapter are prepared and provided by the Division of Investment and Construction Statistics of Guangzhou Municipal Bureau of Statistics.

Ⅲ. The data sources for the statistics of investment in fixed assets mainly come from the complete statistical report forms. According to the present regulations in the reporting scheme on the statistics of the investment in fixed assets, the statistics report point of the fixed assets investment projects has been increased from a planned total investment of 500,000 yuan and above to 5,000,000 yuan and above since 2011. The investment in fixed assets is no longer called the whole society investment in fixed assets. The investment in fixed assets is classified by the following types of ownership: state-owned economy, collective-owned economy, joint-owned economy, share-holding economy, private economy, economy funded by the enterprises from Hong Kong, Macao and Taiwan, foreign funded economy, individual investment and the economy of other types of ownership.

The content of non-state-owned investment has been adjusted since 2012, and non-state-owned investment refers to the industrial and commercial registration type: collective, cooperative, private, private partnership, private limited liability company, the self-employed, private partnership of pure folk subject of investment in fixed assets and mixed by the collective, private, individual holdings investment main body unit of economic composition the total investment in fixed assets.

Ⅳ. The figures of 2018 in this chapter are preliminary statistics.

4-1 固定资产投资主要经济指标

Main Indicators of Total Investment in Fixed Assets

单位：万元 (10000 yuan)

项　　目	Item	2018	2018年比2017年增长(%) Growth Rate in 2018 over 2017 (%)
固定资产投资额	**Total Investment in Fixed Assets**	**59384003**	**8.2**
按投资类别分	Grouped by Type of Investment		
#房地产开发	Real Estate Development	27019323	持平
按登记注册类型分	Grouped by Registration Status		
内资企业	Domestic Funded Enterprises	48097130	3.6
国有企业	State-owned Enterprises	11649660	17.3
集体企业	Collective-owned Enterprises	375115	-51.9
股份合作企业	Cooperative Enterprises	90911	547.7
联营企业	Joint Ownership Enterprises	147	-76.9
国有联营企业	State Joint Ownership Enterprises		
集体联营企业	Collective Joint Ownership Enterprises		
国有与集体联营企业	Joint State-collective Enterprises		
其他联营企业	Other Joint Ownership Enterprises	147	-76.9
有限责任公司	Limited Liability Corporations	23951316	2.9
国有独资公司	State Sole Funded Corporations	3790108	89.7
其他有限责任公司	Other Limited Liability Corporations	20161208	-5.3
股份有限公司	Share-holding Corporations Ltd.	3929852	21.1
私营企业	Private Enterprises	7823441	-6.5
其他企业	Other Enterprises	276688	-65.9
港、澳、台商投资企业	Enterprises with Funds from Hong Kong, Macao and Taiwan	3028478	-19.9
#与港、澳、台商合资经营企业	Joint-venture Enterprises	753459	-18.8
与港、澳、台商合作经营企业	Cooperative Enterprises	401515	-42.9
港、澳、台商独资经营企业	Enterprises with Sole Funds	1837040	-12.9
港、澳、台商投资股份有限公司	Share-holding Corporations Ltd.	20464	-41.8

注：1. 机关、事业、社会团体及其他依法成立的单位固定资产投资登记注册类型参照企业登记注册类型划分。
2. 从2011年起，固定资产投资项目统计起报点由计划总投资50万元及以上提高到500万元及以上，增速按可比口径计算。
3. 从2012年起，"国家预算内资金"改称为"国家预算资金"，"国家预算资金"和"自筹资金"有所调整。故与上年不可比(下同)。
4. 根据国家制度，本年新增固定资产、本年实际到位资金合计统计口径为5000万元及以上固定资产投资项目和房地产开发项目，及部分项目进行数据修订，2018年各指标增长速度均为可比口径。

Note: I. The registration status of agencies, institutions, social organizations and other units established according to law is divided referring to the registration status of enterprises.
II. Since 2011, the cut-off point of investment in fixed assets is changed from a minimum of 50000 yuan to a minimum of 5000000 yuan. The growth rates in this table are calculated at comparable prices.
III. Since 2012，the coverage of state budget and self-raising funds have been changed. So the data in 2012 is not comparable with the pervious year(the same as below).
Ⅳ. According to National Statistical System, the cut-off size of new fixed assets and the total amount of funds actually in place this year rise to the fixed assets investment projects and real estate development projects with a total of 50 million yuan and above,and relevant data of some projects are revised. The growth rate in 2018 is calculated on a comparable basic.

4-1 续表 continued

单位：万元 (10000 yuan)

项　　目	Item	2018	2018年比2017年增长(%) Growth Rate in 2018 over 2017 (%)
外商投资企业	Foreign Funded Enterprises	8256865	77.3
#中外合资经营企业	Joint-venture Enterprises	2897785	20.6
中外合作经营企业	Cooperative Enterprises	100298	-36.7
外资企业	Enterprises with Sole Foreign Funds	2996266	65.5
外商投资股份有限公司	Share-holding Corporations Ltd.	2202312	1204.6
个体经营	Self-employed Individual	1530	-44.9
按构成分	Grouped by Use of Funds		
建安工程	Construction and Installation Project	27259894	-9.1
设备工器具购置	Purchases of Equipment and Instruments	9088439	25.1
其他费用	Others	23035670	30.7
房屋建筑面积 （平方米）	**Floor Space of Buildings (sq.m)**		
施工面积	Floor Space under Construction	148417096	23.4
#住　宅	Residential Buildings	71663030	11.5
竣工面积	Floor Space Completed	16011901	8.2
#住　宅	Residential Buildings	8716993	4.7
本年新增固定资产	Newly Increased Fixed Assets This Year	15251764	-23.2
本年实际到位资金合计	**Total Actually Funds Provided This Year**	**93525061**	**10.4**
上年末结余资金	Surplus Fund from Year-end of Preceding Year	26243128	25.0
本年实际到位资金小计	Subtotal Actually Funds Provided This Year	67281933	5.6
#国家预算资金	State Budget	6961582	39.4
国内贷款	Domestic Loans	15192686	12.9
债　券	Bonds	105681	-31.8
利用外资	Foreign Investment	253690	-13.4
自筹资金	Self-raising Funds	23489902	-6.1
其他资金	Others	3975462	56.4

4-2 主要年份按经济类型分固定资产投资额

Total Investment in Fixed Assets in Main Years by Type of Ownership

单位：万元 (10000 yuan)

年 份 Year	合 计 Total	国有经济 State-owned Units	集体经济 Collective-owned Units	联营经济 Joint Ownership Economic Units	股份经济 Share Holding Economic Units	私营经济 Private Economic Units	外商及港澳台经济 Economic Units with Funds from Foreign Regions,Hong Kong, Macao and Taiwan Investors	其他经济 Others	个体经济 Individual Investment
1978	72641	68584	1755						2302
1980	99565	89823	2934						6808
1985	436197	346000	44788						45409
1986	524813	434240	42264						48309
1987	584140	468967	64131						51042
1988	902161	703117	105514						93530
1989	933326	780946	84009						68371
1990	905937	761738	73172						71027
1991	1037424	850310	99147						87967
1992	1881379	1520508	230316						130555
1993	3733976	1885582	676520	15912	72334		842469	5870	235289
1994	5257053	2701653	835384	20679	132421		1234395		332521
1995	6182515	3324871	724898	62755	280004	2157	1464489		323341
1996	6389360	3172138	662454	69611	213638	5617	1947862		318040
1997	6565767	3543369	556536	30949	369066	66960	1720070		278817
1998	7588283	3803451	685243	35596	444474	123884	2210943		284692
1999	8782586	4514598	784507	23172	764251	286732	2129471	2959	276896
2000	9236676	4830889	619778	2579	1326102	534456	1514900	45197	362775
2001	9782093	4475639	368690	5930	1330108	1007708	2311811	10684	271523
2002	10092421	3529709	492329	6974	1986469	1304823	2502251	27560	242306
2003	11751668	4469885	452236	21451	2353980	1391787	2814567	24940	222822
2004	13489283	5371055	308617	37673	2298098	2135297	3183159	19930	135454
2005	15191582	5612243	295243	46941	3326313	1872079	3881748	26366	130649
2006	16963824	6070411	309514	17087	3876752	1904587	4646403	63002	76068
2007	18633437	6802190	440692	41760	4168899	2385743	4655795	20552	117806
2008	21055373	7972112	566318	56254	3881865	3260658	5225525	11599	81042
2009	26598516	12724805	698449	80059	4517995	3444249	5018306	9301	105352
2010	32635731	15528450	711201	54940	6832917	3253895	6055481	4042	194805
2011	34122005	12858860	807709	29504	9432487	4461680	6475334	18585	37846
2012	37583868	12330573	1941043	1836	10077974	4749672	8272350	156227	54193
2013	44545508	11979522	3333867	80244	13579487	6547526	8862572	9755	152535
2014	48895026	13918358	3453080	16779	15251803	7345376	8854921	53056	1653
2015	54059522	13013007	2793087	33652	19220207	9502398	9419157	62785	15229
2016	57035860	13109710	1433043		22249191	8457260	11141497	642515	2644
2017	59198316	13559790	831905	636	25209923	8625918	10154609	812757	2778
2018	59384003	15439768	466026	147	24091060	7823441	11285343	276688	1530

4-3 主要年份按经济类型分固定资产投资额指数（上年=100）

Indices of Total Investment in Fixed Assets in Main Years by Type of Ownership (preceding year =100)

年 份 Year	合 计 Total	国有经济 State-owned Units	集体经济 Collective-owned Units	联营经济 Joint Ownership Economic Units	股份经济 Share Holding Economic Units	私营经济 Private Economic Units	外商及港澳台经济 Economic Units with Funds from Foreign Regions,Hong Kong, Macao and Taiwan Investors	其他经济 Others	个体经济 Individual Investment
1978	99.2	95.9	103.1						
1980	134.0	130.4	182.4						179.5
1985	145.8	141.0	231.5						131.4
1986	120.3	125.5	94.4						106.4
1987	111.3	108.0	151.7						105.7
1988	154.4	149.9	164.5						183.2
1989	103.5	111.1	79.6						73.1
1990	97.1	97.5	87.1						103.9
1991	114.5	111.6	135.5						123.9
1992	181.4	178.8	232.3						148.4
1993	198.5	124.0	203.4						180.2
1994	140.8	143.3	140.2	130.0	183.1		146.5		141.3
1995	117.6	123.1	78.1	303.5	211.5		118.6		97.2
1996	103.4	95.4	88.2	110.9	76.3	260.4	133.0		98.4
1997	102.8	111.7	84.0	44.5	172.8	1192.1	88.3		87.7
1998	115.6	107.3	123.1	115.0	120.4	185.0	128.5		102.1
1999	115.7	118.7	114.5	65.1	172.0	231.5	96.3		97.3
2000	105.2	107.0	79.0	11.1	173.5	186.4	71.1	1527.4	131.0
2001	105.9	92.7	59.5	229.9	100.3	188.6	152.6	23.6	74.9
2002	103.2	78.9	133.5	117.6	149.4	129.5	108.2	258.0	89.2
2003	116.4	126.6	91.9	307.6	118.5	106.7	112.5	90.5	92.0
2004	114.8	120.2	68.2	175.6	97.6	153.4	113.1	79.9	60.8
2005	112.6	104.5	95.7	124.6	144.7	87.7	122.0	132.3	96.5
2006	111.7	108.2	104.8	36.4	116.6	101.7	119.7	239.0	58.2
2007	109.8	112.1	142.4	244.4	107.5	125.3	100.2	32.6	154.9
2008	113.0	117.2	128.5	134.7	93.1	136.7	112.2	56.4	68.8
2009	122.3	150.4	123.3	142.3	113.6	105.6	96.0	80.2	130.0
2010	122.7	122.0	101.8	68.6	151.2	94.5	120.7	43.5	184.9
2011	110.0	89.4	161.1	53.7	138.5	139.1	107.6	690.6	84.3
2012	110.2	95.9	240.3	6.2	106.8	106.5	127.8	840.6	143.2
2013	118.5	97.2	171.8	4370.6	134.7	137.9	107.1	6.2	281.5
2014	114.5	123.7	109.9	22.3	115.7	117.5	102.2	579.3	1.2
2015	110.6	93.5	80.9	200.6	126.0	129.4	106.4	118.3	921.3
2016	108.0	100.7	51.3		115.8	89.0	118.3	1023.4	17.4
2017	105.7	103.4	58.1		113.3	102.0	91.1	126.5	105.1
2018	108.2	129.5	58.7	23.1	98.2	93.5	133.7	34.1	55.1

注：根据国家制度，2017年部分项目进行数据修订，2018年增长速度为可比口径。

Note: According to National Statistical System, relevant data of some projects are revised in 2017, and the growth rate in 2018 is calculated on a comparable basic.

4-4 主要年份按投资类别分固定资产投资额

Total Investment in Fixed Assets in Main Years by Type of Investment

单位：万元 (10000 yuan)

年 份 Year	合 计 Total	建设改造 Construction and Transformation	房地产开发 Real Estate Development
1978	72641	72641	
1980	99565	99565	
1985	436197	389725	46472
1986	524813	472248	52565
1987	584140	514109	70031
1988	902161	762070	140091
1989	933326	780967	152359
1990	905937	788518	117419
1991	1037424	881075	156349
1992	1881379	1483959	397420
1993	3733976	2481589	1252387
1994	5257053	3362533	1894520
1995	6182515	4091379	2091136
1996	6389360	4097720	2291640
1997	6565767	4191544	2374223
1998	7588283	4894594	2693689
1999	8782586	5823559	2959027
2000	9236676	5680860	3555816
2001	9782093	5911886	3870207
2002	10092421	5828523	4263898
2003	11751668	7556862	4194806
2004	13489283	8718968	4770315
2005	15191582	10110736	5080846
2006	16963824	11395931	5567893
2007	18633437	11595406	7038031
2008	21055373	13421349	7634024
2009	26598516	18425067	8173449
2010	32635731	22799149	9836582
2011	34122005	21068400	13053605
2012	37583868	23879357	13704511
2013	44545508	28821219	15724289
2014	48895026	30733497	18161529
2015	54059522	32683631	21375891
2016	57035860	31627311	25408549
2017	59198316	32169381	27028935
2018	59384003	32364680	27019323

4-5 主要年份按投资类别分固定资产投资额指数(上年=100)

Indices of Total Investment in Fixed Assets in Main Years by Type of Investment (preceding year =100)

年 份 Year	合 计 Total	建设改造 Construction and Transformation	房地产开发 Real Estate Development
1978	99.2	99.2	
1980	134.0	134.0	
1985	145.8	152.0	108.3
1986	120.3	121.2	113.1
1987	111.3	108.9	133.2
1988	154.4	148.2	200.0
1989	103.5	102.5	108.8
1990	97.1	101.0	77.1
1991	114.5	111.7	133.2
1992	181.4	168.4	254.2
1993	198.5	167.2	315.1
1994	140.8	135.5	151.3
1995	117.6	121.7	110.4
1996	103.4	100.2	109.6
1997	102.8	102.3	103.6
1998	115.6	116.8	113.5
1999	115.7	119.0	109.9
2000	105.2	97.5	120.2
2001	105.9	104.1	108.8
2002	103.2	98.6	110.2
2003	116.4	129.7	98.4
2004	114.8	115.4	113.7
2005	112.6	116.0	106.5
2006	111.7	112.7	109.6
2007	109.8	101.8	126.4
2008	113.0	115.7	108.5
2009	122.3	137.3	107.1
2010	122.7	123.7	120.4
2011	110.0	99.4	132.7
2012	110.2	113.3	105.0
2013	118.5	120.7	114.7
2014	114.5	113.9	115.5
2015	110.6	106.3	117.7
2016	108.0	96.8	118.9
2017	105.7	105.1	106.4
2018	108.2	116.2	持平

注：根据国家制度，2017年部分项目进行数据修订，2018年增长速度为可比口径。

Note：According to National Statistical System, relevant data of some projects are revised in 2017, and the growth rate in 2018 is calculated on a comparable basic.

4-6 各时期按投资类别分固定资产投资额

Total Investment in Fixed Assets in Different Periods by Type of Investment

单位：万元 (10000 yuan)

时 期	Period	合 计 Total	建设改造 Construction and Transformation	房地产开发 Real Estate Development
“六五”时期	6th Five-year Plan Period	1310742	1221368	89374
“七五”时期	7th Five-year Plan Period	3850377	3317912	532465
“八五”时期	8th Five-year Plan Period	18092347	12300535	5791812
“九五”时期	9th Five-year Plan Period	38562672	24688277	13874395
“十五”时期	10th Five-year Plan Period	60307047	38126975	22180072
“十一五”时期	11th Five-year Plan Period	115886881	77636902	38249979
“十二五”时期	12th Five-year Plan Period	219205929	137186104	82019825
1950-2018	1950-2018	633710042	391515313	242194729
1979-2018	1979-2018	633008027	390813298	242194729
1991-2018	1991-2018	627673055	386100165	241572890
2001-2018	2001-2018	571018036	349111353	221906683

4-7 各时期按投资类别分固定资产投资额平均每年增长速度

Average Growth Rate of Investment in Fixed Assets in Different Periods by Type of Investment

单位：% (%)

时期	Period	合计 Total	建设改造 Construction and Transformation	房地产开发 Real Estate Development
"六五"时期	6th Five-year Plan Period	34.2	31.6	
"七五"时期	7th Five-year Plan Period	19.6	18.3	29.1
"八五"时期	8th Five-year Plan Period	50.4	40.7	89.2
"九五"时期	9th Five-year Plan Period	7.5	6.3	9.6
"十五"时期	10th Five-year Plan Period	9.0	10.0	7.5
"十一五"时期	11th Five-year Plan Period	14.4	14.7	14.0
"十二五"时期	12th Five-year Plan Period	12.7	10.5	16.8
1951-2018	1951-2018	17.4	16.6	
1979-2018	1979-2018	18.8	17.4	
1991-2018	1991-2018	16.9	15.5	21.4
2001-2018	2001-2018	12.0	12.1	11.9

4-8 主要年份按三次产业分固定资产投资额

Total Investment in Fixed Assets and its Composition in Main Years by Three Strata of Industries

年份 Year	合计 (万元) Total (10000 yuan)	第一产业 Primary Industry	第二产业 Secondary Industry	第三产业 Tertiary Industry	比重 (%) Composition (%)	第一产业 Primary Industry	第二产业 Secondary Industry	第三产业 Tertiary Industry
1978	72641	4317	32100	36224	100.00	5.94	44.19	49.87
1980	99565	4953	39722	54890	100.00	4.97	39.90	55.13
1985	436197	13672	143702	278823	100.00	3.13	32.94	63.93
1990	905937	14268	346872	544797	100.00	1.57	38.29	60.14
1995	6182515	42433	1698901	4441181	100.00	0.69	27.48	71.83
2000	9236676	66584	1411261	7758831	100.00	0.72	15.28	84.00
2001	9782093	17789	1419209	8345095	100.00	0.18	14.51	85.31
2002	10092421	24625	1913745	8154051	100.00	0.24	18.96	80.80
2003	11751668	14657	2265387	9471624	100.00	0.12	19.28	80.60
2004	13489283	30084	2863780	10595419	100.00	0.22	21.23	78.55
2005	15191582	9816	4379347	10802419	100.00	0.06	28.83	71.11
2006	16963824	17999	4632303	12313522	100.00	0.11	27.30	72.59
2007	18633437	11541	4015821	14606075	100.00	0.06	21.55	78.39
2008	21055373	16269	4510845	16528259	100.00	0.08	21.42	78.50
2009	26598516	34894	5454577	21109045	100.00	0.13	20.51	79.36
2010	32635731	34280	6262773	26338678	100.00	0.10	19.19	80.71
2011	34122005	39223	5529978	28552804	100.00	0.11	16.21	83.68
2012	37583868	71881	5998727	31513260	100.00	0.19	15.96	83.85
2013	44545508	107320	7169083	37269105	100.00	0.24	16.09	83.67
2014	48895026	151898	7174196	41568932	100.00	0.31	14.67	85.02
2015	54059522	337727	7795480	45926315	100.00	0.62	14.42	84.96
2016	57035860	211577	7320025	49504258	100.00	0.37	12.83	86.80
2017	59198316	105089	7515079	51578148	100.00	0.18	12.69	87.13
2018	59384003	7998	9615139	49760866	100.00	0.01	16.19	83.80

4-9 主要年份按构成分固定资产投资额

Total Investment in Fixed Assets in Main Years by Use of Funds

单位：万元 (10000 yuan)

年份 Year	合计 Total	建安工程 Construction and Installation Project	建筑工程 Construction Project	安装工程 Installation Project	设备工器具购置 Purchases of Equipment and Instruments	其他费用 Others
1995	6182515	3380428	3066640	313788	1474613	1327474
1996	6389360	3645509	3225327	420182	1501358	1242493
1997	6565767	3761130	3230953	530177	1475112	1329525
1998	7588283	4238753	3805530	433223	1465162	1884368
1999	8782586	4983134	4443801	539333	1520186	2279266
2000	9236676	5351968	4862795	489173	1284866	2599842
2001	9782093	5744072	4943427	800645	1792544	2245477
2002	10092421	6045582	5043136	1002446	1735461	2311378
2003	11751668	6596074	5926676	669398	1907214	3248380
2004	13489283	7996258	7167180	829078	2328974	3164051
2005	15191582	9087325	7899596	1187729	2749875	3354382
2006	16963824	9724062	8375238	1348824	3657839	3581923
2007	18633437	10891409	9571281	1320128	3299746	4442282
2008	21055373	12807649	11296603	1511046	3227977	5019747
2009	26598516	16750826	15003807	1747019	3798896	6048794
2010	32635731	21513034	18964747	2548287	4866404	6256293
2011	34122005	20887886	18138348	2749538	6193268	7040851
2012	37583868	24731081	21468095	3262986	6003316	6849471
2013	44545508	29692453	25879973	3812480	6995873	7857182
2014	48895026	31495401	27760295	3735106	7380551	10019074
2015	54059522	34965551	30635972	4329579	8300480	10793491
2016	57035860	32761129	28524666	4236463	9297170	14977561
2017	59198316	31970283	28275166	3695117	8947522	18280511
2018	59384003	27259894			9088439	23035670

注：根据制度，500—5000万固定资产投资项目情况表取消建筑工程和安装工程分组，合并为建安工程。

Note: According to National Statistical System,5-50 million fixed assets investment project table canceled the construction and installation project group, merged into construction and installation project.

4-10 主要年份房屋建设情况

Total Investment in Fixed Assets and Building Construction in Main Years

年份、时期 Year and Period	房屋施工面积 （万平方米） Floor Space under Construction (10000 sq.m)	#住宅 Residential Buildings	房屋竣工面积 （万平方米） Floor Space Completed (10000 sq.m)	#住宅 Residential Buildings
1978	429.55	173.09	184.97	84.82
1980	610.94	334.12	269.07	163.33
1985	1448.87	820.45	796.96	531.33
1990	1681.89	970.81	879.68	537.36
1995	4958.58	2840.92	1847.86	1212.84
2000	6152.47	3789.88	2404.81	1539.43
2001	6612.84	3916.82	2138.40	1304.28
2002	6376.80	3809.32	2129.56	1392.66
2003	6540.20	3643.26	2243.10	1317.25
2004	7263.32	3817.60	2308.23	1045.58
2005	7165.93	3836.53	2405.30	1091.48
2006	6895.68	3751.36	1677.24	918.05
2007	8113.99	4049.79	2243.77	1001.43
2008	8272.29	3986.32	1849.70	865.15
2009	8690.90	3740.54	2208.57	965.85
2010	10114.91	4279.53	2388.95	950.10
2011	11555.51	5083.07	2804.28	938.38
2012	12381.69	5152.06	2957.66	940.44
2013	13959.31	5753.99	3683.50	897.97
2014	13995.56	6410.68	3699.66	1266.35
2015	13129.83	6461.25	2712.01	1031.79
2016	11563.90	6228.81	1642.25	832.98
2017	12044.84	6427.97	1496.38	832.80
2018	14841.71	7166.30	1601.19	871.70
“六五”时期 6th Five-year Plan Period			3328.09	2352.35
“七五”时期 7th Five-year Plan Period			4454.23	2772.75
“八五”时期 8th Five-year Plan Period			7045.41	4339.71
“九五”时期 9th Five-year Plan Period			10112.06	6673.86
“十五”时期 10th Five-year Plan Period			11224.59	6151.25
“十一五”时期 11th Five-year Plan Period			10368.23	4700.58
“十二五”时期 12th Five-year Plan Period			15857.11	5074.93
1950-2018			69678.72	35611.89
1979-2018			67591.40	34864.97
1991-2018			59347.22	29477.81
2001-2018			42189.75	18464.24

4-11 固定资产投资额(2018年)

单位：万元

项　　目	Item
总　　计	**Total**
按登记注册类型分	**Grouped by Registration Status**
内资企业	Domestic Funded Enterprises
国有企业	State-owned Enterprises
集体企业	Collective-owned Enterprises
股份合作企业	Cooperative Enterprises
联营企业	Joint Ownership Enterprises
国有联营企业	State Joint Ownership Enterprises
集体联营企业	Collective Joint Ownership Enterprises
国有与集体联营企业	Joint State-collective Enterprises
其他联营企业	Other Joint Ownership Enterprises
有限责任公司	Limited Liability Corporations
国有独资公司	State Sole Funded Corporations
其他有限责任公司	Other Limited Liability Corporations
股份有限公司	Share-holding Corporations Ltd.
私营企业	Private Enterprises
其他企业	Other Enterprises
港、澳、台商投资企业	Enterprises with Funds from Hong Kong, Macao and Taiwan
#与港、澳、台商合资经营企业	Joint-venture Enterprises
与港、澳、台商合作经营企业	Cooperative Enterprises
港、澳、台商独资经营企业	Enterprises with Sole Funds
港、澳、台商投资股份有限公司	Share-holding Corporations Ltd.
外商投资企业	Foreign Funded Enterprises
#中外合资经营企业	Joint-venture Enterprises
中外合作经营企业	Cooperative Enterprises
外资企业	Enterprises with Sole Foreign Funds
外商投资股份有限公司	Share-holding Corporations Ltd.
个体经营	Self-employed Individual
按隶属关系分	**Grouped by Administrative Relationship**
中央属	Central Government
省　属	Provincial Government
市　属	Municipal Government
区　属	District Government
其　他	Others

Total Investment in Fixed Assets (2018)

(10000 yuan)

合 计 Total	#建设改造 Construction and transformation
59384003	**32364680**
48097130	25838069
11649660	11240684
375115	364366
90911	90861
147	147
147	147
23951316	8274037
3790108	2710115
20161208	5563922
3929852	3276506
7823441	2314780
276688	276688
3028478	692067
753459	221557
401515	12468
1837040	435300
20464	6742
8256865	5833014
2897785	893330
100298	17477
2996266	2723725
2202312	2176959
1530	1530
5850759	5364853
2753183	2500960
12288551	7756945
6989352	6576580
31502158	10165342

4-11 续表

单位：万元

项　　目	Item
按建设性质分	**Grouped by Type of Construction**
#新　建	New Construction
扩　建	Expansion
改建和技术改造	Reconstruction
单纯购置	Purchase
按构成分	**Grouped by Composition**
建安工程	Construction and Installation Project
设备工器具购置	Equipment and Appliance Purchase
其他费用	Other fees
按行业分	**Grouped by Sector**
农、林、牧、渔业	Agriculture, Forestry, Animal Husbandry and Fishery Industry
采矿业	Mining
制造业	Manufacturing
电力、热力、燃气及水生产和供应业	Production and Supply of Electricity, Heat,Gas and Water
建筑业	Construction
批发和零售业	Wholesale and Retail Trade
交通运输、仓储和邮政业	Transport, Storage and Post
住宿和餐饮业	Hotels and Catering Services
信息传输、软件和信息技术服务业	Information Transmission, Software and Information Technology
金融业	Financial Intermediation
房地产业	Real Estate
租赁和商务服务业	Leasing and Business Services
科学研究和技术服务业	Scientific Research and Technical Services
水利、环境和公共设施管理业	Management of Water Conservancy, Environment and Public Facilities
居民服务、修理和其他服务业	Service to Households, Repair and Other Services
教　育	Education
卫生和社会工作	Health and Social Service
文化、体育和娱乐业	Culture, Sports and Entertainment
公共管理、社会保障和社会组织	Public Management, Social Security and Social Organizations
国际组织	Internationale Organizations

continued

(10000 yuan)

合 计 Total	#建设改造 Construction and Innovation
50792992	23773669
926258	926258
4572807	4572807
3036657	3036657
27259894	16035910
9088439	8978542
23035670	7350228
11340	11340
7849335	7849335
1665621	1665621
109744	109744
414018	414018
9471572	9471572
153481	153481
1582303	1582303
53938	53938
28946033	1926710
879379	879379
332286	332286
5810905	5810905
1550	1550
908066	908066
535470	535470
561964	561964
96998	96998

4-12 各区固定资产投资主要指标
(2018年，按项目所在地分)

项目	Item	全市 Total	荔湾区 Liwan	越秀区 Yuexiu
固定资产投资额 (万元)	Total Investment in Fixed Assets (10000 yuan)	59384003	2908144	861307
按登记注册类型分	**Grouped by Registration Status**			
# 国有经济投资	State-owned Investment	15439768	527227	355556
民间投资	Investment by Non-state-owned Units	21947304	592424	247356
港澳台商经济投资	Investment from Hong Kong, Macao and Taiwan	3028478	101215	87842
外商经济投资	Foreign Investment	8256865	9187	5476
按构成分	**Grouped by Use of Funds**			
# 建安工程	Construction and Installation Project	27259894	969877	390265
新增固定资产 (万元)	Newly Increased Fixed Assets (10000 yuan)	15251764	274312	491700
房屋施工面积 (平方米)	Floor Space under Construction (sq.m)	148417096	9194454	2015909
房屋竣工面积 (平方米)	Floor Space Completed (sq.m)	16011901	553902	243445

注：国有经济投资包括国有企业、国有联营企业、国有独资公司的投资额。民间投资是指工商登记注册类型为：集体、股份合作、私营独资、私营合伙、私营有限责任公司、个体户、个人合伙等纯民间主体的固定资产投资及混合经济成分中由集体、私营、个体控股的投资主体单位的全部固定资产投资(下同)。

Main Indicators of Investment in Fixed Assets
(2018, by Tegion of Item)

海珠区 Haizhu	天河区 Tianhe	白云区 Baiyun	黄埔区 Huangpu	番禺区 Panyu	花都区 Huadu	南沙区 Nansha	从化区 Conghua	增城区 Zengcheng
3010804	4856046	7005263	11648901	7131247	4137033	5881844	1888602	10054812
597089	1005353	1830579	3408123	2589660	1181496	2412021	529744	1002920
1957180	1388282	1760172	3836858	3032645	1956867	2080503	1038918	4056099
82383	270232	282432	477864	245476	175554	370945	186432	748103
181427		41886	3143597	504531	128020	375935	4863	3861943
799591	2186792	2148283	7022506	3426970	2638254	3407347	904453	3365556
290263	1180593	1381747	3245359	2400198	2398610	641333	464729	2482920
8288593	11444510	8974066	25017224	21422523	16615014	13978034	6613449	24853320
291904	542884	540193	3036895	3643481	1786607	437455	614132	4321003

Note: The state-owned investment refers to the investment from state-ownered enterprises, state joint ownership enterprises and sole state-funded corporations. The investment by non-state-owned units refers to the total investment excluding the investment from state-owned enterprises, state joint ownership enterprises, sole state-funded corporations, enterprises with funds from foreign regions,Hong Kong, Macao and Taiwan. The investment by private enterprises refers to private holding investment and individual investment of the investment from collective-owned enterprises, other cooperative enterprises, other limited liability corporations,private enterprises, other domestic funded enterprises and share holding corporations. The same as in the following tables.

4-13 民间固定资产投资情况(2018年)

Investment in Fixed Assets by Private Units (2018)

单位：万元　　(10000 yuan)

项　目	Item	2018	2018年比2017年增长(%) Growth Rate in 2018 over 2017(%)
合　计	**Total**	**21947304**	**-9.1**
按投资类别分	**Grouped by Type of Investment**		
建设改造	Construction and Transformation	5314015	-19.4
房地产开发	Real Estate Development	16633289	-5.2
按主要领域分	**Grouped by Main Sector**		
其中：基础设施	Infrastructure investment	592392	-30.9
工业投资	Industrial investment	1573514	4
其中：工业技术改造	Industry technical renovation	697072	3.2
按构成分	**Grouped by Use of Funds**		
建安工程	Construction and Installation Project	10730542	-23.5
设备工器具购置	Purchases of Equipment and Instruments	1049161	-8.8
其他费用	Others	10167601	13.5
按三次产业分	**Grouped By Industry**		
第一产业	Primary Industry	3220	-73
第二产业	Secondary Industry	1572677	4.3
第三产业	Tertiary Industry	20371407	-9.9

4-13 续表 continued

单位：万元 (10000 yuan)

项 目	Item	2018	2018年比2017年增长(%) Growth Rate in 2018 over 2017(%)
按国民经济行业分	**Grouped by Sector**		
农、林、牧、渔业	Agriculture, Forestry, Animal Husbandry and Fishery Industry	3220	-73.2
采矿业	Mining		
制造业	Manufacturing	1542271	12.3
电力、热力、燃气及水生产和供应业	Production and Supply of Electricity, Heat,Gas and Water	31243	-77.7
建筑业	Construction		-100
批发和零售业	Wholesale and Retail Trade	378572	-63.1
交通运输、仓储和邮政业	Transport, Storage and Post	478199	15.6
住宿餐饮业	Hotels and Catering Services	130257	-51.6
信息传输、软件和信息技术服务业	Information Transmission, Software and Information Technology	571544	-47.4
金融业	Financial Intermediation	40083	-7.3
房地产业	Real Estate	17370121	-5.1
租赁和商务服务业	Leasing and Business Services	603205	5.7
科学研究和技术服务业	Scientific Research and Technical Services	167657	-8
水利、环境和公共设施管理业	Management of Water Conservancy, Environment and Public Facilities	201161	31.8
居民服务、修理和其他服务业	Service to Households, Repair and Other Services	563	-89.4
教育	Education	87049	-21.5
卫生和社会工作	Health and Social Service	159475	-35.5
文化、体育和娱乐业	Culture, Sports and Entertainment	181784	-1.2
公共管理、社会保障和社会组织	Public Management, Social Security and Social Organizations	900	-96.4
国际组织	Internationale Organizations		

4-14 工业及工业技术改造固定资产投资情况(2018年)

单位：万元

项　　目	Item
合　计	**Total**
其中：汽车制造业	Automobile Manufacturing
其中：汽车零配件	Auto Parts Manufacturing
电子产品制造业	Electronic Appliance Manufacturing
石油化工制造业	Petrochemical Manufacturing
其中：高技术制造业	High-tech Manufacturing Industry
医药制造业	Pharmaceutical Manufacturing Industry
航空航天及设备制造业	Aerospace and Equipment Manufacturing Industry
电子及通信设备制造	Manufacturing Industry of Electronic and Communication Equipment
计算机及办公设备制造业	Computer and Office Equipment Manufacturing Industry
医疗设备及仪器仪表制造业	Manufacturing Industry of Medical Equipment and Instruments
信息化学品制造	Information Chemicals Manufacturing Industry
按工业行业分	**Grouped by Sector**
农副食品加工业	Processing of Food from Agricultural Products
食品制造业	Manufacture of Foods
酒、饮料和精制茶制造业	Manufacture of Wine, Beverages and Refined Tea
烟草制品业	Manufacture of Tobacco
纺织业	Manufacture of Textile
纺织服装、服饰业	Manufacture of Textile Wearing Apparel, Clothing
皮革、毛皮、羽毛及其制品和制鞋业	Manufacture of Leather, Fur, Feather and Related Products, Footwear
木材加工和木、竹、藤、棕、草制品业	Processing of Timber, Manufacture of Wood, Bamboo, Rattan, Palm and Straw Products
家具制造业	Manufacture of Furniture
造纸和纸制品业	Manufacture of Paper and Paper Products
印刷和记录媒介复制业	Printing, Reproduction of Recording Media
文教、工美、体育和娱乐用品制造业	Manufacture of Culture and Education, Arts and Crafts, Sports and Entertainment Supplies
石油煤炭及其他燃料加工业	Processing of Petroleum, Coking, Processing of Nuclear Fuel
化学原料和化学制品制造业	Manufacture of Raw Chemical Materials and Chemical Products
医药制造业	Manufacture of Medicines
化学纤维制造业	Manufacture of Chemical Fibers
橡胶和塑料制品业	Manufacture of Rubber
非金属矿物制品业	Manufacture of Non-metallic Mineral Products
黑色金属冶炼和压延加工业	Smelting and Pressing of Ferrous Metals
有色金属冶炼和压延加工业	Smelting and Pressing of Non-Ferrous Metals
金属制品业	Manufacture of Metal Products
通用设备制造业	Manufacture of General Purpose Machinery
专用设备制造业	Manufacture of Special Purpose Machinery
汽车制造业	Manufacture of Automobile
铁路、船舶、航空航天和其他运输设备制造业	Manufacture of Railway, Ship, Aerospace and Other Transportation Equipment
电气机械和器材制造业	Manufacture of Electrical Machinery and Equipment
计算机、通信和其他电子设备制造业	Manufacture of Computers, Communication Equipment and Other Electronic Equipment
仪器仪表制造业	Manufacture of Instrments and Meters
其他制造业	Other Manufactures
废弃资源综合利用业	Comprehensive Utilization of Waste
金属制品、机械和设备修理业	Manufacture of Metal Products, Machinery and Equipment Maintenance
电力、热力生产和供应业	Production and Supply of Electric Power and Heat Power
燃气生产和供应业	Production and Supply of Gas
水的生产和供应业	Production and Supply of Water

Investment in Fixed Assets in Industrial and Technological Renovation (2018)

(10000 yuan)

工业投资 Industrial Investment	#工业技术改造 Industrial Technology Reform
9514956	**2571564**
1141941	**1020563**
479834	362818
5092980	369119
172717	123165
5290178	374622
216049	44908
4209	800
4951516	268959
41289	20838
77115	39117
46172	22121
59204	32686
20982	11437
4086	4086
25365	21267
23858	1003
20346	4237
4313	1691
102353	23369
16141	12458
52337	40020
56582	35435
52066	52066
120651	71099
216049	44908
710	710
74508	61818
61940	20765
4307	2957
40388	1628
31971	25183
317188	127878
97906	61169
1141941	1020563
25575	10993
131956	89487
4948721	275410
45262	17441
5881	2268
91015	90015
9561	6152
1232689	219502
54405	
378527	159742

4-15 住宅投资建设情况（2018年）
Housing Investment and Construction (2018)

项　　目	Item	固定资产投资额（万元）Investment in Fixed Assets (10000 yuan)	房屋施工面积（平方米）Floor Space under Construction (sq.m)	房屋竣工面积（平方米）Floor Space Completed (sq.m)
总　　计	**Total**	**17466618**	**71663030**	**8716993**
按登记注册类型分	**Grouped by Registration Status**			
内资企业	Domestic-funded Enterprises	14525079	57312988	6239738
国有企业	State-owned Enterprises	284495	5132557	158929
集体企业	Collective-owned Enterprises	9762	52540	25626
股份合作企业	Cooperative Enterprises			
联营企业	Joint Enterprises			
有限责任公司	Limited Liability Corporations	10073757	37204526	4432831
股份有限公司	Share Holding Corporations Ltd.	248208	2692942	
私营企业	Private Enterprises	3904813	12160049	1622352
其他企业	Other Enterprises	4044	70374	
港、澳、台商投资企业	Funds from Hong Kong, Macao and Taiwan	1477492	9608284	942910
外商投资企业	Foreign-funded	1464047	4741758	1534345
个体经营	Individual Investment			
按投资类别分	**Grouped by Type of Investment**			
#房地产开发	Real Estate Development	17337569	65077240	8676291

4-16 主要年份基础设施投资额

Total Investment of Infrastructure in Main Years

单位：万元 (10000 yuan)

年 份 Year	基础设施投资额合计 Total Investment in Infrastructure	电力、热力、燃气及水生产和供应业 Production and Supply of Electricity, Heat, Gas and Water	交通运输、仓储和邮政业 Transport, Storage and Post	信息传输、软件和信息技术服务业 Information Transmission, Software and Information Technology	水利、环境和公共设施管理业 Management of Water Conservancy, Environment and Public Facilities
2006	5486487	1027261	2584536	323481	1551209
2007	5396237	823335	2395913	231485	1945504
2008	6058585	721278	2993037	310452	2033818
2009	10205364	1921535	3755212	1018626	3509991
2010	13322053	2300961	4498051	898385	5624656
2011	9977291	891065	4274037	1864116	2948073
2012	10650125	1241487	4568369	1229343	3610926
2013	11371899	1016015	5935429	1037231	3383224
2014	12466576	1227907	6707111	1251867	3279691
2015	13390770	1105701	6316844	1816401	4151824
2016	15164507	1603562	7922729	1110701	4527515
2017	16842963	1573871	8832349	1060190	5376553
2018	17619987	1665621	9140573	1002888	5810905

注：基础设施投资是指为社会生产和生活提供基础性、大众性服务的工程和设施。因此表中的交通运输、仓储和邮政业不包括通用仓储、低温仓储、危险品仓储和谷物、棉花等农产品仓储业；信息传输、软件和信息技术服务业不包括软件和信息技术服务业。与其他表的国民经济行业分类略有不同。

Note: Infrastructure investment refers to projects and facilities that provide basic and popular services for social production and life.Therefore the transportation, storage and postal services in the tables do not include general storage, low temperature storage, dangerous goods storage and storage of agricultural products such as grain and cotton; information transmission,software and information technology services do not include software and information technology services. The industry classification of national economy is slightly different from other tables.

4-17 基础设施固定资产投资情况(2018年)

Infrastructure Fixed Assets Investment (2018)

单位：万元 (10000 yuan)

项　　目	Item	2018	2018年比2017年增长(%) Growth Rate in 2018 over 2017(%)
合　计	**Total**	17619987	12.3
按行业分	By Sector		
电力、热力生产和供应业	Production and Supply of Electric Power and Heat Power	1232689	56.2
燃气生产和供应业	Production and Supply of Gas	54405	133.2
水的生产和供应业	Production and Supply of Water	378527	-40.4
铁路运输业	Railway Transportation Industry	1995557	12.3
道路运输业	Road Transportation Industry	4257601	15.1
水上运输业	Water Transportation Industry	342241	-29.9
航空运输业	Aviation Transportation Industry	2473806	-10.4
管道运输业	Pipeline Transportation Industry	596	-96
多式联运和运输代理业	Multimodal Transport and Transport Agent Industry	68726	-7.2
装卸搬运	Handling and handling		
邮政业	Post Industry	2046	-81.9
电信、广播电视和卫星传输服务	Telecommunications, Radio and Television, Satellite Transmission Services	934717	-7.8
互联网和相关服务	Internet and Related Services	68171	-73.9
水利管理业	Management of Water Conservancy	337267	99.5
生态保护和环境治理业	Ecology Protection and Environment Control	425785	259.6
公共设施管理业	Management of Public Facilities	5047853	31.1

4-18 新增固定资产（2018年）
Total Newly Increased Fixed Assets (2018)

单位：万元 (10000 yuan)

项目	Item	合计 Total	#建设改造 Construction and transformation
总计	**Total**	**15251764**	**7476458**
按登记注册类型分	**Grouped by Registration Status**		
内资企业	Domestic Funded Enterprises	12357470	6859664
国有企业	State-owned Enterprises	4015680	3861176
集体企业	Collective-owned Enterprises	175737	161700
股份合作企业	Cooperative Enterprises		
联营企业	Joint Ownership Enterprises		
国有联营企业	State Joint Ownership Enterprises		
集体联营企业	Collective Joint Ownership Enterprises		
国有与集体联营企业	Joint State-collective Enterprises		
其他联营企业	Other Joint Ownership Enterprise		
有限责任公司	Limited Liability Corporations	6427966	2167547
国有独资公司	State Sole Funded Corporations	1410448	1147703
其他有限责任公司	Other Limited Liability Corporations	5017518	1019844
股份有限公司	Share Holding Corporations Ltd.	262322	235297
私营企业	Private Enterprises	1439279	397458
其他企业	Other Enterprises	36486	36486
港、澳、台商投资企业	Enterprises with Funds from Hong Kong, Macao and Taiwan	1049120	228762
#与港、澳、台商合资经营企业	Joint-venture Enterprises	221192	120072
与港、澳、台商合作经营企业	Cooperative Enterprises	256177	4401
港、澳、台商独资经营企业	Enterprises with Sole Funds	571751	104289
港、澳、台商投资股份有限公司	Share-holding Corporations Ltd.		
外商投资企业	Foreign Funded Enterprises	1845174	388032
#中外合资经营企业	Joint-venture Enterprises	1101747	165460
中外合作经营企业	Cooperative Enterprises	119728	5975
外资企业	Enterprises with Sole Foreign Funds	623660	216558
外商投资股份有限公司	Share-holding Corporations Ltd.	39	39
个体经营	Self-employed Individual		
按隶属关系分	**Grouped by Jurisdiction of Management**		
中央属	Central Investment	1949676	1829252
省属	Provincial Investment	2032950	2032950
市属	Municipal Investment	2222926	1246147
区属	District Investment	1806966	1215264
其他	Others	7239246	1152845

4-18 续表 continued

单位：万元 (10000 yuan)

项 目	Item	合 计 Total	#建设改造 Construction and transformation
按建设性质分	**Grouped by Type of Construction**		
#新 建	New Construction	11058159	3282853
扩 建	Expansion	2156482	2156482
改建和技术改造	Reconstruction	1494710	1494710
单纯购置	Purchase	530180	530180
按行业分	**Grouped by Economic Sector**		
农、林、牧、渔业	Agriculture, Forestry, Animal Husbandry and Fishery		
采矿业	Mining		
制造业	Manufacturing	599231	599231
电力、热力、燃气及水生产和供应业	Production and Supply of Electricity, Heat,Gas and Water	1398165	1398165
建筑业	Construction	34561	34561
批发和零售业	Wholesale and Retail Trade	138463	138463
交通运输、仓储和邮政业	Transport, Storage and Post	2718311	2718311
住宿和餐饮业	Hotels and Catering Services	38743	38743
信息传输、软件和信息技术服务业	Information Transmission, Software and Information Technology	678740	678740
金融业	Financial Intermediation	4418	4418
房地产业	Real Estate	7956982	181676
租赁和商务服务业	Leasing and Business Services	168838	168838
科学研究和技术服务业	Scientific Research and Technical Services	17483	17483
水利、环境和公共设施管理业	Management of Water Conservancy, Environment and Public Facilities	1206237	1206237
居民服务、修理和其他服务业	Service to Households, Repair and Other Services		
教 育	Education	84901	84901
卫生和社会工作	Health and Social Service	78817	78817
文化、体育和娱乐业	Culture, Sports and Entertainment	64802	64802
公共管理、社会保障和社会组织	Public Management, Social Security and Social Organizations	63072	63072
国际组织	International Organizations		

4-19 固定资产投资资金来源（2018年）

The Funds Sources of Fixed Asset Investment (2018)

单位：万元 (10000 yuan)

项　　目	Item	合 计 Total	# 建设改造 Construction and transformation
本年实际到位资金合计	Total Actually Funds Provided This Year	93525061	28884458
上年末结余资金	Surplus Fund from Year-end of Preceding Year	26243128	1911349
本年实际到位资金小计	Subtotal Actually Funds Provided This Year	67281933	26973109
# 国家预算资金	State Budget Funds	6961582	6961582
国内贷款	Domestic Loans	15192686	7138951
债　　券	Bonds	105681	105681
利用外资	Foreign Investment	253690	214573
自筹资金	Self-raising Funds	23489902	10529325
其他资金	Others	3975462	2022997
本年各项应付款合计	Total Payment This Year	12490140	4021927
# 工程款	Payment Against Projects	3905318	693377

注：国家制度修订，统计口径为5000万元及以上固定资产投资项目和房地产开发项目。

Note: The national system has been revised with a statistical caliber of 50 million yuan or more in fixed assets investment projects and real estate development projects.

4-20 房地产开发与经营(2018年，按法人单位办公所在地分)

项目	Item	全市 Total	荔湾区 Liwan	越秀区 Yuexiu
企业个数 (个)	Number of Enterprises (unit)	1281	43	84
年末从业人数 (人)	Employed Persons at Year-end (person)	46707	1310	1971
本年完成投资 (万元)	Total Investment Completed This Year (10000 yuan)	27019323	2004709	383796
#住　宅	Residential Buildings	17337569	1907441	184842
办公楼	Office Buildings	2874854	2765	74154
商业营业用房	Houses for Business Use	2677832	36169	42108
房屋施工面积 (平方米)	Floor Space of Buildings under Construction (sq.m)	109990050	4927809	3239928
#住　宅	Residential Buildings	65077240	3487697	1952153
办公楼	Office Buildings	12074036	69530	359582
商业营业用房	Houses for Business Use	12601732	316243	468818
#新开工面积	Floor Space of Newly Started Buildings	17754495	564966	559392
#住　宅	Residential Buildings	9940582	492063	470942
办公楼	Office Buildings	1720438	7221	39544
商业营业用房	Houses for Business Use	1862465		37831
房屋竣工面积 (平方米)	Floor Space of Buildings Completed (sq.m)	15239847	67513	839834
#住　宅	Residential Buildings	8676291	61055	453710
办公楼	Office Buildings	1884447		82793
商业营业用房	Houses for Business Use	1448051		142141
商品房销售面积 (平方米)	Floor Space of Buildings Actually Sold This Year (sq.m)	15502761	753722	77929
现房销售面积	Floor Space of Existing Buildings with Contracts Signed	3038249	154647	49866
#住　宅	Residential Buildings	1911653	129335	27131
办公楼	Office Buildings	180991		372
商业营业用房	Houses for Business Use	310806	10753	11816
期房销售面积	Floor Space of Buildings Presold This Year	12464512	599075	28063
#住　宅	Residential Buildings	9470333	549126	17541
办公楼	Office Buildings	1711526	8787	8806
商业营业用房	Houses for Business Use	709110	16359	1463
商品房销售合同金额(万元)	Contracted Value of Buildings Actually Sold This Year(10000 yuan)	31026607	3137109	352048
现房销售合同金额	Contracted Value of Existing Buildings with Contracts Signed	5273715	618603	190210
#住　宅	Residential Buildings	3737527	551424	122683
办公楼	Office Buildings	289299		1800
商业营业用房	Houses for Business Use	537044	33578	46588
期房销售合同金额	Contracted Value of Buildings Presold	25752892	2518506	161838
#住　宅	Residential Buildings	20826824	2388523	119439
办公楼	Office Buildings	3168536	32997	37147
商业营业用房	Houses for Business Use	1330488	59845	4353

Real Estate Development and Management
(2018, by the Locations of the Offices of Corporate Units)

海珠区 Haizhu	天河区 Haizhu	白云区 Baiyun	黄埔区 Huangpu	番禺区 Panyu	花都区 Huadu	南沙区 Nansha	从化区 Conghua	增城区 Zengcheng
141	226	74	90	154	107	116	69	177
3101	11805	2389	4107	6798	3277	3268	1944	6737
1663976	3109243	1683786	3084066	3545933	2125175	2543749	1003901	5870989
692466	1872905	1215298	2041195	1756505	1380860	1337489	386069	4562499
427211	284586	227371	612865	472181	181501	366288	19710	206222
479155	511327	83528	177538	602769	168400	206927	58199	311712
7546572	10887337	5429781	15958107	15532279	11064105	10690646	5387247	19326239
4013407	5195994	2714110	9951780	7551625	6604555	6182983	4331550	13091386
1183999	2154078	834781	2341019	1866823	739962	1665961	182456	675845
1260029	1516918	493108	1342887	2309951	2006000	935593	341199	1610986
736908	513050	650711	2444224	3296326	1747248	1647433	669589	4924648
236867	226457	350917	1625954	1740410	562961	1126824	398045	2709142
212905	44836	66086	346695	261262	414647	136428	23861	166953
145425	81085	123061	92439	339752	486585	40438	153639	362210
419691	498871	413412	2834252	3396879	1595247	431485	551594	4191069
210859	250289	125093	1219243	1475138	1014547	276011	495955	3094391
56544	48000	166673	620603	583842	247918	60384	985	16705
33275	31276	26197	364293	457178	100087	11332	12591	269681
462873	969895	490675	3467144	2026868	1000104	2151716	631495	3470340
151289	197114	117940	444727	521057	333914	208493	55668	803534
31416	152198	102306	166184	276315	237825	122708	46209	620026
60	5619	2184	45416	45114	49423	18616		14187
109221	6911	1102	26076	48015	8774	16845	820	70473
311584	772781	372735	3022417	1505811	666190	1943223	575827	2666806
254061	620387	280010	1700498	989056	525936	1450110	532959	2550649
43571	71899	74128	789071	351873	74845	255867	22612	10067
13952	67847	450	143516	136912	52994	207238	6331	62048
1314338	3830541	1515851	5913459	4625963	1564801	3502684	690269	4579544
309297	611185	351896	543668	1165817	542976	285542	77232	577289
112088	460021	317828	271342	808170	439783	192298	59105	402785
83	24739	9659	60162	102241	51212	29144		10259
181239	34126	5948	40710	81226	12138	32632	1299	67560
1005041	3219356	1163955	5369791	3460146	1021825	3217142	613037	4002255
863178	2711825	1007082	3609423	2361061	862125	2470970	561927	3871271
92074	273129	149562	1285505	770618	79765	410992	26352	10395
49789	205987	1519	243840	298166	68804	306638	13752	77795

4-21 房地产开发与经营（2018年，按项目所在地分）

项目	Item	全市 Total	荔湾区 Liwan	越秀区 Yuexiu
本年完成投资（万元）	Total Investment Completed This Year (10000 yuan)	27019323	2109332	275136
#住宅	Residential Buildings	17337569	2005627	77660
办公楼	Office Buildings	2874854	1709	69855
商业营业用房	Houses for Business Use	2677832	37865	40591
房屋施工面积（平方米）	Floor Space of Buildings under Construction (sq.m)	109990050	6604604	1957791
#住宅	Residential Buildings	65077240	4598367	763144
办公楼	Office Buildings	12074036	104351	473058
商业营业用房	Houses for Business Use	12601732	478629	364273
#新开工面积	Floor Space of Newly Started Buildings	17754495	564966	106786
#住宅	Residential Buildings	9940582	492063	23282
办公楼	Office Buildings	1720438	7221	39544
商业营业用房	Houses for Business Use	1862465		37831
房屋竣工面积（平方米）	Floor Space of Buildings Completed (sq.m)	15239847	553902	243445
#住宅	Residential Buildings	8676291	339822	64943
办公楼	Office Buildings	1884447		82793
商业营业用房	Houses for Business Use	1448051	90893	51248
商品房销售面积（平方米）	Floor Space of Buildings Actually Sold This Year (sq.m)	15502761	793866	43420
现房销售面积	Floor Space of Existing Buildings with Contracts Signed	3038249	192292	29653
#住宅	Residential Buildings	1911653	162784	4708
办公楼	Office Buildings	180991		2926
商业营业用房	Houses for Business Use	310806	10753	13490
期房销售面积	Floor Space of Buildings Presold This Year	12464512	601574	13767
#住宅	Residential Buildings	9470333	551625	2826
办公楼	Office Buildings	1711526	8787	9580
商业营业用房	Houses for Business Use	709110	16359	1361
商品房销售合同金额(万元)	Contracted Value of Buildings Actually Sold This Year(10000 yuan)	31026607	3251183	183850
现房销售合同金额	Contracted Value of Existing Buildings with Contracts Signed	5273715	720794	123519
#住宅	Residential Buildings	3737527	643795	28953
办公楼	Office Buildings	289299		15416
商业营业用房	Houses for Business Use	537044	33578	60381
期房销售合同金额	Contracted Value of Buildings Presold	25752892	2530389	60331
#住宅	Residential Buildings	20826824	2400406	15875
办公楼	Office Buildings	3168536	32997	40487
商业营业用房	Houses for Business Use	1330488	59845	3969

Real Estate Development and Management (2018, by Region of Item)

海珠区 Haizhu	天河区 Tianhe	白云区 Baiyun	黄埔区 Huangpu	番禺区 Panyu	花都区 Huadu	南沙区 Nansha	从化区 Conghua	增城区 Zengcheng
1622431	2713582	1909690	3190702	3619981	2159830	2543749	1003901	5870989
659661	1602586	1375182	2147108	1770778	1412910	1337489	386069	4562499
426952	242238	236139	612866	511499	181376	366288	19710	206222
476564	497888	87768	178150	613775	168393	206927	58199	311712
6229335	9190634	5060499	16846072	16230726	12466257	10690646	5387247	19326239
3104772	3951714	2531156	10826024	8108537	7587607	6182983	4331550	13091386
1047008	2332680	619117	2346482	1883843	743235	1665961	182456	675845
1172679	1478824	504199	1348210	2326330	2040810	935593	341199	1610986
932157	517677	879480	2444224	3309113	1758422	1647433	669589	4924648
522928	303622	429123	1625954	1740410	569189	1126824	398045	2709142
212905	34725	66226	346695	271233	414647	136428	23861	166953
141125	46755	159388	92439	342055	486585	40438	153639	362210
291904	498871	511906	2834252	3462656	1668763	431485	551594	4191069
138220	250289	199775	1219243	1509579	1088063	276011	495955	3094391
49595	48000	166673	620603	590791	247918	60384	985	16705
31584	31276	26197	364293	458869	100087	11332	12591	269681
429062	820473	460851	3570532	2063882	1067124	2151716	631495	3470340
131558	91076	100661	505476	543623	376215	208493	55668	803534
20379	74137	80231	220472	283360	276639	122708	46209	620026
60	2592	2184	45416	45114	49896	18616		14187
108983	2658	2859	26076	48253	9596	16845	820	70473
297504	729397	360190	3065056	1520259	690909	1943223	575827	2666806
247938	576886	268356	1743137	995192	550655	1450110	532959	2550649
36829	72016	73237	789071	358615	74845	255867	22612	10067
12484	67847	450	143516	138482	52994	207238	6331	62048
1204149	3531126	1595802	6149874	4714594	1623532	3502684	690269	4579544
242177	399373	359322	699059	1211026	578382	285542	77232	577289
58649	310291	314926	425207	830120	471398	192298	59105	402785
83	10719	9659	60162	102241	51616	29144		10259
180453	13670	11448	40710	82012	13301	32632	1299	67560
961972	3131753	1236480	5450815	3503568	1045150	3217142	613037	4002255
843840	2623530	1083639	3690447	2379469	885450	2470970	561927	3871271
71848	273821	145530	1285505	790844	79765	410992	26352	10395
45385	205987	1519	243840	302954	68804	306638	13752	77795

4-22 房地产开发投资额和新增固定资产（2018年）

单位：万元

项　　目	Item	企业数（个）Number of Enterprises (unit)
全　市	**Total**	**1281**
按企业登记注册类型分	**Grouped by Registration Status**	
内资企业	Domestic Funded Enterprises	989
国有企业	State-owned Enterprises	21
集体企业	Collective-owned Enterprises	15
股份合作企业	Cooperative Enterprises	1
联营企业	Joint Ownership Enterprises	1
#国有联营企业	State Joint Ownership Enterprises	
集体联营企业	Collective Joint Ownership Enterprises	
国有与集体联营企业	Joint State-collective Enterprises	
有限责任公司	Limited Liability Corporations	594
#国有独资公司	State Sole Funded Corporations	33
股份有限公司	Share-holding Corporations Ltd.	12
私营企业	Private Enterprises	345
其他企业	Other Enterprises	
港、澳、台商投资企业	Enterprises with Funds from Hong Kong, Macao and Taiwan	225
#与港、澳、台商合资经营企业	Joint-venture Enterprises	51
与港、澳、台商合作经营企业	Cooperative Enterprises	71
港、澳、台商独资经营企业	Enterprises with Sole Funds	101
港、澳、台商投资股份有限公司	Share-holding Corporations Ltd.	2
外商投资企业	Foreign Funded Enterprises	67
#中外合资经营企业	Joint-venture Enterprises	23
中外合作经营企业	Cooperative Enterprises	12
外资企业	Enterprises with Sole Foreign Funds	27
外商投资股份有限公司	Share-holding Corporations Ltd.	3
按资质分	**Grouped by Grade**	
一级资质	Grade One	12
二级资质	Grade Two	88
三级资质	Grade Three	408
四级以下(含四级)	Grade Four and below	773
按隶属关系分	**Grouped by Jurisdiction of Management**	
中央	Central Investment	23
地方	Provincial Investment	261
其他	Municipal Investment	997

Investment and Newly Increased Fixed Assets in Real Estate Development (2018)

(10000 yuan)

投资额合计 Total Investment	住 宅 Residential Buildings	办公楼 Office Buildings	商业营业用房 Houses for Business Use	其他用房 Other Buildings	新增固定资产 Newly Increased Fixed Assets
27019323	**17337569**	**2874854**	**2677832**	**4129068**	**7775306**
22259061	14396700	2354367	2218846	3289148	5497806
408976	211350		9118	188508	154504
10749	3370		315	7064	14037
50				50	
15677279	10045932	1792128	1740510	2098709	4260419
1079993	430212	148103	219723	281955	262745
653346	248208	249867	93077	62194	27025
5508661	3887840	312372	375826	932623	1041821
2336411	1477492	282834	306147	269938	820358
531902	283210	26916	159432	62344	101120
389047	242606	58291	42353	45797	251776
1401740	938076	197627	104263	161774	467462
13722	13600		99	23	
2423851	1463377	237653	152839	569982	1457142
2004455	1188856	161618	140980	513001	936287
82821	44783	13466	1	24571	113753
272541	167010	62569	11858	31104	407102
25353	25353				
90317	39858	12120	17730	20609	211042
1054443	776728	21510	86551	169654	839071
3498907	2380634	226427	303260	588586	1408529
22375656	14140349	2614797	2270291	3350219	5316664
485906	408562	21828	18335	37181	120424
5344889	3345175	556005	230625	1213084	1568481
21188528	13583832	2297021	2428872	2878803	6086401

4-23 房地产开发房屋面积（2018年）

单位:平方米

项　　目	Item
全　市	**Total**
按企业登记注册类型分	**Grouped by Registration Status**
内资企业	Domestic Funded Enterprises
国有企业	State-owned Enterprises
集体企业	Collective-owned Enterprises
股份合作企业	Cooperative Enterprises
联营企业	Joint Ownership Enterprises
# 国有联营企业	State Joint Ownership Enterprises
集体联营企业	Collective Joint Ownership Enterprises
国有与集体联营企业	Joint State-collective Enterprises
有限责任公司	Limited Liability Corporations
# 国有独资公司	State Sole Funded Corporations
股份有限公司	Share-holding Corporations Ltd.
私营企业	Private Enterprises
其他企业	Other Enterprises
港、澳、台商投资企业	Enterprises with Funds from Hong Kong, Macao and Taiwan
# 与港、澳、台商合资经营企业	Joint-venture Enterprises
与港、澳、台商合作经营企业	Cooperative Enterprises
港、澳、台商独资经营企业	Enterprises with Sole Funds
港、澳、台商投资股份有限公司	Share-holding Corporations Ltd.
外商投资企业	Foreign Funded Enterprises
# 中外合资经营企业	Joint-venture Enterprises
中外合作经营企业	Cooperative Enterprises
外资企业	Enterprises with Sole Foreign Funds
外商投资股份有限公司	Share-holding Corporations Ltd.
按资质分	**Grouped by Grade**
一级资质	Grade One
二级资质	Grade Two
三级资质	Grade Three
四级以下(含四级)	Grade Four and below
按隶属关系分	**Grouped by Jurisdiction of Management**
中央	Central Investment
地方	Municipal Investment
其他	Other Investment

Floor Space of Buildings in Real Estate Development (2018)

(sq.m)

施工面积 Floor Space of Buildings under Construction	# 住宅 Residential Buildings	竣工面积 Floor Space of Buildings Completed	# 住宅 Residential Buildings	商品房销售面积 Floor Space of Buildings Actually Sold	# 住宅 Residential Buildings
109990050	**65077240**	**15239847**	**8676291**	**15502761**	**11381986**
84024527	50729968	10932175	6199036	11607841	9198155
885010	540553	212512	118227	157976	157212
100413	52540	31892	25626	10618	7113
3600					
59513276	35384054	8053168	4432831	9434800	7386562
3670507	2385002	881784	693634	738439	667532
3615820	2692942	58428		1236	1180
19906408	12059879	2576175	1622352	2003211	1646088
17561220	9608284	1370409	942910	1809723	1317264
4367864	2033559	169897	17131	486872	316013
4186849	2556139	455093	393080	306210	254943
8668241	4792204	745419	532699	1003646	733313
338266	226382			12995	12995
8404303	4738988	2937263	1534345	2085197	866567
4413106	1868880	1828480	777783	1496596	531031
915863	394727	164037	16476	231301	61707
2903521	2376055	944746	740086	348778	268755
26694	26694			1475	76
6141482	4475986	616933	473562	107362	58671
8204946	4884810	2115775	1318147	664189	543174
25937882	15425385	2863451	1732558	3002421	2330792
69705740	40291059	9643688	5152024	11728789	8449349
5309563	3810487	474213	271493	390121	310808
18470415	11190544	2785629	1494950	2160187	1573670
86210072	50076209	11980005	6909848	12952453	9497508

4-24 房地产开发资金来源（2018年）

单位：万元

项 目	Item
全 市	**Total**
按企业登记注册类型分	**Grouped by Registration Status**
内资企业	Domestic Funded Enterprises
国有企业	State-owned Enterprises
集体企业	Collective-owned Enterprises
股份合作企业	Cooperative Enterprises
联营企业	Joint Ownership Enterprises
#国有联营企业	State Joint Ownership Enterprises
集体联营企业	Collective Joint Ownership Enterprises
国有与集体联营企业	Joint State-collective Enterprises
有限责任公司	Limited Liability Corporations
#国有独资公司	State Sole Funded Corporations
股份有限公司	Share-holding Corporations Ltd.
私营企业	Private Enterprises
其他企业	Other Enterprises
港、澳、台商投资企业	Enterprises with Funds from Hong Kong, Macao and Taiwan
#与港、澳、台商合资经营企业	Joint-venture Enterprises
与港、澳、台商合作经营企业	Cooperative Enterprises
港、澳、台商独资经营企业	Enterprises with Sole Funds
港、澳、台商投资股份有限公司	Share-holding Corporations Ltd.
外商投资企业	Foreign Funded Enterprises
#中外合资经营企业	Joint-venture Enterprises
中外合作经营企业	Cooperative Enterprises
外资企业	Enterprises with Sole Foreign Funds
外商投资股份有限公司	Share-holding Corporations Ltd.
按资质分	**Grouped by Grade**
一级资质	Grade One
二级资质	Grade Two
三级资质	Grade Three
四级以下(含四级)	Grade Four and below
按隶属关系分	**Grouped by Jurisdiction of Management**
中央	Central Investment
地方	Municipal Investment
其他	Other Investment

注：本表资金来源为本年发生额。

Real Estate Development by Source of Funds (2018)

(10000 yuan)

合 计 Total	国内贷款 Domestic Loans	利用外资 Foreign Investment	自筹资金 Self-raising Funds	定金及预收款 Deposit and Advance	个人按揭贷款 Personal Mortgage Loan	其他资金 Others
40308824	**8053735**	**39117**	**12960577**	**14156969**	**3145961**	**1952465**
33274893	7043764		11767510	10015242	2662938	1785439
380115			248344	5664		126107
10911			10518	393		
100			100			
23552934	4513008		7884844	8217466	2400039	537577
757424	235669		226913	255096	4440	35306
1394633	1051000		272789	70844		
7936200	1479756		3350915	1720875	262899	1121755
4639072	768474	39117	570541	2793148	335681	132111
1003228	294755		9790	534261	121309	43113
937170	100326	38174	164733	507994	102889	23054
2680187	373393	943	396018	1732406	111483	65944
18487				18487		
2394859	241497		622526	1348579	147342	34915
1521754	91000		451987	856696	104387	17684
136445	36367		73595	21403	2228	2852
647903	114130		64587	428459	40727	
21664			12194	3008		6462
2043397	914600		3105	172349	9577	943766
1836544	86211		783678	746280	184933	35442
5722704	1462401		851685	2599499	540903	268216
30706179	5590523	39117	11322109	10638841	2410548	705041
1032293	135326		427476	348051	48830	72610
5496232	1440096		1626234	1977989	303257	148656
33780299	6478313	39117	10906867	11830929	2793874	1731199

Note: The source of funds in this table refers to the amount in current year.

4-25 房地产开发主要财务指标（2018年）

单位：万元

项　　目	Item
全　市	**Total**
按企业登记注册类型分	**Grouped by Registration Status**
内资企业	Domestic Funded Enterprises
国有企业	State-owned Enterprises
集体企业	Collective-owned Enterprises
股份合作企业	Cooperative Enterprises
联营企业	Joint Ownership Enterprises
# 国有联营企业	State Joint Ownership Enterprises
集体联营企业	Collective Joint Ownership Enterprises
国有与集体联营企业	Joint State-collective Enterprises
有限责任公司	Limited Liability Corporations
# 国有独资公司	State Sole Funded Corporations
股份有限公司	Share-holding Corporations Ltd.
私营企业	Private Enterprises
其他企业	Other Enterprises
港、澳、台商投资企业	Enterprises with Funds from Hong Kong, Macao and Taiwan
# 与港、澳、台商合资经营企业	Joint-venture Enterprises
与港、澳、台商合作经营企业	Cooperative Enterprises
港、澳、台商独资经营企业	Enterprises with Sole Funds
港、澳、台商投资股份有限公司	Share-holding Corporations Ltd.
外商投资企业	Foreign Funded Enterprises
# 中外合资经营企业	Joint-venture Enterprises
中外合作经营企业	Cooperative Enterprises
外资企业	Enterprises with Sole Foreign Funds
外商投资股份有限公司	Share-holding Corporations Ltd.
按资质分	**Grouped by Grade**
一级资质	Grade One
二级资质	Grade Two
三级资质	Grade Three
四级以下(含四级)	Grade Four and below
按隶属关系分	**Grouped by Jurisdiction of Management**
中央	Central Investment
地方	Municipal Investment
其他	Other Investment

Main Financial Indicators of Real Estate Development (2018)

(10000 yuan)

资产总计 Total Assets	所有者权益 Owners´ Equity	营业收入 Business Revenue	营业成本 Cost of Business	利润总额 Total Profits
352319681	**66983995**	**26153768**	**16177109**	**8390260**
265580460	49024649	18810001	12232259	6588138
1282598	641123	299527	188305	86530
352201	119905	18356	9221	2690
36156	2995	113		-65
11704	-3979	810	144	-200
195066267	40236311	15148114	9786671	6393302
45486503	8425892	1153731	714558	752956
15934000	2511984	189362	65248	46544
52897534	5516310	3153719	2182670	59337
53020701	11561696	4809795	2490982	1135188
8334468	4198767	1964565	1088448	554328
11836880	2884741	986154	381455	43501
32849354	4478188	1859076	1021079	537359
33718520	6397650	2533972	1453868	666934
20079617	3038228	998378	526161	345955
2149256	961919	503972	319482	110547
9895554	2022717	906625	544605	66832
108268480	21569527	1313688	535711	3093475
27381916	5352781	1520118	756518	342205
55985212	15401031	5508473	3154821	1247643
160684073	24660656	17811489	11730059	3706937
36401819	6380503	1544997	1013383	718523
33211813	6494161	2605524	1484359	772181
282706049	54109331	22003247	13679367	6899556

【固定资产投资额】以货币形式表现的在一定时期内建造和购置固定资产的工作量以及与此有关的费用的总称。该指标是反映固定资产投资规模、结构和发展速度的综合性指标，又是观察工程进度和考核投资效果的重要依据。

【房地产开发投资】各种登记注册类型的房地产开发公司、商品房建设公司及其他房地产开发单位统一开发的包括统代建、拆迁还建的住宅、厂房、仓库、饭店、宾馆、度假村、写字楼、办公楼等房屋建筑物和配套的服务设施、土地开发工程，如道路、给水、排水、供电、供热、通讯、平整场地等基础设施工程的投资。包括实际从事房地产开发或经营活动的附营房地产开发单位。不包括单纯的土地交易活动。

【房屋施工面积】指报告期内施工的全部房屋建筑面积。包括本期新开工的面积和上期开工跨入本期继续施工的房屋面积，以及上期已停建在本期复工的房屋面积。本期竣工和本期施工后又停缓建的房屋，其建筑面积仍计入本期房屋施工面积中。

【房屋竣工面积】指在报告期内房屋建筑按照设计要求已全部完工，达到住人和使用条件，经验收鉴定合格（或达到竣工验收标准），可正式移交使用的各栋房屋建筑面积的总和。

【Total Investment in Fixed Assets】 refers to the volume of activities in construction and purchases of fixed assets and related fees, expressed in monetary terms. It is a comprehensive indicator which shows the size, structure and growth of the investment in fixed assets, providing basis for observing the progress of construction projects and evaluating results of investment.

【Investment in Real Estate Development】It includes the investment by the real estate development companies, commercial buildings construction companies and other real estate development units of various types of ownership in the construction of house buildings, such as residential buildings, factory buildings, warehouses, hotels, guesthouses, holiday villages, office buildings, and the complementary service facilities and land development projects, such as roads, water supply, water drainage, power supply, heating, telecommunications, land leveling and other projects of infrastructure. It covers the activities of the non-real estate companies in real estate development or management, but excludes the activities in simple land transactions.

【Floor Space under Construction】 refers to total floor space of all buildings under construction during the reference period, including floor space of newly started buildings during the reference period, floor space of construction extended from the previous period to the current period, and floor space of construction suspended during the previous period but resumed in the current period. Floor space of construction completed in the current period and floor space of construction started and then suspended in the current period are still included in floor space under construction.

【Floor Space of Buildings Completed】 refer to the floor space of housing construction in accordance with the design requirements have been completed In the reporting period, to live and the conditions of use, have been checked or reach the completion acceptance criteria, of housing construction put to use.

第五篇 CHAPTER 5

能源和环境

ENERGY AND ENVIRONMENT

简要说明

Brief Introduction

第五篇 能源和环境

一、本篇资料反映广州市能源和环境综合情况。

（一）能源部分主要包括：能源生产、消费基本情况，规模以上工业企业能源加工转换效率和规模以上工业企业分行业主要能源消费量，全市用电量等。

1. 能源统计资料取自广州市能源生产销售与库存、工业企业能源购进、消费与库存表及附表等。

2. 统计口径与计算说明：

⑴ 5-1表至5-3表及5-6表和5-7表的统计口径均为全社会口径；5-4表和5-5表的统计口径均为年主营业务收入2000万元及以上工业企业法人单位。

⑵ 计算能源消费指标涉及的地区生产总值、工业增加值均采用可比口径。

⑶ 5-2表和5-3表的能源消费总量及分行业能源消费量中的电力按等价值计算；5-4表能源加工转换效率表中的电力按当量值计算，即每千瓦小时折0.1229千克标准煤。

3. 本篇的5-2表、5-6表和5-7表电力数据来自广州供电局有限公司。

（二）环境部分主要包括水环境、大气环境、固体废物、生态环境、自然灾害、城市环境、农村环境等。

环境资料由市生态环境局、水务局、规划和自然资源局、住房城乡建设局、应急管理局、农业农村局等单位提供。

二、本篇资料由广州市统计局能源统计处整理提供。

5 Energy and Environment

I. This paper reflects the comprehensive situation of energy and environment in Guangzhou.

1.The energy part mainly includes: the energy production, the consumption basic situation, the scale above industrial enterprise energy processing conversion efficiency and the industrial enterprise by profession main energy consumption, the whole city electricity consumption and so on.

1.1 Energy statistics from Guangzhou energy production, sales and inventory, industrial enterprises energy purchase, consumption and inventory tables and schedules.

Statistical calibre and calculation description:

1.2 The statistical caliber of 5-1 table to 5-3 table and 5-6 table to 5-7 table are all the whole social caliber, and the statistical caliber of 5-4 table to 5-5 table are all 20 million yuan of annual main business income and corporate unit of industrial enterprise above.

1.2.1 Calculation of energy consumption indicators related to the regional gross domestic product, industrial value added using comparable caliber.

1.2.2 The total energy consumption in table 5-2 and table 5-3 and the energy consumption in each industry are calculated by equal value, and the power in the table of conversion efficiency of energy processing in table 5-4 is calculated at an equal value, that is, 0.1229 kg of standard coal per kilowatt-hour.

1.2.3 The 5-2, 5-6 and 5-7 tables are from Guangzhou Power supply Bureau Co., Ltd.

1.3 The environmental part mainly includes water environment, atmosphere environment, solid waste, ecological environment, natural disaster, urban environment, rural environment and so on.

2.The environmental information is provided by Guangzhou Municipal Ecological Environmental Bureau, Water Authority, Planning and Natural Resources Bureau,Housing and Urban-Rural Development Bureau, Emergency Management Bureau, Agriculture and Rural Affairs Bureau and so on.

II.This data in this chapter is collected and provided by Guangzhou Bureau of Statistics Energy Statistics Department.

5-1 能源生产量

Energy Production

项　　目	Item	2017	2018
一次能源	**Primary Energy**		
水　电　（万千瓦·时）	Hydropower (10000 kwh)	45014	31600
二次能源	**Secondary Energy**		
汽　油　（万吨）	Gasoline (10000 tons)	252.24	303.56
煤　油　（万吨）	kerosine (10000 tons)	176.81	197.32
柴　油　（万吨）	Diesel Oil (10000 tons)	352.76	363.60
燃料油　（万吨）	Fuel oil (10000 tons)	0.07	0.11
液化石油气　（万吨）	Liquefied Petroleum (10000 tons)	52.84	58.26
火　电　（万千瓦·时）	Thermal Power (10000 kwh)	3112389	3074533

5-2 主要年份能源消耗基本情况
Energy Consumption in Main Years

年份 Year	能源消费总量（万吨标准煤） Total Energy Consumption (10000 tons SCE)	万元地区生产总值能耗下降率（%） Desent rate of Energy Consumption per Unit of GDP (%)	万元地区生产总值电耗下降率（%） Desent rate of Electricity Consumption per Unit of GDP (%)	工业增加值能耗下降率（%） Desent rate of Energy Consumption of Industrial Value-added (%)	工业增加值电耗下降率（%） Desent rate of Electricity Consumption of Industrial Value-added (%)
2006	4122.58	4.62	4.05	9.68	4.11
2007	4395.38	4.44	2.29	5.46	6.28
2008	4577.54	4.56	7.98	8.34	9.70
2009	4673.27	4.01	6.96	8.81	8.73
2010	4775.60	4.60	2.53	11.09	-0.28
2011	5013.40	4.91	4.74	9.98	7.48
2012	5163.45	4.94	4.59	12.13	7.12
2013	5333.57	5.14	8.21	13.24	8.74
2014	5496.46	3.52	0.77	8.46	2.15
2015	5688.89	4.52	6.13	3.53	4.66
2016	5852.60	4.96	2.36	6.56	0.42
2017	5961.97	4.81	1.32	5.78	0.34
2018	6129.55	3.24	2.27	5.62	5.10

5-3 能源消费总量
Total Consumption of Energy

单位：万吨标准煤 (10000 tons of SCE)

项 目	Item	2017 数 量 Consumption Volume	2017 构 成(%) Composition (%)	2018 数 量 Consumption Volume	2018 构 成(%) Composition (%)
合 计	**Total**	**5961.97**	**100.00**	**6129.55**	**100.00**
生产消费	Production Consumption	4999.23	83.85	5126.63	83.64
第一产业	Primary Industry	40.75	0.68	37.56	0.61
第二产业	Secondary Industry	2528.84	42.42	2486.50	40.57
第三产业	Tertiary Industry	2429.64	40.75	2602.57	42.46
生产消费中：	In Production Consumption:				
工 业	Industry	2359.38	39.57	2349.90	38.34
生活消费	Residential Consumption	962.74	16.15	1002.92	16.36
城 镇	Urban Areas	716.10	12.01	731.58	11.93
乡 村	Rural Areas	246.64	4.14	271.34	4.43

5-4 规模以上工业企业能源加工转换效率(2018年)
Efficiency of Energy Conversion by Industrial Enterprises above the Designated Size (2018)

项 目	Item	火力发电 Thermal Power Generation	供 热 Heating	炼 油 Petroleum Refining
投入量合计 (万吨标准煤)	Total Input (10000 tons of SCE)	935.14	136.83	1956.36
产出量合计 (万吨标准煤)	Total Output (10000 tons of SCE)	376.27	117.06	1920.46
加工转换损失量 (万吨标准煤)	Losses in Energy Conversion (10000 tons of SCE)	558.87	19.77	35.90
加工转换效率 (%)	Efficiency of Energy Conversion (%)	40.24	85.55	98.16

5-5 规模以上工业企业分行业主要能源消费量（2018年）

行　　业	Sector
工　业	**Industry**
按轻重工业分	Grouped by Light & Heavy Industries
轻工业	Light Industry
重工业	Heavy Industry
按工业行业分	Grouped by Sector
采矿业	Mining
制造业	Manufacturing
农副食品加工业	Processing of Food from Agricultural Products
食品制造业	Manufacture of Foods
酒、饮料和精制茶制造业	Manufacture of wine,Beverages and Refined Tea
烟草制品业	Manufacture of Tobacco
纺织业	Manufacture of Textile
纺织服装、服饰业	Manufacture of Textile Wearing Apparel,Clothing
皮革、毛皮、羽毛及其制品和制鞋业	Manufacture of Leather,Fur,Feather and Related Products and Footwear
木材加工和木、竹、藤、棕、草制品业	Processing of Timber,Manufacture of Wood, Bamboo, Rattan, Plam and Straw Products
家具制造业	Manufacture of Furniture
造纸和纸制品业	Manufacture of Paper and Paper Products
印刷和记录媒介复制业	Printing, Reproduction of Recording Media
文教、工美、体育和娱乐用品制造业	Manufacture of Culture and Education, Arts and Crafts, Sports and Entertainment Supplies
石油、煤炭及其他燃料加工业	Petroleum, Coal and Other Fuel Proccessing
化学原料和化学制品制造业	Manufacture of Raw Chemical Materials and Chemical Products

Consumption of Main Energy by Industrial Sector above the Designated Size (2018)

煤　炭 （吨） Coal (ton)	燃料油 （吨） Fuel Oil (ton)	汽　油 （吨） Gasoline (ton)	柴　油 （吨） Diesel Oil (ton)	热　力 （百万千焦） Heating (million kJ)	电　力 （万千瓦・时） Electricity (10000 kwh)
13415457	**10669**	**60728**	**110191**	**24316700**	**3815978**
715180	2200	21453	30838	16443137	864163
12700277	8469	39275	79353	7873563	2951815
					1370
1800971	10091	58157	106895	24224474	2323327
108517	49	549	2279	2313168	43863
	113	1433	4581	1979024	58186
2575		461	658	1367288	34542
		42	2		6590
509449	678	1538	906	7107644	87055
8176	9	1836	1511	114285	22105
720	11	1857	556		24436
		318	636		9492
		1493	1420	8220	20165
38730	65	963	3082	2598677	73371
		519	923		25925
1	384	913	1483	10397	31553
387030	1144	1915	1655	110868	148261
133915	1947	6095	10286	5949623	209146

5-5 续表

行　业	Sector
医药制造业	Manufacture of Medicines
化学纤维制造业	Manufacture of Chemical Fibers
橡胶和塑料制品业	Manufacture of Rubber
非金属矿物制品业	Manufacture of Non-metallic Mineral Products
黑色金属冶炼和压延加工业	Smelting and Pressing of Ferrous Metals
有色金属冶炼和压延加工业	Smelting and Pressing of Non-Ferrous Metals
金属制品业	Manufacture of Metal Products
通用设备制造业	Manufacture of General Purpose Machinery
专用设备制造业	Manufacture of Special Purpose Machinery
汽车制造业	Manufacture of Automobile
铁路、船舶、航空航天和其他运输设备制造业	Manufacture of Railway, Ship, Aerospace and Other Transportation Equipment
电气机械和器材制造业	Manufacture of Electrical Machinery and Equipment
计算机、通信和其他电子设备制造业	Manufacture of Computers, Communications and Other Electronic Equipment
仪器仪表制造业	Manufacture of Instrument
其他制造业	Other Manufacturing
废弃资源综合利用业	Comprehensive Utilization of Waste Resources
金属制品、机械和设备修理业	Metal Products, Machinery and Equipment Repair
电力、热力、燃气及水生产和供应业	Productin and Supply of Electricity,Heat,Gas and Water
电力、热力生产和供应业	Production and Supply of Electric Power and Heat Power
燃气生产和供应业	Production and Supply of Gas
水的生产和供应业	Production and Supply of Water

注：本表电力消费量包含企业自产自用电量。

continued

煤 炭 (吨) Coal (ton)	燃料油 (吨) Fuel Oil (ton)	汽 油 (吨) Gasoline (ton)	柴 油 (吨) Diesel Oil (ton)	热 力 (百万千焦) Heating (million kJ)	电 力 (万千瓦·时) Electricity (10000 kwh)
30		849	869	389584	38098
		678	631	27633	5371
13826	191	2671	4413	779191	161242
593200	3255	788	32972	78331	116240
1817		155	1753	390194	186468
	363	500	3731		24911
973	265	2388	7745	45120	83959
		3445	3462	49915	52014
		2514	1743	52525	32074
	463	13828	7314	525849	324653
1920	1102	1127	3287		18005
88	45	3857	2817	32108	103049
4		4602	3061	294830	356094
		419	230		7869
		155	242		3802
		26	527		5564
	7	223	2120		9224
11614486	578	2571	3296	92226	1491281
11614486	578	1475	2788	92226	1352210
		607	257		1263
		489	251		137808

Note: The electricity consumption in the table includes electricity generated and used by enterprise itself.

5-6 主要年份全市用电量

Total Electricity Supply in Main Years

单位：万千瓦·时 (10000 kwh)

年 份 Year	用电总量 Consumption	各行业用电 Total Electricity Consumption of Industry	#工 业 Industry	生活用电 Power Consumed by Urbanites
1978	229680		183814	
1979	273124		217438	
1980	302175		228544	
1981	314537		229280	
1982	335533		237124	
1983	376334		261924	
1984	375693		247131	
1985	403864		251572	
1986	425740		266993	
1987	528671	468372	353019	60299
1988	570888	497403	367882	73485
1989	588073	510252	381924	77821
1990	651907	551870	402427	100037
1991	850413	729858	557693	120555
1992	988361	844301	641685	144060
1993	1194668	1013769	765423	180899
1994	1340090	1123076	824998	217014
1995	1491687	1239195	900550	252492
1996	1607619	1321780	948271	285839
1997	1700635	1399021	987404	301614
1998	1893271	1546097	1066325	347174
1999	2056799	1684648	1155344	372151
2000	2363174	1945091	1351669	418083

5-6 续表 continued

单位：万千瓦·时 (10000 kwh)

年 份 Year	用电总量 Consumption	各行业用电 Total Electricity Consumption of Industry	#工 业 Industry	生活用电 Power Consumed by Urbanites
2001	2540201	2072950	1428461	467251
2002	2849015	2373574	1607851	475441
2003	3349712	2804357	1943780	545355
2004	3846375	3228990	2239481	617385
2005	4256677	3537004	2531916	719673
2006	4694234	3898916	2740256	795318
2007	5271258	4372014	3063610	899244
2008	5459185	4472140	3098761	987045
2009	5670810	4559439	3098871	1111371
2010	6258983	5075414	3497243	1183569
2011	6635544	5349058	3614532	1286486
2012	6941253	5519444	3589545	1421809
2013	7106910	5692959	3656433	1413951
2014	7658542	6052408	3860372	1606134
2015	7793233	6179721	3937448	1613512
2016	8235701	6533151	4164565	1702550
2017	9024753	7137209	4344911	1887544
2018	9369013	7381533	4351567	1987480

注：1.1987年起行业用电分类调整，之前无各行业用电和生活用电分类；

2.2018年开始广州供电局有限公司统计全市用电量包含抽水蓄能用电量。2017年同口径调整，原口径用电总量为8695865万千瓦·时。

Note: I. Since 1987, the classification of electricity consumption in different industries has been adjusted. Before that, there was no classification of electricity consumption in different industries and in daily life.

II.Total Electricity Consumption includes the electricity consumption of pumped storage since 2018. The data of 2017 has been adjusted according to this new coverage. The original data is 8695865(10000kwh)

5-7 全市分行业用电量
Electricity Consumption by Industrial Sector

单位:万千瓦·时 (10000 kwh)

项目	Item	2017	2018
用电总量	**Total Consumption of Electricity**	**9024753**	**9369013**
各行业用电	**Total Electricity Consumption of Industry**	**7137209**	**7381533**
按产业分	**Grouped By Industry**		
第一产业	Primary Industry	52617	57810
第二产业	Secondary Industry	4364140	4372621
第三产业	Tertiary Industry	2720452	2951102
按行业分	**Grouped By Sector**		
农、林、牧、渔业	Agriculture, Forestry, Animal Husbandry and Fishery	65106	70971
工　业	Industry	4344911	4351567
按工业行业分	By Sector		
采矿业	Mining	14971	12566
制造业	Manufacturing	3225070	3280268
农副食品加工业	Processing of Food from Agricultural Products	41532	37441
食品制造业	Manufacture of Foods	68349	71110
酒、饮料和精制茶制造业	Manufacture of wine,Beverages and Refined Tea	43942	44003
烟草制品业	Manufacture of Tobacco	12943	13988
纺织业	Manufacture of Textile	141839	119335
纺织服装、服饰业	Manufacture of Textile Wearing Apparel,Clothing	88303	79731
皮革、毛皮、羽毛及其制品和制鞋业	Manufacture of Leather,Fur,Feather and Related Products and Footwear	180572	176847
木材加工和木、竹、藤、棕、草制品业	Processing of Timber,Manufacture of Wood, Bamboo, Rattan, Plam and Straw Products	57856	60085
家具制造业	Manufacture of Furniture	11395	10732
造纸和纸制品业	Manufacture of Paper and Paper Products	82807	90891
印刷和记录媒介复制业	Printing, Reproduction of Recording Media	25607	25043
文教、工美、体育和娱乐用品制造业	Manufacture of Culture and Education ,Arts and Crafts, Sports and Entertainment Supplies	135733	142579
石油、煤炭及其他燃料加工业	Petroleum ,Coal and Other Fuel Proccesing	152634	155649
化学原料和化学制品制造业	Manufacture of Raw Chemical Materials and Chemical Products	117262	127770
医药制造业	Manufacture of Medicines	43069	47218
化学纤维制造业	Manufacture of Chemical Fibers	16445	18474

5-7 续表 continued

单位:万千瓦·时 (10000 kwh)

项　　目	Item	2017	2018
橡胶和塑料制品业	Manufacture of Rubber	176029	178702
非金属矿物制品业	Manufacture of Non-metallic Mineral Products	118711	119286
黑色金属冶炼和压延加工业	Smelting and Pressing of Ferrous Metals	146293	159356
有色金属冶炼和压延加工业	Smelting and Pressing of Non-Ferrous Metals	58795	59183
金属制品业	Manufacture of Metal Products	206091	196146
通用设备制造业	Manufacture of General Purpose Machinery	282762	296085
专用设备制造业	Manufacture of Special Purpose Machinery	16156	17252
汽车制造业	Manufacture of Automobile	243673	250155
铁路、船舶、航空航天和其他运输设备制造业	Manufacture of Railway, Ship, Aerospace and Other Transportation Equipment	101739	112979
电气机械和器材制造业	Manufacture of Electrical Machinery and Equipment	63874	62258
计算机、通信和其他电子设备制造业	Manufacture of Computers, Communications and Other Electronic Equipment	231905	242072
仪器仪表制造业	Manufacture of Instrument	2321	2111
其他制造业	Other Manufacturing	272848	274541
废弃资源综合利用业	Comprehensive Utilization of Waste Resources	5946	6276
金属制品、机械和设备修理业	Metal Products, Machinery and Equipment Repair	77639	82970
电力、热力、燃气及水生产和供应业	Productin and Supply of Electricity,Heat,Gas and Water	1104870	1058733
电力、热力生产和供应业	Production and Supply of Electric Power and Heat Power	958886	915332
燃气生产和供应业	Production and Supply of Gas	48538	45541
水的生产和供应业	Production and Supply of Water	97446	97860
建筑业	Construction	96868	104024
批发和零售业	Wholesale and Retail Trade	279589	325549
交通运输、仓储和邮政业	Transport, Storage and Post	301214	350762
住宿和餐饮业	Hotels and Catering Services	152137	163514
信息传输、软件和信息技术服务业	Information Transmission, Software and Information Technology	171344	197720
金融业	Financial Intermediation	37158	37498
房地产业	Real Estate	128134	142488
租赁和商务服务业	Leasing and Business Services	871903	905098
公共服务及管理组织	Public Service and Management Organization	688845	732342
生活用电	**Electricity Consumption by Urban and Rural Households**	**1887544**	**1987480**
城镇居民	Urban Residents	1170888	1218993
乡村居民	Rural Residents	716656	768487

注：2018年电力行业按照最新行业标准统计用电量，2017年用电量根据最新行业标准重新进行分类。
Note: The catagory of industiral sector of electricity has been changed since 2018 and the data in 2017 is revised according to the new catagory.

5-8 主要年份环境保护基本情况

项　　目	Item	1995
市区二氧化硫年日平均值　（毫克/立方米）	**Daily Mean Value of SO2 in Urban Area (mg/m3)**	**0.059**
市区二氧化氮年日平均值　（毫克/立方米）	Daily Mean Value of NO2 in Urban Area (mg/m3)	
市区可吸入颗粒平均浓度　（毫克/立方米）	Annual Concentration of Breathable Particular Matter (mg/m3)	
市区PM2.5平均浓度　（毫克/立方米）	PM2.5 Average Concentrations in Urban Area (mg/m3)	
降水PH值	The PH Value of the Precipitation	3.65
酸雨频率　(%)	Frequency of Acid Rain (%)	73.40
环境空气质量优良天数　（天）	The Number of Days of Good Air Quality (day)	
环境空气质量优良率　(%)	The Rate of Good Air Quality (%)	
废水排放总量　（万吨）	**Volume of Waste Water Discharged (10000 tons)**	**91267**
工业废水排放量	Volume of Industrial Waste Water Discharged	30930
生活污水排放量	Volume of Living Waste Water Discharged	60337
工业废水排放达标量　（万吨）	Volume of Industrial Waste Water up to the Discharge Standards (10000 tons)	19685
工业废水排放达标率　(%)	Percentage of Industrial Waste Water up to the Discharge Standards (%)	63.64
工业废气排放总量　（亿立方米）	**Volume of Industrial Waste Gas Emission (100 million cu.m)**	**1871.61**
二氧化硫排放量　（万吨）	Volume of Sulphur Dioxide Emission (10000 tons)	14.09
工　业	Industry	14.09
生　活	Living	
工业烟粉尘排放量　（万吨）	Volume of Industrial Soot and Dust Emission (10000 tons)	3.09
建成烟尘控制区数　（个）	**Number of Soot Control Zones Established (unit)**	
建成烟尘控制区面积　（平方公里）	Area of Soot Control Zones Established (sq.km)	
一般工业固体废物产生量　（万吨）	**Volume of General Industrial Solid Wastes Produced (10000 tons)**	**313.00**
一般工业固体废物综合利用量	Volume of Comprehensive Utilization of General Industrial Solid Wastes	224.00
一般工业固体废物综合利用率　(%)	Comprehensive Utilization Rate of General Industrial Solid Wastes (%)	71.30
危险废物产生量　（万吨）	**Volume of Hazardous Wastes Produced (10000 tons)**	
道路交通噪声昼间平均等效声级　（分贝）	**Day-time Average Equivalent Sound Level of Road Traffic Noise (decibel)**	**72.60**

注：1. 从2012年起市环保局不再统计工业废水排放达标量、工业废水排放达标率、建成烟尘控制区数、建成烟尘控制区面积4个指标。
2. 从2013年起广州市全面实施新的环境空气质量标准(GB3095—2012)，环境空气质量优良天数和环境空气质量优良率依据二氧化硫、二氧化氮、可吸入颗粒物、细颗粒物、一氧化碳和臭氧等6项指标进行评价。
3. 废水排放总量从2013年起统计口径调整为包含工业废水排放量、城镇生活污水排放量和集中式治理设施废水排放量(不包括污水处理厂)。
4. 二氧化硫排放量从2013年起统计口径调整为包含工业二氧化硫排放量、生活二氧化硫排放量和集中式治理设施二氧化硫排放量。
5. 根据《环境噪声监测技术规范 城市声环境常规监测》(HJ 640—2012)关于道路交通噪声评价要求，从2014年起将“交通干线噪声平均值”指标修改为“道路交通噪声昼间平均等效声级”，指标内容不变。
6. 根据《环境空气质量标准》(GB3095—2012)等有关环境空气质量评价要求，增加指标“市区PM2.5平均浓度”。
7. 2010年(含)之前，“工业烟粉尘排放量”为“烟尘排放量”。
8. 2015年“一般工业固体废物综合利用量”包括了综合利用往年贮存量0.46万吨。

Fundamental State of Environment Protection in Main Year

2000	2005	2006	2007	2008	2009	2010	2011	2012	2013	2014	2015
0.045	**0.053**	**0.054**	**0.051**	**0.046**	**0.039**	**0.030**	**0.028**	**0.022**	**0.020**	**0.017**	**0.013**
0.061	0.068	0.067	0.065	0.056	0.056	0.050	0.049	0.049	0.052	0.048	0.047
	0.088	0.076	0.077	0.071	0.070	0.070	0.069	0.069	0.072	0.067	0.059
									0.053	0.049	0.039
4.71	4.34	4.41	4.42	4.47	4.74	5.06	5.20	5.24	5.34	5.21	5.24
62.30	81.40	75.40	82.60	77.80	60.50	50.70	42.00	40.60	23.70	40.50	38.40
	332	334	333	345	347	357	360	360	260	282	312
98.57	91.00	91.51	91.20	94.50	95.07	97.81	98.63	98.36	71.23	77.50	85.50
95434	**125837**	**128302**	**111491**	**126156**	**119317**	**125662**	**141521**	**152747**	**157843**	**161484**	**161905**
24123	20249	20445	21103	34475	26023	23604	24580	22716	22558	19181	18608
71311	105588	107858	90388	91681	93294	102059	116941	130031	135179	142149	143112
21732	19449	19629	20102	33045	25116	22828	23916				
90.09	96.05	96.01	95.25	95.85	96.51	96.72	97.30				
1959.16	**2342.16**	**2126.49**	**1994.63**	**2435.84**	**2539.47**	**3155.59**	**4120.19**	**3646.58**	**3753.74**	**3737.21**	**3550.92**
19.58	14.94	12.92	10.53	9.99	9.05	7.85	6.83	6.66	6.57	5.89	5.02
19.21	14.50	12.48	10.09	9.55	8.61	7.41	6.59	6.42	6.33	5.65	4.78
0.37	0.44	0.44	0.44	0.44	0.44	0.44	0.24	0.24	0.24	0.24	0.24
4.69	1.79	1.80	1.79	1.86	1.38	1.13	1.53	1.26	1.10	1.00	0.92
	14	**14**	**13**	**13**	**15**	**15**	**15**				
284.60	441.61	470.82	779.86	908.62	895.00	927.10	952.03				
346.80	**540.36**	**632.30**	**609.03**	**661.56**	**641.84**	**691.79**	**659.34**	**614.85**	**555.56**	**495.88**	**463.38**
285.30	520.25	605.46	592.13	605.65	597.95	621.91	625.53	588.98	528.89	468.47	441.35
83.48	91.23	91.13	100.00	91.24	92.35	89.75	94.87	95.70	95.17	94.47	95.15
18.30	**22.48**	**18.43**	**20.39**	**16.38**	**22.59**	**24.54**	**30.30**	**29.78**	**38.55**	**46.50**	**50.52**
69.10	**69.30**	**69.40**	**69.20**	**69.10**	**69.20**	**69.10**	**68.90**	**68.90**	**68.80**	**68.90**	**69.00**

Note: Ⅰ. Since 2012,Guangzhou Municipal Bureau of Environmental Protection have canceled the following items:Volume of Industrial Waste Water Discharged, Percentage of Industrial Waste Water up to the Discharge Standards, Number of Soot Control Zones Established and Area of Soot Control Zones Established.

Ⅱ. Since 2013, new environment air quality standard (GB3095-2012) has been implemented in guangzhou. The Number of Days of Good Air Quality and The Rate of Good Air Quality are tested on the basis of the following items : Sulfur dioxide, Nitrogen ioxide, TSP, PM, carbon monoxide,ozone.

Ⅲ. Since 2013,Volume of Waste Water Discharged statistic scope has been adjusted.The scope includes Volume of Industrial Waste Water Discharged, Volume of Living Waste Water Discharged and Volume of Waste Water Discharged of centralized facilities.

Ⅳ. Since 2013, Volume of Sulphur Dioxide Emission statistic scope has been adjusted. The scope includes Volume of Industry Sulphur Dioxide Emission, Volume of Living Sulphur Dioxide Emission and Volume of Sulphur Dioxide Emission of centralized facilities.

Ⅴ. Since 2014,the index "Average of Main Road Noise" has been renamed as "Day-time Average Equivalent Sound Level of Road Traffic Noise according to "Technical Specifications for Environmental Noise Monitoring Routine Monitoring for Urban Environmental Noise"(HJ 640-2012).

Ⅵ. There adds an index of " PM2.5 Average Concentrations in Urban area" according to "Ambient Air Quality Standards "(GB3095-2012).

Ⅶ. The statistical coverage of data of "Volume of Industrial Soot and Dust Emission" of year 2010 and before is "Soot and Dust Emission".

Ⅷ. The data of "Volume of Comprehensive Utilization of General Industrial Solid Wastes" of year 2015 includes utilizing the stocks of industrial solid wastes of the previous year .

5-9 环境保护基本情况

Fundamental State of Environment Protection

项 目		Item		2016	2017	2018
水环境		**Water Environment**				
降水量	(毫米)	Precipitation	(mm)	2448.6	1846.9	1820.7
水资源总量	(亿立方米)	Total Amount of Water Resource	(100 million cu.m)	105.35	77.32	74.76
人均水资源量	(立方米/人)	Per Capita Water Resources	(cu.m/person)	750.17	533.30	501.57
用水总量	(亿立方米)	Water Use	(100 million cu.m)	64.53	65.39	64.39
#农业用水		Agriculture		10.55	11.06	10.95
工业用水		Industry		36.46	36.49	34.79
生活用水		Consumption		16.62	16.89	17.70
生态环境补水		Ecological Protection		0.90	0.95	0.95
废水排放总量	(万吨)	Total Waste Water Discharged	(10000 tons)	161111	172658	155630
#工业废水排放量		Industrial Waste Water Discharged		19326	20605	14031
城镇生活污水排放量		Urban Living Waste Discharged		141562	151795	141414
大气环境		**Atomospheric Environment**				
二氧化硫平均浓度	(微克/立方米)	Average Concentration of Sulfur Dioxide	(micrograms/m^3)	12	12	10
二氧化氮平均浓度	(微克/立方米)	Average Concentration of Nitrogen Dioxide	(micrograms/m^3)	46	52	50
可吸入颗粒物平均浓度	(微克/立方米)	Average Concentration of Inhalable Particles	(micrograms/m^3)	56	56	54
PM2.5平均浓度	(微克/立方米)	Mean Concentration of PM2.5	(micrograms/m^3)	36	35	35
降水PH值		The PH Value of the Precipitation		5.42	5.96	5.84
酸雨频率	(%)	Frequency of Acid Rain	(%)	29.4	12.7	9.1
环境空气质量达标天数	(天)	Up to Standard Days of the Environment Air Quality	(day)	310	294	294
环境空气质量达标率	(%)	Up to Standard Rate of Air Environmental Quality	(%)	84.7	80.5	80.5
工业废气排放总量	(亿立方米)	Volume of Industrial Waste Gas Emission	(100 million cu.m)	4075.23	4131.49	4132.17
二氧化硫排放量	(万吨)	Volume of Sulphur Dioxide Emission	(10000 tons)	2.08	1.54	0.52
#工业二氧化硫排放量		Industry		2.07	1.53	0.51
氮氧化物排放量	(万吨)	Volume of Nitrogen Dioxide Emission	(10000 tons)	7.23	1.92	1.72
#工业氮氧化物排放量		Industry		2.09	1.89	1.66
烟(粉)尘排放量	(万吨)	Volume of Soot and Dust Emission	(10000 tons)	1.29	0.87	0.81
#工业烟粉尘排放量		Volume of Industrial Soot and Dust Emission	(10000 tons)	0.90	0.86	0.81
固体废物		**Solid Wastes**				
一般工业固体废物产生量	(万吨)	Volume of General Industrial Solid Wastes Produced	(10000 tons)	509.92	535.21	598.26
一般工业固体废物综合利用量	(万吨)	Volume of Comprehensive Utilization of General Industrial Solid Wastes		492.06	511.28	485.54
一般工业固体废物综合利用率	(%)	Comprehensive Utilization Rate of General Industrial Solid Wastes	(%)	96.48	95.10	81.10
危险废物产生量	(万吨)	Volume of Hazardous Wastes Produced	(10000 tons)	57.22	55.89	59.79

5-9 续表 continued

项目	Item	2016	2017	2018
生态环境	**Ecological Environment**			
人均耕地面积 (亩/人)	Per Capita Area of Cultivated land (mu)	0.09	0.08	0.08
累计水土流失治理面积 (千公顷)	Accumulated Area of Soil Erosion Control (1000 hectares)	5.5	11.3	18.1
自然保护区数 (个)	Number of Natural Reserves (unit)	5	5	6
自然保护区面积 (万公顷)	Area of Natural Reserves (1000 hectares)	0.96	0.96	0.97
自然灾害	**Natural Disasters**			
地质灾害次数 (次)	Geological Disasters (unit)	21	58	37
地质灾害直接经济损失 (万元)	Direct Economic Losses (unit)	97	574	206
森林火灾次数 (次)	Forest Fires (unit)	7	17	67
城市环境	**City Environment**			
城区面积 (平方公里)	Urban Area (sq.km)	2099.20	2099.20	2099.20
城市建设用地面积 (平方公里)	Urban Construction Area (sq.km)	728.54	733.00	741.08
城市供水总量 (亿立方米)	Urban Water Supply (10000 cu.m)	22.89	23.81	24.81
# 生活用水量	Consumption	15.46	16.04	16.65
城市污水处理厂集中处理率 (%)	Ration of Waste Water Centralized Treated of Urban Sewage Work (%)	94.2	95.0	95.5
道路交通噪声昼间平均等效声级(分贝)	Average Diurnal Equivalent Sound Level of Road Traffic Noise (decibels)	69.0	69.0	68.9
农村环境	**Rural Environment**			
农村自来水普及率 (%)	Rural Water Supply Popularizing Rate (%)	100.00	100.00	100.00
农村卫生户厕普及率 (%)	Rural Sanitary Latrine per Unit Popularizing Rate (%)	99.52	99.76	99.80

注：1.从2016年起根据《环境空气质量标准》(GB3095—2012)等有关环境空气质量评价要求：

1)市区二氧化硫年日平均值、市区二氧化氮年日平均值、市区可吸入颗粒平均浓度、市区PM2.5平均浓度4个指标分别修改为二氧化硫平均浓度、二氧化氮平均浓度、可吸入颗粒物平均浓度、PM2.5平均浓度；且单位毫克/立方米均修改为微克/立方米。

2)环境空气质量优良天数修改为环境空气质量达标天数。

3)环境空气质量优良率修改为环境空气质量达标率。

4)2018年危险废物产生量为工业源数据。

5)2018年环境保护中废水、废气、危险废物等指标为快报数。

2.森林火灾次数指标2018年统计范围为发生森林火灾的情况均统计。

Note: Ⅰ.According to the Environmental Air quality Standards (GB3095-2012) and other relevant environmental air quality evaluation requirements:

Ⅰ)The annual daily average of sulfur dioxide in urban area,the annual daily average of nitrogen dioxide in urban area,the average concentration of inhalable particles in urban area and the average concentration of PM2.5 in urban area were revised to mean concentration of sulfur dioxide and nitrogen dioxide, respectively. The mean concentration of inhalable particulate matter and PM2.5; And unit milligram / cubic meter is revised to microgram / cubic meter.

Ⅱ)The number of good days of ambient air quality has been revised to the number of days when the quality of ambient air has reached the standard.

Ⅲ)The ambient air quality rate is modified to the ambient air quality standard rate.

Ⅳ)Hazardous waste production data for 2018 are industrial sources.

Ⅴ)The indicators of wastewater, waste gas and hazardous waste in environmental protection are fast-report numbers in 2018.

Ⅱ. The data of Forest Fires in 2018 includes all the forest fires.

【能源消费总量】 是指一定地域内，全国（地区）国民经济各行业和居民家庭在一定时间消费的各种能源的总和。包括：原煤、原油、天然气、水能、核能、风能、太阳能、地热能、生物质能等一次能源；一次能源通过加工转换产生的洗煤、焦炭、煤气、电力、热力、成品油等二次能源和同时产生的其它产品；其他化石能源、可再生能源和新能源。其中水能、风能、太阳能、地热能、生物质能等可再生能源，是指人们通过一定技术手段获得的，并作为商品能源使用的部分。在核算过程中，一次能源、二次能源消费不能重复计算。能源消费总量分为终端能源消费量、能源加工转换损失量和能源损失量三部分。

（1）终端能源消费量：指一定时期内，全国（地区）生产和生活消费的各种能源在扣除了用于加工转换二次能源消费量和损失量以后的数量。

（2）能源加工转换损失量：指一定时期内，全国（地区）投入加工转换的各种能源数量之和与产出各种能源产品之和的差额。该指标是观察能源在加工转换过程中损失量变化的指标。

（3）能源损失量：指在一定时期内，能源在输送、分配、储存过程中发生的损失和由客观原因造成的各种损失量，不包括各种气体能源放空、放散量。

【废水排放总量】 为工业废水排放量、城镇生活污水排放量和集中式治理设施污水排放量之和。

【工业废水排放量】 指报告期内经过企业厂区所有排放口排到企业外部的工业废水量。包括生产废水、外排的直接冷却水、超标排放的矿井地下水和与工业废水混排的厂区生活污水，不包括外排的间接冷却水（清污不分流的间接冷却水应计算在废水排放量内）。

【一般工业固体废物产生量】 指未被列入《国家危险废物名录》或者根据国家规定的危险废物鉴别标准（GB5085）、固体废物浸出毒性浸出方法（GB5086）及固体废物浸出毒性测定方法（GB/T 15555）鉴定方法判定不具有危险特性的工业固体废物。

【一般工业固体废物综合利用量】 报告期内企业通过回收、加工、循环、交换等方式，从固体废物中提取或者使其转化为可以利用的资源、能源和其他原材料的固体废物量（包括当年利用的往年工业固体废物累计贮存量）。如用作农业肥料、生产建筑材料、筑路等。

【Total Energy Consumption】 refers to the total consumption of energy of various kinds by the production sectors of the economy and the households in a given period of time. It includes the primary kinds of energy such as coal, crude oil, natural gas, hydro-power, nuclear power, wind power, solar power, geothermal power and bio-energy; the secondary kinds of energy and their products which are transformed from the primary energy such as washed coal, coke, coal gas, electricity, heating, and petroleum products; and other kinds of fossil energy, renewable energy and new energy. The renewable energy, including hydro-power, wind power, solar power, geothermal power and bio-energy, refers to the part attained with some given technical means and used for commercial purposes. Total energy consumption can be divided into three parts: end-use energy consumption; loss during the process of energy conversion; and energy loss.

(1) End-use Energy Consumption: It refers to the total energy consumption by the production sectors and the households in the country (region) in a given period of time. It does not include the consumption during the conversion of primary energy into secondary energy and the loss in the process of energy conversion.

(2) Loss During the Process of Energy Conversion: It refers to the total input of various kinds of energy for conversion, minus the total output of various kinds of energy in the country in a given period of time. It is an indicator to show the loss that occurs during the process of energy conversion.

(3) Energy Loss: It refers to the total of the loss of energy during the course of energy transport, distribution and storage and the loss caused by any objective reason in a given period of time. The loss of various kinds of gas due to gas discharges and stocktaking is not included.

【Total Volume of Waste Water Discharged】 includes the total volume of industrial wastewater emissions, urban sewage and centralized sewage treatment facilities emissions.

【Volume of Industrial Waste Water Discharged】 refers to the volume of industrial waste water discharged ,through all outlets to the outside of industrial enterprises in the reference period, including waste water produced, direct cooling water, underground water from mines that does not meet the standard of discharge, and the domestic sewage mixed up with industrial waste water when discharged, but excluding discharged indirect cooling water. (the indirect cooling water that clear water and turbid water is not divided should be included in total volume of waste water discharged)

【Volume of General Industrial Solid Wastes Produced】 refers not included in the "National List of Hazardous Waste"or in accordance with state hazardous waste identification standard(GB5085),solid waste leaching toxicity method(GB5086)and solid waste leaching toxicity determination method(GB/T 15555)identification of characteristics is determined not to be hazardous industrial solid waste.

【Volume of General Industrial Solid Wastes Utilized in a Comprehensive Way】 refers to the volume of solid wastes from which useful materials can be extracted or which can be converted into usable resources, energy or other materials by means of reclamation, processing, recycling and exchange(including utilizing in the year the stocks of industrial solid wastes of the previous year). Examples of such utilizations include fertilizers, building materials and road materials.

第六篇 CHAPTER 6

财政和金融
GOVERNMENT FINANCE AND BANKING

第六篇　财政和金融

一、本篇资料的主要内容

本篇反映广州市财政、金融方面的基本情况。包括以下五个部分：1.财政收支情况；2.金融机构的存贷款情况；3.资本市场的业务情况；4.保险业务情况；5.外资金融机构及代表处一览表等。

二、本篇各部分的资料来源

1. 财政收支资料根据广州市财政局财政总决算报表等统计报表的有关项目加工整理；

2. 金融机构存贷款资料由中国人民银行广州分行营业管理部提供；

3. 保险业务、外资保险公司及保险公司代表处资料由中国保险监督管理委员会广东监管局提供；

4. 资本市场资料由中国证券业监督管理委员会广东监管局提供；

5. 外资金融机构及代表处资料由中国银行业监督管理委员会广东监管局提供。

三、本篇资料由广州市统计局国民经济核算处负责整理

6 Government Finance and Banking

Ⅰ. The main contents of this chapter reflect the basic financial and financial situation of Guangzhou. Including the following five parts: FIinancial revenue and expenditure; The deposit and loan situation of financial institutions; Capital market operations;Insurance business List of foreign financial institutions and representative offices.

Ⅱ. Data sources of each part of this chapter

1. The data of financial revenue and expenditure is processed according to the statistical statements of Guangzhou Municipal Bureau of Finance General accounts of Finance and other statistical statements;

2. The data on deposits and loans of financial institutions is provided by the Business Administration Department of the Guangzhou Branch of the Bank of China;

3. The insurance business, foreign insurance companies and representative offices of insurance companies is provided by the Guangdong Administration of Supervision and Control of the China Insurance Regulatory Commission;

4. The capital market information is provided by Guangdong Supervision Bureau of China Securities Regulatory Commission.

5. The information of foreign financial institutions and representative offices is provided by Guangdong Supervision Bureau of China Banking Regulatory Commission.

Ⅲ.The data of this chapter are collated by the Department of National accounts of Guangzhou Bureau of Statistics.

6-1 财政和金融业主要经济指标

Main Indicators of Government Finance and Financial Intermediation

项 目	Item	2017	2018	2018年比2017年增长(%) Growth Rate in 2018 over 2017 (%)
地方财政收入 (万元)	Revenue of Local Government (10000 yuan)	28448315	31737500	11.6
一般公共预算收入	General Budgetary Revenue	15367365	16342242	6.3
# 增值税	Value-added Tax	4087649	4383714	7.2
企业所得税	Corporate Income Tax	1909983	2064211	8.1
个人所得税	Individual Income Tax	912142	1044782	14.5
政府性基金收入	Governmental Funds Revenue	13080950	15395258	17.7
地方财政支出 (万元)	Expenditure of Local Government (10000 yuan)	34846967	39488632	13.3
一般公共预算支出	General Budgetary Expenditure	21860130	25061818	14.7
# 一般公共服务支出	General Public Expenditure	2082353	2378855	14.2
教育支出	Operating Expenses for Education	4043335	4408209	9.0
科学技术支出	Operating Expenses for Science and Technology	1712569	1636655	-4.4
医疗卫生与计划生育支出	Operating Expenses for Health and Family Planning	2023493	2243298	10.9
政府性基金支出	Governmental Fund Expenditure	12986837	14426814	11.1
金融机构本外币各项存款余额 (亿元)	Balance of Savings Deposit in Standard and Foreign Currencies in Financial Institutions (100 million yuan)	51369.03	54788.09	6.7
# 人民币	RMB	49332.53	52647.47	6.7
# 住户存款余额	Deposits of Households	14625.63	16042.06	9.7
金融机构本外币各项贷款余额 (亿元)	Balance of Loan in Standard and Foreign Currencies in Financial Institutions (100 million yuan)	34137.05	40749.32	19.4
# 人民币	RMB	33312.73	39764.44	19.4
国内财产保险公司业务	Domestic Property Insurance Companies			
保险金额 (亿元)	Amount Insured (100 million yuan)	1639939	6431689	292.2
原保险保费收入 (万元)	Premium of Primary Insurance (10000 yuan)	2698164	3177356	17.8
赔款支出 (万元)	Indemnity Expenditure (10000 yuan)	1340054	1732398	29.3
国内人身保险公司业务	Domestic Life Insurance Companies			
原保险保费收入 (万元)	Premium of Primary Insurance (10000 yuan)	8574356	8451258	-1.4
期满给付 (万元)	Mature Payment (10000 yuan)	746638	694042	-7.0
死伤医疗给付 (万元)	Payment for Death, Injury and Medical Treatment (10000 yuan)	138632	183909	32.7

6-2 主要年份地方财政收支

Local Government Revenue and Expenditure in Main Years

单位:亿元 (100 million yuan)

年 份 year	地方财政收入 Revenue of Local Government	#一般公共预算收入 General Budgetary Revenue	地方财政支出 Expenditure of Local Government	#一般公共预算支出 General Budgetary Expenditure
1978	14.01	13.65	4.40	3.87
1979	13.64	13.12	4.47	4.16
1980	16.29	15.43	4.98	4.35
1985	30.18	28.85	11.82	10.75
1986	32.44	31.15	16.27	15.23
1987	35.24	34.18	16.45	15.13
1988	41.37	39.71	21.52	19.95
1989	47.23	46.51	25.41	24.66
1990	37.82	36.94	25.12	24.31
1991	49.62	48.49	32.16	30.71
1992	52.92	51.35	33.79	32.25
1993	79.27	77.37	55.19	53.82
1994	64.87	62.87	75.77	73.74
1995	99.75	97.08	112.78	111.24
1996	88.11	85.24	125.12	121.91
1997	106.07	97.72	146.92	138.99
1998	137.32	132.19	179.61	175.11
1999	188.14	176.15	231.09	222.37
2000	219.91	200.55	258.60	240.72
2001	271.91	246.19	314.98	292.63
2002	269.10	245.87	350.19	326.67
2003	300.55	274.77	395.52	370.09
2004	338.45	302.87	447.06	408.34
2005	408.85	371.26	476.28	438.41
2006	476.72	427.08	559.42	506.79
2007	838.99	523.79	850.01	623.69
2008	843.14	621.84	997.94	713.35
2009	1107.66	702.65	1059.50	789.92
2010	1399.16	872.65	1487.16	977.32
2011	1535.14	979.48	1793.35	1181.25
2012	1579.68	1102.40	1796.91	1343.65
2013	2088.14	1141.80	2283.51	1386.13
2014	2318.84	1243.10	2525.38	1436.22
2015	2391.33	1349.47	2641.02	1727.72
2016	2218.48	1393.64	2845.66	1943.75
2017	2844.83	1536.74	3484.70	2186.01
2018	3173.75	1634.22	3948.86	2506.18

6-3 地方财政收入
Revenue of Local Government

单位:万元　　(10000 yuan)

项　　目	Item	2017	2018
地方财政收入合计	Total Revenue of Local Government	28448315	31737500
一般公共预算收入	General Budgetary Revenue	15367365	16342242
# 增值税	Value-added Tax	4087649	4383714
企业所得税	Corporate Income Tax	1909983	2064211
个人所得税	Individual Income Tax	912142	1044782
城市维护建设税	City Maintenance and Construction Tax	1355827	1428792
房产税	House Property Tax	895898	1022161
印花税	Stamp Tax	374452	396767
城镇土地使用税	Urban Land Use Tax	55364	215632
车船税	Tax on Vehicles and Boat Operation	163688	140915
契　税	Deed Tax	1379127	1337934
国有资本经营收入	Operation Income of State-owned Assets	91	
行政事业性收费收入	Charge of Administrative and Institutional Units	186740	258806
罚没收入	Penalty Receipts	247310	331751
专项收入	Special Revenue	1386543	1332088
其他收入	Others	1007336	840156
政府性基金收入	Revenue from Government-controlled Funds	13080950	15395258
附:上级补助收入	Subsidies from Higher Levels Taxed Tax Return	4648338	4890804
# 消费税和增值税税收返还收入	Consumption Tax and Value-added	406982	406982
所得税基数返还收入	Tax Base Return	405298	404972

注：按可比口径，对2017年增值税数据进行了调整，剔除了补缴营业税部分。

Note: According to the comparable standard, the value-added tax data in 2017 has been adjusted, excluding the part of supplementary business tax.

6-4 地方财政支出

Expenditure of Local Government

单位:万元 (10000 yuan)

项　　目	Item	2017	2018
地方财政支出合计	Total Expenditure of Local Government	34846967	39488632
一般公共预算支出	General Budgetary Expenditure	21860130	25061818
#一般公共服务支出	Expenditure for General Public Services	2082353	2378855
国防支出	Expenditure for National Defense	11161	10863
公共安全支出	Expenditure for Public Security	1847596	2334170
教育支出	Expenditure for Education	4043335	4408209
科学技术支出	Expenditure for Science and Technology	1712569	1636655
文化体育与传媒支出	Expenditure for Culture, Sports and Media	411985	471352
社会保障和就业支出	Expenditure for Social Safety Net and Employment Effort	2365028	2654619
医疗卫生与计划生育支出	Expenditure for Medical and Health and Family Planning	2023493	2243298
城乡社区支出	Expenditure for Urban and Rural Community Affairs	3900922	4152934
农林水支出	Expenditure for Agriculture, Forestry and Water Conservancy	738899	856899
交通运输支出	Expenditure for Transportation	687678	502772
资源勘探信息等支出	Expenditure for Affairs of Exploration, Power and Information	502696	735772
商业服务业等支出	Expenditure for Affairs of Commerce and Services	113825	149796
金融支出	Expenditure for Affairs of Financial Supervision	92119	90297
援助其他地区支出	Expenditure for Post-earthquake Recovery and Reconstruction	125492	235617
住房保障支出	Expenditure for Affairs of Housing Security	909586	1319017
其他支出	Other Expenditures	-341252	57346
政府性基金支出	Expenditure for Government-controlled Funds	12986837	14426814
附:上解上级支出	Expenditure for Cental and Provincial Governments	641899	498085

6-5 主要年份金融机构(含外资)存贷款余额
Deposits and Loans in All Financial Institutions (Foreign Currencies)in Main Years

单位：亿元 (100 million yuan)

年 份 year	金融机构本外币存款余额 Deposits in Renminbi and Foreign Currencies in All Financial Institutions	#人民币存款余额 Deposits in Renminbi Currencies in Financial Institutions	金融机构本外币贷款余额 Loans Institutions in Renminbi and Foreign Currencies in Financial Institutions	#人民币贷款余额 Loans in Renminbi Currencies in Financial Institutions
1978		25.56		26.04
1979		31.02		26.97
1980		43.73		40.25
1981		49.19		47.04
1982		56.22		53.50
1983		64.31		59.11
1984		87.91		93.60
1985		100.72		105.19
1986		141.49		142.95
1987		203.74		211.58
1988		260.54		265.08
1989		325.47		359.28
1990		440.47		420.38
1991		601.91		491.13
1992		871.44		651.21
1993		1085.96		835.60
1994		1439.01		984.48
1995		2001.96		1312.15
1996		2712.98		1605.22
1997		3497.65		2166.01
1998		4103.45		2502.12
1999		4823.87		3435.71
2000		5545.19		3895.49
2001		6228.04		4336.50
2002		7498.35		5257.21
2003		8676.72		6127.27
2004		9613.57		6535.39
2005		11085.30		6908.03
2006		12731.23		7931.78
2007	14783.46	14309.71	9661.38	8737.05
2008	16929.47	16421.05	11079.55	10304.73
2009	20944.19	20401.72	13851.83	12598.16
2010	23953.96	23384.50	16284.31	14987.73
2011	26460.80	25791.70	17732.88	16333.43
2012	30186.57	29006.99	19936.52	18023.02
2013	33838.20	32850.57	22016.18	20172.97
2014	35469.29	34170.66	24231.71	22688.33
2015	42843.67	41574.49	27296.16	26136.95
2016	47530.20	45937.34	29669.82	28885.54
2017	51369.03	49332.53	34137.05	33312.73
2018	54788.09	52647.47	40749.32	39764.44

6-6 中外资金融机构本外币存贷款年末余额

Deposits and Loans in Renminbi and Foreign Currencies of All Financial Institutions at Year-end

单位:亿元　　(100 million yuan)

项　　目	Item	2017	2018
各项存款余额	**Total Deposits**	**51369.03**	**54788.09**
一、境内存款	Domestic Deposits	49551.51	52977.89
(一)住户存款	Deposits of Households	15032.29	16456.56
(二)非金融企业存款	Deposits of Non-financial Enterprises	17784.02	19100.21
(三)广义政府存款	General Deposits of Government	10022.39	9646.76
1. 财政性存款	Fiscal Deposits	1397.86	1342.23
2. 机关团体存款	Deposits of Government Departments & Organizations	8624.53	8304.53
(四)非银行业金融机构存款	Deposits of Non-banking Financial Institutions	6712.81	7774.35
二、境外存款	Overseas Deposits	1817.52	1810.21
各项贷款余额	**Total Loans**	**34137.05**	**40749.32**
一、境内贷款	Domestic Loans	33697.95	40192.94
(一)住户贷款	Loans to Households	13941.67	16776.46
(二)非金融企业存款及机关团体贷款	Loans to Non-financial Enterprises and Government Departments & Organizations	19733.61	23361.69
1. 短期贷款	Short-term loans	5228.78	5854.01
2. 中长期贷款	Medium & Long-term Loans	13562.08	15978.46
3. 票据融资	Paper Financing	760.67	1367.91
4. 融资租赁	Financial Leasing	171.69	155.43
5. 各项垫款	Total Advances	10.39	5.87
(三)非银行业金融机构贷款	Loans to Non-banking Financial Institutions	22.67	54.79
二、境外贷款	Overseas Loans	439.10	556.37

6-7 中外资金融机构外币存贷款年末余额
Deposits and Loans in Foreign Currencies of All Financial Institutions at Year-end

单位:亿美元 (100 million USD)

项目	Item	2017	2018
各项存款余额	**Total Deposits**	**311.67**	**311.90**
一、境内存款	Domestic Deposits	148.19	137.78
(一)住户存款	Deposits of Households	62.24	60.39
(二)非金融企业存款	Deposits of Non-financial Enterprises	76.26	69.43
(三)广义政府存款	General Deposits of Government	1.09	1.22
1.财政性存款	Fiscal Deposits		
2.机关团体存款	Deposits of Government Departments & Organizations	1.09	1.22
(四)非银行业金融机构存款	Deposits of Non-banking Financial Institutions	8.60	6.74
二、境外存款	Overseas Deposits	163.48	174.12
各项贷款余额	**Total Loans**	**126.15**	**143.50**
一、境内贷款	Domestic Loans	78.53	87.78
(一)住户贷款	Loans to Households	0.31	0.35
(二)非金融企业存款及机关团体贷款	Loans to Non-financial Enterprises and Government Departments & Organizations	78.22	87.44
1.短期贷款	Short-term loans	39.91	51.78
2.中长期贷款	Medium & Long-term Loans	38.24	35.66
3.票据融资	Paper Financing	…	…
4.融资租赁	Financial Leasing		
5.各项垫款	Total Advances	0.07	…
(三)非银行业金融机构贷款	Loans to Non-banking Financial Institutions		
二、境外贷款	Overseas Loans	47.62	55.72

6-8 中外资金融机构存贷款年末余额(折人民币，2008-2018年)

Deposits and Loans of All Financial Institutions at Year-end (converted into RMB, at the end of year from 2008 to 2018)

单位：亿元 (100 million yuan)

项 目	Item	2008	2009	2010	2011	2012
存款余额 （折人民币）	**Saving Deposits Balance (as RMB)**	**16929.47**	**20944.19**	**23953.96**	**26460.80**	**30186.57**
中资金融机构	Chinese Financial Institutions					
人民币	RMB	16219.23	20081.46	22775.50	25048.61	28270.68
外汇 (亿美元)	Foreign Exchange (USD 100 million)	63.11	63.67	68.09	86.82	166.36
外资金融机构	Foreign-funded Financial Institutions					
人民币	RMB	201.82	320.26	609.00	743.08	736.31
外汇 (亿美元)	Foreign Exchange (USD 100 million)	11.27	15.77	17.90	19.38	21.31
贷款余额 （折人民币）	**Loans Balance (as RMB)**	**11079.55**	**13851.83**	**16284.31**	**17732.88**	**19936.52**
中资金融机构	Chinese Financial Institutions					
人民币	RMB	10042.19	12316.01	14597.74	15904.65	17554.90
外汇 (亿美元)	Foreign Exchange (USD 100 million)	88.10	153.88	160.92	187.33	271.91
外资金融机构	Foreign-funded Financial Institutions					
人民币	RMB	262.54	282.15	389.99	428.79	468.12
外汇 (亿美元)	Foreign Exchange (USD 100 million)	26.15	29.72	34.86	34.78	32.52

6-8 续表 continued

单位:亿元 (100 million yuan)

项 目	Item	2013	2014	2015	2016	2017	2018
存款余额 （折人民币）	**Saving Deposits Balance (as RMB)**	**33838.20**	**35469.29**	**42843.67**	**47530.20**	**51369.03**	**54788.09**
中资金融机构	Chinese Financial Institutions						
人民币	RMB	31884.74	33215.35	40732.02	44978.42	48290.54	51336.03
外汇 (亿美元)	Foreign Exchange (USD 100 million)	143.82	193.55	175.25	206.65	285.24	286.24
外资金融机构	Foreign-funded Financial Institutions						
人民币	RMB	965.83	955.31	844.97	963.91	1044.08	1319.81
外汇 (亿美元)	Foreign Exchange (USD 100 million)	18.17	18.68	20.20	22.97	26.43	25.66
贷款余额 （折人民币）	**Loans Balance (as RMB)**	**22016.18**	**24231.71**	**27296.16**	**29669.82**	**34137.05**	**40749.32**
中资金融机构	Chinese Financial Institutions						
人民币	RMB	19652.37	22154.37	25540.40	28283.46	32571.07	38871.63
外汇 (亿美元)	Foreign Exchange (USD 100 million)	260.66	214.50	156.47	96.85	104.99	120.66
外资金融机构	Foreign-funded Financial Institutions						
人民币	RMB	520.60	533.95	622.85	651.60	787.53	959.68
外汇 (亿美元)	Foreign Exchange (USD 100 million)	41.66	37.73	22.75	16.26	21.27	22.98

6-9 中外资金融机构人民币信贷资金平衡表
Credit Funds Balance Sheet of Financial Institutions

单位:亿元 (100 million yuan)

项　　目	Item	2017	2018
资金来源项目	**Sources of Funds**		
合　计	**Total**	**55756.82**	**59798.38**
一、各项存款	Total Deposits	49332.53	52647.47
(一)境内存款	Domestic Deposits	48583.22	52032.28
1. 住户存款	Deposits of Households	14625.63	16042.06
2. 非金融企业存款	Deposits of Non-financial Enterprises	17285.72	18623.73
3. 广义政府存款	General Government Deposits	10015.29	9638.37
4. 非银行业金融机构存款	Deposits of Non-banking Financial Institutions	6656.58	7728.12
(二)境外存款	Overseas Deposits	749.31	615.19
二、金融债券	Financial Bonds	700.16	800.31
三、卖出回购资产	Repo	262.36	73.65
四、借款及非银行业金融机构拆入	Borrowings & Placements from Non-depository Financial Institutions	83.78	67.73
五、联行往来(净)	Inter-bank Transaction		
六、应付及暂收款	Paybable and Supense Credit	1195.20	1405.27
七、各项准备	All Reserves	853.18	975.81
八、所有者权益	Creditors' Equity	2426.52	3201.28
九、其　他	Others	903.09	626.86
资金运用项目	**Uses of Funds**		
合　计	**Total**	**55756.82**	**59798.38**
一、各项贷款	Total Loans	33312.73	39764.44
(一)境内贷款	Domestic Loans	33184.79	39590.47
1. 住户贷款	Loans to Households	13939.65	16774.07
2. 非金融企业及机关团体贷款	Loans to Non-financial Enterprises andGovernment Departments & Organizations	19222.48	22761.60
3. 非银行业金融机构贷款	Loans to Non-banking Financial Institutions	22.66	54.79
(二)境外贷款	Overseas Loans	127.94	173.97
二、债券投资	Portfolio Investments	6717.81	6594.63
三、股权及其他投资	Shares and Other Investments	5217.61	4076.21
四、买入返售资产	Reverse Repo	373.44	829.29
五、存放非银行业金融机构款项	Due From Non-depository Financial Institutions	92.25	56.80
六、联行往来(净)	Inter-bank Transaction	9217.38	7346.52
七、金银占款	Purchase of Gold & Silver		
八、中央银行外汇占款	Foreign Exchange		
九、应收及预付款	Receivables and Prepayments	517.41	787.15
十、投资性房地产	Investment Real Estate	20.08	19.43
十一、 固定资产	Fixed Asset	288.11	323.91

6-10 中资金融机构人民币各项存贷款年末余额
Deposits and Loans in Renminbi of Chinese Financial Institutions at Year-end

单位：亿元 (100 million yuan)

项目	Item	2017	2018
各项存款余额	**Total Deposits**	**48290.54**	**51336.03**
一、境内存款	Domestic Deposits	47579.93	50759.36
(一)住户存款	Deposits of Households	14554.98	15965.46
(二)非金融企业存款	Deposits of Non-financial Enterprises	16404.22	17576.16
(三)广义政府存款	General Deposits of Government	9984.76	9575.58
1. 财政性存款	Fiscal Deposits	1397.86	1341.93
2. 机关团体存款	Deposits of Government Departments & Organizations	8586.90	8233.65
(四)非银行业金融机构存款	Deposits of Non-banking Financial Institutions	6635.97	7642.17
二、境外存款	Overseas Deposits	710.61	576.66
各项贷款余额	**Total Loans**	**32571.07**	**38871.63**
一、境内贷款	Domestic Loans	32446.31	38701.04
(一)住户贷款	Loans to Households	13850.50	16686.57
(二)非金融企业存款及机关团体贷款	Loans to Non-financial Enterprises andGovernment Departments & Organizations	18573.14	21959.69
1. 短期贷款	Short-term loans	4671.58	5091.26
2. 中长期贷款	Medium & Long-term Loans	13022.26	15390.36
3. 票据融资	Paper Financing	697.81	1316.98
4. 融资租赁	Financial Leases	171.69	155.43
5. 各项垫款	Total Advances	9.80	5.67
(三)非银行业金融机构贷款	Loans to Non-banking Financial Institutions	22.67	54.79
二、境外贷款	Overseas Loans	124.76	170.59

6-11 上市公司及新三板概况(2011-2018年)
Listed Companies and NEEQ-listed Companies(2011-2018)

单位：家 (unit)

年份 Year	境内上市公司数量 Numbers of Domestic Listed Companies	主板上市公司 Main Board-Listed Companies	中小企业板上市公司 SME-Listed Companies	创业板上市公司 GEM-Listed Companies	新三板公司 NEEQ-listed Companies
2011	53	26	20	7	
2012	61	27	24	10	
2013	60	26	24	10	
2014	62	26	26	10	35
2015	68	27	26	15	138
2016	78	31	28	19	347
2017	97	39	34	24	429
2018	98	39	33	26	393

6-12 证券市场股票筹资概况(2011-2018年)

Equity Financing of Securities Market (2011-2018)

单位:亿元 (100 million yuan)

年 份 Year	股票筹资额 Equity Financing	IPO筹资 IPO financing	股票再筹资 Equity Re-financing
2011	213.59	40.18	173.41
2012	244.55	50.58	193.97
2013	57.30	…	57.30
2014	42.92	6.93	35.99
2015	616.40	24.48	591.92
2016	676.72	43.01	633.71
2017	508.72	137.45	371.27
2018	182.43	2.96	179.47

6-13 证券市场交易额概况(2011-2018年)

Turnover of Securities Market (2011-2018)

单位:亿元 (100 million yuan)

年 份 Year	证券市场交易额 Turnover of Securities Market	# 股票交易 Turnover of Stock Trading
2011	38170.94	31393.64
2012	31558.13	21898.72
2013	48320.55	30858.05
2014	74196.95	49514.63
2015	217238.20	171139.46
2016	141833.54	81611.10
2017	153625.46	71038.98
2018	131665.66	53231.50

6-14 主要年份原保险保费收入和赔款及给付支出

Premium of Primary Insurance and Payment in Main Years

年 份 Year	原保险保费收入 (万元) Premium of Primary Insurance (10000 yuan)	赔款及给付支出 (万元) Claim and Payment (10000 yuan)	赔款率 (%) Indemnity and Payment Ratio (%)
1980	197		
1985	5043	1153	22.86
1986	8654	3117	36.02
1987	14855	3784	25.47
1988	17985	4052	22.53
1989	28017	7742	27.63
1990	46963	45207	96.26
1991	58771	19762	33.63
1992	94839	32846	34.63
1993	204267	89930	44.03
1994	244017	96299	39.46
1995	313528	113052	36.06
1996	411021	168637	41.03
1997	579787	200828	34.64
1998	559618	195177	34.88
1999	555424	201673	36.31
2000	574506	133011	23.15
2001	810415	180525	22.28
2002	998741	230440	23.07
2003	1172755	242972	20.72
2004	1329411	278910	20.98
2005	1586302	312074	19.67
2006	1754637	399586	22.77
2007	2275036	542852	23.86
2008	3106047	675962	21.76
2009	3273766	785375	23.98
2010	4204166	880790	20.95
2011	3972972	1083773	27.28
2012	4208014	1258986	29.92
2013	4748884	1482555	31.22
2014	6018083	1710441	28.42
2015	7100726	2259963	31.83
2016	11661901	2458547	21.08
2017	11272520	2697222	23.93
2018	11628614	3219983	27.69

注：1. 本表数据2008年起来源于中国保险监督管理委员会广东监管局，2008年前来源于广东省保险行业协会；

2. 自2011年起，保险行业数据按照执行“企业会计准则解释第2号”的新口径统计(下同)。

Note: I. Since 2008 the data in this table are provided by Guangdong Bureau of China Insurance Regulatory Commission, while the data before 2008 were provided by the Guangdong Association of Insurance Industry.

II. Since 2011 figures of insurance industry are calculated according to new standards (The same as in the following tables).

6-15 保险公司主要业务指标（2018年）

Major Business Indicators of Insurance Companies (2018)

单位：万元 (10000 yuan)

指　标	Indicators	保险金额（亿元）Amount Insured (100 million yuan)	原保险保费收入 Premium of Primary Insurance	赔款及给付支出 Claim and Payment
总　计	**Total**	**6612702**	**11628614**	**3219983**
财产保险公司	Property Insurance Companies	6431689	3177356	1732398
人身保险公司	Personal Insurance Companies	181013	8451258	1487585

6-16 财产保险公司主要指标

Main Indicators of Property Insurance Companies

单位:万元 (10000 yuan)

项　目	Item	2017		2018	
		原保险保费收入 Premium of Primary Insurance	赔款支出 Claim and Payment	原保险保费收入 Premium of Primary Insurance	赔款支出 Claim and Payment
合　计	**Total**	**2698164**	**1340054**	**3177356**	**1732398**
企业财产保险	Enterprise Property Insurance	202415	155448	196140	174979
家庭财产保险	Family Property Insurance	18845	5605	15829	5381
# 投资型家财险	Investment Family Property Insurance	157	23	160	48
机动车辆保险	Motor Vehicle Insurance	1525166	804041	1736926	1016762
工程保险	Enginerring Insurance	81657	39312	107794	36109
责任保险	Liability Insurance	181026	73725	236597	105503
信用保险	Export Credit Insurance	255190	91003	185457	135957
保证保险	Guarantee Insurance	147015	21600	264198	73528
# 机动车辆消费贷款保证保险	Vehicle Loan Guarantee Insurance	207	404	891	3507
个人贷款抵押房屋保证保险	Personal Loan Mortgage Housing Guarantee Insurance	-368	31	-174	1
船舶保险	Ship Insurance	17122	13494	25493	18095
货物运输保险	Freight Transport Insurance	46797	25261	52474	31636
特殊风险保险	Special Risk Insurance	49102	28857	55579	16153
农业保险	Agricultural Insurance	7562	4198	10110	10253
健康险	Health Insurance	41382	28160	98786	52709
意外伤害保险	Accident Injury Insurance	98674	29014	159994	37529
其他险	Other Insurance	26211	20336	31979	17804

6-17 人身保险公司主要指标

Main Indicators of Personal Insurance Companies

单位：万元 (10000 yuan)

项　　目	Item	2017	2018
原保险保费收入	**Premium of Primary Insurance**	**8574356**	**8451258**
按险种分	Classify by Insurance Code		
寿　险	Life Insurance	6808321	6577166
个人业务	Individual Insurance	6782811	6549788
新单保费	Initial Premiums	4235763	2871617
续期保费	Renewable Premiums	2547048	3678171
团体业务	Group Isurance	25510	27378
新单保费	Initial Premiums	14954	17122
续期保费	Renewable Premiums	10556	10256
意外伤害险	Personal Accidental Death and Injury Insurance	245686	287615
一年期以内业务	Within One-year Product	17471	14771
一年期业务	One-year Product	130444	157495
一年以上业务	Over One-year Product	97771	115349
健康险	Health Insurance	1520349	1586477
一年期以内及一年期业务	Winthin One Year and One-Year Product	292061	306444
个人业务	Individual Insurance	119036	172864
团体业务	Group Isurance	173025	133580
一年期以上业务	Over One-year Period Product	1228288	1280033
个人业务	Individual Insurance	1196165	1255582
团体业务	Group Isurance	32123	24451
按新型产品分	Classify by New Insurance Products		
寿险保费收入合计	Total Life Insurance Premiums	6808321	6577166
普通寿险	Ordinary Life Insurance	4589758	3255040
新单保费	Initial Premiums	3450253	1293547
续期保费	Renewable Premiums	1139505	1961493
分红寿险	Participating Insurance	2195289	3298795
新单保费	Initial Premiums	798694	1593399
续期保费	Renewable Premiums	1396595	1705396
投资连结保险	Unit-linked Insurance	5495	5728
万能寿险	Universal Life Insurance	17779	17603

6-17 续表 continued

单位:万元 (10000 yuan)

项　目	Item	2017	2018
赔付支出	**Claims Paid**	**1357168**	**1487585**
赔款支出	**Compensation Expenses**	**176797**	**208890**
意外伤害险	Personal Accidental And Injury Insurance	26688	32049
一年期以内业务	Within One-year Product	1303	1508
一年期业务	One-year	25385	30541
一年期以内及一年期健康险	Winthin One Year and One-Year Health Insurance	150109	176841
个人业务	Individual Insurance	34338	49933
团体业务	Group Insurance	115771	126907
死伤医疗给付合计	**Total Casualty Medical Payments**	**138632**	**183909**
寿　险	Life Insurance	50442	59557
个人业务	Individual Insurance	42991	50527
团体业务	Group Insurance	7451	9030
一年期以上健康险	Over One-year Period Health Insurance	88190	124352
个人业务	Individual Insurance	85535	121010
团体业务	Group Insurance	2655	3342
满期给付合计	**Total Mature Payment**	**746638**	**694042**
寿　险	Life Insurance	745858	693056
个人业务	Individual Insurance	695591	672482
团体业务	Group Insurance	50267	20574
一年期以上健康险	Over One-year Period Health Insurance	780	986
个人业务	Individual Insurance	768	986
团体业务	Group Insurance	12	
年金给付合计	**Total Pension Payments**	**295101**	**400744**
个人业务	Individual Insurance	278251	374456
团体业务	Group Insurance	16850	26288
退保金	**Cash Surrender Value**	**1584258**	**3596224**
寿　险	Life Insurance	1504871	2632111
个人业务	Individual Insurance	1490630	2629165
团体业务	Group Insurance	14241	2946
一年期以上健康险	Over One-year Period Health Insurance	79387	964113

6-18　主要外资金融机构及代表处一览表

List of Main Foreign Financial Institutions and Representative Offices

机构(代表处)名称及所属国家(地区)	Name of Institutions (Representative Offices)	批准日期 Date of Approval
法国兴业银行(中国)有限公司广州分行(法国)	Societe Generale,(China)Ltd., Guangzhou Branch (France)	1992.08
三井住友银行(中国)有限公司广州分行(日本)	Sumitomo Mitsui Banking Corporation (China), Ltd, Guangzhou Branch (Japan)	1992.09
东亚银行(中国)有限公司广州分行(中国香港)	The Bank of East Asia (China)Ltd., Guangzhou Branch (Hong Kong, China)	1992.10
南洋商业银行(中国)有限公司广州分行(中国香港)	Nanyang Commercial Bank (China), Ltd., Guangzhou Branch (Hong Kong, China)	1992.11
美国银行广州分行(美国)	Bank of Amercia N.A., Guangzhou Branch (USA)	1993.01
法国巴黎银行(中国)有限公司广州分行(法国)	BNP Paribas(China)Ltd., Guangzhou Branch (France)	1993.03
大华银行(中国)有限公司广州分行(新加坡)	United Overseas Bank Ltd., Guangzhou Branch (Singapore)	1993.11
德意志银行(中国)有限公司广州分行(德国)	Deutsche Bank (China)Ltd.AG, Guangzhou Branch (Germany)	1994.11
东方汇理银行(中国)有限公司广州分行(法国)	Credit Agricole Corparate And Investment Bank (China)Ltd. Guangzhou Branch (France)	1994.11
加拿大丰业银行广州分行(加拿大)	The Bank of Nova Scotia, Guangzhou Branch (Canada)	1994.11
蒙特利尔银行(中国)有限公司广州分行(加拿大)	Bank of Montreal (China), Co, Ltd, Guangzhou Branch (Canada)	1995.01
恒生银行(中国)有限公司广州分行(中国香港)	Hang Seng Bank Ltd., Guangzhou Branch (Hong Kong, China)	1995.07
花旗银行(中国)有限公司广州分行(美国)	Citibank, N.A.(China)Ltd., Guangzhou Branch (USA)	1997.12
汇丰银行(中国)有限公司广州分行(中国香港)	The Hong Kong and Shanghai Banking Corporation Ltd., Guangzhou Branch (Hong Kong, China)	1999.08
星展银行(中国)有限公司广州分行(新加坡)	DBS Bank Ltd., Guangzhou Branch (Singapore)	2004.04
韩国产业银行广州分行(韩国)	The Korea Development Bank Ltd., Guangzhou Branch (Republic of Korea)	2005.05
渣打银行(中国)有限公司广州分行(英国)	Standard Charted Bank Ltd. Guangzhou Branch (UK)	2005.06
华侨永亨银行(中国)有限公司广州分行(中国香港)	OCBC Wing Hang Bank Ltd., Guangzhou Branch (Hong Kong, China)	2006.09
国民银行(中国)有限公司广州分行(韩国)	Kookmin Bank Ltd., Guangzhou Branch (Republic of Korea)	2007.06

注：本表资料由中国银保监会广东监管局提供。

Note: The data in this table are provided by China Banking Regulatory Commission Guangdong Office.

6-18 续表 continued

机构(代表处)名称及所属国家(地区)	Name of Institutions (Representative Offices)	批准日期 Date of Approval
三菱东京日联银行(中国)有限公司广州分行(日本)	Bank of Tokyo-Mitsubishi UFJ (China), Ltd.,Branch (Japan)	2008.02
印度巴鲁达银行广州分行(印度)	Bank of Baroda Guangzhou Branch (India)	2008.06
瑞穗实业银行(中国)有限公司广州分行(日本)	Mizuho Corporate Bank (China), Ltd. Guangzhou Branch (Japan)	2008.08
华商银行广州分行(中国香港)	Chinese Mercantile Bank Guangzhou Branch (Hong Kong, China)	2008.11
摩根大通银行(中国)有限公司广州分行(美国)	JPMorgan Chase Bank (China) Company Limited Guangzhou Branch (USA)	2009.03
澳大利亚和新西兰银行(中国)有限公司广州分行(澳大利亚)	Australia and New Zealand Banking (China) Ltd. Guangzhou Branch (Australia)	2009.05
大新银行(中国)有限公司广州分行(中国香港)	DahSing Bank (China) Limited Guangzhou Branch (Hong Kong, China)	2011.04
韩亚银行(中国)有限公司广州分行(韩国)	Hana Bank (China) Company Limited ,Guangzhou Branch (Republic of Korea)	2012.07
中国信托商业银行股份有限公司广州分行(中国台湾)	CTBC Bank Co. Ltd., Guangzhou Branch (Taiwan, China)	2015.07
台湾银行股份有限公司广州分行(中国台湾)	Bank of Taiwan Co., Ltd. Guangzhou Branch (Taiwan, China)	2015.08
永隆银行有限公司广州分行(中国香港)	Wing Lung Bank Ltd., Guangzhou Branch (Hong Kong, China)	2015.09
创兴银行有限公司广州分行(中国香港)	Chong Hing Bank Limited Guangzhou Branch (Hong Kong, China)	2016.05
澳门国际银行股份有限公司广州分行(中国澳门)	Luso International Banking Limited Guangzhou Branch(Macao, China)	2017.03
永丰银行(中国)有限公司广州分行(中国台湾)	Bank SinoPac(China)Ltd.,Guangzhou Branch(Taiwan, China)	2017.07
玉山银行（中国）有限公司广州分行(中国台湾)	E.SUN Bank （China) Company，Ltd. Guangzhou Branch (Taiwan, China)	2018.09
美国华美银行股份有限公司广州代表处(美国)	East West Bbank Guangzhou Representative Office (USA)	1996.01
葡萄牙商业银行股份有限公司广州代表处(葡萄牙)	Banco Commercial Portugues, Guangzhou Representative Office (Portugal)	1997.03
瑞士信贷银行有限公司广州代表处(瑞士)	Credit Suisse Guangzhou Representative Office (Swiss)	2005.04
意大利西雅那银行股份有限公司广州代表处(意大利)	Banca Monte Dei Paschi Di Siena S.P.A Guangzhou Representative Office (Italy)	2005.08
埃及银行广州代表处（埃及）	Banque Misr Guangzhou Representative Office(Egypt)	2016.07
孟加拉东方银行广州代表处（孟加拉）	Eastern Bank Limited Guangzhou Representative Office（Bangladesh）	2018.09

注：本表资料由中国银保监会广东监管局提供。
Note: The data in this table are provided by China Banking Regulatory Commission Guangdong Office.

6-19 外资保险公司及代表处一览表

List of Foreign Insurance Companies and Representative Offices

机构(代表处)名称及所属国家(地区)	Name of Institutions (Representative Offices)	批准日期 Date of Approval
美亚财产保险有限公司广东分公司(美国)	AIG Insurance Company China Limited Guangdong Branch (USA)	1995.10
友邦保险有限公司广东分公司(中国香港)	AIA Company Limited Guangdong Provincial Branch(Hong Kong, China)	1995.10
中意人寿保险有限公司广东分公司(意大利)	Generali China Life Insurance Co., Ltd., Guangdong Branch (Italy)	2002.01
中宏人寿保险公司广州分公司(加拿大)	Manulife-Sinochem Life Insurance Co., LTD, Guangzhou Branch (Canada)	2003.01
京东安联财产保险(中国)有限公司(德国)	Allianz Jingdong General Insurance Company (Germany)	2003.01
工银安盛人寿保险有限公司广东分公司(法国)	ICBC-AXA Assurance Co., Ltd., Guangdong Branch (France)	2003.04
中德安联人寿保险公司广东分公司(德国)	Allianz China Life Insurance Company Limited Guangdong Branch (Germany)	2004.12
中英人寿保险公司广东分公司(英国)	Aviva-Cofco Life Insurance Co., Ltd., Guangdong Branch (UK)	2005.11
中美联泰大都会人寿保险有限公司广东分公司(美国)	Sino-US United MetLife Insurance Co., Ltd., Guangdong Branch (USA)	2006.02
安盛天平财产保险股份有限公司广东分公司(法国)	Tian Ping Auto Insurance Co., Ltd., Guangdong Branch (France)	2006.08
平安健康保险股份有限公司广东分公司(南非)	Ping An Health Insurance Company Of China,Ltd. Guangdong Branch (South Africa)	2007.09
瑞泰人寿保险有限公司广东分公司(南非)	Oldmutual-guodian life insurance company limited guangdong branch (South Africa)	2008.01
同方全球人寿保险有限公司广东分公司(荷兰)	AEGON THTF Life Insurance Co.,Ltd. Guangdong Branch(Holland)	2008.02
信诚人寿保险有限公司广东省分公司(英国)	CITIC-Prudential Life Insurance Company Limited Guangdong Branch (UK)	2008.06
三井住友海上火灾保险(中国)有限公司广东分公司(日本)	Mitsui Sumitomo Insurance (China) Company, Ltd, Guangdong Branch (Japan)	2008.08
陆家嘴国泰人寿保险有限责任公司广东分公司(中国台湾)	Cathay Lujiazui Life Insurance Co., Ltd, Guangdong Branch (Taiwan, China)	2008.09
日本财产保险(中国)有限公司广东分公司(日本)	Sompo Japan Insurance (China) Company, Ltd, Guangdong Branch(Japan)	2009.02
恒安标准人寿保险有限公司广东分公司(英国)	Heng An Standard Life Insurance Co., Ltd., Guangdong Branch (UK)	2009.05
东京海上日动火灾保险(中国)有限公司广东分公司(日本)	The Tokio Marine & Nichido Fire Insurance Company (China) Limited Guangdong Branch (Japan)	2010.06
国泰财产保险有限责任公司广东分公司(中国台湾)	Cathay Insurance Co., Ltd., Guangdong Branch (Taiwan,China)	2010.10
招商信诺人寿保险有限公司广东分公司(美国)	CIGNA & CMC Life Insurance Co., Ltd., Guangdong Branch (USA)	2010.12
华泰人寿保险股份有限公司广东分公司(美国)	Huatai Life Insurance Co.,Ltd..Guangdong Branch (USA)	2011.05
利宝保险有限公司广东省分公司(美国)	Liberty Insurance Co., Ltd., Guangdong Branch (USA)	2011.11
中意财产保险有限公司广东分公司(意大利)	Generali China Insurance Co., Ltd., Guangdong Branch (Italy)	2012.07
中银三星人寿保险有限公司广东分公司(韩国)	BOC SAMSUNG Life Insurance Company Limited Guangdong Branch (Korea)	2013.06
交银康联人寿保险有限公司广东省分公司(澳大利亚)	BoCommLife Insurance Company Limited Guangdong Branch (Australia)	2014.05
乐爱金财产保险(中国)有限公司广东分公司(韩国)	LIG Insurance (China) Co.,Ltd. Guangdong Branch (Korea)	2014.05
京东安联财产保险(中国)有限公司广东分公司(德国)	Allianz China General Insurance Company Ltd Guangdong Branch(Germany)	2015.10
汇丰人寿保险有限公司广东分公司(中国香港)	HSBC Life Insurance Company Limited Guangdong Branch (Hong Kong, China)	2015.10
史带财产保险股份有限公司广东分公司(美国)	Starr Property & Casualty Insurance (China) Company Limited, Guangdong branch(USA)	2016.01
安达保险有限公司广东分公司(美国)	Chubb Insurance Company Limited Guangdong Branch(USA)	2016.07
恒大人寿保险有限公司广东分公司(新加坡)	Evergrande Life Assurance Co.,Ltd., Guangdong Branch (Singapore)	2016.09
北大方正人寿保险有限公司广东分公司(日本)	Founder Life Insurance Co., Ltd. Guangdong Branch(Japan)	2016.12
苏黎世财产保险(中国)有限公司广东分公司(瑞士)	Zurich General Insurance Company(China)Ltd Guangdong Branch(Switzerland)	2016.12
澳大利亚昆士兰保险集团股份有限公司广州代表处(澳大利亚)	QBE Insurance Group Limited, Guangzhou Representative Office (Australia)	1997.07
日本爱和谊保险公司广州代表处(日本)	Aioi Insurance Co, Ltd, Guangzhou Rep. Office (Japan)	2004.05

注：本表资料由中国银保监会广东监管局提供。

Note: The data in this table are provided by China Insurance Regulatory Commission Guangdong Office.

6-20 金融机构人民币法定存款利率

Official Interest Rates of Deposits of Financial Institutions

单位:年利率 % (% p.a.)

调整时间 Adjustment time	活期存款 Demand Deposit	定期存款 Time Deposit 三个月 3 Months	半年 6 Months	一年 1 Year	二年 2 Years	三年 3 Years	五年 5 Years
1996.05.01	2.97	4.86	7.20	9.18	9.90	10.80	12.06
1996.08.23	1.98	3.33	5.40	7.47	7.92	8.28	9.00
1997.10.23	1.71	2.88	4.14	5.67	5.94	6.21	6.66
1998.03.25	1.71	2.88	4.14	5.22	5.58	6.21	6.66
1998.07.01	1.44	2.79	3.96	4.77	4.86	4.95	5.22
1998.12.07	1.44	2.79	3.33	3.78	3.96	4.14	4.50
1999.06.10	0.99	1.98	2.16	2.25	2.43	2.70	2.88
2002.02.21	0.72	1.71	1.89	1.98	2.25	2.52	2.79
2004.10.29	0.72	1.71	2.07	2.25	2.70	3.24	3.60
2006.08.19	0.72	1.80	2.25	2.52	3.06	3.69	4.14
2007.03.18	0.72	1.98	2.43	2.79	3.33	3.96	4.41
2007.05.19	0.72	2.07	2.61	3.06	3.69	4.41	4.95
2007.07.21	0.81	2.34	2.88	3.33	3.96	4.68	5.22
2007.08.22	0.81	2.61	3.15	3.60	4.23	4.95	5.49
2007.09.15	0.81	2.88	3.42	3.87	4.50	5.22	5.76
2007.12.21	0.72	3.33	3.78	4.14	4.68	5.40	5.85
2008.10.09	0.72	3.15	3.51	3.87	4.41	5.13	5.58
2008.10.30	0.72	2.88	3.24	3.60	4.14	4.77	5.13
2008.11.27	0.36	1.98	2.25	2.52	3.06	3.60	3.87
2008.12.23	0.36	1.71	1.98	2.25	2.79	3.33	3.60
2010.10.20	0.36	1.91	2.20	2.50	3.25	3.85	4.20
2010.12.26	0.36	2.25	2.50	2.75	3.55	4.15	4.55
2011.02.09	0.40	2.60	2.80	3.00	3.90	4.50	5.00
2011.04.06	0.50	2.85	3.05	3.25	4.15	4.75	5.25
2011.07.07	0.50	3.10	3.30	3.50	4.40	5.00	5.50
2012.06.08	0.40	2.85	3.05	3.25	4.10	4.65	5.10
2012.07.06	0.35	2.60	2.80	3.00	3.75	4.25	4.75
2014.11.22	0.35	2.35	2.55	2.75	3.35	4.00	--
2015.03.01	0.35	2.10	2.30	2.50	3.10	3.75	--
2015.05.11	0.35	1.85	2.05	2.25	2.85	3.50	--
2015.06.28	0.35	1.60	1.80	2.00	2.60	3.25	--
2015.08.26	0.35	1.35	1.55	1.75	2.35	3.00	--
2015.10.24	0.35	1.10	1.30	1.50	2.10	2.75	--

注：自2014年11月22日起，人民银行不再公布金融机构人民币五年期定期存款基准利率。

Note: Since November 22,2015,the central bank will not announce the official interest rate of time deposits for 5 years of financial institutions.

6-21 金融机构人民币法定贷款利率

Official Interest Rates of Loans of Financial Institutions

单位:年利率 % (% p.a.)

调整时间 Adjustment time	6个月以内 (含六个月) within 6 months (include 6 months)	六个月至一年 (含一年) 6 months-1 year (include 1 year)	一至三年 (含三年) 1-3years (include 3 years)	三至五年 (含五年) 3-5years (include 5 years)	五年以上 above 5 years
1996.05.01	9.72	10.98	13.14	14.94	15.12
1996.08.23	9.18	10.08	10.98	11.70	12.42
1997.10.23	7.65	8.64	9.36	9.90	10.53
1998.03.25	7.02	7.92	9.00	9.72	10.35
1998.07.01	6.57	6.93	7.11	7.65	8.01
1998.12.07	6.12	6.39	6.66	7.20	7.56
1999.06.10	5.58	5.85	5.94	6.03	6.21
2002.02.21	5.04	5.31	5.49	5.58	5.76
2004.10.29	5.22	5.58	5.76	5.85	6.12
2006.04.28	5.40	5.85	6.03	6.12	6.39
2006.08.19	5.58	6.12	6.30	6.48	6.84
2007.03.18	5.67	6.39	6.57	6.75	7.11
2007.05.19	5.85	6.57	6.75	6.93	7.20
2007.07.21	6.03	6.84	7.02	7.20	7.38
2007.08.22	6.21	7.02	7.20	7.38	7.56
2007.09.15	6.48	7.29	7.47	7.65	7.83
2007.12.21	6.57	7.47	7.56	7.74	7.83
2008.09.16	6.21	7.20	7.29	7.56	7.74
2008.10.09	6.12	6.93	7.02	7.29	7.47
2008.10.30	6.03	6.66	6.75	7.02	7.20
2008.11.27	5.04	5.58	5.67	5.94	6.12
2008.12.23	4.86	5.31	5.40	5.76	5.94
2010.10.20	5.10	5.56	5.60	5.96	6.14
2010.12.26	5.35	5.81	5.85	6.22	6.40
2011.02.09	5.60	6.06	6.10	6.45	6.60
2011.04.06	5.85	6.31	6.40	6.65	6.80
2011.07.07	6.10	6.56	6.65	6.90	7.05
2012.06.08	5.85	6.31	6.40	6.65	6.80
2012.07.06	5.60	6.00	6.15	6.40	6.55
2014.11.22		5.60		6.00	6.15
2015.03.01		5.35		5.75	5.90
2015.05.11		5.10		5.50	5.65
2015.06.28		4.85		5.25	5.40
2015.08.26		4.60		5.00	5.15
2015.10.24		4.35		4.75	4.90

注：自2014年11月22日起，金融机构人民币贷款基准利率期限档次简并为一年以内(含一年)、一至五年(含五年)和五年以上三个档次。

Note: Since Novemeber 22nd, 2014, the brackets of official interest rates of loans of financial institutions have changed into three brackets: one year (include one year), one to five years(include five years) and five years above.

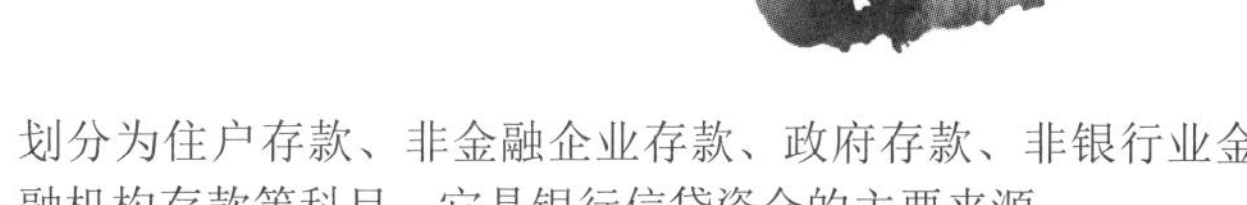

【一般公共预算收入】 指国家财政参与社会产品分配所取得的收入，是实现国家职能的财力保证。主要包括：（1）各项税收：包括国内增值税、国内消费税、进口货物增值税及消费税、出口货物退增值税和消费税、营业税、企业所得税、个人所得税、资源税、城市维护建设税、房产税、印花税、城镇土地使用税、土地增值税、车船税、船舶吨税、车辆购置税、关税、耕地占用税、契税、烟叶税等。（2）非税收入：包括专项收入、行政事业性收费、罚没收入和其他收入。财政收入按现行分税制财政体制划分为中央本级收入和地方本级收入。

【一般公共预算支出】 指国家财政将筹集起来的资金进行分配使用，以满足经济建设和各项事业的需要。主要包括：一般公共服务、外交、国防、公共安全、教育、科学技术、文化体育与传媒、社会保障和就业、医疗卫生与计划生育、节能环保、城乡社区、农林水、交通运输、资源勘探信息等、商业服务业等、金融、援助其他地区、国土海洋气象等、住房保障、粮油物资储备、政府债务付息等方面的支出。财政支出根据政府在经济和社会活动中的不同职权，划分为中央财政支出和地方财政支出。

【存款】 指企业、机关、团体或居民根据资金必须收回的原则，把货币资金存入银行或其他信贷机构保管并取得一定利息的一种信用活动形式。根据存款对象或性质的不同可划分为住户存款、非金融企业存款、政府存款、非银行业金融机构存款等科目。它是银行信贷资金的主要来源。

【贷款】 指银行或其他信贷机构根据资金必须归还的原则，按一定利率，为企业、个人等提供资金的一种信用活动形式。我国银行贷款分为短期贷款、中长期贷款、融资租赁、票据融资、各项贷款、境外贷款等。

【保险公司】 在中国境内的、经过保险监督管理部门批准设立，并依法登记注册的各类商业保险公司。

【保险金额】 指保险人承担赔偿或者给付保险金责任的最高限额。

【保费】 指投保人为取得保险人在约定范围内所承担赔偿责任而支付给保险人的费用。

【赔款】 指保险人根据保险合同的规定，向被保险人支付的赔偿保险责任损失的金额。

【给付】 包括死伤医疗给付和期满给付。死伤医疗给付是指保险人根据人寿保险及长期健康保险合同的规定，因被保险人在保险期内发生保险责任范围内的保险事故支付给被保险人（或受益人）的金额。期满给付是指被保险人生存期满，保险人按人寿保险合同规定支付给被保险人的期满保险金额。

【General Public Budget Revenue】 refers to income for the government finance through participating in the distribution of social products. It is the financial guarantee to ensure government functioning. The government revenue includes the following main items: (1) Various tax revenues including domestic value added tax (VAT), domestic consumption tax, VAT and consumption tax from imports, VAT and consumption tax rebate for exports, corporate income tax, individual income tax, resource tax, city maintenance and construction tax, house property tax, stamp tax, urban land use tax, land appreciation tax, tax on vehicles and boat operation, ship tonnage tax, vehicle purchase tax, tariffs, farm land occupation tax, deed tax, and tobacco tax, etc. (2) Non-tax revenue, including special program receipts, charge of administrative and institutional units, penalty receipts and others non-tax receipts.

【General Public Budget Expenditure】 refers to the distribution and use of the funds which the government finance has raised, so as to meet the needs of economic construction and various undertakings. It includes the following main items: expenditure for general public services, expenditure for foreign affairs, expenditure for national defence expenditure for public security, expenditure for education, expenditure for science and technology, expenditure for culture, sport and media, expenditure for social safety net and employment effort, expenditure for medical and health care and family planning, expenditure for energy conservation and environment protection, expenditure for urban and rural community affairs, expenditure for agriculture, forestry and water conservancy, expenditure for transportation, expenditure for resource exploration and information, expenditure for affairs of commerce and services, expenditure for finance, aid to other regions, expenditure for land, ocean and weather, expenditure for housing security, expenditure for grain & oil reserves, interest payment for public debts. General public budget expenditure is divided into general public budget expenditure of central government and general public budget expenditure of local government according to the different functions of the governments played in economic and social activities,

【Deposit】 is a form of credit by which enterprises, institutions, organizations or households can put money into banks and other credit institutions for safekeeping and interest earning and can withdraw anytime or at appointed time.l. According to different depositors, deposits are divided into household deposits, non financial enterprise deposits, government deposits, non banking financial institutions deposits. Deposits are major sources of the credit funds of banks.

【Loan】 is a form of credit by which banks and other credit institutions provide funds at certain interest rate to enterprises and individuals in the light of the principle of unconditional repayment. Loans from Chinese banks include short-term loan, medium-term and long-term loans, financial lease, bill financing, various money advanced, foreign loans.

【Insurance Companies】 refer to commercial insurance companies of various forms registered by law and established in China with the approval of insurance regulatory agencies.

【Amount Insured】 refers to the maximum that the insurant will get for the claim of the case insured.

【Premium】 is the fee paid by the insurant to the insurer to obtain the obligation of compensation from the insurance within the agreed terms.

【Settled Claim】 is the compensation paid by the insurer to the insurant in accordance with the insurance contract.

【Payment】 includes payment for death, injury or medical treatment and payment at maturity. Payment for death, injury or medical treatment refers to the money paid to the insurant (or the beneficiary) in accordance with the life or health insurance contract when the insurant encounters accidents within the insured period covered in the contract. Payment at maturity refers to the payment to the insurant in accordance with the life insurance contract at the end of the insured period.

第七篇 CHAPTER 7

价格指数
PRICE INDICES

第七篇　价格指数

一、本篇资料反映生产、消费等环节的价格变动情况。

二、本篇资料由国家统计局广州调查队提供。

三、居民消费价格指数采用抽样调查方法编制，按照大中小兼顾以及地区分布合理的原则，采用划类选择法抽选价格调查点以及消费量较大，价格变动有代表性的商品和服务项目作为样本，对市场价格进行经常性调查，以样本推断总体。

四、工业生产者出厂价格指数和工业生产者购进价格指数均采用重点调查与典型调查相结合的调查方法，采用主观选择和随机抽样的方法选择调查企业。

五、固定资产投资价格指数采用重点调查与典型调查相结合的方法，数据采集使用企业报表与调查员实地采价相结合的方式。

六、新建商品住宅销售价格统计的采集渠道为部门统计，数据取自市住房和城乡建设委员会的房地产交易管理平台网签成交情况；二手住宅销售价格调查为非全面调查，采用重点调查与典型调查相结合的方法，数据来源于房地产经纪机构。

7 Price Indices

I. The data on the price indices in this chapter show the changing trend and the changing rates in production and consumption.

II. The data in this chapter are prepared and provided by Guangzhou Survey Team of National Bureau of Statistics.

Ⅲ. The data for the calculation of the consumer price indices of resident are collected with the stratified sampling method. Areas distributed in different economic regions in the districts and counties of Guangzhou are selected as the sample areas and the commodities with more consumption and the representative commodities and service item are selected as the samples. Regular surveys are conducted to collect the data on the market prices. The data on the population are estimated on the basis of the sam1pe.

IV. The data for the calculation of the industrial producer and industrial producers purchasing price indices are collected by key unit's survey and typical unit's survey under subjective choice and random sample.

V. The data for the calculation of price indices of fixed assets investment and price indices of real estate are collected by key unit's survey and typical unit's survey through enterprises reporting forms and investigators collecting prices on the spot.

Ⅵ. The data for sales prices of newly built residential buildings are department statistics, which are collected from the internet signed transaction situation on the Real Estate Transaction Management Platform of the Guangzhou Housing and Urban-Rural Construction Committee.The data for sales prices of second-hand residential buildings are collected from non-all round investigation by key unit's survey and typical unit's survey through real estate brokerage agencies.

7-1 主要年份城市居民消费价格指数

Urban Residents Consumer Price Indices in Main Years

年份 Year	以上年价格为100 (preceding year=100)	以1978年价格为100 (1978=100)	以1952年价格为100 (1952=100)
1978	100.3		134.1
1979	104.0	104.0	172.7
1980	107.2	112.9	240.5
1985	121.5	168.1	370.8
1986	103.9	177.4	398.1
1987	113.7	212.2	465.6
1988	127.7	274.0	599.8
1989	121.6	339.6	729.3
1990	97.3	322.2	709.6
1991	103.0	329.2	711.9
1992	111.7	374.6	795.2
1993	125.0	472.4	1020.5
1994	120.0	575.4	1224.6
1995	113.5	653.1	1389.9
1996	108.2	706.7	1503.9
1997	102.2	722.2	1537.0
1998	97.7	705.6	1501.6
1999	98.5	695.0	1479.1
2000	102.8	714.5	1520.5
2001	98.9	706.6	1503.8
2002	97.6	689.6	1467.7
2003	100.1	690.3	1469.2
2004	101.7	702.0	1494.2
2005	101.5	712.5	1516.6
2006	102.3	728.9	1551.5
2007	103.4	753.7	1604.2
2008	105.9	798.2	1698.8
2009	97.5	778.2	1656.3
2010	103.2	803.1	1709.3
2011	105.5	847.3	1803.3
2012	103.0	872.7	1857.4
2013	102.6	895.4	1905.7
2014	102.3	916.0	1949.5
2015	101.7	931.6	1982.6
2016	102.7	956.8	2036.1
2017	102.3	978.8	2082.9
2018	102.4	1002.3	2132.9

7-2 城市居民消费价格分类指数(上年=100)

Urban Residents Consumer Price Indices by Category (Preceding Year=100)

项　　目	Item	2017	2018
居民消费价格总指数	**Consumer Price Index**	**102.3**	**102.4**
消费品价格指数	Consumer Goods Price Index	101.6	102.2
服务价格指数	Service Price Index	103.6	102.6
一、食品烟酒	I. Food，Tobacoo and Liquor	101.4	102.5
#食　品	Food	100.3	102.4
#粮　食	Grain	100.4	105.4
食用油	Cooking Oil	100.4	101.0
菜	Vegetables	93.7	104.9
#鲜　菜	Fresh Vegetables	92.7	105.4
畜肉类	Meat Products	98.8	96.8
禽肉类	Poultry Products	102.0	104.0
水产品	Aquatic Products	104.9	104.6
蛋　类	Eggs	97.5	114.2
烟　酒	Tobacoo and Liquors	100.1	101.7
二、衣　着	II. Clothing	100.0	104.2
三、居　住	III.Residence	103.3	101.3
四、生活用品及服务	IV. Household Articles and Services	100.6	101.9
#家用器具	Household Appliances	95.6	101.4
五、交通和通信	V. Transportation and Communication	101.6	101.7
六、教育文化和娱乐	VI.Education, Culture and Recreation	103.6	102.4
七、医疗保健	VII. Health Care	107.0	106.1
#医疗服务	Health Care Services	107.1	107.7
八、其他用品和服务	VIII.Other Articles and Services	102.4	101.2

注：2001年以来按照统计制度要求，我国CPI每五年进行一次基期轮换，2016年1月开始使用2015年作为新一轮的对比基期，国家统计局对CPI调查目录进行了调整，将以前的食品类、烟酒类合并为食品烟酒类，新增其他用品和服务类，其他六个类别所含内容也有所调整。

Note: Since 2001, in accordance with requirements of the statistical system, the survey of CPI take on sample rotation for every five years.In January 2016 a new round of comparative base has been taken on.The national bureau of statistics has adjusted the CPI investigation directory. The old type of food and the old type of smoke have been combined into the new type of food,smoke and wine. The other type of goods and services has been added.The other six categories have also been adjusted.

7-3 主要年份城市商品零售价格指数
Urban Retail Price Indices in Main Years

年 份 Year	以上年价格为100 (preceding year=100)	以1978年价格为100 (1978=100)	以1952年价格为100 (1952=100)
1978	100.3		
1979	104.5	104.5	184.6
1980	107.6	113.8	252.8
1985	122.5	171.4	400.4
1986	103.3	179.8	426.0
1987	114.3	218.0	507.6
1988	129.6	284.9	656.5
1989	121.6	351.7	798.2
1990	96.3	331.4	768.7
1991	102.0	338.2	784.1
1992	108.9	379.3	853.9
1993	125.1	480.0	1068.2
1994	116.6	559.7	1245.5
1995	109.7	614.0	1366.3
1996	104.3	640.4	1425.1
1997	99.4	636.6	1416.5
1998	96.3	613.0	1364.1
1999	96.8	593.4	1320.4
2000	99.4	589.8	1312.5
2001	97.4	574.5	1278.4
2002	97.4	559.6	1245.2
2003	99.1	554.5	1234.0
2004	102.1	566.1	1259.9
2005	101.6	575.2	1280.1
2006	101.2	582.1	1295.5
2007	102.9	599.0	1333.0
2008	105.7	633.1	1409.0
2009	96.8	612.8	1363.9
2010	103.2	632.4	1407.5
2011	105.1	664.7	1479.3
2012	101.9	677.3	1507.4
2013	100.5	680.7	1514.9
2014	101.5	690.9	1537.6
2015	99.1	684.7	1523.8
2016	101.2	692.9	1542.1
2017	102.0	706.8	1572.9
2018	102.2	722.3	1607.5

7-4 城市商品零售价格指数（上年=100）

Urban Retail Price Indices by Category (Preceding Year=100)

项　目	Item	2017	2018
商品零售价格指数	**Retail Price Index**	**102.0**	**102.2**
食　品	Food	101.2	102.8
饮料、烟酒	Beverages, Tobacco and Liquor	100.0	101.6
服装、鞋帽	Garments, Shoes and Hats	99.3	104.2
纺织品	Textiles	105.2	99.4
家用电器及音像器材	Household Appliances, Music and Video Equipment	95.4	102.3
文化办公用品	Cultural and Office Appliances	94.9	96.2
日用品	Articles for Daily Use	99.8	99.1
体育娱乐用品	Sports and Recreation Articles	100.6	100.0
交通、通信用品	Transportation and Communication Appliances	100.1	99.3
家　具	Furniture	101.4	103.1
化妆品	Cosmetics	102.4	100.4
金银饰品	Gold, Silver and Jewelry	101.8	96.8
中西药品及医疗保健用品	Traditional Chinese and Western Medicines & Health Care Articles	106.3	104.6
书报杂志及电子出版物	Books, Newspapers, Magazines and Electronic Publications	100.3	101.1
燃　料	Fuels	113.3	107.5
建筑材料及五金电料	Building Materials and Hardware	101.4	101.7

7-5 主要食品平均价格

Average Price of Major Food

单位:元/千克 (yuan/kg)

商品名称	Item	规格描述	Standard and Rate	2017	2018
东北大米	Rice	散装一级	Northeast Rice	5.28	5.36
油粘米	High Quality Rice	散装一级	Glutinous Rice	6.63	6.62
黄　豆	Soybean	一级	First Rate	8.00	8.00
绿　豆	Mung Bean	一级	First Rate	15.25	15.25
花生油	Peanut Oil	瓶装纯净	Pure First Rate	24.38	26.09
大白菜	Cabbage	一级绍菜	First Rate nappa cabbage	4.50	4.93
西兰花	Broccoli	一级	First Rate	10.69	11.56
青　瓜	Green Cucumber	一级	First Rate	7.01	7.88
冬　瓜	wax gourd	一级青皮冬瓜	First Rate	3.65	4.26
西红柿	tomato	一级番茄	First Rate	9.12	9.23
萝　卜	radish	一级白萝卜	First Rate	3.56	3.87
空心菜	water spinach	一级	First Rate	7.02	7.94
菜　心	Chinese flowering cabbage	一级	First Rate	9.14	9.50
豇　豆	cowpea	一级白豆角	First Rate asparagus bean	11.05	11.74
生　菜	lettuce	一级	First Rate	6.86	7.28
节　瓜	zucchini	一级	First Rate	7.52	8.36
西洋菜	watercress	一级	First Rate	7.46	8.13
猪　肉	Pork	上肉一级	Fresh High Quality Pork	29.81	28.33
牛　肉	Beef	净肉	Net Beef	79.26	80.46
鸡	Chicken	白条鸡(杂交开刀)	Pulled Chicken	34.03	36.47
鸡　蛋	Eggs	新鲜褐壳	Fresh Brown Eggs	9.44	10.98
带　鱼	Hairtail	冰鲜中等原条	Middling Iced Whole Hairtail	56.68	57.40
鳙　鱼	Variegated Carp	一级	First Rate	17.42	19.45
鲫　鱼	Crucian	一级	First Rate	24.29	24.36
草　鱼	Grass Carp	一级	First Rate	24.64	27.09
苹　果	Apple	红富士一级	First Rate of Red Fuji	12.61	12.83
雪　梨	Pear	一级	First Rate	8.93	9.07
香　蕉	Banana	黄熟一级	Ripe First Rate	5.71	6.62
葡　萄	Grape	加州红提	American Red Grape	29.62	28.28
西　瓜	Watermelon	黑美人一级	Ordinary First Rate	4.29	4.15

7-6 工业生产者出厂价格指数（上年＝100）
Producer Price Index for Manufactured Goods (Preceding Year=100)

项　　目	Item	2017	2018
工业生产者出厂价格指数	**Producer Price Index for Manufactured Goods**	**102.3**	**101.0**
轻工业	Light Industry	101.4	100.5
以农产品为原材料	Using Farm Produce as Raw Materials	100.5	102.3
以非农产品为原材料	Using Nonfarm Produce as Raw Materials	102.1	99.0
重工业	Heavy Industry	102.8	101.2
采掘工业	Mining and Quarrying Industry		
原料工业	Raw Materials Industry	104.4	103.4
加工工业	Manufacturing Industry	102.3	100.5
生产资料	Means of Production	103.8	101.5
采掘工业	Mining and Quarrying Industry		
原料工业	Raw Materials Industry	104.4	103.5
加工工业	Processing Industry	103.5	100.6
生活资料	Consumer Goods	100.6	100.4
食品类	Food	101.3	100.8
衣着类	Clothing	97.4	103.9
一般日用品类	Articles for Daily Use	102.0	100.8
耐用消费品类	Durable Consumer Goods	100.2	99.3

7-7 工业生产者购进价格指数(上年=100)
Purchasing Price Index for Industrial Producers (Preceding Year=100)

项　　目	Item	2017	2018
工业生产者购进价格指数	**Purchasing Price Index for Industrial Producers**	**108.8**	**104.6**
燃料、动力类	Fuels and Power	113.7	108.7
黑色金属材料类	Ferrous Metals	112.7	105.6
#钢　材	Steel	115.2	106.5
其　他	Others	104.1	102.0
有色金属材料和电线类	Nonferrous Metals and Wires	116.5	104.6
化工原料类	Raw Chemical Materials	109.1	104.8
木材及纸浆类	Timber and Paper Pulp	104.1	102.9
建筑材料及非金属类	Building Materials and Nonmetal Minerals	113.2	114.2
其他工业原料及半成品类	Raw Materials and Semi-finished Products of Other Industries	102.3	99.9
农副产品类	Agricultural Products	101.6	98.2
纺织原料类	Textile Raw Materials	103.1	102.4

7-8 固定资产投资价格指数（上年=100）

Prices Indices of Investment in Fixed Assets (Preceding Year=100)

项　　目	Item	2017	2018
固定资产投资价格指数	**Prices Indices of Investment in Fixed Assets**	**103.2**	**104.7**
建筑安装、装饰工程	Construction and Installation	104.4	106.2
人工费	Manpower	104.5	105.0
材料费	Materials	104.7	106.9
钢　材	Steel	106.8	106.1
木　材	Timber	103.5	105.2
水　泥	Cement	104.9	109.3
地方建筑材料	Local Building Materials	104.0	108.1
化工材料	Chemical Materials	101.8	105.7
电　料	Electical Materials and Appliances	103.1	103.5
其他材料	Other Materials	101.5	101.7
机械使用费	Machinery	102.3	103.1
设备、工器具购置	Purchase of Equipment, Tools and Installation	99.3	100.6
其他费用	Others	100.0	100.0

7-9 住宅销售价格指数（上年=100）

Sales Prices Indices of Residence Buildings (Preceding Year=100)

项　　目	Item	2017	2018
新建住宅销售价格指数	**Sales Prices Indices of Newly Built Residential Buildings**	**115.2**	
新建商品住宅	Newly Built Commodity Residential Buildings	115.3	103.0
90平方米及以下	90 square meters and below	115.5	104.1
90-144平方米	90 - 144 square meters	115.8	102.3
144平方米以上	144 square meters and above	114.5	103.3
二手住宅销售价格指数	**Sales Prices Indices of Second-hand Residential Buildings**	**119.9**	**102.9**
90平方米及以下	90 square meters and below	120.6	102.9
90-144平方米	90 - 144 square meters	120.0	102.9
144平方米以上	144 square meters and above	117.0	103.2

注：2018年后国家统计局无公布新建住宅销售价格指数。

Note: After 2018, the National Bureau of Statistics did not publish the sales price index of newly built residential buildings.

7-10 各月住宅销售价格指数（2018年，上年同期=100）
Sales Prices Indices of Residence Buildings (2018, Preceding Year=100)

项　　目	Item	1月	2月	3月	4月	5月	6月
新建住宅销售价格指数	**Sales Prices Indices of Newly Built Residential Buildings**						
新建商品住宅	Newly Built Commodity Residential Buildings	**103.7**	**103.1**	**100.8**	**99.2**	**100.1**	**101.5**
90平方米及以下	90 square meters and below	105.0	104.4	102.0	100.1	101.8	103.6
90-144平方米	90 - 144 square meters	103.4	102.5	100.3	98.6	99.3	100.4
144平方米以上	144 square meters and above	103.6	103.2	100.8	99.6	100.4	102.1
二手住宅销售价格指数	**Sales Prices Indices of Second-hand Residential Buildings**	**107.6**	**105.5**	**102.4**	**101.8**	**102.3**	**101.7**
90平方米及以下	90 square meters and below	109.2	106.1	102.5	102.1	102.6	101.4
90-144平方米	90 - 144 square meters	106.3	105.5	102.6	101.5	101.7	102.0
144平方米以上	144 square meters and above	105.4	103.1	101.5	101.7	103.1	102.2

注：2018年后国家统计局无公布新建住宅销售价格指数。

Note: After 2018, the National Bureau of Statistics did not publish the sales price index of newly built residential buildings.

7-10 续表 continued

项　　目	Item	7月	8月	9月	10月	11月	12月
新建住宅销售价格指数	**Sales Prices Indices of Newly Built Residential Buildings**						
新建商品住宅	Newly Built Commodity Residential Buildings	**101.6**	**103.3**	**104.3**	**104.7**	**104.9**	**108.3**
90平方米及以下	90 square meters and below	103.4	104.4	105.2	105.5	105.6	108.2
90-144平方米	90 - 144 square meters	100.5	102.5	103.5	104.4	104.7	108.1
144平方米以上	144 square meters and above	102.3	103.9	104.9	104.9	104.9	108.7
二手住宅销售价格指数	**Sales Prices Indices of Second-hand Residential Buildings**	**101.9**	**102.5**	**102.5**	**102.7**	**102.3**	**102.3**
90平方米及以下	90 square meters and below	101.6	102.3	102.3	102.4	101.8	101.1
90-144平方米	90 - 144 square meters	102.0	102.4	102.4	102.7	102.5	103.3
144平方米以上	144 square meters and above	102.9	103.7	103.7	103.8	103.6	103.9

注：2018年后国家统计局无公布新建住宅销售价格指数。

Note: After 2018, the National Bureau of Statistics did not publish the sales price index of newly built residential buildings.

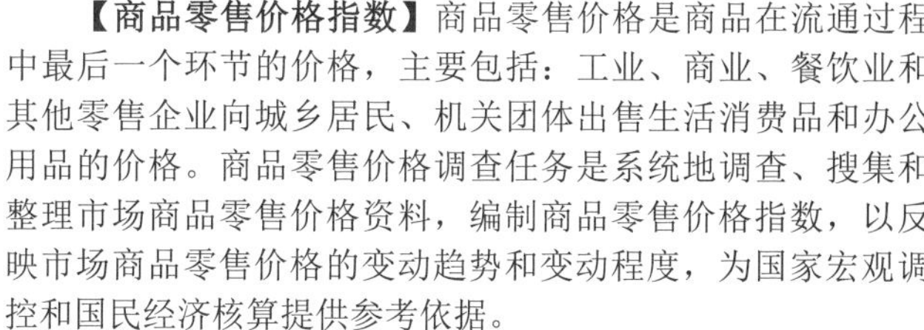

【商品零售价格指数】商品零售价格是商品在流通过程中最后一个环节的价格，主要包括：工业、商业、餐饮业和其他零售企业向城乡居民、机关团体出售生活消费品和办公用品的价格。商品零售价格调查任务是系统地调查、搜集和整理市场商品零售价格资料，编制商品零售价格指数，以反映市场商品零售价格的变动趋势和变动程度，为国家宏观调控和国民经济核算提供参考依据。

【城市居民消费价格指数】是度量消费商品及服务项目价格水平随着时间而变动的相对数，它反映城市居民家庭购买的生活消费品及服务价格水平的变动情况，是宏观经济调控、价格总水平监测以及国民经济核算的重要指标，其变动率在一定程度上反映了通货膨胀(或紧缩)的程度。

【工业生产者购进价格指数】是反映工业企业作为生产投入，从物资交易市场和能源、原材料生产企业购买原材料、燃料和动力产品时，所支付的价格水平变动趋势和程度的统计指标，是扣除工业企业物质消耗成本中的价格变动影响的重要依据。

【工业生产者出厂价格指数】是反映一定时期内全部工业产品出厂价格总水平的变动趋势和程度的相对数，包括工业企业售给本企业以外所有单位的各种产品和直接售给居民用于生活消费的产品。该指数可以观察出厂价格变动对工业总产值及增加值的影响。

【固定资产投资价格指数】是反映固定资产投资活动中所涉及的建筑安装工程、设备工器具购置和其他费用这三部分投资价格水平变动趋势和幅度的相对数。

【住宅销售价格指数】住宅销售价格指数分为新建住宅销售价格指数和二手住宅销售价格指数两部分。其中，新建住宅销售价格指数的统计范围是所有进入房地产市场第一次进行产权交易及网上签约的住宅交易价格，分为保障性住房和新建商品住宅两部分。二手住宅销售价格指数的统计范围是进入房屋市场进行交易，第二次及以上进行产权登记的住宅。

【Retail Price Index】 measures the relative trend and degree of changes in retail prices of commodities,reflecting the trend of changes in prices in the last link of circulation,i.e. prices of consumer goods and office appliances sold to households or organizations by enterprises of industry,commerce,catering services and other retail trades. It refects the changing trend and degree of retail prices of commodities.

It provides a reference for macroeconomic adjustment and control as well as national economic accounting.

【Urban Consumer Price Index】 reflects the trend and degree of changes in prices of consumer goods and services purchased by urban residents。It is an important indicator for macroeconomic analysis decision-making,regularization and control, supervision of general price level and national economic accounting.The rates of change are generally considered as an indicator of inflation or deflation.

【Purchasing Price Index for Industrial Producers】 reflects changes in the level and degree of prices paid by industrial enterprises when they purchase production input such as raw materials, fuels and power from the market or from other energy or raw materials producing enterprises. These indices provide important basis for measuring the material consumption of industrial enterprises after removing influence of price changes.

【Producer Price Index for Manufactured Goods】 Producer Price Index for Manufactured Goods reflects the trend and degree of changes in general ex-factory prices of all industrial products during a given period, including sales of industrial products by an industrial enterprise to all units outside the enterprise, as well as sales of consumer goods to residents. It can be used to analyze the impact of ex-factory prices on gross output value and value-added of the industrial sector.

【Prices Indices of Investment in Fixed Assets】 reflects the trend and extent of changes in the price level in the investment activities in fixed asset, which involve three parts: the construction and installation project, purchase of engineering equipment and instrument and other expenses.

【Sales Prices Indices of Residence Buildings】 Sales Prices Indices of Residence Buildings consists of Sales Prices Indices of Newly Built Residential Buildings and Sales Prices Indices of Second-hand Residential Buildings. The statistical range of Sales Prices Indices of Newly Built Residential Buildings covers the first-time transaction of real estates in the market and the internet signed price. The newly built residential buildings include the indemnificatory buildings and the newly built commercial buildings. The statistical range of Sales Prices Indices of Second-hand Residential Buildings covers the registration of residential buildings for the second time and above in the real estate market.

第八篇 CHAPTER 8

人民生活

PEOPLE'S LIVELIHOOD

简要说明

Brief Introduction

第八篇　人民生活

一、本篇资料反映广州城乡居民生活状况，包括家庭基本情况、居民收支、消费水平、住房及主要消费品消费量和拥有量等基本情况。

二、本篇资料由广州市统计局和国家统计局广州调查队共同提供。

三、根据国家统计局广东调查总队要求，2014年起，城乡一体化住户调查收支数据绝对值以新口径公布使用。新口径是指不论户口性质和户口登记地、不论以家庭形式居住还是集体形式居住、不论居住在城市、农村还是城乡结合部，只要是常住地为广州的住户均纳入调查范围；旧口径是指以城市区域有固定居所的常住户籍居民家庭为调查范围。

四、由于新旧调查方案在调查范围和对象、城乡划分标准、样本抽选方法、计算和汇总方式、指标名称和口径等方面变化较大，新旧口径指标数据不可以直接对比使用。其中，新口径“消费支出”比旧口径“消费性支出”增加了自有住房虚拟租金折算，8-4、8-7、8-8、8-9表删除了部分指标。

五、8-4表中“净收入”是指在相关获得收入中扣除投入成本、折旧和税费后得到净收入，因此部分指标为负。

8 People's Livelihood

Ⅰ. The data in this chapter show the basic conditions of the people's livelihood in the urban and rural areas of Guangzhou Municipality, including basic conditions of families, income and expenditure of the residents, level of consumption, housing condition, consumption possession of the major Consumer goods, etc.

Ⅱ. The data in this chapter are prepared and provided by Guangzhou Municipal Bureau of Statistics and Guangzhou Survey Team of National Bureau of Statistics.

Ⅲ. According to the requirement of Guangdong Survey Team of National Bureau of Statistics, the value of income and expenditures of urban and rural integrated households are published with new statistical standard. No matter what kind of the household register is or register place is, whether living as a family or collective form in urban, rural or rural-urban continuum, as long as it is for local residents in Guangzhou, is classified into the new statistical standard. The old statistical standard covers the families which have permanent household register and resident in urban areas.

Ⅳ. The investigation field and respondent, the standard of classifying urban and rural, the sample selection rule, the calculating and summarizing method, the name of index and the statistical standard are different between the new survey method and the old one. As a result, the data of old and new statistical standard are incomparable. the "Consumption Expenditures" in new standard includes the virtue rent of private housing.Part of the indicator has been deleted from the 8-4 8-7 8-8 8-9 table.

Ⅴ. In table 8-4, "Net Income" refers to the related revenue deducts the input costs, depreciation and tax fees. As a result, some parts of "Net Income" can be negative.

8-1 城乡居民人均全年可支配收入和消费支出情况

Per Capita Annual Disposable Income and Expenditure for Consumption of Urban and Rural Residents

单位：元 (yuan)

项　目	Item	城市居民 Urban Residents 2017	2018
可支配收入	Disposable Income	55400	59982
消费支出	Total Living Expenditures for Consumption	40637	42181
食品烟酒	Food,Tobacco and Liquor	13063	13549
衣着	Clothing	2218	2277
居住	Residence	9165	9459
生活用品及服务	Articles for Daily Use and Services	2599	2690
交通通信	Transportation and Communication	5072	5244
教育文化娱乐	Education, Cultural and Recreation	5417	5640
医疗保健	Health Care and Medical Services	1765	1875
其他用品和服务	Miscellaneous Articles for Use and Services	1338	1447

8-1 续表 continued

单位：元 (yuan)

项　目	Item	农村居民 Rural Residents 2017	2018
可支配收入	Disposable Income	23484	26020
消费支出	Total Living Expenditures for Consumption	18932	20634
食品烟酒	Food,Tobacco and Liquor	7342	7903
衣着	Clothing	763	797
居住	Residence	3856	4342
生活用品及服务	Articles for Daily Use and Services	1152	1228
交通通信	Transportation and Communication	2730	2962
教育文化娱乐	Education, Cultural and Recreation	1825	2030
医疗保健	Health Care and Medical Services	910	1017
其他用品和服务	Miscellaneous Articles for Use and Services	354	355

注：本表“消费支出”数据为新口径，新口径在原有消费支出中增加了“自由住房折算租金”。

Note: This table "consumer spending" data for the new caliber, the new caliber in the original consumer spending increases the free housing discount rent".

8-2 城乡居民家庭平均每百户年末耐用消费品拥有量
Ownership of Major Durable Consumer Goods per 100 Urban and Rural Households at Year-end

项　　目		Item		城市居民 Urban Households		农村居民 Rural Households	
				2017	2018	2017	2018
家用汽车	(辆)	Automobile	(unit)	44	48	42	46
摩托车	(辆)	Motorcycle	(unit)	22	20	123	106
助力车	(辆)	Moped	(unit)	26	25	55	56
洗衣机	(台)	Washing Machine	(set)	100	102	103	105
电冰箱(柜)	(台)	Refrigerator	(set)	103	103	108	109
微波炉	(台)	Microwave Oven	(set)	69	58	32	34
彩色电视机	(台)	Color TV Set	(set)	132	131	144	145
# 接入有线电视	(台)	Cable TV	(set)	122	121	133	117
空调	(台)	Air Conditioner	(set)	237	239	198	221
热水器	(台)	Water Heater	(unit)	105	106	114	115
# 太阳能热水器	(台)	Solar Water Heater	(unit)	5	5	8	10
洗碗机	(台)	Dish-washing Machine	(unit)	3	4	4	5
排油烟机	(台)	Vacuum Cleaner	(unit)	89	90	68	78
固定电话	(部)	Telephone	(set)	61	56	47	30
移动电话	(台)	Mobile Telephone	(set)	260	263	316	318
# 接入互联网	(台)	Connected to the Internet	(set)	191	196	223	237
计算机	(台)	Computer	(set)	123	122	86	87
# 接入互联网	(台)	Connected to the Internet	(set)	112	111	74	75
照相机	(架)	Camera	(set)	67	66	23	20
中高档乐器	(台)	Medium and High Grade Musical Instruments	(set)	14	14	5	7
健身器材	(台)	Health Equipment	(set)	22	21	7	11

8-3 城市居民家庭基本情况（2018年）

Basic Conditions of Urban Households (2018)

单位：人 (person)

项　目	Item	合　计 Total	低收入户 Low Income Households	中等偏下收入户 Lower Middle Income Households
一、调查户数(户)	Number of Households Surveyed (household)	1200	240	240
二、家庭人口数	Number of Family Members	3674	842	799
平均每户人口数	Average Household Size	3.06	3.51	3.33
1. 就业者人数	Number of Employed Persons	2144	486	467
平均每户就业人数	Average Number of Employed Persons per Household	1.79	2.03	1.95
平均每一就业者负担人数	Number of Dependents per Employee	1.71	1.73	1.71
2. 离退休人数	Number of Retired Veterans and Persons	614	78	113

8-3 续表 continued

单位：人 (person)

项　目	Item	中　等收入户 Middle Income Households	中等偏上收入户 Upper Middle Income Households	高收入户 High Income Households
一、调查户数(户)	Number of Households Surveyed (household)	240	240	240
二、家庭人口数	Number of Family Members	733	663	637
平均每户人口数	Average Household Size	3.05	2.76	2.65
1. 就业者人数	Number of Employed Persons	435	386	370
平均每户就业人数	Average Number of Employed Persons per Household	1.81	1.61	1.54
平均每一就业者负担人数	Number of Dependents per Employee	1.69	1.72	1.72
2. 离退休人数	Number of Retired Veterans and Persons	157	138	128

8-4 按收入五等份分组的城市居民人均收支及构成（2018年）

单位：元

项目	Item	总平均 Average
人均可支配收入	**Disposable Income**	**59982.10**
工资性收入	Income from Wages and Salaries	39572.11
经营净收入	Net Business Income	3518.10
财产净收入	Net Income from Property	11320.19
转移净收入	Net Income from Transfers	5571.70
可支配收入构成 (%)	Composition of Disposable Income (%)	100.00
工资性收入	Income of Wages and Salaries	65.97
经营净收入	Net Business Income	5.87
财产净收入	Net Income from Properties	18.87
转移净收入	Net Income from Transfers	9.29
人均消费支出	**Total Consumption Expenditures**	**42180.96**
食品烟酒	Food,Tobacco and Liquor	13549.20
衣着	Clothing	2277.49
居住	Residence	9458.67
生活用品及服务	Articles for Daily Use and Services	2689.68
交通通信	Transport and Communications	5244.31
教育文化娱乐	Education, Cultural and Recreation	5639.58
医疗保健	Health Care and Medical Services	1874.52
其他用品和服务	Miscellaneous Articles for Use	1447.51
消费支出构成 (%)	Composition of Consumption Expenditure (%)	100.00
食品烟酒	Food,Tobacco and Liquor	32.12
衣着	Clothing	5.40
居住	Living	22.43
生活用品及服务	Daily Necessities and Services	6.38
交通通信	Transportation and Telecommunication	12.43
教育文化娱乐	Education,Culture and Entertainment	13.37
医疗保健	Health Service	4.44
其他用品和服务	Other Necessities and Services	3.43

Per Capita Income and Expenditure of Urban Residents Grouped by Five Income Parts and Their Composition(2018)

(yuan)

低收入户 Low Income Households	中等偏下收入户 Lower Middle Income Households	中等收入户 Middle Income Households	中等偏上收入户 Upper Middle Income Households	高收入户 High Income Households
31602.72	**47658.72**	**60527.86**	**74971.72**	**103984.37**
22784.57	31602.20	41054.24	49052.06	65069.33
1264.62	2810.16	1335.57	3187.48	9753.66
5500.86	9002.83	13046.18	13894.55	18384.68
2052.67	4243.53	5091.87	8837.63	10776.70
100.00	100.00	100.00	100.00	100.00
72.10	66.31	67.83	65.43	62.58
4.00	5.90	2.21	4.25	9.38
17.40	18.89	21.55	18.53	17.68
6.50	8.90	8.41	11.79	10.36
26463.21	**33761.53**	**42414.76**	**50758.81**	**64469.96**
9887.45	12376.69	14011.24	15144.58	17574.70
1277.52	1636.07	2340.72	2710.13	3752.88
5543.15	7441.04	9602.79	11939.05	14506.76
1759.11	1985.00	2506.07	3293.73	5080.75
2980.26	3779.98	4945.93	6735.32	9017.26
3300.60	4031.78	5805.36	6787.07	7927.02
1124.73	1386.79	1891.92	2246.39	3741.72
590.39	1124.18	1310.73	1902.54	2868.87
100.00	100.00	100.00	100.00	100.00
37.36	36.66	33.03	29.83	27.26
4.83	4.85	5.52	5.34	5.82
20.95	22.04	22.64	23.52	22.50
6.65	5.88	5.91	6.49	7.88
11.26	11.20	11.66	13.27	13.99
12.47	11.94	13.69	13.37	12.30
4.25	4.10	4.46	4.43	5.80
2.23	3.33	3.09	3.75	4.45

8-5 主要年份城市居民人均可支配收入、恩格尔系数及人均住房建筑面积

Per Capita Annual Disposable Income, Engel's Coefficient and Per Capita Housing Construction Area of Urban Households in Main Years

年 份 Year	人均可支配收入 Per Capita Annual Disposable Income of Urban Residents		恩格尔系数 (%) Engel's Coefficient of Urban Households (%)	人均住房建筑面积 (平方米) Per Capita housing construction area (sq.m)
	绝对数（元） Value (yuan)	指数（上年=100） Index (preceding year=100)		
1980	606.12		70.4	4.0
1985	1099.77	125.2	62.5	6.6
1986	1299.64	118.2	61.3	6.9
1987	1500.99	115.5	60.7	7.1
1988	1857.30	123.7	61.8	7.3
1989	2492.63	134.2	60.4	7.6
1990	2748.95	110.3	60.6	8.0
1991	3124.07	113.6	58.9	8.2
1992	3966.76	127.0	56.1	8.5
1993	5260.00	132.6	51.5	8.9
1994	7571.00	143.9	50.1	9.3
1995	9038.16	119.4	50.2	9.6
1996	9905.31	109.6	50.4	10.1
1997	10444.60	105.4	49.1	10.8
1998	11255.70	107.8	44.7	11.6
1999	12018.52	106.8	44.0	12.4
2000	13966.53	116.2	42.6	13.1
2001	14694.00	105.2	40.0	13.9
2002	13380.47	104.9	41.0	15.7
2003	15002.59	112.1	38.9	17.2
2004	16884.16	112.5	38.3	18.2
2005	18287.24	108.3	37.3	18.9
2006	19850.66	108.5	37.0	19.5
2007	22469.22	113.2	32.8	20.0
2008	25316.72	112.7	33.7	20.5
2009	27609.59	109.1	33.2	21.0
2010	30658.49	111.0	33.3	21.4
2011	34438.08	112.3	34.0	21.9
2012	38053.52	111.4	34.0	22.5
2013	42049.14	110.5	33.9	22.7
2014(旧口径)(Old Standard)	45791.51	108.9	33.6	33.5
2014(新口径)(New Standard)	42954.60	108.9	32.9	
2015	46734.60	108.8	32.8	32.17
2016	50940.70	109.0	32.8	33.98
2017	55400.49	108.8	32.1	33.07
2018	59982.10	108.3	32.1	34.22

8-6 城市居民家庭年末居住情况（2018年）
Housing Conditions of Urban Households at Year-end (2018)

项　　目	Item	调查户（户）Households Surveyed (household)
按居住空间样式分	**Grouped by Design of Residential Buildings**	**1200**
单栋楼房	Separate Residential Buildings	287
单栋平房	Separate Residential Terraces	25
四居室及以上单元房	Four-room and Above Apartments	70
三居室单元房	Three-room Apartments	361
二居室单元房	Two-room Apartments	370
一居室单元房	One-room Apartments	86
筒子楼或连片平房	Tube-shaped Apartments or Bungalows	1
其他	Others	
按主要建筑材料分	**Grouped by Main Building Materials**	1200
钢筋混凝土	Reinforced Concrete	1141
砖混材料	Brick and Reinforced Concrete	58
砖瓦砖木	Brick-tile and Brick-wood	1
竹草土坯	Bamboo Grass and Adobe	
其他	Others	
按房屋来源分	**Grouped by Source of Buildings**	1200
租赁公房	Public Apartments for Lease	32
租赁私房	Private Apartments for Lease	84
自建住房	Self-built	374
购买商品房	Purchase Commercial Residential Apartment	456
购买房改住房	Purchase Housing-reformation Apartment	152
购买保障性住房	Purchase Indemnificatory Apartment	18
拆迁安置房	Settlement Apartment for House Removal	48
继承或获赠住房	Inherited or Gifted	13
免费借用房	Borrow for Free	19
雇主提供免费住房	Employer-provided for Free	
其他来源	Others	4
按主要炊用能源状况分	**Grouped by Fuel for Cooking**	1200
柴草	Firewood	1
煤炭	Coal	
罐装液化石油气	Tanked LPG	478
管道液化石油气	Pipeline LPG Gas	31
管道煤气	Pipeline Gas	64
管道天然气	Pipeline Natural Gas	561
电	Electricity	65
燃料用油	Oil for Fuel	
沼气	Methane	
其他	Others	
无炊用行为	Without Cooking Behavior	

8-7 主要年份农村居民人均可支配收入、恩格尔系数及人均住房建筑面积

Per Capita Annual Disposable Income, Engel's Coefficient and Per Capita Housing Construction Area of Rural Households in Main Years

单位：元 (yuan)

年份 Year	人均可支配收入 Per Capita Annual Disposable Income of Urban Residents		恩格尔系数(%) Engel's Coefficient of Urban Households (%)	人均住房建筑面积(平方米) Per Capita housing construction area (sq.m)
	绝对数（元） Value (yuan)	指数（上年=100） Index (preceding year=100)		
1978	249.80		67.13	6.84
1979	250.95	100.46	65.13	7.26
1980	322.66	128.58	54.68	10.43
1985	732.70	106.53	55.49	20.29
1986	857.17	116.99	51.76	21.32
1987	1074.92	125.40	52.70	23.51
1988	1324.48	123.22	50.06	24.24
1989	1524.80	115.12	50.06	24.07
1990	1538.93	100.93	49.05	24.36
1991	1735.57	112.78	51.59	25.59
1992	2152.28	124.01	54.94	25.87
1993	2661.34	123.65	48.72	26.54
1994	3670.24	137.91	49.55	27.67
1995	4482.51	122.13	46.33	29.35
1996	5164.67	115.22	44.96	31.63
1997	5545.91	107.38	47.37	32.21
1998	5628.95	101.50	42.62	35.73
1999	5833.92	103.64	48.54	36.66
2000	6085.97	104.32	38.21	30.60
2001	6445.72	105.91	43.77	30.43
2002(旧口径)(Old Standard)	6856.62	106.37	43.27	31.42
2002(新口径)(New Standard)	5831.34			
2003	6129.95	105.12	43.88	36.01
2004	6625.16	108.08	43.75	36.59
2005	7080.19	106.87	43.22	35.66
2006	7788.27	110.00	42.60	36.44
2007	8612.84	110.59	42.82	38.54
2008	9828.12	114.11	42.33	38.73
2009	11066.69	112.60	43.95	40.59
2010	12675.55	114.54	45.91	43.67
2011	14817.72	116.90	44.71	44.70
2012	16788.48	113.30	44.50	45.27
2013	18887.04	112.50	44.21	45.32
2014	17662.80	110.30	42.89	49.87
2015	19323.10	109.40	39.42	49.58
2016	21448.60	111.00	39.50	49.74
2017	23483.88	109.50	38.80	49.86
2018	26020.10	110.80	38.30	50.33

注：1.自2014年起广州实施城乡一体化分市县住户调查制度，农村家庭居民收入数据以新口径公布，"人均可支配收入"指标代替"人均纯收入"指标，不再公布"人均纯收入"数据。本表收入指标2014年以前数据为"人均纯收入"数据，2014年指数按可支配收入同口径计算。

2.2015年起"消费支出"和"恩格尔系数"为新口径数据，本表2014年以前该两项指标数据为旧口径。

Note: I.Guangzhou started an integrated household income and expenditure survey in 2014 and the income of rural households is published with new statistical standard.The "Per Capita Net Income" is no longer used and the "Per Capita Disposable Income" takes the place of it. In this table, the "Per Capita Net Income" is preserved before 2014. The index in 2014 is calculated in the same standard of disposable income.

II.Since 2015, "Consumer expenditure" and "Engel's coefficient" for the new caliber data, this table in 2014 before the two indicators of data for the old caliber.

8-8 农村居民家庭基本情况（2018年）

Basic Conditions of Rural Households (2018)

项　　目	Item	总平均 Average	低收入户 Low Income Households	中等偏下收入户 Lower Middle Income Households
调查户数（户）	Number of Households Surveyed (household)	450	90	90
各组比重（%）	Proportion (%)	100	20	20
调查户常住人口（人）	Number of Permanent Residents in Households Surveyed (person)	1783	404	390
平均每户常住人口（人）	Average Number of Permanent Residents per Household (person)	3.96	4.49	4.33
# 整半劳动力（人）	Average Number of Full/Semi Labor Force per Household (person)	2.99	2.94	3.23
从业人员数（人）	Number of Employees (person)	2.65	2.50	2.86
平均每个从业人员负担人口数（人）	Average Number of Residents per Employee (person)	1.50	1.80	1.52

8-8 续表 continued

项　　目	Item	中等收入户 Middle Income Households	中等偏上收入户 Upper Middle Income Households	高收入户 High Income Households
调查户数（户）	Number of Households Surveyed (household)	90	90	90
各组比重（%）	Proportion (%)	20	20	20
调查户常住人口（人）	Number of Permanent Residents in Households Surveyed (person)	363	341	285
平均每户常住人口（人）	Average Number of Permanent Residents per Household (person)	4.03	3.79	3.17
# 整半劳动力（人）	Average Number of Full/Semi Labor Force per Household (person)	3.17	3.08	2.52
从业人员数（人）	Number of Employees (person)	2.77	2.81	2.31
平均每个从业人员负担人口数（人）	Average Number of Residents per Employee (person)	1.46	1.35	1.37

8-9 按收入五等份分组的农村居民人均收支及构成 （2018年）

单位：元

项　　目	Item	总平均 Average
人均可支配收入	**Disposable Income**	**26020.10**
工资性收入	Income from Wages and Salaries	19148.54
经营净收入	Net Business Income	2941.76
财产净收入	Net Income from Property	2484.49
转移净收入	Net Income from Transfers	1445.31
可支配收入构成 (%)	Composition of Disposable Income (%)	100.00
工资性收入	Income of Wages and Salaries	73.59
经营净收入	Net Business Income	11.31
财产净收入	Net Income from Properties	9.55
转移净收入	Net Income from Transfers	5.55
人均消费支出	**Total Consumption Expenditures**	**20633.94**
食品烟酒	Food,Tobacco and Liquor	7902.60
衣着	Clothing	797.61
居住	Residence	4342.12
生活用品及服务	Articles for Daily Use and Services	1227.89
交通通信	Transport and Communications	2961.83
教育文化娱乐	Education, Cultural and Recreation	2029.67
医疗保健	Health Care and Medical Services	1016.81
其他用品和服务	Miscellaneous Articles for Use	355.41
消费支出构成 (%)	Composition of Consumption Expenditure (%)	100.00
食品烟酒	Food,Tobacco and Liquor	38.30
衣着	Clothing	3.87
居住	Living	21.04
生活用品及服务	Daily Necessities and Services	5.95
交通通信	Transportation and Telecommunication	14.35
教育文化娱乐	Education,Culture and Entertainment	9.84
医疗保健	Health Service	4.93
其他用品和服务	Other Necessities and Services	1.72

Per Capita Income and Expenditure of Rural Residents Grouped by Five Income Parts and Their Composition(2018)

(yuan)

低收入户 Low Income Households	中等偏下收入户 Lower Middle Income Households	中等收入户 Middle Income Households	中等偏上收入户 Upper Middle Income Households	高收入户 High Income Households
14824.70	**20876.36**	**25928.01**	**33167.69**	**46467.53**
12700.92	17007.06	19917.65	23892.58	30184.36
1010.46	1804.39	2731.79	4897.43	5307.69
394.57	1569.75	1822.43	2829.13	7376.25
718.75	495.16	1456.14	1548.55	3599.23
100.00	100.00	100.00	100.00	100.00
85.67	81.47	76.82	72.04	64.96
6.82	8.64	10.54	14.77	11.42
2.66	7.52	7.03	8.53	15.87
4.85	2.37	5.61	4.66	7.75
14266.57	**17622.80**	**19965.94**	**23396.38**	**30845.60**
5526.08	7066.73	7574.37	9081.17	10958.49
494.71	680.26	662.20	911.43	1149.65
2947.36	3775.97	4438.67	4571.08	6490.19
876.40	925.84	1228.08	1296.13	2090.10
1664.11	2342.70	2854.65	4074.19	4538.05
1753.87	1599.07	1925.82	2116.54	3403.78
809.23	922.52	997.69	987.67	1513.39
194.81	309.71	284.46	358.17	701.95
100.00	100.00	100.00	100.00	100.00
38.73	40.10	37.94	38.81	35.53
3.47	3.86	3.32	3.90	3.73
20.66	21.43	22.23	19.54	21.04
6.14	5.25	6.15	5.54	6.78
11.66	13.29	14.30	17.41	14.71
12.29	9.07	9.65	9.05	11.03
5.67	5.23	5.00	4.22	4.90
1.38	1.77	1.41	1.53	2.28

【可支配收入】指住户在调查期内获得的、可用于最终消费支出和储蓄的总和，即调查户可以用来自由支配的收入。按照收入的来源，可支配收入包含四项，分别为：工资性收入、经营净收入、财产净收入和转移净收入。

【工资性收入】指就业人员通过各种途径得到的全部劳动报酬和各种福利，包括受雇于单位或个人、从事各种自由职业、兼职和零星劳动得到的全部劳动报酬和福利。

【经营净收入】指住户或住户成员从事生产经营活动所获得的净收入，是全部经营收入中扣除经营费用、生产性固定资产折旧和生产税之后得到的净收入。计算公式具体为：

经营净收入=经营收入-经营费用-生产性固定资产折旧-生产税

【财产净收入】指住户或住户成员将其所拥有的金融资产、住房等非金融资产和自然资源交由其他机构单位、住户或个人支配而获得的回报并扣除相关的费用之后得到的净收入。财产净收入包括利息净收入、红利收入、储蓄性保险净收益、转让承包土地经营权租金净收入、出租房屋净收入、出租其他资产净收入和自有住房折算租金等。财产净收入不包括转让资产所有权的溢价所得，这应该计入“非收入所得”。计算公式具体为：

财产净收入=财产性收入-财产性支出

【转移净收入】指国家、单位、社会团体对住户的各种经常性转移支付和住户之间的经常性收入转移扣除调查户对国家、单位、住户或个人的经常性或义务性转移支付之后得到的净收入。包括国家、单位、社会团体对住户转移的养老金或退休金、社会救济和补助、政策性生活补贴、救灾款、经常性捐赠和赔偿、政策性生产补贴以及报销医疗费等，住户之间的赡养收入、住户非常住成员寄回带回的收入等，在扣除缴纳的税款、各项社会保障支出、赡养支出、经常性捐赠和赔偿支出以及其他经常转移支出等的净收入。计算公式具体为：

转移净收入=转移性收入-转移性支出

【实物福利】指单位或雇主免费或低价提供给员工的各种实物产品和服务折价。

【消费支出】指住户用于满足家庭日常生活消费需要的全部支出，包括用于消费品的支出和用于服务性消费的支出。根据用途不同，消费支出可划分为食品烟酒、衣着、居住、生活用品及服务、交通通信、教育文化娱乐、医疗保健、其他用品及服务八大类。根据来源不同，消费支出可划分为现金消费支出、实物消费支出（含自产自用、来自单位和个人、来自政府和其他社会组织）。

【部分商业保险支出】包括意外伤害保险、商业医疗保险（含大病保险）、其他非储蓄型商业保险和其他储蓄性商业保险等。

【购置资产支出】包括构建住房支出、购买住房支出以及购置第一、二、三产业生产性固定资产支出。

【非经常性转移支出】包括博彩支出、婚丧嫁娶礼金支出、一次性赔偿支出、一次性馈赠支出和其他非经常性转移支出。

【非收入现金所得】主要包括出售资产所得、非经常性转移所得及其他非收入所得，此指标统计口径有所调整，不包含借贷性所得部分。

【Disposable Income】 refers to the sum of the household income gained during the period of investigation that can be used as final consumption expenditure and deposit. It means the discretionary income of the households. According to the source of income, disposable income contains four parts: income from wages and salaries, net business income, net income from property and net income from transfers.

【Income from Wages and Salaries】 refers to the labor remuneration and benefits obtained by the employments through various means, including all the labor remuneration and benefits in the employ of enterprises or individual, self-employed and part-time jobs.

【Net Business Income】 refers to the net income of residents or resident members obtained in the production and business operation activities. It means the operating income deducts operating costs, productive fixed assets depreciation and production taxes. Calculation:

Net business income = operating income – operating costs – productive fixed assets depreciation – production taxes

【Net Income from Property】 means that the residents or resident members give the financial assets,Non-financial assets(such as housing)and natural resources they owned to other enterprises, residents or individual to manage, then they receive the net income after deducting the related expenses of the return. Net income from property includes net income from interest, income from bonus, net income from savings insurance, net income from the rent of transferring the right of management of contracted land, income from rental, income from renting other assets and virtual rent. Net income from property does not include the premium income of transferring the ownership of assets, and this premium income should be accounted into gain. Calculation:

Net income from property = Income from property – Expenditure of property

【Net Income from Transfers】 refers the transfer income from country, institutions and social organizations to the residents minus the transfer expenditures from investigated residents to country, institutions ,residents or personal. Income from transfers includes pension or retirement pay, social relief and assistance, policy allowance, relief, regular donations, policy production subsidies and medical reimbursement that country, institutions, social organizations transfer to residents. It also includes alimony, the revenue sent back by the non-permanent residents. Net income means that all the income mentioned above should deduct the payment of taxes, the social security expenditure, alimony expenditure, regular donations, compensation expenditure and other regular expenditure on transfers. Calculation:

Net income from transfers = Income from transfers – Expenditure on transfers

【Material Benefits】 refers to the physical products and discounted services that enterprises or employers provide employees for free or at a low price.

【Expenditure for Consumption】 refers to all the expenditures paid by urban households for consumption in daily life, including expenditure for customer goods and services. According to the different purposes, expenditure for consumption can be divided into eight categories: Food, tobacco and liquor, Clothing, Residence, Household facilities, articles and services, Transportation and communication services, Education, cultural and recreation services, Health care and medical services, Miscellaneous commodities and services. According to the different sources, expenditure for consumption divided into monetary expenditure for consumption and material expenditure for consumption (including self-produced and self-used, from institutions and person, from government and other social organizations).

【Parts of Expenditures on Commercial Insurance】 includes accident insurance, commercial medical insurance (including critical illness insurance), other commercial insurance excluding savings insurance and other commercial savings insurance.

【Expenditures on Acquisition of Assets】 includes expenditures on building houses, purchasing houses and purchasing productive fixed assets of primary, secondary and tertiary industry.

【Non-recurring Expenditures on Transfers】 includes expenditures on gambling, funeral, wedding gifts, one-time compensation, one-time gift and other non-recurring expenditures on transfers.

【Monetary Income Excluding Wage and Salary】 mainly includes income from selling assets, non-recurring transfers, and other income excluding wage and salary. But it does not contain income from loan.

第九篇 CHAPTER 9

城市建设

CITY CONSTRUCTION

简要说明

Brief Introduction

第九篇 城市建设

一、本篇资料反映广州市城市建设和公用事业的规模、速度、效益及综合水平等基本情况。

二、本篇资料由广州市统计局固定资产投资统计处整理提供。

三、本篇资料依据国家住房和城乡建设部制定的《城市（县城）建设统计报表制度》编制。统计数据由广州市住房和城乡建设局、广州市交通运输局、广州市水务局、广州市规划和自然资源局、广州市城市管理和综合执法局以及广州市林业和园林局等单位提供。

9 City Construction

I.The data in this chapter show the basic conditions of scale, speed, mileage and comprehensive level of the city construction and utilities in Guangzhou.

II.The data in this chapter are prepared and provided by the Division of Investment and Construction Statistics of Guangzhou Municipal Bureau of Statistics.

III. The data in this chapter are collected and tabulated in accordance with the statistical survey scheme of Construction of cities and Counties stipulated by Ministry of Housing and Urban-Rural Development of the People's Republic of China, all of which are provided by Guangzhou Municipal Housing and Urban-Rural Development Bureau, Guangzhou Municipal Transportation Bureau, Guangzhou Water Authority, Guangzhou Municipal Planning and Natural Resources Bureau, Guangzhou Municipal City Administration and Law Enforcement Bureau, Guangzhou Municipal Forestry and Landscaping Bureau.

9-1 城市市政设施

Public Facilities in Urban Districts

项目		Item		2017	2018
道路长度	（公里）	Length of Roads	(1000 m)	7819.31	14007.14
# 快速路		Expressways		252.79	196.48
主干路		Main Roads		1054.14	1208.97
道路面积	（万平方米）	Area of Roads	(10000 sq.m)	13012.82	18742.99
# 人行道		Pavement		2244.38	2388.03
人均城市道路面积	（平方米）	Per Capita Area of Roads	(sq.m)	10.98	14.25
桥梁座数	（座）	Number of Bridges	(unit)	1491	1363
# 立交桥		Crossroads		183	245
道路照明灯盏数	（千盏）	Number of Street Lights	(1000 units)	335.92	556.06
排水管道长度	（公里）	Length of Sewer Pipelines	(1000 m)	20886	24239
污水排放量	（万立方米）	Sewage Discharge Quantity	(10000 cubic metres)	173496	188622
污水处理厂	（座）	Sewage Treatment Plant	(unit)	49	54
污水处理厂处理能力	（万立方米/日）	Sewage Treatment Capacity	(10000 cubic metres/day)	524	544
污水处理厂处理量	（万立方米）	Quantity of Sewage Treatment	(10000 cubic metres)	164822	180195
污水处理率	(%)	Sewage Treatment Rate	(%)	95.0	95.5
# 污水处理厂集中处理率	(%)	Concentrated Sewage Treatment Rate	(%)	95.0	95.5

注：1．本表数据为全市(11区)口径；

2．道路长度、道路面积指标2017年数据只包括高速公路和国省道路，2018年数据增加了市政道路和县乡村道路；

3．本表数据由广州市住房和城乡建设局汇总相关单位数据后提供，具体数据由相关单位负责解释。

Note: I. The coverage in this table includes 11 districts.

II.The data of road length and road area index in 2017 only include expressways and provincial roads, while in 2018, municipal roads and county rural roads were added.

III.The data in this table are collected by Housing and Urban-Rural Construction Bureau of Guangzhou Municipality from the related sectors. The responsibility to interpret the data shall be remained with the related sectors.

9-2 城市供水
Water Supply in Urban Districts

项 目	Item	2017	2018
综合生产能力（万立方米/日）	Overall Production Capacity (10000 cu.m/day)	787.80	786.90
供水管道长度 （公里）	Length of Water Supply Pipelines (1000 m)	22264.27	22801.68
供水总量 （万立方米）	Total Volume of Water Supply (10000 cu.m)	238064.28	248128.75
# 售水量	Sales Volume of Tap Water	195125.76	202558.70
生产运营用水	For Production Use	34732.37	36060.25
公共服务用水	For Public Services	43848.64	46888.95
居民家庭用水	For Household Use	107022.75	112360.70
其他用水	Others	9522.00	7248.80
用水户数 （户）	Number of Households with Access to Tap Water (unit)	2894023	3019053
# 家庭用户	Number of Families with Access to Tap Water	2570017	2744141
用水人口 （万人）	Number of Residents with Access to Tap Water (10000 persons)	1575.09	1745.38
人均日生活用水量 （升）	Per Capita Daily Consumption of Tap Water for Residential Use (liter)	278.99	261.36
用水普及率 （%）	Coverage Rate of Urban Population with Access to Tap Water (%)	100.00	100.00

注：1.本表数据为全市(11区)口径；
2.本表资料不包企业自建设施供水；
3.本表数据由广州市水务局提供。

Note: I. The coverage in this table includes 11 districts.
II. The data in this table exclude the water supply by self-built facilities of corporations.
III. The data in this table are collected by Water Affairs Bureau of Guangzhou Municipality.

9-3 城市燃气供应

Gas Supply in Urban Districts

项目	Item	2017	2018
液化石油气	**Liquefied Petroleum Gas**		
储气能力 (吨)	Storage Capacity (ton)	36888.49	36888.49
供气管道长度 (公里)	Length of Gas Supply Pipelines (1000 m)	6.44	6.44
供气总量 (吨)	Total Supply of Gas (ton)	790627.21	656206.00
销售气量	Sales Volume of Gas	790431.25	656018.35
#居民家庭	Households	338211.69	346088.23
用气户数 (户)	Number of Households (unit)	3341995	2517163
#家庭用户	Families	2379806	2408926
用气人口 (万人)	Number of Residents with Access to Gas (10000 persons)	520.57	622.87
天然气	**Natural Gas**		
储气能力 (万立方米)	Storage Capacity (10000 cu.m)	669.45	669.45
供气管道长度 (公里)	Length of Gas Supply Pipelines (1000 m)	7499.78	7758.76
供气总量 (万立方米)	Total Supply of Gas (10000 cu.m)	207476.09	210419.07
#销售气量	Sales Volume of Gas	190064.45	192897.43
#居民家庭	Households	34158.22	36991.20
用气户数 (户)	Number of Households (unit)	2258231	2509059
#家庭用户	Families	2244762	2496643
用气人口 (万人)	Number of Residents with Access to Gas (10000 persons)	652.92	680.72
燃气普及率 (%)	Coverage Rate of Urban Population with Access to Gas (%)	99.03	99.10

注：1.本表数据为全市(11区)口径；
2.本表数据由广州市城市管理和综合执法局提供。

Note: I. The coverage in this table includes 11 districts.
II. The data in this table are provided by City Management and Comprehensive Law Enforcement Bureau of Guangzhou Municipality.

9-4 城市市政公用设施建设固定资产投资额

Investment in Fixed Assets in Public Facilities in Urban Districts

单位:万元 (10000 yuan)

项目	Item	2017	2018
本年完成投资	Investment Completed in Current Year	5024914	6485652
供　水	Water Supply	95648	152055
燃　气	Gas Supply	18951	119433
轨道交通	Rail Traffic	2517833	3084483
道路桥梁	Roads and Bridges	846389	1587246
排　水	Drainage	484707	877421
园林绿化	Parks and Green Areas	91296	63844
市容环境卫生	Environmental sanitation	255767	225977
其　他	Others	713783	375193

注：1.本表数据为全市(11区)口径；
2.本表数据由广州市住房和城乡建设局汇总相关单位数据后提供，具体数据由相关单位负责解释。

Note: I. The coverage in this table includes 11 districts.
II.The data in this table are collected by Housing & Urban-Rural Construction Commission of Guangzhou Municipality from the related sectors. The responsibility to interpret the data shall be remained with the related sectors.

9-5 城市园林绿化

Parks, Gardens and Green Areas in Urban Districts

项　　目	Item	2017	2018
绿化覆盖面积 (公顷)	Coverage Area of Afforestation (hectare)	154742	156698
#建成区	Developed Areas	53686	58669
建成区绿化覆盖率 (%)	Green Coverage Rate in Developed Areas (%)	42.54	45.13
绿地面积 (公顷)	Area of Green Areas (hectare)	145159	147048
#建成区	Developed Areas	47262	50986
建成区绿地率 (%)	Rate of Green Areas in Developed Areas (%)	37.45	39.22
公园绿地面积 (公顷)	Area of Gardens (hectare)	26863	30189
人均公园绿地面积 (平方米)	Per Capita Garden (sq.m)	17.06	17.30
公园个数 (个)	Number of Parks (unit)	247	247
公园面积 (公顷)	Area of Parks (hectare)	5198	5198
建成区面积 (平方公里)	Developed Areas (sq.km)	1263.34	1300.01

注：1.本表数据为全市(11区)口径；

2.本表数据由广州市林业和园林局提供。

Note: I. The coverage in this table includes 11 districts.

II. The data in this table are provided by Forestry & Landscape Gardens Bureau of Guangzhou Municipality.

9-6 城市市容环境卫生

City Appearance and Environmental Sanitation

项　　目	Item	2017	2018
道路清扫保洁面积 (万平方米)	Area of Roads under Cleaning Program (10000 sq.m)	22357	22414
#机械化	By Mechanization	9087	9533
城镇生活垃圾清运量 (万吨)	Volume of Living Garbage Disposal (10000 tons)	526.11	557.56
城镇生活垃圾处理量 (万吨)	Garbage Treatment (10000 tons)	526.11	557.56
城镇生活垃圾无害化处理厂(场)数 (座)	Number of Garbage Harmless Disposal Factories (unit)	6	13
城镇生活垃圾无害化处理量 (万吨)	Volume of Garbage Harmless Disposal (10000 tons)	507.69	557.56
城镇生活垃圾无害化处理率 (%)	Rate of Garbage Harmless Disposal (%)	96.50	100.00
公共厕所 (座)	Number of Public Lavatories (unit)	1389	1457
市容环卫专用车辆设备总数 (辆)	Number of Special Vehicles for Environmental Sanitation (unit)	4483	5645

注：1.本表数据为全市(11区)口径；

2.本表数据由广州市城市管理和综合执法局提供。

Note: I. The coverage in this table includes 11 districts.

II. The data in this table are provided by City Management and Comprehensive Law Enforcement Bureau of Guangzhou Municipality.

【道路长度】指道路长度和与道路相通的桥梁、隧道的长度，按车行道中心线计算。

【快速路】城市道路中设有中央分隔带，具有四条以上的车道，全部或部分采用立体交叉与控制出入，供车辆以较高的速度行驶的道路。

【主干路】在城市道路网中起骨架作用的道路。

【供水总量】指报告期供水企业（单位）供出的全部水量，包括有效供水量和漏损水量。有效供水量指水厂将水供出厂外后，各类用户实际使用到的水量，包括售水量和免费供水量。漏损水量指在供水过程中由于管道及附属设施破损而造成的漏水量、失窃水量以及水表失灵少计算的水量。

【售水量】指报告期供水企业(单位)收费供应的水量，只包括本地售水量，不包括销往本区域外的售水量。

【生产运营用水】指在城市范围内生产、运营的农、林、牧、渔业、工业、建筑业、交通运输业等单位在生产、运营过程中的用水。

【公共服务用水】指为城市社会公共生活服务的用水。包括行政事业单位、部队营区和公共设施服务、社会服务业、批发零售贸易业、旅馆饮食业以及社会服务业等单位的用水。

【居民家庭用水】指城市范围内所有居民家庭的日常生活用水。包括城市居民、农民家庭、公共供水站用水。

【污水处理厂】指在城市或工业区的城市污水通过排水管道集中于一个或几个处所，并利用由各种处理单元组成的污水处理系统进行净化处理，最终使处理后的污水和污泥达到规定要求后排放水体或再利用的生产场所。不包括渗水井、化粪池（含改良化粪池）和污水处理装置。

【污水处理能力】指污水处理厂（或处理装置）每昼夜处理污水量的设计能力。

【污水处理量】指污水处理厂（或污水处理装置）实际处理的污水量。包括物理处理量、生物处理量和化学处理量。

【生活垃圾清运量】指报告期内收集和运送到各垃圾处理场（厂）的垃圾的数量。

【生活垃圾无害化处理量】指报告期内简易处理场和各种垃圾无害化处理场（厂）处理垃圾的总量。垃圾简易处理量指垃圾简易填埋场所处理的垃圾总量。垃圾无害化处理量指垃圾无害化处理场（厂）所处理的垃圾总量。

【绿地面积】指报告期末用作园林和绿化的各种绿地面积。包括公园绿地、生产绿地、防护绿地、附属绿地和其他绿地的面积。

【公园绿地面积】指城市中向公众开放的、以游憩为主要功能，有一定的游憩设施和服务设施，同时兼有健全生态、美化景观、防灾灭灾等综合作用的绿化用地。它是城市建设用地、城市绿地系统和城市市政公用设施的重要组成部分。

【Length of Roads】 refers to the length of roads and of the bridges and tunnels connected to the roads, calculated by the center line of the roads.

【Annual Volume of Water Supply】 refers to the total volume of water supplied by water-works(units) during the reference period, including both the effective water supply and loss during the water supply.

【Expressway】 refers to the road which there is a central separation zone in, with more than four lanes, all or part of which adopts three-dimensional intersection and control access for vehicles to drive at high speed.

【Main Road】 refers to the road that acts as a leading part in urban road network.

【Volume of Sold Water】 refers to the total volume of paid water supplied by water-works(units) during the reference period, only including the volume of paid water sold to local region, not including the volume of paid water sold to other regions.

【Volume of Water for Production】 refers to water consumption for urban production of enterprises of farming, forestry, animal husbandry and fishery, industry, construction, transport, and so on.

【Water Consumption of Public Service】 refers to water consumption for urban public services, including the consumption of government agencies and public institutions. Military barracks, public facilities, wholesale and retail outlets, restaurants, hotels, and other units providing public services.

【Household Water Consumption】 refers to consumption of water for daily life of all households within the boundary of cities, including water consumption of urban residents and farmers, and public water supply stations.

【Wastewater Treatment Plant】 refers to place where wastewater in urban or industrial areas is concentrated in one or several spaces through drainage pipes, and purified by wastewater treatment system composed of various treatment units, and finally the treated wastewater and sludge are discharged after meeting the specified requirements. Seepage wells, septic tanks (including improved septic tanks) and sewage treatment plants are not included.

【Wastewater Treated Capability】 refers to design capacity of wastewater treatment plant (or treatment system) to dispose wastewater day and night.

【Wastewater Treatment Volume】 refers to the amount of wastewater actually disposed by wastewater treatment sites (or wastewater treatment plants), including physical processing volume, biological processing volume and chemical processing capacity.

【Consumption Wastes Disposed Volume】 refers to the volume of consumption wastes collected and transported to disposal factories or sites during the reference period.

【Consumption Wastes Harmlessly Disposed Volume】 refers to the total amount of garbage handled by simply disposed sites and innocuously disposed sites (or plants). The amount of garbage simply disposed refers to the total amount of garbage disposed in a simple landfill. The amount of garbage innocuous disposed refers to the total amount of garbage handled by the garbage innocuous treatment sites (or plants).

【Area of Urban Greenbelt】 refers to the total area occupied for green projects at the end of the reference period, including park green land, production green land, protection green land, green land attached to institutions, and other greenbelt.

【Park Green Areas】 refers to green areas open to the public for amusement and rest with the facilities of amusement, rest and services, Its function includes perfecting ecology, beautifying landscape, and preventing and reducing disaster. It is an important component of urban construction sites, urban green area system and public facilities in urban districts.

第十篇 CHAPTER 10

农业

AGRICULTURE

简要说明

Brief Introduction

第十篇　农　业

一、本篇资料反映广州市农业生产和农村社会经济的基本情况。

二、本篇资料由广州市统计局农村统计处整理提供。

三、本篇资料中农村经济收益分配表由广州市农业局提供。

四、本篇资料主要来源于广州市农村统计报表制度。农村统计报表制度的统计范围包括各区的各种经济类型的全部农林牧渔业生产单位。

10 Agriculture

I. The data in this chapter show the basic conditions of agricultural production and rural economy in Guangzhou.

II. The data in this chapter are prepared and provided by the Division of Rural Statistics of Guangzhou Municipal Bureau of Statistics.

III. The data on rural economic income distribution are provided by Guangzhou Agriculture Bureau.

IV. The data in this chapter mainly come from the statistical reporting summary tables on rural area of Guangzhou Municipality. The statistical coverage of the statistical reporting summary scheme includes all the productive units of farming, forestry, animal husbandry and fishery and those related nonagricultural affiliated units with various ownership in every district in Guangzhou Municipality.

10-1　农业主要指标
Major Indicators of Agriculture

项　　目	Item	2017	2018
乡镇户数　(户)	Number of Rural Households　(household)	1710782	1839391
乡镇人口　(人)	Rural Population　(person)	5714997	6038660
乡镇从业人员　(人)	Number of Rural Employed Persons　(person)	3480836	3707365
农、林、牧、渔业从业人员　(人)	Number of Rural Employed Persons in Agriculture, Forestry, Animal Husbandry and Fishery　(person)	650520	639114
常用耕地面积　(公顷)	Area of Cultivated Land　(hectare)	92108	90486
有效灌溉面积　(公顷)	Irrigated Area　(hectare)	75783	75115
农业机械总动力　(万瓦)	Total Power of Agricultural Machinery　(10000 w)	137101	127524
化肥施用量(折纯)　(吨)	Consumption of Chemical Fertilizers (100 percent effective content equivalent)　(ton)	112143	105922
农药使用量　(吨)	Consumption of Pesticides　(ton)	3400	3100
农村用电量　(万千瓦·时)	Electricity Consumed in Rural Area　(10000 kwh)	1525106	1504095
农、林、牧、渔业总产值　(万元)	Gross Output Value of Agriculture, Forestry, Animal Husbandry and Fishery　(10000 yuan)	4329167	4166916
农、林、牧、渔业增加值　(万元)	Value-added of Agriculture, Forestry, Animal Husbandry and Fishery　(10000 yuan)	2584211	2530891
农、林、牧、渔业商品产值率(%)	Rate of Commodity Output Value of Agriculture, Forestry, Animal Husbandry and Fishery　(%)	95.9	98.9
主要农产品产量	Output of Major Agricultural Products		
粮　食　(吨)	Grain　(ton)	273403	130056
花　生　(吨)	Peanuts　(ton)	16918	15541
蔬　菜　(吨)	Vegetables　(ton)	3837712	3687937
园林水果　(吨)	Fruits　(ton)	528079	605697
肉　类　(吨)	Meat　(ton)	192216	135233
水产品　(吨)	Aquatic Products　(ton)	471568	454214
农业产业化生产单位　(个)	Number of Township Enterprises　(unit)	1583	2064
都市农业从业人员　(万人)	Employed Persons in Urban Agriculture　(10000 person)	221	140
都市农业总收入　(万元)	Total Income of Urban Agriculture　(10000 yuan)	19538064	21675653
农村居民人均可支配收入　(元)	Per Capita Disposable Income of Rural Residents　(yuan)	23484	26020

注：自2014年起广州实施城乡一体化分市县住户调查制度，农村家庭居民收入数据以新口径公布，“人均可支配收入”指标代替“人均纯收入”指标，不再公布“人均纯收入”数据。

Note: Guangzhou started an integrated household income and expenditure survey in 2014 and the income of rural households is published with new statistical standard. The "Per Capita Net Income" is no longer used and the "Per Capita Disposable Income" takes the place of it.

10-2 主要年份年末耕地面积

Area of Cultivated Land at Year-end in Main Years

单位：公顷 (hectare)

年 份 Year	常用耕地面积 Area of Cultivated Land	水(旱)田 Paddy Fields	旱 地 Dry Fields	平均每个农业人口拥有耕地 Cultivated Area Per Rural Person	平均每个农业从业人员拥有耕地 Cultivated Area Per Rural Employee
1978	249479	221451	28028	0.09	0.21
1980	248260	220258	28002	0.11	0.23
1985	234171	207431	26740	0.09	0.24
1990	221138	196266	24872	0.09	0.24
1995	177892	158849	19043	0.07	0.20
1996	172179	153332	18847	0.07	0.19
1997	169700	151631	18069	0.07	0.19
1998	168491	150843	17648	0.07	0.19
1999	164816	147455	17361	0.07	0.19
2000	159115	142220	16895	0.05	0.17
2001	154941	137628	17313	0.05	0.17
2002	146311	128888	17423	0.05	0.16
2003	134934	115565	19369	0.06	0.15
2004	131954	116943	15011	0.06	0.16
2005	130094	111700	18394	0.06	0.15
2006	106579	88971	17608	0.05	0.13
2007	104500	84747	19753	0.05	0.13
2008	102155	85064	17091	0.04	0.13
2009	100784	84992	15792	0.03	0.13
2010	100647	87516	13131	0.03	0.13
2011	99552	85267	14285	0.03	0.15
2012	99086	85522	13564	0.03	0.15
2013	98148	84495	13653	0.03	0.14
2014	96398	82719	13679	0.03	0.15
2015	95411	81742	13669	0.03	0.15
2016	95188	80820	14368	0.03	0.15
2017	92108	77907	14201	0.03	0.14
2018	90486	76492	13994	0.03	0.14

注：2002年及以前年份的常用耕地面积数按国家新口径进行了换算。

Note: The data of the area of cultivated land in 2002 and before have been converted to the new statistical standard.

10-3 耕地面积及变动情况（2018年）

Statistics on Area of Cultivated Land and Its Changes (2018)

单位：公顷　　　　(hectare)

项　目	Item	全 市 Total	荔湾区 Liwan	海珠区 Haizhu	天河区 Tianhe	白云区 Baiyun	黄埔区 Huangpu
年初耕地总资源	Total Resources of Cultivated Land at Year-beginning	94062	615	159	199	9217	2285
年末耕地总资源	Total Resources of Cultivated Land at Year-end	92965	615	159	196	8926	2170
#常用耕地面积	Area of Cultivated Land	90486	615	88	196	8760	1914
#水　田	Paddy Fields	76492	52		95	7272	1344
当年增加耕地面积	Area of Increased Cultivated Land in Current Year	290			15		
#园地改为耕地	Area of Cultivated Land Adapted from Garden Land	18			15		
当年减少耕地面积	Area of Decreased Cultivated Land in Current Year	1387			19	291	115
#国家基建占用	Occupied by Capital Construction	693				105	115
其他基建占用	Occupied by Other Construction	337			19	184	
粮食占用耕地面积	Area of Cultivated Land Occupied by Grain	12506				135	467
蔬菜占用耕地面积	Area of Cultivated Land Occupied by Vegetables	22333	38		57	5203	843

10-3 续表 continued

单位：公顷　　　　(hectare)

项　目	Item	番禺区 Panyu	花都区 Huadu	南沙区 Nansha	从化区 Conghua	增城区 Zengcheng
年初耕地总资源	Total Resources of Cultivated Land at Year-beginning	6530	10593	17419	20641	26404
年末耕地总资源	Total Resources of Cultivated Land at Year-end	6350	10418	17202	20630	26299
#常用耕地面积	Area of Cultivated Land	6226	10305	16137	20067	26178
#水　田	Paddy Fields	4591	9082	15977	16837	21242
当年增加耕地面积	Area of Increased Cultivated Land in Current Year	24		240		11
#园地改为耕地	Area of Cultivated Land Adapted from Garden Land	3				
当年减少耕地面积	Area of Decreased Cultivated Land in Current Year	204	175	456	11	116
#国家基建占用	Occupied by Capital Construction	64	123	275	11	
其他基建占用	Occupied by Other Construction	45	29	12		48
粮食占用耕地面积	Area of Cultivated Land Occupied by Grain	56	885	506	6369	4088
蔬菜占用耕地面积	Area of Cultivated Land Occupied by Vegetables	1430	1411	3641	7350	2360

10-4 农村基层基本情况（2018年）

项　　目	Item	全 市 Total
农村基层组织　（个）	Rural Grassroots Units (unit)	
镇政府	Number of Town Governments	35
村(居)民委员会	Number of Villagers' Committees	1249
农村人口状况	Statistics on Rural Population	
乡镇户数　（户）	Number of Rural Households (household)	1839391
乡镇人口　（人）	Rural Population (person)	6038660
农村社会基础设施　（个）	Number of Rural Infrastructure (unit)	
自来水受益村	Number of Villages Benefiting from Tap Water	1242
通有线电视村	Number of Villages Available for Cable Television	1248
通宽带村	Number of Villages Available for Broadband Internet	1248
农村劳动力资源总数　（人）	Total Number of Rural Labor Force (person)	4156474
#本地劳动力	Local Labor Force	2088111
#劳动年龄内的人口数	Number of Population within Labor Age	4057019
农村从业人员合计　（人）	Total Number of Rural Employed Persons (person)	3707365
#劳动年龄内	Within Labor Age	
农、林、牧、渔业从业人员	Number of Rural Employed Persons in Agriculture, Forestry, Animal Husbandry and Fishery	607027
农业	Agriculture	505685
林业	Forestry	6968
畜牧业	Animal Husbandry	29743
渔业	Fishery	41809
农、林、牧、渔服务业	Service Industry for Agriculture	22822
工　业	Industry	1713875
建筑业	Construction	245055
批发和零售业	Wholesale and Retail Trade	300455
交通运输、仓储和邮电业	Transport, Storage and Post	158584
住宿和餐饮业	Hotels and Catering Services	241216
信息传输、软件和信息技术服务业	Information Transmission, Software and Information Technology Services	103052
其他行业	Others	338101

Basic Statistics on Rural Grassroots Units (2018)

白云区 Baiyun	黄埔区 Huangpu	番禺区 Panyu	花都区 Huadu	南沙区 Nansha	从化区 Conghua	增城区 Zengcheng
4	1	6	6	6	5	7
137	31	197	202	140	234	308
210459	25429	569761	255876	280927	140272	356667
849586	118514	1664967	992885	724050	542189	1146469
136	31	197	202	140	228	308
136	31	197	202	140	234	308
136	31	197	202	140	234	308
562446	74698	1195356	675043	511000	360446	777485
285931	58839	360119	315588	238848	328079	500707
547456	72513	1176830	664622	501525	336340	757733
501919	71906	1058780	630365	471760	310605	662030
62409	21388	50957	96163	81002	133796	161312
56890	16705	36823	85228	68979	111950	129110
85	1482	85	808	502	2317	1689
742	739	2346	2351	563	11389	11613
2732	1285	10356	6735	8409	3393	8899
1960	1177	1347	1041	2549	4747	10001
230073	16528	511845	371558	233959	85970	263942
30978	9284	77750	31824	32398	20961	41860
40261	5788	127147	42532	29367	18055	37305
25147	2867	52563	23955	21683	9368	23001
35971	5076	94726	28378	23199	20396	33470
15187	1629	51262	8211	11292	5435	10036
61893	9346	92530	27744	38860	16624	91104

10-5 农林牧渔业生产经营户及从业人员情况(2018年)

项　　目	Item
从事农、林、牧、渔业生产经营户(户)	Number of Households Engaging in Agriculture, Forestry, Animal Husbandry and Fishery(household)
农、林、牧、渔业从业人员数　(人)	Number of Rural Employed Persons in Agriculture, Forestry, Animal Husbandry and Fishery (person)
农业	Agriculture
林业	Forestry
畜牧业	Animal Husbandry
渔业	Fishery
农、林、牧、渔服务业	Service Industry for Agriculture

10-5 续表

项　　目	Item
从事农、林、牧、渔业生产经营户(户)	Number of Households Engaging in Agriculture, Forestry, Animal Husbandry and Fishery(household)
农、林、牧、渔业从业人员数　(人)	Number of Rural Employed Persons in Agriculture, Forestry, Animal Husbandry and Fishery (person)
农业	Agriculture
林业	Forestry
畜牧业	Animal Husbandry
渔业	Fishery
农、林、牧、渔服务业	Service Industry for Agriculture

Number of Households and Laborers Engaging in Agriculture, Forestry, Animal Husbandry and Fishery (2018)

全　市 Total	荔湾区 Liwan	海珠区 Haizhu	天河区 Tianhe	白云区 Baiyun	黄埔区 Huangpu
399136	2842	368	537	37110	18849
639114	6976	838	1209	67127	31770
530203	6714	838	1080	61047	25932
8845			29	370	1876
30070				742	831
45215	246		28	2817	1929
24781	16		72	2151	1202

continued

番禺区 Panyu	花都区 Huadu	南沙区 Nansha	从化区 Conghua	增城区 Zengcheng
20456	69674	42531	103199	103570
50957	96163	88686	134076	161312
36823	85228	71232	112199	129110
85	808	1662	2326	1689
2346	2351	794	11393	11613
10356	6735	10804	3401	8899
1347	1041	4194	4757	10001

10-6 主要年份农林牧渔业总产值

Gross Output Value of Agriculture, Forestry, Animal Husbandry and Fishery in Main Years

单位：万元 (10000 yuan)

年份 Year	合计 Total	农业 Agriculture	林业 Forestry	畜牧业 Animal Husbandry	渔业 Fishery
1978	79940	62212	1367	11018	3551
1980	89465	69534	2316	11730	3650
1985	180163	117429	2312	43583	9530
1986	207553	133272	2921	48420	12630
1987	259437	171381	3534	58134	15286
1988	374875	235199	4210	100127	22571
1989	410575	258918	5325	105375	25131
1990	439322	280156	5011	110313	28142
1991	489080	311918	4809	124979	32183
1992	590289	359850	8004	165373	42635
1993	773560	415462	9442	220827	108282
1994	1034215	562429	8198	315842	125140
1995	1268076	673678	10672	369589	185396
1996	1429078	701636	11152	429758	247883
1997	1508110	748281	12706	449656	254502
1998	1540244	770438	12643	439267	265520
1999	1600738	818349	12683	433928	280155
2000	1630468	823477	13224	430589	296503
2001	1670518	878086	13344	406407	304442
2002	1750598	942935	11577	404566	321379
2003	1806678	978410	12823	388590	332774
2004	2014423	1055554	36602	401247	358246
2005	2208105	1126688	38424	477025	376560
2006	2178394	1140576	18192	421336	406265
2007	2544675	1349965	18284	519306	432804
2008	2913008	1445324	19898	639605	526876
2009	2956200	1500816	21683	612002	536132
2010	3221258	1662415	26613	641581	583252
2011	3506065	1783512	34286	721893	627707
2012	3667902	1872361	32169	766839	637314
2013	3899763	2027062	39615	758607	677539
2014	3983015	2141475	40369	648663	732958
2015	4134562	2260493	42178	618008	751349
2016	4366530	2407531	38691	657981	767014
2017	4329167	2401771	36563	565886	794899
2018	4166916	2316909	25355	419744	819757

10-7 主要年份农林牧渔业总产值指数

Indices of Gross Output Value of Agriculture, Forestry, Animal Husbandry and Fishery in Main Years

上年=100 (preceding year=100)

年 份 Year	合 计 Total	农业 Agriculture	林业 Forestry	畜牧业 Animal Husbandry	渔业 Fishery
1978	103.2	101.5	124.9	113.4	102.4
1980	108.2	107.1	230.1	98.1	127.9
1985	108.1	103.8	110.8	125.1	112.9
1986	105.2	101.9	113.1	110.4	113.0
1987	104.4	104.8	120.6	103.0	103.2
1988	105.7	101.0	86.2	120.1	114.6
1989	101.4	100.5	138.3	98.7	101.2
1990	106.3	106.1	62.3	109.3	109.5
1991	111.1	111.8	98.5	113.0	106.3
1992	114.0	109.4	182.1	123.3	121.7
1993	99.1	81.2	75.2	119.3	160.8
1994	117.4	118.6	83.9	114.8	122.3
1995	109.3	106.0	106.1	104.5	126.9
1996	106.6	97.1	107.2	106.9	128.0
1997	106.6	107.4	97.5	105.3	106.3
1998	104.6	100.1	97.2	103.7	112.1
1999	109.5	118.0	110.5	99.9	106.3
2000	102.0	98.9	108.4	101.8	104.8
2001	101.6	103.6	92.9	95.2	107.1
2002	109.1	123.5	96.1	97.4	101.7
2003	100.7	94.5	75.4	98.5	108.5
2004	105.1	112.6	120.5	97.5	101.9
2005	104.1	102.3	103.7	108.4	101.2
2006	98.1	100.7	47.1	87.9	107.3
2007	103.1	102.2	90.2	103.1	101.3
2008	103.4	97.3	104.0	110.0	109.1
2009	103.9	103.0	109.0	104.9	105.2
2010	103.1	103.3	96.6	102.1	102.9
2011	102.6	103.6	122.0	98.3	102.5
2012	102.8	103.5	93.1	100.3	104.4
2013	102.9	102.4	120.7	98.2	106.5
2014	100.1	104.7	98.0	84.0	102.4
2015	102.2	103.8	104.2	91.8	103.1
2016	100.7	101.1	100.4	96.1	101.1
2017	100.7	102.6	94.3	91.1	99.9
2018	103.9	102.8	70.6	103.5	106.6

注：农林牧渔业总产值指数按可比价计算，2018年增速以2017年省修订数为基期进行计算。

Note: The indices of gross output value of farming, forestry, animal husbandry and fishery are calculated by constant price.The growth rate in 2018 is calculated on the basis of the provincial revision in 2017.

10-8 农林牧渔业总产值、增加值和商品产值（2018年）

单位:万元

项目	Item	全市 Total
农、林、牧、渔业总产值(当年价格)	**Gross Output Value of Agriculture, Forestry, Animal Husbandry and Fishery (at current prices)**	**4166916**
农业	Agriculture	2316909
林业	Forestry	25355
畜牧业	Animal Husbandry	419744
渔业	Fishery	819757
农、林、牧、渔服务业	Service Industry for Agriculture	585151
农、林、牧、渔业总产值构成 (%)	**Composition of Gross Output Value of Agriculture, Forestry, Animal Husbandry and Fishery (%)**	**100.00**
农业	Agriculture	55.61
林业	Forestry	0.61
畜牧业	Animal Husbandry	10.07
渔业	Fishery	19.67
农、林、牧、渔服务业	Service Industry for Agriculture	14.04
农、林、牧、渔业增加值	**Value-added of Agriculture, Forestry, Animal Husbandry and Fishery**	**2530891**
农业	Agriculture	1613900
林业	Forestry	18308
畜牧业	Animal Husbandry	171150
渔业	Fishery	485983
农、林、牧、渔服务业	Service Industry for Agriculture	241550
农、林、牧、渔业增加值构成 (%)	**Composition of Value-added of Agriculture, Forestry, Animal Husbandry and Fishery (%)**	**100.00**
农业	Agriculture	**63.78**
林业	Forestry	0.72
畜牧业	Animal Husbandry	6.76
渔业	Fishery	19.2
农、林、牧、渔服务业	Service Industry for Agriculture	9.54
农、林、牧、渔业商品产值	**Commodity Output Value of Agriculture, Forestry, Animal Husbandry and Fishery**	**4119607**
农业	Agriculture	2314809
林业	Forestry	25355
畜牧业	Animal Husbandry	386625
渔业	Fishery	807667
农、林、牧、渔服务业	Service Industry for Agriculture	585151
农、林、牧、渔业商品率 (%)	**Rate of Commodity Output Value of Agriculture, Forestry, Animal Husbandry and Fishery (%)**	**98.86**
农业	Agriculture	99.91
林业	Forestry	100.00
畜牧业	Animal Husbandry	92.11
渔业	Fishery	98.53
农、林、牧、渔服务业	Service Industry for Agriculture	100.00

Gross Output Value, Value-added and Commodity Output Value of Agriculture, Forestry, Animal Husbandry and Fishery (2018)

(10000 yuan)

荔湾区 Liwan	海珠区 Haizhu	天河区 Tianhe	白云区 Baiyun	黄埔区 Huangpu	番禺区 Panyu	花都区 Huadu	南沙区 Nansha	从化区 Conghua	增城区 Zengcheng
72427	**19195**	**45050**	**558919**	**116702**	**502914**	**628435**	**907371**	**439106**	**876797**
61654	6822	4225	347460	44998	162824	399761	461801	266464	560900
			1094	2137	171	1452		10287	10214
			69686	33262	38278	74083	48750	75300	80385
6212	11738	263	29537	6001	268659	78399	346157	13165	59626
4561	635	40562	111142	30304	32982	74740	50663	73890	165672
100.00	**100.00**	**100.00**	**100.00**	**100.00**	**100.00**	**100.00**	**100.00**	**100.00**	**100.00**
85.12	35.54	9.38	62.16	38.56	32.38	63.61	50.90	60.68	63.97
			0.20	1.83	0.03	0.23		2.34	1.16
			12.47	28.50	7.61	11.79	5.37	17.15	9.17
8.58	61.15	0.58	5.28	5.14	53.42	12.48	38.15	3.00	6.80
6.30	3.31	90.04	19.89	25.97	6.56	11.89	5.58	16.83	18.90
48373	**12116**	**19987**	**332737**	**62006**	**322202**	**380370**	**564665**	**259835**	**528600**
42979	4762	3072	240133	31080	131631	275780	319122	184206	381135
			753	1471	118	1030		7085	7851
			28521	13565	15958	27525	20154	30707	34720
3511	7092	171	17451	3381	160880	45182	204475	7335	36505
1883	262	16744	45879	12509	13615	30853	20914	30502	68389
100.00	**100.00**	**100.00**	**100.00**	**100.00**	**100.00**	**100.00**	**100.00**	**100.00**	**100.00**
88.85	**39.3**	**15.37**	**72.17**	**50.13**	**40.85**	**72.5**	**56.52**	**70.89**	**72.09**
			0.23	2.37	0.04	0.27		2.73	1.49
			8.57	21.88	4.95	7.24	3.57	11.82	6.57
7.26	58.54	0.85	5.24	5.45	49.93	11.88	36.21	2.82	6.91
3.89	2.16	83.78	13.79	20.17	4.23	8.11	3.7	11.74	12.94
72425	**18231**	**45030**	**558777**	**111911**	**502503**	**627586**	**893567**	**421602**	**867975**
61653	6791	4208	347440	43858	162824	399650	460338	264930	563117
			1094	2139	171	1393		10344	10214
			69590	29609	38175	73765	45525	59743	70218
6211	10805	260	29511	6001	268351	78038	337041	12695	58754
4561	635	40562	111142	30304	32982	74740	50663	73890	165672
100.00	**94.98**	**99.96**	**99.97**	**95.89**	**99.92**	**99.86**	**98.48**	**96.01**	**98.99**
100.00	99.55	99.60	99.99	97.47	100.00	99.97	99.68	99.42	100.40
			100.00	100.09	100.00	95.94		100.55	100.00
			99.86	89.02	99.73	99.57	93.38	79.34	87.35
99.98	92.05	98.86	99.91	100.00	99.89	99.54	97.37	96.43	98.54
100.00	100.00	100.00	100.00	100.00	100.00	100.00	100.00	100.00	100.00

10-9 按历史时期分农林牧渔业总产值

Gross Output Value of Agriculture, Forestry, Animal Husbandry and Fishery by History Period

时　期	Period	合计 Total	农业 Agriculture	林业 Forestry	畜牧业 Animal Husbandry	渔业 Fishery
按现行价格计算(万元)	**Current Price (10000 yuan)**					
“六五”时期	6th Five-year Plan Period	658543	455112	8949	135454	34854
“七五”时期	7th Five-year Plan Period	1691762	1078926	21001	422369	103760
“八五”时期	8th Five-year Plan Period	4155220	2323337	41125	1196610	493636
“九五”时期	9th Five-year Plan Period	7708638	3862181	62408	2183198	1344563
“十五”时期	10th Five-year Plan Period	9450322	4981673	112770	2077835	1693401
“十一五”时期	11th Five-year Plan Period	13813535	7099096	104670	2833830	2485329
“十二五”时期	12th Five-year Plan Period	19191307	10084903	188617	3514011	3426867
1979-2018	1979-2018	69703158	37145155	643466	14030454	11970586
1991-2018	1991-2018	67181635	35477400	610199	13449095	11825467
2001-2018	2001-2018	55317777	29291882	506666	10069287	9987268
平均增长速度 (%)	**Average Speed of Growth (%)**					
“六五”时期	6th Five-year Plan Period	6.2	3.3	-5.8	17.9	15.5
“七五”时期	7th Five-year Plan Period	4.6	2.8	0.3	8.1	8.2
“八五”时期	8th Five-year Plan Period	10.0	4.6	3.7	14.8	26.4
“九五”时期	9th Five-year Plan Period	5.9	4.0	4.0	3.5	11.2
“十五”时期	10th Five-year Plan Period	5.8	7.8	-3.2	1.2	4.8
“十一五”时期	11th Five-year Plan Period	2.3	1.3	-14.2	1.3	5.1
“十二五”时期	12th Five-year Plan Period	2.1	3.6	6.9	-5.7	3.8
1979-2018	1979-2018	4.7	3.7	-1.0	4.5	9.2
1991-2018	1991-2018	4.5	3.8	-2.2	1.8	9.0
2001-2018	2001-2018	2.6	3.6	-5.4	-2.0	4.0

10-10 渔业生产情况（2018年）
Statistics on Fishery Production (2018)

项　目	Item	全　市 Total	荔湾区 Liwan	海珠区 Haizhu	天河区 Tianhe	白云区 Baiyun	黄埔区 Huangpu
水产品养殖总面积（公顷）	**Total Cultured Area of Aquatic Products (hectare)**	**24346**	**25**		**20**	**2246**	**656**
# 淡水养殖	Freshwater Artificially Cultured	19867	25		20	2246	656
# 鱼　塘	Fish Pond	18584			20	2193	604
水产品总产量（吨）	**Total Aquatic Products (ton)**	**454214**	**32**	**3292**	**3762**	**29993**	**5556**
按作业分	Grouped by Production						
海洋捕捞	Marine Fishing	21121		3255	3547		168
海水养殖	Mariculture	76905					
淡水捕捞	Freshwater Fishing	37565		37		37	
淡水养殖	Freshwater Aquaculture	318623	32		215	29956	5388
按种类分	Grouped by Species						
鱼　类	Fish	411660		2932	3497	29023	5518
甲壳类	Shrimps, Prawns and Crabs	23172		348		10	26
贝　类	Shell-fish	17680					12
其他水产类	Other Aquatic Products	1702	32	12	265	960	

10-10 续表 continued

项　目	Item	番禺区 Panyu	花都区 Huadu	南沙区 Nansha	从化区 Conghua	增城区 Zengcheng
水产品养殖总面积（公顷）	**Total Cultured Area of Aquatic Products (hectare)**	**4008**	**5560**	**6932**	**1630**	**3269**
# 淡水养殖	Freshwater Artificially Cultured	2404	5560	4057	1630	3269
# 鱼　塘	Fish Pond	2249	5345	3965	945	3263
水产品总产量(吨)	**Total Aquatic Products (ton)**	**150017**	**68625**	**133324**	**7664**	**51949**
按作业分	Grouped by Production					
海洋捕捞	Marine Fishing	13020		1060		71
海水养殖	Mariculture	33655		43250		
淡水捕捞	Freshwater Fishing	33444	84	3610		353
淡水养殖	Freshwater Aquaculture	69898	68541	85404	7664	51525
按种类分	Grouped by Species					
鱼　类	Fish	126311	68601	116559	7635	51584
甲壳类	Shrimps, Prawns and Crabs	6381	24	16370		13
贝　类	Shell-fish	17325		341		2
其他水产类	Other Aquatic Products			54	29	350

10-11 畜牧业生产情况（2018年）

项　　目		Item		全　市 Total
年末牛存栏量	（头）	Number of Farm Cattle on Hand at Year-end	(head)	16660
役用牛		Draft Cattle		43
肉用牛		Beef Cattle		4760
奶　牛		Cow		11856
牛奶产量	（吨）	Output of Milk	(ton)	35721
牛出栏量	（头）	Number of Slaughtered Cattle	(head)	6015
牛肉产量	（吨）	Output of Beef	(ton)	811
生猪饲养量	（头）	Total Number of Hogs Raised	(head)	893295
年末生猪存栏量	（头）	Number of Hogs on Hand at Year-end	(head)	311322
# 能繁殖的母猪		Female Hogs		36203
生猪出栏量	（头）	Number of Slaughtered Fattened Hogs	(head)	581973
猪肉产量	（吨）	Output of Pork	(ton)	44560
年末羊存栏量	（头）	Number of Sheep and Goats on Hand at Year-end	(head)	9754
羊出栏量	（头）	Number of Slaughtered Sheep and Goats	(head)	14008
羊肉产量	（吨）	Output of Mutton	(ton)	245
年末兔存栏量	（只）	Number of Rabbits on Hand at Year-end	(unit)	9238
兔出栏量	（只）	Number of Slaughtered Rabbits	(unit)	29740
兔肉产量	（吨）	Output of Rabbit Meat	(ton)	47
年末家禽存栏量	（万只）	Number of Poultry on Hand at Year-end	(10000 units)	2047
# 三　鸟		Chickens, Ducks and Gooses		1421
# 鸡		Chickens		1011
家禽出栏量	（万只）	Number of Slaughtered Poultry	(10000 units)	6715
# 三　鸟		Chickens, Ducks and Gooses		5534
# 鸡		Chickens		4006
禽肉产量	（吨）	Output of Poultry Meat	(ton)	89000
禽蛋产量	（吨）	Output of Poultry Eggs	(ton)	23587
肉类总产量	（吨）	Output of Meat	(ton)	135233
蜂蜜产量	（吨）	Output of Honey	(ton)	1882

Statistics on Animal Husbandry Production (2018)

白云区 Baiyun	黄埔区 Huangpu	番禺区 Panyu	花都区 Huadu	南沙区 Nansha	从化区 Conghua	增城区 Zengcheng
1493	1190	1016	221	19	6046	6675
			43			
50	40	72	49	19	661	3869
1443	1150	944	129		5385	2805
3540	2721	1831	334	4076	16744	6475
200	137	115	46	54	978	4485
27	19	15	7	8	131	604
75964	139877	1633	227705	145203	244013	58900
21410	32013		88520	43649	87030	38700
2600	4061		7731	4773	13138	3900
54554	107864	1633	139185	101554	156983	20200
4151	8208	122	10821	7719	11739	1800
55	563	258	1234	40	1438	6166
1188	1157	95	869	623	1627	8449
22	21	2	14	10	28	148
		350	4688		4200	
		650	8290		20800	
		4	13		30	
345	189	193	265	116	311	628
233	117	185	231	50	263	342
214	115	50	89	30	250	263
1742	379	549	851	561	634	1999
1684	276	514	820	557	576	1107
1504	272	121	449	158	509	993
20282	3807	12870	17128	11035	7869	16009
506	1373	4364	1463	323	9490	6068
24560	12055	13013	28167	18778	19956	18704
100		11	802		513	456

10-12 农村电力、化肥用量和农田水利建设情况（2018年）

项　　目		Item		全　市 Total
农村电气化		**Rural Electrification**		
农村用电量	（万千瓦・时）	Electricity Consumed in Rural Areas	(10000 kilowatt/hour)	1504095
农村小水电站个数	（个）	Number of Small Hydropower Stations in Rural Areas	(unit)	145
农村小水电站装机容量	（千瓦）	Installed Capacity of Small Hydropower Stations in Rural Areas	(kilowatt)	99409
农村小水电站发电量	(万千瓦・时)	Generated Energy of Small Hydropower Stations in Rural Areas	(10000 kilowatts/hour)	15344
农村化学化		**Rural Chemicalizing**		
化肥施用量	（实物量、吨）	Consumption of Chemical Fertilizers (gross weight)	(ton)	270384
化肥施用量	（折纯量、吨）	Consumption of Chemical Fertilizers (effective weight)	(ton)	105922
农用薄膜使用量	（吨）	Consumption of Plastic Film in Agriculture	(ton)	2658
农药施用量	（吨）	Consumption of Agricultural Pesticide	(ton)	3100
农用柴油使用量	（吨）	Consumption of Diesel Oil in Agriculture	(ton)	30770
农田水利建设		**Construction of Water Conservancy Works**		
有效灌溉面积	（公顷）	Irrigated Area	(hectare)	75115
有效灌溉面积占耕地比重	(%)	As Percentage of Total Cultivated Land	(%)	83.01
旱涝保收面积	（公顷）	Drought and Flooded Area under Control and Ensuring Stable Yields	(hectare)	64934
旱涝保收面积占耕地比重	(%)	As Percentage of Total Cultivated Land	(%)	71.76
机电排灌面积	（公顷）	Area with Motorized Drainage and Irrigation Facilities	(hectare)	47993
机电排灌面积占耕地比重	(%)	As Percentage of Total Cultivated Land	(%)	53.04

Statistics on Electricity, Chemical Fertilizer Consumption and Construction of Water Conservancy Works in Rural Areas (2018)

荔湾区 Liwan	海珠区 Haizhu	天河区 Tianhe	白云区 Baiyun	黄埔区 Huangpu	番禺区 Panyu	花都区 Huadu	南沙区 Nansha	从化区 Conghua	增城区 Zengcheng
25260	48829	23990	264819	109514	404088	237583	315038	20620	54354
			1			17		112	15
			2000			6510		63629	27270
								9269	6075
177	980	432	37154	8382	11918	30108	41076	54652	85505
65	119	42	15829	2950	4346	10656	18484	19101	34330
201	5	3	101	54	245	512	579	280	678
6		5	345	290	319	481	473	471	710
	1208	10	974	148	1938		9018	12637	4837
242	88	196	7437	1914	4409	10303	16137	16848	17541
39.36	100.00	100.00	84.90	100.00	70.80	99.99	100.00	83.96	67.01
242	88	196	7410	1852	3591	9978	16137	11226	14214
39.36	100.00	100.00	84.59	96.75	57.67	96.83	100.00	55.95	54.30
183	88	196	5854	1849	3553	7014	14485	3188	11867
29.74	100.00	100.00	66.83	96.57	57.06	68.07	89.76	15.89	45.33

10-13 农业机械总动力和拥有量（2018年）

项　　目		Item		全　市 Total
农业机械总动力	**（千瓦）**	**Total Power of Agricultural Machinery**	**(kilowatt)**	**1275243**
其中：柴油发动机动力		Power of Diesel Engines		646204
汽油发动机动力		Power of Gasoline Engines		195824
电动机动力		Power of Electric Motors		433215
主要农业机械拥有量		**Possession of Major Agricultural Machinery**		
大中型拖拉机	（台）	Number of Large and Medium Tractors	(unit)	279
小型拖拉机	（台）	Number of Mini-Tractors	(unit)	3379
大中型拖拉机配套农具	（台）	Number of Large and Medium Tractor Accessory Farm Machinery	(unit)	454
小型拖拉机配套农具	（台）	Number of Mini-Tractor Towing Farm Machinery	(unit)	3400
农用排灌柴油机	（台）	Diesel Engines for Agricultural Use	(unit)	26366
农用排灌电动机	（台）	Electric Motors for Agricultural Use	(unit)	17876
农用水泵	（台）	Water Pumps for Agricultural Use	(unit)	36438
节水灌溉机械	（套）	Irrigation Machinery of Saving Water	(set)	21464
联合收割机	（台）	Combine Harvesters	(unit)	187
机动脱粒机	（台）	Motorized Threshers	(unit)	6650
渔用机动船	（艘）	Motorized Fishing Boats	(unit)	1795

Total Power and Possession of Major Agricultural Machinery (2018)

荔湾区 Liwan	海珠区 Haizhu	天河区 Tianhe	白云区 Baiyun	黄埔区 Huangpu	番禺区 Panyu	花都区 Huadu	南沙区 Nansha	从化区 Conghua	增城区 Zengcheng
1180	**5518**	**1569**	**68866**	**16030**	**171408**	**167312**	**453000**	**170860**	**219500**
	5470	1115	15247	13349	71324	83169	272000	122130	62400
	24		24312	92	20821	23451	69000	13124	45000
1180	24	454	29307	2589	79263	60692	112000	35606	112100
			15	14	30	28	50	87	55
			38	10	395	400	222	1492	822
			11	19	31	42	120	14	217
			5	10	396	484	96	180	2229
			611	402	1853	2883	18500	592	1525
		7	870	141	4537	2230	7500	316	2275
	20	6	2453	543	6390		23000	3612	414
			421		2645	401	16000	1960	37
			1	4	3	6	38	84	51
			116		38	607		5063	826
	59		70	34	761		848		23

10-14 主要农作物及水果种植面积和产量（2018年）

项目	Item	全市 Total	荔湾区 Liwan	海珠区 Haizhu
农作物总播种面积（公顷）	**Total Sown Area of Farm Crops (hectare)**	**211022**	**2051**	**633**
粮食作物	Grain Crops	26315		
#稻谷	Rice	21626		
大豆	Soybeans	471		
经济作物	Economic Crops	37653	1802	6
#甘蔗	Sugarcane	6627		
花生	Peanuts	5926		
木薯	Cassava	56		
花卉	Flowers	24278	1802	6
其他作物	Other Farm Crops	147054	250	627
#蔬菜	Vegetables	145954	250	627
果用瓜	Melon-fruits	354		
园林水果年末面积（公顷）	**Planting Area of Fruits at Year-end (hectare)**	**62416**		**208**
#柑桔橙	Citrus	3355		
香(大)蕉	Bananas and Plantains	5268		31
荔枝	Lychees	30229		1
龙眼	Longans	7835		1
主要农作物产量（吨）	**Yield of Major Farm Crops (ton)**			
粮食作物	Grain Crops	130056		
#稻谷	Rice	111611		
大豆	Soybeans	1412		
经济作物	Economic Crops			
#甘蔗	Sugarcane	799325		
花生	Peanuts	15541		
木薯	Cassava	1225		
花卉（万元）	Flowers (10000 yuan)	487332	60080	
其他作物	Other Farm Crops			
#蔬菜	Vegetables	3687937	3545	13288
果用瓜	Melon-fruits	7348		
园林水果总产量（吨）	**Gross Output of Fruits (ton)**	**605697**		**4004**
#柑桔橙	Citrus	46124		
香(大)蕉	Bananas and Plantains	197598		1155
荔枝	Lychees	118347		20
龙眼	Longans	44118		28

Sown Area and Output of Major Farm Crops and Fruits (2018)

天河区 Tianhe	白云区 Baiyun	黄埔区 Huangpu	番禺区 Panyu	花都区 Huadu	南沙区 Nansha	从化区 Conghua	增城区 Zengcheng
651	**39300**	**6446**	**16569**	**27999**	**30471**	**31803**	**55099**
	352	945	118	1979	1161	12846	8914
	112	886	46	714	659	11998	7211
	11			148	54	205	53
	1376	1385	8346	6568	8640	5227	4303
	1	28	6	81	5974	78	459
	195	90	5	512	11	3132	1981
					1	48	7
	1180	1267	8336	5972	2655	1845	1215
651	37572	4116	8105	19452	20670	13730	41881
637	37483	4092	8075	19130	20622	13721	41317
14	89	24	30	34	48	9	106
67	**1674**	**2776**	**529**	**4039**	**5640**	**25905**	**21578**
	48	49		26	66	2180	986
	37	252	133	84	3155	116	1460
23	741	1549	14	1835	907	13686	11473
19	500	609	83	1590	164	2268	2601
	2872	4557	581	9375	5620	65616	41435
	547	4257	215	4180	3374	61913	37125
	52		1	464	195	594	106
	18	2430	629	7655	749534	4000	35059
	432	311	26	1452	46	7801	5473
					200	861	164
	13586	10319	88552	185786	42244	56949	29816
9970	809743	66356	170602	467650	636288	291113	1219382
118	1770	525	223	757	1318	44	2593
285	**6334**	**14496**	**12231**	**24843**	**200172**	**138607**	**204725**
	275	601		92	1322	16790	27044
5	1277	3574	3855	1592	131221	891	54028
94	1322	6172	71	9708	9502	57015	34443
81	1589	2298	1387	8680	2022	14395	13638

10-15 主要农产品产量与建国以来最高年份比较（2018年）

Output of Major Farm Products in Comparison with that of Peak Year since 1949 (2018)

项　　目	Item	2018	建国以来最高年份（不含当年）Peak Year since 1949 (excluding current year)		2018年为建国以来最高年(%) 2018 as Percentage of Peak Year (%)
			年　份 Year	产　量 Output	
农产品总产量　（吨）	**Total Yield of Farm Products　(ton)**				
粮　食	Grain	130056	1984	1259928	10.32
#稻　谷	Rice	111611	1984	1242982	8.98
花　生	Peanuts	15541	1982	56397	27.56
糖　蔗	Sugarcane		1985	2395941	
蔬　菜	Vegetables	3687937	2017	3837712	96.10
水　果(含果用瓜)	Fruits　(Containing fruit melon)	613045	2004	553819	100.00
单位播种面积产量（千克/公顷）	**Yield per Unit Sowed Area (kilogram/hectare)**				
粮　食	Grain	4942	2000	5758	85.83
#稻　谷	Rice	5161	2000	5952	86.71
花　生	Peanuts	2623	2017	2728	96.15
蔬　菜	Vegetables	25268	2016	25644	98.53
水　果	Fruits	9704	1992	8420	100.00
禽畜产品产量　（吨）	**Total Output of Poultry and Animal Husbandry Products　(ton)**				
肉类总产量	Output of Meat	135233	2000	327702	41.27
#猪　肉	Pork	44560	2010	174778	25.50
牛羊肉	Beef and Mutton	1056	2003	1973	53.52
家禽肉	Poultry Meat	89000	2002	184134	48.33
牛　奶	Milk	35721	2010	61530	58.05
鲜　蛋	Eggs	23587	1994	37321	63.20
水产品总产量　（吨）	**Total Output of Aquatic Products(ton)**				
海水产品	Seawater Aquatic Products	98026	2017	98559	99.46
淡水产品	Freshwater Aquatic Products	356188	2016	400639	88.90

10-16 农牧渔业生产水平

Production Level of Agriculture, Animal Husbandry and Fishery

单位：千克　　(kg)

项　目	Item	2017	2018
平均每个农业户生产	**Average Production per Household**		
粮　食	Grain	665	326
#稻　谷	Rice	469	280
花　生	Peanuts	41	39
甘　蔗	Sugarcane	2165	2003
蔬　菜	Vegetables	9332	9240
水　果(含果用瓜)	Fruits(Containing fruit melon)	1311	1536
花　卉　(元)	Flowers　(yuan)	12200	12210
生　猪　(头)	Hogs　(head)	2	1
家　禽　(只)	Poultry　(head)	243	168
#鸡	Chickens	113	100
禽　蛋	Eggs of Poultry	77	59
水产品	Aquatic Products	1147	1138
#鱼　类	Fish	1018	1031
平均每个农业从业人员生产	**Average Production per Employed Person Engaging in Farming**		
粮　食	Grain	503	245
#稻　谷	Rice	354	211
花　生	Peanuts	31	29
甘　蔗	Sugarcane	1637	1508
蔬　菜	Vegetables	7058	6956
水　果(含果用瓜)	Fruits (Containing fruit melon)	992	1156
花　卉　(元)	Flowers　(yuan)	9227	9191
平均每个畜牧业从业人员生产	**Average Production per Employed Person Engaging in Animal Husbandry**		
肉类总产量	Output of Meat	6118	4497
#猪　肉	Pork	2054	1482
牛羊肉	Beef and Mutton	37	35
禽　肉	Meat of Poultry	4003	2960
禽　蛋	Eggs of Poultry	1005	784
平均每个渔业从业人员生产	**Average Production per Employed Person Engaging in Fishery**		
水产品	Aquatic Products	10384	10046
#鱼　类	Fish	9217	9105

10-17 农村经济效益主要指标

Main Indicators of Rural Economic Returns

项 目	Item	2017	2018
农、林、牧、渔业劳动生产率（元/人）	**Labor Productivity of Agriculture, Forestry, Animal Husbandry and Fishery (yuan/person)**	**39725**	**39600**
农业	Agriculture	30536	30439
林业	Forestry	34203	20698
畜牧业	Animal Husbandry	73446	56917
渔业	Fishery	98931	107483
森林覆盖率 (%)	Rate of Land Covered by Forestry (%)	42.32	42.31
耕地水利化程度 (%)	Rate of Cultivated Land under Irrigation (%)	80.57	80.87
农、林、牧、渔业劳动机械化程度 (%)	Rate of Labor Mechanization of Farming, Forestry, Animal Husbandry and Fishery (%)	6.32	7.23

10-18 都市农业主要指标

Main Economic Indicators of Urban Agriculture

指 标		Item		2017	2018
都市农业总收入	(万元)	Total Income of Urban Agriculture	(10000 yuan)	19538064	21675653
# 农林牧渔业收入	(万元)	Income of Agriculture, Forestry, Animal Husbandry and Fishery	(10000 yuan)	3973773	4119607
加工本地农产品总收入	(万元)	Total Income of Processing of Local Agriculture Products	(10000 yuan)	9625150	11672653
运输本地农产品总收入	(万元)	Total Income of Transpot of Local Agriculture Products	(10000 yuan)	1275303	1387497
批发零售本地农产品总收入	(万元)	Total Income of Wholesale and Retail Trade of Local Agriculture Products	(10000 yuan)	4569839	4398487
观光休闲旅游农业企业总收入	(万元)	Total Income of Agricultural sightseeing Tourism Enterprises	(10000 yuan)	93999	97409
都市农业增加值	(万元)	Value-added of Urban Agriculture	(10000 yuan)	8125751	8482594
# 农林牧渔业增加值	(万元)	Value-added of Agriculture, Forestry, Animal Husbandry and Fishery	(10000 yuan)	2584211	2530891
加工本地农产品增加值	(万元)	Value-added of Processing of Local Agriculture Products	(10000 yuan)	2175235	2622270
运输本地农产品增加值	(万元)	Value-added of Transpot of Local Agriculture Products	(10000 yuan)	707283	769500
批发零售本地农产品增加值	(万元)	Value-added of Wholesale and Retail Trade of Local Agriculture Products	(10000 yuan)	2650506	2551109
观光休闲旅游农业增加值	(万元)	Value-added of Agricultural Sightseeing Tourism	(10000 yuan)	8516	8824
都市农业实现利润	(万元)	Total Profit of Urban Agriculture	(10000 yuan)	883658	1411636
都市农业实现税金	(万元)	Total Pre-tax Profit of Urban Agriculture	(10000 yuan)	317032	855308
种子、种苗销售额	(万元)	Sales value of Seeds and Seedlings	(10000 yuan)	108384	197271
观光休闲旅游总收入	(万元)	Total Income of Agricultural Sightseeing Tourism	(10000 yuan)	93971	97409
接待观光休闲游客人次	(万人次)	Total Number of Agricultural Sightseeing Tourist	(10000 Person-times)	1254	5808
都市农业从业人员	(万人)	Employed Persons in Urban Agriculture	(10000 Person)	221	140
都市农业劳动生产率	(元/人)	Urban Agriculture Labor Productivity	(yuan/person)	58262	60541
农业产业化规模比重	(%)	Proportion of Industrialization of Agriculture	(%)	16.6	17.3
农业产业化企业(组织)幅射能力	(%)	Radiation Ability of Industrialization of Agriculture Enterprises (Organizations)	(%)	36.2	34.2
带动本地农户数	(户)	Numbers of Local Farmers Drived by Industrialization of Agriculture Enterprises	(unit)	148975	136527
绿色农产品个数	(个)	Numbers of Green Agricultural Products	(unit)	47	43
绿色农产品产值	(万元)	Output Value of Green Agricultural Products	(10000 yuan)	28981	24611
高新科技农产品个数	(个)	Numbers of High-tech Agricultural Products	(unit)	45	69
高新科技农产品产值	(万元)	Output Value of High-tech Agricultural Products	(10000 yuan)	106628	109827
农业产业化生产单位	(个)	Industrialization of Agriculture Enterprises	(unit)	1583	2064
# 农业龙头企业	(个)	Agriculture Leading Enterprises	(unit)	157	206
# 国家级	(个)	National	(unit)	7	7
省 级	(个)	Provincial	(unit)	19	35
市 级	(个)	Municipal	(unit)	96	93
农业生产基地(示范区)	(个)	Agricultural Production Bases (Demonstration Area)	(unit)	55	54
规模以上农业生产单位	(个)	Agricultural Enterprises above the Designcoted Size	(unit)	926	675
农产品交易市场	(个)	Trade Markets of Agricultural Products	(unit)	40	65

注：1．从2011年起“高新科技农产品个数”改用不重复计算的实际生产新产品个数。

2．从2011年起“高新科技农产品产值”改为按生产新产品口径计算。

3．今年“绿色农产品个数”不含“有机农产品个数”。

Note:I.Since 2011, the number of high-tech agricultural products is replaced by the calculation of actual production of new products without repetition.

II.Since 2011, the output value of high-tech agricultural products has been changed the scale of new products.

III.The number of green agricultural products this year does not contain the number of organic agricultural products.

10-19 建制镇社会经济发展基本情况（2018年）

乡镇名称	Name of Towns	乡镇行政区域面积（公顷）Area of Administrative Division (hectare)	城镇建成区面积（公顷）Area of Developed Areas in Urban Units (hectare)	户籍人口（人）Permanent Population (Person)	一般公共预算收入（万元）Public Government Revenue (10000 yuan)	一般公共预算支出（万元）Public Government Revenue (10000 yuan)	工业总产值（万元）Gross Industrial Output Value (10000 yuan)
白云区	**Baiyun**						
人和镇	Renhe Town	7440	640	102064	28337	28002	868009
太和镇	Taihe Town	15537	880	105534	64670	66938	1753075
钟落潭镇	Zhongluotan Town	16900	650	144481	49232	46968	1714226
江高镇	Jianggao Town	10228	1600	130004	40779	40675	4489670
黄埔区	**Huangpu**						
九龙镇	Jiulong Town	17942	816	99325	44233	45257	837168
番禺区	**Panyu**						
南村镇	Nancun Town	4689	1857	95391	61448	61432	1777766
新造镇	Xinzao Town	1400	117	18220	15273	14602	324397
化龙镇	Hualong Town	5373	225	31144	33000	30000	6876310
石楼镇	Shilou Town	12600	1146	90236	32383	61894	2663267
沙湾镇	Shawan Town	3745	1814	62179	40466	38075	1060219
石基镇	Shiji Town	4703	1569	53039	51092	51344	1175808
花都区	**Huadu**						
梯面镇	Timian Town	9127	160	10417	11748	7777	137758
花山镇	Huashan Town	11640	700	88754	13880	13907	1287641
花东镇	Huadong Town	20844	2987	128672	126673	126673	1205253
炭步镇	Tanbu Town	11330	690	54746	21356	20336	644760
赤坭镇	Chini Town	16040	540	57887	13590	12586	182758
狮岭镇	Shiling Town	13631	2747	64355	19489	19489	1916997
南沙区	**Nansha**						
万顷沙镇	Wanqingsha Town	14285	300	35605	31376	37141	1987253
横沥镇	Hengli Town	5400	460	31829	26932	21934	475984
黄阁镇	Huangge Town	7650	600	49438	40208	38440	12166100
东涌镇	Dongyong Town	9153	544	83370	149866	138192	2446912
大岗镇	Dagang Town	9007	1430	82770	97944	89841	652100
榄核镇	Lanhe Town	7450	890	57561	64600	70504	1370749
从化区	**Conghua**						
温泉镇	Wenquan Town	21244	715	53583	8161	8161	193900
良口镇	Liangkou Town	53080	198	48846	9661	9661	16500
吕田镇	Liangtian Town	39300	90	32366	7475	7475	79600
太平镇	Taiping Town	21033	400	97110	14510	14510	1098400
鳌头镇	Aotou Town	41000	1241	150397	15057	15057	115500
增城区	**Zengcheng**						
新塘镇	Xintang Town	8632	4442	126229	169345	142955	3065793
石滩镇	Shitan Town	17097	370	121298	26596	25044	796046
中新镇	Zhongxin Town	23237	1716	90359	25564	21634	712141
正果镇	Zhengguo Town	23941	160	64501	16655	10706	46671
派潭镇	Paitan Town	28850	300	87532	11892	9789	30521
小楼镇	Xiaolou Town	13600	100	53856	8978	8735	31170
仙村镇	Xiancun Town	5665	200	48823	18923	16500	758638

Basic Statistics on Social and Economic Development of Towns(2018)

建筑业总产值（万元）Construction Industry Output Value (10000 yuan)	住宿餐饮业企业数（个）Number of Enterprises in Wholesale, Retail Trades, Hotels and Catering Services (unit)	商品交易市场交易额（万元）Total Retail Sales of Consumer Goods (10000 yuan)	小学在校学生数（人）Number of Enolled Primary School Students (person)	幼儿园托儿所数（个）Number of Kindergartens (unit)	医疗卫生机构床位数（床）Hospital Beds (bed)	城乡居民基本医疗保险参保人数(人) Number of Persons Participating in Basic Medical Care Insurance for Urban and Rural Residents(person)	城乡居民基本养老保险参保人数(人) Number of Persons Participating in Basic Pension Insurance for Urban and Rural Residents(person)
47920	43	36858	10480	20	460	56565	51826
92381	43	113680	17364	46	372	52087	23156
11369	53		12695	33	482	86019	41267
71977	23	273367	11305	28	1300	52000	18001
315030	9	5210	6592	14	453	74903	39220
548106	318	21178	10472	39	1039	56472	16810
312	3	5962	1579	5	81	8935	3652
1200	9	5500	3661	9	80	28077	11534
6000	80	3006	8604	22	620	48964	19281
3079	60	5400	7362	24	120	44700	5324
99715	56	3150	8048	21	300	32894	23768
1390	2		804	1	36	6931	4309
5024	9	4110	7439	19	91	67029	38013
10676	92	2158	11672	23	186	86798	45979
2836	5	7213	2875	5	72	38055	22950
82000	6	46100	3072	4	62	38407	24258
146529	96	1250000	25677	51	340	51248	20675
	1	12500	4441	9	117	25971	7892
13	2	300	1825	14	253	19620	9115
28945	5		3956	11	125	27610	12645
21462	7	1300	10542	23	260	65182	24374
	20	8619	7243	30	309	41390	19901
11073	3	1455	7430	17	91	35575	31980
	24	46518	3136	6	67	35646	26761
120	13	44376	3287	4	66	30844	15117
	3	3295	1517	2	34	23397	14412
8900	17	506995	9534	16	115	64900	50178
	4	45000	10963	12	273	103495	81997
720624	251	221972	29503	76	920	74255	41065
	1	36620	10848	18	155	86000	42707
	8	67347	6091	15	140	62185	31856
		3628	1895	2	75	43686	25120
	17	10000	4022	5	200	66309	20487
	5	2125	1876	4	100	39975	19022
	3	800	2405	6	52	36220	18520

10-20 全市村委会社会经济基本情况(2018年)

项　　目		Item		全市 Total
一、基本情况		**Basic Information**		
村委会数	(个)	Number of Village Committees	(unit)	1140
行政区域面积	(公顷)	Area of Administrative Region	(hectare)	565136
通公共交通村数	(个)	Number of Villages Available for Public Transport	(unit)	1055
有公共厕所数	(个)	Number of public toilets available	(unit)	932
垃圾集中处理村数	(个)	Number of Villages with Centralized Garbage Disposal	(unit)	1140
污水集中处理村数	(个)	Number of Villages with Centralized Sewage Treatment	(unit)	1041
有电子商务配送站点村数	(个)	Number of Villages with E-Commerce Distribution Centre	(unit)	612
二、人口情况		**Population**		
户籍户数	(户)	Registered Households	(household)	930462
户籍人口	(人)	Registered Population	(person)	3007797
全家外出人口	(人)	Number of outflow population of migrant households	(person)	182333
常住户数	(户)	Permanent Households	(household)	1558239
常住人口	(人)	Permanent Population	(person)	5238868
三、社会保障及社会服务情况		**Social Insurance and Social Service**		
农村特困救助供养人数	(人)	Number of Rural Special Poverty Relief Providers	(Persons)	8232

Social and Economic Information of Village Committees (2018)

白云区 Baiyun	黄埔区 Huangpu	番禺区 Panyu	花都区 Huadu	南沙区 Nansha	从化区 Conghua	增城区 Zengcheng
118	28	177	188	128	221	280
44553	17338	40842	88272	43281	180645	150205
114	28	177	157	125	196	258
115	24	173	168	119	104	229
118	28	177	188	128	221	280
87	6	177	149	126	218	278
46	5	147	116	103	85	110
128052	16970	173307	161710	117967	113648	218808
447407	90284	438421	523933	315098	482762	709892
12177	2386	22646	42657	10109	22372	69986
217958	19924	478523	227340	237381	108834	268279
886602	102301	1405322	890756	619483	462231	872173
102	52	454	1497	713	2397	3017

10-20 续表

项　　目		Item	
小学校数	（个）	Number of Primary Schools	(unit)
小学在校学生数	（个）	Number of pupils in primary school	(unit)
幼儿园、托儿所数	（个）	Number of Kindergartens and Nurseries	(unit)
体育健身场所数	（个）	Number of Gymnasia and Stadium	(unit)
图书室(馆)、文化站数	（个）	Number of Liberaries and Cultural Stations	(unit)
卫生室数	（个）	Number of Health Stations	(unit)
四、产业发展情况		**Industrial Development**	
营业面积50平米以上综合商店或超市个数	（个）	Number of comprehensive stores or supermarkets with business area over 50 square meters	(unit)
先进设施种植占地面积	（亩）	Coverage of Advanced Facilities Planting	(mu)
五、非农业用地情况		**Non-Agraiculture land**	
村集体经营性建设用地面积	（亩）	Area of Rural Collective Construction Land	(mu)
全村宅基地面积	（亩）	Area of Homestead of the Whole Village	(mu)
六、村务情况		**Village Administrative Affairs**	
全年村集体收入	（万元）	Annual Income of Village Collectives	(10000 yuan)
#经营收入	（万元）	Operating Income	(10000 yuan)
年末村集体资产总额	（万元）	Total Assets of Village Collectives at Year-end	(10000 yuan)
年末村集体负债总额	（万元）	Total Liabilities of Village Collectives at Year-end	(10000 yuan)
村干部人数	（人）	Number of Village Cadres	(person)

continued

全市 Total	白云区 Baiyun	黄埔区 Huangpu	番禺区 Panyu	花都区 Huadu	南沙区 Nansha	从化区 Conghua	增城区 Zengcheng
493	70	14	105	105	57	51	91
307288	44666	5117	69821	75205	36190	32827	43462
762	125	14	226	125	91	75	106
2772	431	61	347	469	157	505	802
1155	120	29	191	172	119	238	286
1043	113	25	129	190	107	211	268
5399	671	103	2139	912	407	240	927
60213	1300	480	8324	2881	1437	2546	43245
170583	29474	2030	59591	28522	24030	4372	22564
413542	47368	13454	80557	86191	57636	31245	97091
675701	66528	4869	368021	77990	73354	10109	74830
430519	40764	337	272860	47624	39312	3534	26088
4986905	307067	246445	2036011	741806	1096907	169629	389040
2558269	169956	224350	926906	321322	616628	60490	238617
8017	827	278	1231	1267	761	1593	2060

【农林牧渔业总产值】是以货币表现的农林牧渔业的全部产品总量和对农林牧渔业生产活动进行的各种支持性服务活动的价值。它反映一定时期内农林牧渔业生产总规模和总成果，是观察农林牧渔业生产水平和发展速度，研究农林牧渔业内部比例关系、农林牧渔业与工业、农林牧渔业与国家建设、人民生活比例关系的重要指标，同时也是计算农林牧渔业劳动生产率和农林牧渔业增加值的基础资料。

农林牧渔业总产值的计算，一般采用“产品法”，即凡有产品产量的，都按单位产品价格乘产量的办法求得每种产品产量的产值，然后相加求得各业的产值，最后各业相加求出农林牧渔业总产值。

【常用耕地面积】是指可以用来种植各种农作物，经常进行耕锄的田地，包括熟地、当年新开荒地、连续撂荒未满三年的耕地和当年的休闲地（轮歇地），还包括以种植农作物为主，并附带种植桑、茶、果树和其他林木的土地，以及沿海、沿湖地区已围垦利用的“海涂”、“湖田”等面积。但不包括专业性的桑园、茶园、果园、果木苗圃、林地、芦苇地、天然或人工草地面积。

【农作物播种面积】是指一定生产季节结束时实际播种或移植有农作物的面积。播种面积的统计年度，凡是能在本日历年度内（自1月1日至12月31日）收获的农作物（包括上年秋冬播和本年春播、夏播在本年收获的全部作物）播种面积，都包括在内。

【农业机械总动力】是指主要用于农、林、牧、渔业的各种动力机械的动力总和。包括耕作机械、农用排灌机械、收获机械、植保机械、林业机械、畜牧机械、渔业机械、农产品加工机械、农用运输机械、其他农业机械。

【都市农业】是指在城市化地区，利用田园景观、自然生态及环境资源，通过农林牧渔业生产、农业经营活动、农村文化及农家生活，为人们休闲旅游、体验农业、了解农村提供场所，集农业的生产、生活、生态等功能于一体的产业。

【绿色农业】是指以获得国家认证的绿色农产品生产基地为场所，实施绿色农业工程，开发无污染、安全、优质的绿色农产品、有机农产品的综合高效产业。

【都市农业总收入】是指都市农业统计地理区域内各生产经营单位当年农业生产、加工本地农产品的价值量以及运输、批发零售本地农产品和观光休闲旅游农业的总收入。它是由农业生产产值、加工本地农产品产值、运输本地农产品总收入、批发零售本地农产品总收入和观光休闲旅游农业企业总收入组成。

【农业产业化】农业产业化是以国内外市场为导向，以经济效益为中心，通过自身的组织形式和运行机制，把分散的农户与某组织联成一体，众多的农户在该组织的带动下按同一标准进行统一生产，使一种或一类产品的生产在一个较大的区域内连成一片，形成较大规模，实现了农业由家庭分工向区域分工和社会分工的转变，形成了农户生产的专业化、农业布局的区域化、农产品生产的标准化和农业经营的规模化，将农业的产前、产中、产后诸环节有机地联为一体的经济运行方式。

【农业龙头企业】是指由区级或县级以上政府部门认定的，以农副产品生产、加工或流通企业为龙头，用合同契约关系或产权联结等多种形式，带动当地农户从事专业生产的经营组织。

【自然村】是指在农村地域内由居民自然聚居而形成的村落，自然村一般都应该有自己的名称。自然村与行政村在地域上往往会相互重叠，如果一个自然村包括多个行政村，按一个自然村计算；如果一个行政村包括多个自然村的，按实际自然村个数计算。如果一个行政村的村民居住过于分散，没有明显的聚居现象，可将邻近的20户左右的住户组合成一个自然村。自然村的划分遵从当地的习惯划分方法。

【Gross Output Value of Agriculture】 refers to the total volume of products of farming,forestry,animal husbandry,and fishery and the value of various services supporting the production of farming,forestry,animal husbandry and fishery in monetary terms, which reflects the total scale and total results of farming, forestry, animal husbandry, and fishery production during a given period of time.It is an important indicator to observe the production level and development speed of farming,forestry, animal husbandry,and fishery,to study the internal structure of farming, forestry,animal husbandry,and fishery,and to review the relationship among farming, forestry, animal husbandry,and fishery and industry, national construction and people's life.It is also the basic data to calculate the labor productivity and value-added of farming,forestry, animal husbandry,and fishery.

Generally,the gross output value of farming,forestry,animal husbandry, and fishery is calculated with the production approach, i.e.the gross output value of each single product is obtained by multiplying the output of each product by its price.Then the output value of each sector is obtained.Finally,the sum of output value of all sectors is equal to the gross output value of farming, forestry, animal husbandry,and fishery.

【Area of Regularly Cultivated Land】 refers to farmland among the total land resources which is exclusively used for farming and is under regular cultivation with harvest in normal years. Included are currently cultivated land ,land that has been abandoned or put in idle for less than 3 years and could be re-used for cultivation at any time,and new-claimed land that has been put into cultivation for more than 3 years,Excluded are the land under temporary cultivation,land (large or small plots)that is claimed along river bends,lake sides or banks of reservoirs,as well as land that has been designated under the reen for Grainprograms of the state and provincial governments but is still temporarily under cultivation.

【Sown Area of Crops】 refers to area of land sown or transplanted crops at the end of a production season.

The statistical year of sown area refers to area of land sown during the year (from Jan.1 to Dec.31)with a harvest of crops (including all those sown in the autumn and winter of the preceding year).

【Total Power of Agricultural Machinery】 refers to total mechanical power of machinery used in agriculture, forestry, animal,husbandry and fishery,including machinery for ploughing,irrigation and darinage,harvesting,farm products process,transport,plant protection,animal husbandry,forestry and fishery and other agricultural machineries.

【Urban Agriculture】 refers to industry that integrates agricultural production, life and ecology in urbanized area. This industry utilizes countryside landscape, natural ecology and environmental resources to provide places for leisure traveling, agricultural experience and understanding through production of agriculture, forestry, animal husbandry and fishery, agricultural operating activities, rural culture and life experience.

【Green Agriculture】 refers to comprehensive efficient industry that implements green agriculture engineering and develops non-polluting, safe and high quality green agricultural products in the green agricultural production base that obtained national certification.

【Total Income of Urban Agriculture】 refers to the total income of production and business enterprises in the statistical geographic area of urban agriculture. The income includes agricultural production of the year, magnitude of value of processing local agriculture products, transporting, wholesaling and retailing local agriculture products and the income of agricultural sightseeing and tourism.

【Industrialization of Agriculture】 refers to an economical operation method that oriented by domestic and international market, and takes economic benefits as centre. This method unites the scattered farmer households to the organizations through its organizational forms and operating mechanism. The organizations lead numerous farmer households to product unified productions under the unified standard. The production of the same species can extend within a large region and have a large scale. This method achieves the agriculture transition from family division to regional division and social division. It forms a specialization of agricultural production, regionalization of agricultural distribution, standardization of agricultural products and scaled agricultural operation. This economical operation method dynamically links the agricultural pre-production, in-production and post-production to integration.

【Agriculture Leading Enterprises】 refers to the enterprises that recognized by governments above district-level or country-level. The enterprises producing, processing and circulating agricultural and sideline products are the leading enterprises, and they can encourage local farmer households to work on professional production through contract, agreement or property right connection.

【Village】 refers to a clustered human settlement in rural area, which normally owns its name. The area of village and administrative village often overlaps. If a village is divided into many administrative villages, it should be taken as a village. If an administrative village contains many villages, it should be taken as many villages. If the villagers of an administrative village live far from each other, 20 households nearby would be taken as a village. The division of a village should follow local customs.

第十一篇
CHAPTER 11

工 业
INDUSTRY

第十一篇　工　业

一、本篇资料反映广州市工业基本情况。

二、规模以上工业指年主营业务收入2000万元以上的工业企业。

三、本篇资料中工业行业分类按2011年《国民经济行业分类》（GB/T4754-2011）标准划分；企业规模按国家统计局《统计上大中小微企业划分办法》（国统字〔2011〕75号）标准执行。

四、本篇资料由广州市统计局工业交通处整理提供。

11 Industry

I. The data in this chapter reflect the statistics on industrial enterprises of Guangzhou.

II. The industrial enterprises above designated size refer to the industrial enterprises with an annual sales income of 20 million yuan and above.

III. The industrial sectors in this chapter are grouped in accordance with the National Economic Sector Grouping Standard of 2011 (GB/T4754-2011) , the industrial scale is grouped In accordance with the Grouping Way of Large, Medium, Small size and Micro-enterprise Standards (State Statistics [2011] No. 75).

IV. The data in this chapter are prepared and provided by the Division of Industry and Transportation Statistics of Guangzhou Municipal Bureau of Statistics.

11-1 规模以上工业企业单位数

Number of Industrial Enterprises above the Designated Size

单位：个 (unit)

项　　目	Item	2017	2018
总　　计	**Total**	**4664**	**4675**
按登记注册类型分	Grouped by Registration Status		
内资企业	Domestic Funded Enterprises	3275	3284
国有企业	State-owned Enterprises	21	22
集体企业	Collective-owned Enterprises	17	16
股份合作企业	Cooperative Enterprises	12	12
联营企业	Joint Ownership Enterprises		
国有联营企业	State Joint Ownership Enterprises		
集体联营企业	Collective Joint Ownership Enterprises		
国有与集体联营企业	Joint State-collective Enterprises		
其他联营	Other Joint Ownership Enterprise		
有限责任公司	Limited Liability Corporations	618	621
国有独资有限责任公司	State Sole Funded Corporations	47	46
其他有限责任公司	Other Limited Liability Corporations	571	575
股份有限公司	Share-holding Corporations Ltd.	140	140
私营企业	Private Enterprises	2465	2471
私营独资企业	Private-funded Enterprises	73	74
私营合伙企业	Private Partnership Enterprises	19	19
私营有限责任公司	Private Limited Liability Corporations	2294	2297
私营股份有限公司	Private Share Holding Corporations	79	81
其他企业	Other Enterprises	2	2

11-1 续表 continued

单位：个 (unit)

项目	Item	2017	2018
港、澳、台商投资企业	Enterprises with Funds from Hong Kong, Macao and Taiwan	749	751
与港、澳、台商合资经营企业	Joint-venture Enterprises	132	131
与港、澳、台商合作经营企业	Cooperative Enterprises	41	40
港、澳、台商独资经营企业	Enterprises with Sole Funds	565	567
港、澳、台商投资股份有限公司	Share-holding Corporations Ltd.	10	10
其他港澳台投资	Other Enterprises	1	3
外商投资企业	Foreign Funded Enterprises	640	640
中外合资经营企业	Joint-venture Enterprises	182	182
中外合作经营企业	Cooperative Enterprises	14	14
外资企业	Enterprises with Sole Foreign Funds	421	421
外商投资股份有限公司	Share-holding Corporations Ltd.	13	13
其他外商投资	Other Foreign Funded Enterprises	10	10
按隶属关系分	Grouped by Administrative Relationship		
中央企业	Central Government	40	38
省属企业	Provincial Government	38	36
市属企业	Municipal Government	4586	4601
按轻重工业分	Grouped by Light & Heavy Industries		
轻工业	Light Industry	2446	2514
重工业	Heavy Industry	2198	2161
按生产规模分	Grouped by Size of Enterprises		
大型企业	Large Enterprises	191	182
中型企业	Medium Enterprises	672	674
小微型企业	Small and Micro Industrial Enterprises	3801	3819

11-2 规模以上工业企业出口交货值（2018年）

Delivery Value of Exports of Industrial Enterprises above the Designated Size (2018)

单位:万元 (10000 yuan)

项　　目	Item	出口产品交货值 Delivery Value of Exports
总　计	**Total**	**26212725**
按登记注册类型分	Grouped by Registration Status	
国有企业	State-owned Industry	2679
集体企业	Collective-owned Industry	151506
其他企业	Others	26058540
按隶属关系分	Grouped by Administrative Relationship	
中央企业、省属企业	Central and Provincial Governments	1138117
市属企业	Municipal Government	25074608
按轻重工业分	Grouped by Light & Heavy Industries	
轻工业	Light Industry	9736954
重工业	Heavy Industry	16475771
按生产规模分	Grouped by Size of Enterprises	
大中型企业	Large and Medium Enterprises	21224492
小微型企业	Small and Micro Industrial Enterprises	4988233
按工业行业分	Grouped by Sector	
煤炭开采和洗选业	Mining and Washing of Coal	
石油和天然气开采业	Extraction of Petroleum and Natural Gas	
黑色金属矿采选业	Mining and Processing of Ferrous Metal Ores	
有色金属矿采选业	Mining and Processing of Non-Ferrous Metal Ores	
非金属矿采选业	Mining and Processing of Nonmetal Ores	
开采辅助活动	Mining Auxiliary Activities	
其他采矿业	Mining of Other Ores	
农副食品加工业	Processing of Food from Agricultural Products	52422
食品制造业	Manufacture of Foods	177920
酒、饮料和精制茶制造业	Manufacture of wine,Beverages and Refined Tea	1724
烟草制品业	Manufacture of Tobacco	7525
纺织业	Manufacture of Textile	804636
纺织服装、服饰业	Manufacture of Textile Wearing Apparel,Clothing	482727
皮革、毛皮、羽毛及其制品和制鞋业	Manufacture of Leather,Fur,Feather and Related Products and Footwear	742613

11-2 续表 continued

单位：万元 (10000 yuan)

项目	Item	出口产品交货值 Delivery Value of Exports
木材加工和木、竹、藤、棕、草制品业	Processing of Timber,Manufacture of Wood, Bamboo, Rattan, Plam and Straw Products	20451
家具制造业	Manufacture of Furniture	193325
造纸和纸制品业	Manufacture of Paper and Paper Products	91793
印刷业和记录媒介复制业	Printing, Reproduction of Recording Media	421767
文教、工美、体育和娱乐用品制造业	Manufacture of Culture and Education ,Arts and Crafts, Sports and Entertainment Supplies	499054
石油加工、炼焦和核燃料加工业	Processing of Petroleum, Coking, Processing of Nuclear Fuel	368770
化学原料和化学制品制造业	Manufacture of Raw Chemical Materials and Chemical Products	1167625
医药制造业	Manufacture of Medicines	150428
化学纤维制造业	Manufacture of Chemical Fibers	2778
橡胶和塑料制品业	Manufacture of Rubber	884160
非金属矿物制品业	Manufacture of Non-metallic Mineral Products	319351
黑色金属冶炼和压延加工业	Smelting and Pressing of Ferrous Metals	215272
有色金属冶炼和压延加工业	Smelting and Pressing of Non-Ferrous Metals	54546
金属制品业	Manufacture of Metal Products	864577
通用设备制造业	Manufacture of General Purpose Machinery	823474
专用设备制造业	Manufacture of Special Purpose Machinery	609654
汽车制造业	Manufacture of Automobile	1738098
铁路、船舶、航空航天和其他运输设备制造业	Manufacture of Railway, Ship, Aerospace and Other Transportation Equipment	733091
电气机械及器材制造业	Manufacture of Electrical Machinery and Equipment	2600569
计算机、通信和其他电子设备制造业	Manufacture of Computers, Communications and Other Electronic Equipment	11655075
仪器仪表制造业	Manufacture of Instrument	145599
其他制造业	Other Manufacturing	33148
废弃资源综合利用业	Comprehensive Utilization of Waste Resources	
金属制品、机械和设备修理业	Metal Products, Machinery and Equipment Repair	60302
电力、热力的生产和供应业	Production and Supply of Electric Power and Heat Power	290251
燃气生产和供应业	Production and Supply of Gas	
水的生产和供应业	Production and Supply of Water	

11-3 工业三大支柱产业主要指标(2018年)
Major Indicators of Three Pillar Industrial Industries (2018)

行业	Sector	单位数（个）Number of Units (unit)	从业人员（万人）Employed Persons (10000 persons)	工业总产值（亿元）Gross Output Value of Industry (100 million yuan)
合计	**Total**	**1311**	**45.68**	**10113.22**
汽车制造业	Automobile Manufacturing	299	16.14	5489.89
#汽车零部件制造业	Auto Parts Manufacturing	277	9.96	1468.57
电子产品制造业	Electronic Appliance Manufacturing	610	22.44	2670.99
石油化工制造业	Petrochemical Manufacturing	402	7.10	1952.34

注：本表统计范围为规模以上工业企业。
Note:The data in this table cover the industrial enterprises above designated size.

11-3 续表 continued

行业	Sector	主营业务收入（亿元）Revenue from Principal Business (100 million yuan)	利润总额（亿元）Total Profits (100 million yuan)	税金总额（亿元）Total Pre-tax Profits (100 million yuan)
合计	**Total**	**10120.76**	**747.31**	**504.33**
汽车制造业	Automobile Manufacturing	5342.06	442.44	265.14
#汽车零部件制造业	Auto Parts Manufacturing	1487.75	149.50	43.67
电子产品制造业	Electronic Appliance Manufacturing	2628.86	140.00	33.69
石油化工制造业	Petrochemical Manufacturing	2149.84	164.87	205.50

11-4 主要工业产品产量(2018年)
Output of Major Industrial Products(2018)

产品名称		Name of Products		2017	2018
食用植物油	(吨)	Edible Vegetable Oil	(ton)	1570173	1600712
乳制品	(吨)	Dairy Products	(ton)	277386	353164
罐　头	(吨)	Canned Food	(ton)	15121	8617
饮料酒(混合量)	(千升)	Alcoholic Beverages (mixed)	(1000 litre)	909790	928986
#啤　酒	(千升)	Beer	(1000 litre)	909722	928959
饲　料	(吨)	Fodder	(ton)	4856177	2763585
卷　烟	(万支)	Cigarettes	(10000 piece)	6240801	6048094
纱	(吨)	Yarn	(ton)	22969	11299
布	(万米)	Cloth	(10000 meters)	45356	41214
印染布	(万米)	Dyeing cloth	(10000 meters)	39593	35388
服　装	(万件)	Garments	(10000 units)	41169	31945
皮革鞋靴	(万双)	Leather Shoes	(10000 pairs)	4635	3253
手提包(袋)、背包	(万个)	Handbag, Backpack	(10000units)	4059	9855
人造板	(立方米)	Artificial Boards	(cu.m)	422615	427113
家　具	(万件)	Furniture	(10000 units)	1021	852
机制纸及纸板	(吨)	Machine-made Paper and Paperboards	(ton)	828927	707313
#新闻纸		Newsprint		334318	372628
纸制品	(吨)	Paper Products	(ton)	1040235	856675
化学试剂	(吨)	Chemical Reagent	(ton)	88640	96737
涂　料	(吨)	Coating	(ton)	823097	788095
初级形态的塑料	(吨)	Plastics	(ton)	2317458	1473857
橡胶轮胎外胎	(条)	Tires	(unit)	13906479	12776640
塑料制品	(吨)	Plastic Products	(ton)	1182538	1131189
合成洗涤剂	(吨)	Synthetic Detergents	(ton)	2082851	1980619
化学药品原药	(吨)	Chemical Medicines	(ton)	20613	19437
中成药	(吨)	Traditional Chinese Medicine	(ton)	71552	72098
发电量	(亿千瓦·时)	Electricity	(100 million kwh)	343	333
原油加工量	(吨)	Crude Oil Processing	(ton)	11738092	12613704
汽　油	(吨)	Gasoline	(ton)	2522381	3035566
煤　油	(吨)	Kerosene	(ton)	1768098	1973192
柴　油	(吨)	Diesel Oil	(ton)	3527608	3635982
燃料油	(吨)	Fuel Oil	(ton)	2530	1144
粗　钢	(吨)	Steel	(ton)	1635728	1604330
钢　材	(吨)	Steel Products	(ton)	9548638	7939741
交流电动机	(千瓦)	AC Motors	(kw)	259477	225108
发动机生产量	(万千瓦)	Internal Combustion Engines	(10000 kw)	19385	26080

11-4 续表 continued

产 品 名 称		Name of Products		2017	2018
自动柜员机(ATM机)	(台)	Automated Teller Machines	(set)	33753	31932
工业机器人	(套)	Industrial Robots	(set)	3205	2985
工业自动调节仪表与控制系统	(套)	Industrial Automatic Regulating Instrument and Control System	(set)	776736	1694016
电 梯	(台)	Elevators & Escalators	(unit)	81284	101989
医疗仪器设备及器械	(台)	Medical Equipment and Instruments	(set)	4603	6337
钟	(只)	Clocks	(unit)	2655505	1172074
自行车	(辆)	Bicycles	(unit)	1552619	1090036
摩托车整车	(辆)	Motorcycles	(unit)	2608720	2324736
汽 车	(辆)	Motor Vehicles	(unit)	3108083	2965152
其中：乘用车	(辆)	Sedans	(unit)	3098158	2946753
其中：运动型多用途乘用车(SUV)	(辆)	Sports Utility Vehicle	(unit)	1473341	1142054
新能源汽车	(辆)	New Energy Vehicle	(unit)	7382	28228
变压器	(千伏安)	Transformers	(1000 volt-amperes)	39040352	42823841
原电池及原电池组(非扣式)	(万只)	Batteries	(10000 units)	53074	30294
家用电冰箱	(台)	Household Refrigerators	(set)	2778945	3298399
家用电风扇	(台)	Electric Fans	(set)	435902	421486
房间空气调节器	(台)	Air Conditioners	(set)	7096194	7323214
电饭锅	(个)	Electric Rice Cooker	(unit)	1098431	968224
家用吸排油烟机	(台)	Extractor Hoods	(set)	41426	65006
家用燃气灶具	(台)	Gas Appliances	(unit)	2585214	2170565
电光源	(万只)	Bulbs	(10000 units)	9660	12311
电话单机	(部)	Telephone Sets	(unit)	1073053	1145555
移动通信手持机	(台)	Mobile Telecommunication Handset	(unit)	148772	1184942
微型电子计算机	(台)	Micro-computers	(unit)	200996	139242
其中：平板电脑	(台)	Tablet Personal Computer	(unit)	149244	109083
彩色电视机	(台)	Color TV Sets	(set)	8144822	10144313
其中：智能电视	(台)	Smart TV	(set)	4713878	5581360
移动通信基站设备	(信道)	Mobile Communication Base Station Equipmen	(channel)	8467	11361
光缆	(芯千米)	Optical Cable	(km)	17755	9851
锂离子电池	(万只)	Li-ion Battery	(10000units)	16684	17901
光电子器件	(万只)	Optoelectronic Device	(10000units)	1106114	865478
其中：液晶显示屏	(万片)	Liquid Crystal Display	(10000units)	7737	8188
数字激光音、视盘机	(台)	Digital Video Player	(set)	77542	42562
显示器	(台)	Displayer	(set)	2024019	324503
其中：平板显示器	(台)	Flat-panel Displayer	(set)	1937928	311047

11-5 主要年份规模以上工业企业主要经济指标

单位：万元

项　　目	Item	2000	2006	2007
企业单位数　（个）	Number of Enterprises (unit)	4531	5188	4988
# 亏损企业	Number of Loss-making Enterprises	954	1032	886
盈利企业的盈利总额	Total Profits of Profitable Enterprises	1577983	6008538	8044372
亏损企业的亏损总额	Total Losses of Loss-making Enterprises	393740	620087	513225
利润总额	Total Profits	1184243	5388451	7531147
应交增值税	Value-added Tax Payable	919339	2643027	3199893
流动资产年末合计	Total Working Capitals at the Year-end	15082653	31365356	37716223
# 存　货	Inventory	4301980	8145761	9334080
# 产成品存货	Inventory of Finished Goods	1528452	2478717	2960730
年末资产合计	Total Assets at the Year-end	30861594	69036123	80412681
年末负债合计	Total Liabilities at the Year-end	18249287	33474848	40571015
年末所有者权益合计	Total Owners' Equity at the Year-end	12612306	35561275	39841666
全部从业人员年平均人数　（人）	Annual Average Number of Staff and Workers (person)	1173960	1490877	1540930

11-6 规模以上工业企业主要经济指标（2018年）

单位：万元

项　　目	Item
企业单位数　（个）	Number of Enterprises (unit)
# 亏损企业	Number of Loss-making Enterprises
盈利企业的盈利总额	Total Profits of Profitable Enterprises
亏损企业的亏损总额	Total Losses of Loss-making Enterprises
利润总额	Total Profits
应交增值税	Value-added Tax Payable
流动资产年末合计	Total Working Capitals at the Year-end
# 应收账款	Accounts Receivable
# 存　货	Inventory
# 产成品存货	Inventory of Finished Goods
年末资产合计	Total Assets at the Year-end
年末负债合计	Total Liabilities at the Year-end
年末所有者权益合计	Total Owners' Equity at the Year-end
全部从业人员年平均人数　（人）	Annual Average Number of Staff and Workers (person)

Main Indicators of Industrial Enterprises above the Designated Size in Main Years

(10000 yuan)

2008	2009	2010	2011	2012	2013	2014	2015	2016	2017	2018
7442	7023	6969	4437	4373	4812	4774	4650	4662	4664	4675
1725	1407	1060	689	744	652	676	757	628	583	895
8003202	8584412	10910868	10629334	9666882	11721003	11707720	11919417	12885022	14183445	14880434
1072933	793247	598124	1044071	1410834	667252	827867	933685	568663	694547	885749
6930269	7791165	10312744	9585263	8256048	11053751	10879853	10985732	12316359	13488898	13994685
4520708	3843777	4696284	4545000	4354268	5125516	4882891	5386846	5177392	5228958	4549468
43871519	50733991	60871184	65179319	64593607	74129378	74764969	80408497	88188186	96779199	99067099
11054940	11529881	14111012	15232168	14522684	16005082	17037284	17158817	18033526	18627915	19108203
3751238	3761104	4694208	5213396	5427243	5540642	5958356	5632484	6056731	6892340	7271006
91648730	99655278	112655080	118306012	121573804	135540623	140934954	155333696	167377121	179076236	181277732
49694345	55020064	63320448	66428322	64458098	73585807	76229825	82261928	86779985	90880623	88447503
41954385	44631180	49334632	51877690	57115706	61954816	64705129	73071768	80597136	88195613	92830229
1719873	1615692	1662226	1547037	1499914	1534434	1462674	1418883	1355635	1276030	1166468

Main Indicators of Industrial Enterprises above the Designated Size (2018)

(10000 yuan)

全市 Total	#市属 Managed by Municipal Government
4675	4601
895	883
14880434	12125992
885749	829829
13994685	11296163
4549468	3553303
99067099	87933326
25335874	24122654
19108203	16318444
7271006	7025925
181277732	134858725
88447503	72360460
92830229	62498265
1166468	1109528

11-7 规模以上工业企业主要经济指标(2018年，按轻重工业分)

单位：万元

项 目	Item
企业单位数 (个)	Number of Enterprises (unit)
#亏损企业	Number of Loss-making Enterprises
盈利企业的盈利总额	Total Profits of Profitable Enterprises
亏损企业的亏损总额	Total Losses of Loss-making Enterprises
利润总额	Total Profits
应交增值税	Value-added Tax Payable
流动资产年末合计	Total Working Capitals at the Year-end
#应收账款	Accounts Receivable
#存 货	Inventory
#产成品存货	Inventory of Finished Goods
年末资产合计	Total Assets at the Year-end
年末负债合计	Total Liabilities at the Year-end
年末所有者权益合计	Total Owners' Equity at the Year-end
全部从业人员年平均人数 (人)	Annual Average Number of Staff and Workers (person)

11-8 规模以上工业企业主要经济指标(2018年，按经济类型分)

单位:万元

项 目	Item
企业单位数 (个)	Number of Enterprises (unit)
#亏损企业	Number of Loss-making Enterprises
盈利企业的盈利总额	Total Profits of Profitable Enterprises
亏损企业的亏损总额	Total Losses of Loss-making Enterprises
利润总额	Total Profits
应交增值税	Value-added Tax Payable
流动资产年末合计	Total Working Capitals at the Year-end
#应收账款	Accounts Receivable
#存 货	Inventory
#产成品存货	Inventory of Finished Goods
年末资产合计	Total Assets at the Year-end
年末负债合计	Total Liabilities at the Year-end
年末所有者权益合计	Total Owners' Equity at the Year-end
全部从业人员年平均人数 (人)	Annual Average Number of Staff and Workers (person)

Main Indicators of Industrial Enterprises above the Designated Size (2018, by Light and Heavy Industry)

(10000 yuan)

全 市 Total		#市 属 Managed by Municipal Government	
轻工业 Light Industry	重工业 Heavy Industry	轻工业 Light Industry	重工业 Heavy Industry
2514	2161	2493	2108
501	394	498	385
4342154	10538280	4040096	8085896
317421	568328	315862	513967
4024733	9969952	3724234	7571929
1743820	2805648	1447050	2106253
33398721	65668378	30561171	57372155
7533764	17802110	7352427	16770227
7438486	11669717	5805975	10512469
2565959	4705047	2475162	4550763
50719132	130558600	46502057	88356668
24794940	63652563	23571782	48788678
25924192	66906037	22930275	39567990
572980	593488	560646	548882

Main Indicators of Industrial Enterprises above the Designated Size (2018, by Type of Ownership)

(10000 yuan)

全 市 Total	国有企业 State-owned Enterprises	集体企业 Collective-owned Enterprises	"三资"企业 Foreign Funded Enterprises	其他企业 Other Enterprises	#国有及国有控股工业企业 State-owned and State-holding Enterprises
4675	22	16	1391	3246	266
895	3		307	585	47
14880434	39739	8209	8560287	6272199	5895763
885749	398		409540	475811	219536
13994685	39341	8209	8150747	5796388	5676227
4549468	15157	2382	2402616	2129313	1951989
99067099	526087	65597	52408302	46067113	29115893
25335874	83552	11191	14526976	10714155	3611308
19108203	100505	9423	9250574	9747701	6378141
7271006	41657	3732	3911108	3314509	2191317
181277732	2235485	106205	75216372	103719670	80728200
88447503	1245460	53872	41124075	46024096	35105112
92830229	990025	52333	34092297	57695574	45623088
1166468	9140	13633	616551	527144	171490

11-9 规模以上工业企业主要经济指标(2018年，按企业规模分)

单位：万元

项　　目	Item
企业单位数　(个)	Number of Enterprises　(unit)
# 亏损企业	Number of Loss-making Enterprises
盈利企业的盈利总额	Total Profits of Profitable Enterprises
亏损企业的亏损总额	Total Losses of Loss-making Enterprises
利润总额	Total Profits
应交增值税	Value-added Tax Payable
流动资产年末合计	Total Working Capitals at the Year-end
# 应收账款	Accounts Receivable
# 存　货	Inventory
# 产成品存货	Inventory of Finished Goods
年末资产合计	Total Assets at the Year-end
年末负债合计	Total Liabilities at the Year-end
年末所有者权益合计	Total Owners' Equity at the Year-end
全部从业人员年平均人数　(人)	Annual Average Number of Staff and Workers　(person)

Main Indicators of Industrial Enterprises above the Designated Size (2018, by Size of Enterprises)

(10000 yuan)

全　市 Total			#国有及国有控股工业企业 State-owned and State-holding Enterprises		
大　型 Large Enterprises	中　型 Medium Enterprises	小微型 Small and Micro Enterprises	大　型 Large Enterprises	中　型 Medium Enterprises	小微型 Small and Micro Enterprises
182	674	3819	40	59	167
19	100	776	5	7	35
9445045	2765473	2669916	4939990	426567	529206
113888	280751	491110	37575	98447	83514
9331157	2484722	2178806	4902415	328120	445692
2983453	749876	816139	1732507	114437	105045
50133139	21332212	27601748	21071719	3703899	4340275
10046248	6865204	8424422	1813710	869150	928448
9019127	4279485	5809591	4767977	725375	884789
3407619	1716349	2147038	1527092	241453	422772
107601288	32895697	40780747	65132989	7425181	8170030
49389592	16842432	22215479	26348410	4463452	4293250
58211695	16053265	18565269	38784579	2961729	3876780
446998	344852	374618	120797	31154	19539

11-10 规模以上工业企业主要经济指标(2018年，按行业分)

单位:万元

行业	Sector	利润总额 Total Profits
合　计	**Total**	**13994685**
煤炭开采和洗选业	Mining and Washing of Coal	
石油和天然气开采业	Extraction of Petroleum and Natural Gas	
黑色金属矿采选业	Mining and Processing of Ferrous Metal Ores	
有色金属矿采选业	Mining and Processing of Nonferrous Metal Ores	
非金属矿采选业	Mining and Processing of Nonmetal Ores	638
开采辅助活动	Mining Auxiliary Activities	
其他矿采选业	Mining of Other Ores	
农副食品加工业	Processing of Food from Agricultural Products	291966
食品制造业	Manufacturing of Foods	613948
酒、饮料和精制茶制造业	Manufacture of Wine ,Beverages and Refined Tea	401275
烟草制品业	Manufacturing of Tobacco	214523
纺织业	Textile Industry	71555
纺织服装、服饰业	Manufacture of Textile Wearing Apparel,Clothing	60476
皮革、毛皮、羽毛及其制品和制鞋业	Manufacture of Leather, Fur, Feather and Related Products and Footwear	15845
木材加工及木、竹、藤、棕、草制品业	Processing of Timber, Manufacture of Wood, Bamboo,Rattan,Palm and Straw Products	6867
家具制造业	Manufacturing of Furniture	251814
造纸和纸制品业	Manufacture of Paper and Paper Products	104461
印刷和记录媒介复制业	Printing and Record Media Duplication Industry	51471
文教、工美、体育和娱乐用品制造业	Manufacture of Culture and Education ,Arts and Crafts, Sports and Entertainment Supplies	109911
石油加工、炼焦和核燃料加工业	Processing of Petroleum, Coking, Processing of Nuclear	411426
化学原料及化学制品制造业	Manufacturing of Raw Chemical Material and Chemical Products	1278118
医药制造业	Manufacturing of Medical and Pharmaceutical Products	484718
化学纤维制造业	Manufacturing of Chemical Fiber	-1968
橡胶和塑料制品业	Manufacture of Rubber and Plastic	165297
非金属矿物制品业	Manufacturing of Non-metallic Mineral Products	204327
黑色金属冶炼和压延加工业	Smelting and Pressing of Ferrous Metals	36636
有色金属冶炼和压延加工业	Smelting and Pressing of Non-ferrous Metals	122008
金属制品业	Manufacturing of Metal Products	112049
通用设备制造业	Manufacturing of General Purpose Equipment	489756
专用设备制造业	Manufacturing of Special Purpose Equipment	198794
汽车制造业	Manufacture of Automobile	4424368
铁路、船舶、航空航天和其他运输设备制造业	Manufacture of Railway, Ship, Aerospace and Other Transportation Equipment	-13456
电气机械及器材制造业	Manufacturing of Electric Machinery and Equipment	535124
计算机、通信和其他电子设备制造业	Manufacture of Computers, Communications and Other Electronic Equipment	1045418
仪器仪表制造业	Manufacture of Instrument	81224
其他制造业	Other Manufacturing	16579
废弃资源综合利用业	Comprehensive Utilization of Waste Resources	15820
金属制品、机械和设备修理业	Metal Products, Machinery and Equipment Repair	8505
电力、热力的生产和供应业	Production and Supply of Electric Power and Heat Power	1990439
燃气生产和供应业	Production and Supply of Gas	138716
水的生产和供应业	Production and Supply of Water	56037

Main Indicators of Industrial Enterprises above the Designated Size (2018, by Sector)

(10000 yuan)

全部从业人员年平均人数（人）Average Number of Employed Persons (person)	年末资产合计 Total Assets at the Year-end	年末负债合计 Total Liabilities at the Year-end	年末所有者权益合计 Total Owners' Equity at the Year-end	应交增值税 Value-added Tax Payable	流动资产年末合计 Total Working Capitals at the Year-end	# 应收账款 Accounts Receivable	# 存货 Inventory	# 产成品存货 Inventory of Finished Goods
1166468	**181277732**	**88447503**	**92830229**	**4549468**	**99067099**	**25335874**	**19108203**	**7271006**
77	1774	1657	117	313	1716	627		
13139	3286937	1743783	1543154	22230	2283252	291166	281960	110893
41909	4133045	1991440	2141605	299116	2760119	520593	466297	258253
13987	2422528	1282746	1139782	136273	1712048	242332	242800	169699
2895	2670557	641899	2028658	274136	2058945	77240	1577424	60693
22358	1370129	595192	774937	18125	955045	259340	284934	73364
62976	1380595	804814	575781	66319	1112814	293653	327999	166187
50572	1134457	649057	485400	22213	814498	258165	238107	91129
4367	202568	115490	87078	6554	144983	45847	44027	20672
34017	3027442	1333912	1693530	99518	2078458	235393	182007	62902
11973	2049617	1125169	924448	30204	1289641	242370	125156	45561
22896	815105	434542	380563	14000	524660	219821	127551	36202
46321	1663074	733225	929849	38732	1174421	253877	433850	162042
5065	2067335	1111577	955758	232621	1324717	174787	422009	57111
66735	12548057	6491997	6056060	466714	8174241	2579801	1328740	542287
31335	6341487	2163326	4178161	173217	3854793	568204	672984	267023
649	93669	23143	70526	342	40954	9919	11423	5232
48161	3575222	1842862	1732360	83528	2213949	691417	527313	217110
21945	2753459	1612962	1140497	88255	1937906	833535	216250	79762
5247	2702539	1779865	922674	30469	1350749	232645	410882	167184
5517	1994739	1487630	507109	9816	1692229	258108	197577	112737
42314	3273151	1783412	1489739	51394	2268631	675354	607607	208491
65289	8382942	4016281	4366661	148415	5980210	1848482	1354351	615951
31279	3161159	1592831	1568328	66479	2251199	730929	734939	266908
161376	29904749	17680383	12224366	1271215	20405461	5198944	3321864	1541590
20198	2467527	1850530	616997	11549	1833202	454684	438994	64948
93905	7911257	4113207	3798050	146980	5691460	2171390	1441586	579443
175740	19912815	10686305	9226510	151112	13965996	5018882	2460191	1098877
13420	1050779	380519	670260	22993	808783	232951	198908	74701
2505	109052	68169	40883	1804	69960	7358	24414	9859
1249	255370	124817	130553	7846	192840	2922	13146	7626
11107	996010	554971	441039	28764	565130	282033	129532	6019
21532	39086646	12614150	26472496	476720	5230492	267358	139361	
4521	2772191	1658106	1114085	18910	1233595	66973	106657	80771
9892	5759749	3357534	2402215	32592	1070002	88774	17363	9779

11-11 规模以上大中型工业企业主要经济指标（2018年，按轻重工业分）

单位：万元

项　　目		Item	
企业单位数	（个）	Number of Enterprises	(unit)
# 亏损企业		Number of Loss-making Enterprises	
盈利企业的盈利总额		Total Profits of Profitable Enterprises	
亏损企业的亏损总额		Total Losses of Loss-making Enterprises	
利润总额		Total Profits	
应交增值税		Value-added Tax Payable	
流动资产年末合计		Total Working Capitals at the Year-end	
# 应收账款		Accounts Receivable	
# 存　货		Inventory	
# 产成品存货		Inventory of Finished Goods	
年末资产合计		Total Assets at the Year-end	
年末负债合计		Total Liabilities at the Year-end	
年末所有者权益合计		Total Owners' Equity at the Year-end	
全部从业人员年平均人数	（人）	Annual Average Number of Staff and Workers	(person)

11-12 规模以上大中型工业企业主要经济指标（2018年，按经济类型分）

单位:万元

项　　目		Item	
企业单位数	（个）	Number of Enterprises	(unit)
# 亏损企业		Number of Loss-making Enterprises	
盈利企业的盈利总额		Total Profits of Profitable Enterprises	
亏损企业的亏损总额		Total Losses of Loss-making Enterprises	
利润总额		Total Profits	
应交增值税		Value-added Tax Payable	
流动资产年末合计		Total Working Capitals at the Year-end	
# 应收账款		Accounts Receivable	
# 存　货		Inventory	
# 产成品存货		Inventory of Finished Goods	
年末资产合计		Total Assets at the Year-end	
年末负债合计		Total Liabilities at the Year-end	
年末所有者权益合计		Total Owners' Equity at the Year-end	
全部从业人员年平均人数	（人）	Annual Average Number of Staff and Workers	(person)

Major Indicators of Large and Medium-sized Industrial Enterprises above the Designated Size (2018，by Light and Heavy Industry)

(10000 yuan)

全 市 Total		# 市 属 Managed by Municipal Government	
轻工业 Light Industry	重工业 Heavy Industry	轻工业 Light Industry	重工业 Heavy Industry
461	395	454	375
72	47	72	44
3331394	8879124	3083111	6715259
143895	250744	143895	211233
3187500	8628379	2939216	6504026
1404145	2329184	1116605	1660057
23221869	48243482	20558853	41007508
4345819	12565633	4185628	11720879
5131423	8167189	3528249	7220322
1695567	3428401	1621864	3353890
36314509	104182476	32469291	64122424
17090648	49141376	15943585	35158054
19223861	55041099	16525706	28964369
372753	419097	361961	378218

Major Indicators of Large and Medium-sized Industrial Enterprises above the Designated Size (2018, by Type of Ownership)

(10000 yuan)

合 计 Total	国有企业 State-owned Enterprises	集体企业 Collective-owned Enterprises	“三资”企业 Foreign Funded Enterprises	其他企业 Other Enterprises
856	7	8	457	384
119			67	52
12210518	28325	2417	7340544	4839232
394639			191746	202893
11815879	28325	2417	7148798	4636339
3733329	12369		2103535	1617425
71465351	434228	22218	41123164	29885741
16911452	64093	3716	11107049	5736594
13298612	73603		7124642	6100367
5123968	23428		3152989	1947551
140496985	2079069	33411	58884749	79499756
66232024	1160708	9208	32650259	32411849
74264960	918361	24203	26234490	47087906
791850	7957	12836	502941	268116

【工业】指从事自然资源的开采，对采掘品和农产品进行加工和再加工的物质生产部门。具体包括：

(1)对自然资源的开采，如采矿、晒盐等(但不包括禽兽捕猎和水产捕捞)；

(2)对农副产品的加工、再加工，如粮油加工、食品加工、轧花、缫丝、纺织、制革等；

(3)对采掘品的加工、再加工，如炼铁、炼钢、化工生产、石油加工、机器制造、木材加工等，以及电力、燃气及水的生产和供应等；

(4)对工业品的修理、翻新，如机器设备的修理等。

工业统计调查单位为工业法人单位。

工业法人单位指从事工业生产经营活动的法人单位。工业法人单位应同时具备以下条件：①依法成立，有自己的名称、组织机构和场所，能够独立承担民事责任；②独立拥有（或授权）使用资产，承担负债，有权与其他单位签订合同；③具有包括资产负债表在内的账户，或者能够根据需要编制账户。

【工业法人单位】 指从事工业生产经营活动的法人单位。工业法人单位应同时具备以下条件：①依法成立，有自己的名称、组织机构和场所，能够独立承担民事责任；②独立拥有（或授权）使用资产，承担负债，有权与其他单位签订合同；③具有包括资产负债表在内的账户，或者能够根据需要编制账户。

【轻工业】 指主要提供生活消费品和制作手工工具的工业。按其所使用的原料不同，可分为两大类：

(1)以农产品为原料的轻工业，是指直接或间接以农产品为基本原料的轻工业。主要包括食品制造、饮料制造、烟草加工、纺织、缝纫、皮革和毛皮制作、造纸以及印刷等工业；

(2)以非农产品为原料的轻工业，是指以工业品为原料的轻工业。主要包括文教体育用品、化学药品制造、合成纤维制造、日用化学制品、日用玻璃制品、日用金属制品、手工工具制造、医疗器械制造、文化和办公用机械制造等工业。

【重工业】 是指为国民经济各部门提供物质技术基础的主要生产资料的工业。按其生产性质和产品用途，可分为下列三类：

(1)采掘(伐)工业，是指对自然资源的开采，包括石油开采、煤炭开采、金属矿开采、非金属矿开采和木材采伐等工业；

(2)原材料工业，指向国民经济各部门提供基本材料、动力和燃料的工业。包括金属冶炼及加工、炼焦及焦炭化学、化工原料、水泥、人造板以及电力、石油和煤炭加工等工业；

(3)加工工业，是指对工业原材料进行再加工制造的工业。包括装备国民经济各部门的机械设备制造工业、金属结构、水泥制品等工业，以及为农业提供的生产资料如化肥、农药等工业。

根据上述划分原则，修理业中以重工业产品为修理作业对象的划为重工业，反之划为轻工业。

【资产总计】 指企业过去的交易或者事项形成的、由企业拥有或者控制的、预期会给企业带来经济利益的资源。资产一般按流动性（资产的变现或耗用时间长短）分为流动资产和非流动资产。其中流动资产可分为货币资金、交易性金融资产、应收票据、应收账款、预付款项、其他应收款、存货等；非流动资产可分为长期股权投资、固定资产、无形资产及其他非流动资产等。

【负债合计】 指企业过去的交易或者事项形成的，预期会导致经济利益流出企业的现时义务。负债一般按偿还期长短分为流动负债和非流动负债。

【所有者权益】 指企业资产扣除负债后由所有者享有的剩余权益。公司的所有者权益又称股东权益。包括实收资本、资本公积、盈余公积、未分配利润等。

【固定资产原价】 指固定资产的成本，包括企业在购置、自行建造、安装、改建、扩建、技术改造某项固定资产时所发生的全部支出总额。

【利润总额】 指企业在一定会计期间的经营成果，是生产经营过程中各种收入扣除各种耗费后的盈余，反映企业在报告期内实现的盈亏总额。根据会计“利润表”中“利润总额”项目的本年累计数填报。

【应交增值税】 指按照税法规定，以销售货物、服务、无形资产、不动产或提供加工、修理修配劳务的增值额和货物进口金额为计税依据而课征的一种流转税。填报本指标时，应按权责发生制核算企业本期应负担的增值税。

【Industry】 refers to the material production sector which is engaged in the extraction of natural resources and processing and reprocessing of minerals and agricultural products, including

I.Extraction of natural resources, such as mining, salt production (but not including hunting and fishing);

II.Processing and reprocessing of farm and sideline produces, such as grain and oil processing, food processing, silk reeling, spinning and weaving and leather making;

III. Processing and reprocessing of mineral products, such as steel making, iron smelting, chemicals manufacturing, petroleum processing, machine building, timber processing, and production and supply of electricity, gas and water;

IV. repairing and renovating of industrial products such as the machinery.

In industrial surveys, the units of enquiry are industrial corporate units.

Industrial corporate units refer to corporate units engaging in industrial production and operation activities, which meet the following requirements:

I.They are established legally, having their own names, organizations, location, and are able to take civil liability independently;

II.They possess (or are authorized to use) assets independently, assume liabilities and are entitled to sign contracts with other units;

III. They have accounts including the balance sheets or can compile the accounts according to the need.

【Industrial corporate units】 refer to corporate units engaging in industrial production and operation activities, which meet the following requirements:

I.They are established legally, having their own names, organizations, location, and are able to take civil liability independently;

II.They possess (or are authorized to use) assets independently, assume liabilities and are entitled to sign contracts with other units;

III. They have accounts including the balance sheets or can compile the accounts according to the need.

【Light Industry】 refers to industry which produces consumer goods and hand tools.It consists of two categories depending on the materiais used:

(1)Industries using farm products as raw materials.These are branches of light industry which directly or indirectly use farm products as basic raw materials,including the manufacture of food and beverages,tobacco processing,textile,clothing,fur and leather manufacturing ,paper making, printing,etc.

(2)Industries using nonfarm products as raw materials.These are branches of light industry which use manufactured goods as raw materials, including the manufacture of cultural,educational articles and sports goods,chemicals,synthetic fiber,chemical products for daily use,glass products for daily use,metal products machinery,etc.

【Heavy Industry】 refers to the industry which produces capital goods,and provides various sectors of the national economy with necesary material and technical basis.It consists of the following three branches according to the purpose of production or the use of products:

(1)Mining,quarrying and logging industry refers to the industry that extracts natural resources,including extraction of petroleum, coal,metal and nonmetalores and logging.

(2)Raw materials industry refers to the industry that provides various sectors of the national economy with raw materials,fuels and power.It inc1udes smelting and processing of metals,coking and coke chemistry, chemical materials and building materials such as cement,plywood,and power,petroleum refining and coal dressing.

(3)Manufacturing industry refers to the industry that processes raw materials.It includes machine building industry which equips sectors of the national economy,industry of metal structure and cement products, industries producing means of agricultural production,such as chemical fertilizers and pesticides.

According to the above principle of classification,the repairing trades which are engaged primarily in repairing products of heavy industry are classified into heavy industry while these engaged in repairing products of light industry are classified into light industry.

【Total Assets】 refer to all resources that are owned or controlled by enterprises through previous trades or transactions with expectation of making economic profits. Classified by the degree of liquidity, total assets include current assets and non-current assets. Current assets can be classified into monetary capital, trading financial assets, notes receivable, accounts receivable, advanced payments, other receivables and inventories. Non-current assets can be divided into long-term equity investment, fixed assets, intangible assets and other non-current assets. Data on this indicator can be obtained from the year-end figures of total assets in the Balance Sheet of accounting records.

【Total Liabilities】 refer to payable liabilities of enterprises that accumulated from previous trades or transactions with expectation of economic profits leaking out. In terms of payment, it can be divided into liquid liabilities and long-term liabilities. Data on this indicator can be obtained from the year-end figures of total liabilities in the Balance Sheet of accounting records.

【Owner undefined equity】 refers to the residual equity enjoyed by the owner after deducting liabilities from the assets of the enterprise. The owner undefined equity of the company is also known as the shareholder undefined equity. Including paid-in capital, capital reserves, surplus reserves, undistributed profits and so on.

【The Cost of fixed Assets】 including the total amount of

expenditure incurred by an enterprise in purchasing, building, installing, rebuilding, expanding, and technically transforming a fixed asset.

【**Total Profits**】refers to the operation results in a certain accounting period, and it is the balance of various incomes minus various spendings in the course of operation, reflecting the total profits and losses of enterprises in reference period. Data are obtained from the amount of total profits in the profit statement of the accounting record of enterprise.

【**Value added tax (VAT)**】refers to a turnover tax levied on the basis of taxation to sell goods, services, intangible assets, immovable property or provide processing, repair and repair services and import goods. When completing this index, the value-added tax that enterprises should bear in the current period should be accounted for on the accrual basis.

第十二篇 CHAPTER 12

建筑业
CONSTRUCTION

简要说明

Brief Introduction

第十二篇　建筑业

一、本篇资料反映广州市建筑业概况和发展情况。主要包括资质以上施工总承包、专业承包建筑业企业生产经营和资质以上劳务分包建筑企业经营资料。

二、本篇资料由广州市统计局固定资产投资统计处整理提供。

三、本篇资料是依据国家统计局和广东省统计局制定的“建筑业统计报表制度”规定收集的年报资料，其统计范围包括：广州市境内各种登记注册类型（个体户除外）的具有建筑业资质的所有独立核算建筑业企业（包括没有工作量的建筑业企业）及所属产业活动单位。

12 Construction

I.The data in this chapter show the general situation and the development of the construction industry of Guangzhou Municipality. It mainly includes the operation materials of the general contracting, specialized contracting and labor subcontracting construction enterprises with above qualifications.

II.The data in this chapter are prepared and provided by the Division of Investment and Construction Statistics of Guangzhou Municipal Bureau of Statistics.

III.The data in this chapter are collected in accordance with the Reporting Scheme of Construction Statistics stipulated by the National Bureau of Statistics and Guangdong Provincial Bureau of Statistics. The coverage of construction statistics includes the various registration types (except the self-employed) with the construction industry qualified independent accounting construction enterprises (including the workload of construction enterprises) and their respective industrial units of Guangzhou Municipality.

12-1 资质以上建筑业企业主要经济指标

Major Indicators of Grade Construction Enterprises

项　　目		Item		2017	2018
建筑企业个数	（个）	Number of Construction Enterprises	(unit)	883	1088
年末从业人员	（人）	Number of Employed Persons at Year-end	(person)	548256	626321
固定资产原价	（亿元）	Original Value of Fixed Assets	(100 million yuan)	457	480
固定资产净值	（亿元）	Net Value of Fixed Assets	(100 million yuan)	331	252
建筑业总产值	（万元）	Gross Output Value of Construction	(10000 yuan)	31874585	40192380
# 建筑工程		Output Value of Construction		27645069	35221002
安装工程		Output Value of Installation		3311972	3872850
房屋建筑施工面积	（万平方米）	Floor Space of Buildings under Construction	(10000 sq.m)	19323.31	27755.15
# 新开工		Floor Space Started in Current Year		5320.11	8572.92
房屋建筑竣工面积	（万平方米）	Floor Space of Buildings Completed	(10000 sq.m)	3167.27	4648.09
# 住　宅		Residential Buildings		2241.69	3526.47
主营业务收入	（万元）	Income on Projects Settlement Account	(10000 yuan)	38605698	46033501
主营业务成本	（万元）	Cost on Projects Settlement Account	(10000 yuan)	34372751	42786677
利润总额	（万元）	Total Profits	(10000 yuan)	1057141	1295382

注：本表统计范围为施工总承包、专业承包法人建筑业企业。

Note: The statistical scope of this table covers legal construction enterprises with general contracting and professional contracting.

12-2 主要年份建筑业主要指标

Major Indicators of Construction Sector in Main Years

年 份 Year	建筑业总产值 (万元) Gross Output Value (10000 yuan)	房屋建筑施工面积 (万平方米) Floor Space of Buildings under Construction (10000 sq.m)	房屋建筑竣工面积 (万平方米) Floor Space of Buildings Completed (10000 sq.m)
1978	30673	247.42	138.52
1985	153489	674.77	285.22
1986	176960	773.88	300.17
1987	184390	772.38	330.14
1988	287655	1076.05	408.85
1989	368755	1094.90	489.88
1990	355333	876.08	439.08
1991	425798	909.09	377.71
1992	668171	1257.61	487.95
1993	1031846	1680.21	605.50
1994	1516519	2268.99	734.75
1995	1816133	2708.58	890.81
1996	1893478	2983.56	1043.26
1997	1965269	2764.64	941.10
1998	2287004	3086.95	1054.71
1999	2470523	3136.47	1187.02
2000	2561326	3161.25	1150.36
2001	3403870	3490.22	1205.79
2002	3733922	3522.67	1334.43
2003	4785787	4291.55	1398.91
2004	5459314	4727.78	1596.21
2005	6331382	5311.14	1598.79
2006	6870406	5502.47	1520.25
2007	7507109	5951.92	1623.36
2008	8754491	6156.62	1719.79
2009	10134050	6190.86	1500.35
2010	12805288	7135.48	1509.20
2011	15613171	8439.12	1596.98
2012	17417072	9119.66	2859.31
2013	21828895	15055.70	2556.74
2014	23339417	16398.88	2674.22
2015	24898087	15159.70	2861.93
2016	27653341	16289.56	2805.16
2017	31874585	19323.31	3167.27
2018	40192380	27755.15	4648.09

注：1.2004年及以后年份统计数据口径为资质以上建筑业企业；
2.本表统计范围为施工总承包、专业承包法人建筑业企业。

Note: I. Since 2004 the statistical coverage of all data in this table is all grade construction enterprises.
II.The statistical scope of this table covers legal construction enterprises with general contracting and professional contracting.

12-3 资质以上建筑业企业签订合同情况(2018年)

Statistics on Construction Contracts of Grade Construction Enterprises (2018)

单位：万元 (10000 yuan)

项　　目	Item	签订合同额 Value of Signed Contracts	上年结转合同额 Value of Contracts Balanced from Preceding Year	本年新签合同额 Value of Contracts Newly Signed in Current Year
总　　计	**Total**	**155277733**	**87984305**	**67293428**
按地区分	**Grouped by District**			
荔湾区	Liwan	5597357	2975470	2621887
越秀区	Yuexiu	30423747	15410662	15013085
海珠区	Haizhu	28111740	12720199	15391541
天河区	Tianhe	43545521	30686306	12859215
白云区	Baiyun	2024266	714047	1310219
黄埔区	Huangpu	6951340	3269932	3681408
番禺区	Panyu	6222254	3605928	2616326
花都区	Huadu	5557430	3412069	2145361
南沙区	Nansha	19527936	11205122	8322814
从化区	Conghua	786809	312250	474559
增城区	Zengcheng	6529333	3672320	2857013
按隶属关系分	**Grouped by Administrative Relationship**			
中央属企业	Central Government	81573956	50421857	31152099
地方企业	Provincial Government	34876310	18455676	16420634
其他企业	Others	38827467	19106772	19720695
按登记注册类型分	**Grouped by Registration Status**			
内资企业	Domestic Funded Enterprises	155033227	87826502	67206725
国有企业	State-owned Enterprises	1459066	458420	1000646
集体企业	Collective-owned Enterprises	1271241	804667	466574
股份合作企业	Share-holding Cooperative Enterprises	136371	52853	83518
联营企业	Joint Ownership Enterprises	72676	33316	39360
# 国有联营企业	State Joint Ownership Enterprises			
集体联营企业	Collective Joint Ownership Enterprises	5358	5358	
国有与集体联营企业	Joint State-collective Enterprises	67318	27958	39360
有限责任公司	Limited Liability Corporations	123030993	72781295	50249698
# 国有独资公司	State Sole Funded Corporations	65952425	42469795	23482630
股份有限公司	Share-holding Corporations Ltd.	11735524	6889834	4845690
私营企业	Private Enterprises	17327356	6806117	10521239
其他企业	Other Enterprises			
港、澳、台商投资企业	Enterprises with Funds from Hong Kong, Macao and Taiwan	224633	151873	72760
# 与港、澳、台商合资经营企业	Joint-venture Enterprises	154666	116980	37686
与港、澳、台商合作经营企业	Cooperative Enterprises	31452	14463	16989
港、澳、台商独资经营企业	Enterprises with Sole Funds	38515	20430	18085
港、澳、台商投资股份有限公司	Share-holding Corporations Ltd.			
外商投资企业	Foreign Funded Enterprises	19873	5930	13943
# 中外合资经营企业	Joint-venture Enterprises	3514	310	3204
中外合作经营企业	Cooperative Enterprises			
外资企业	Enterprises with Sole Foreign Funds	8532	2394	6138
外商投资股份有限公司	Share-holding Corporations Ltd.	7827	3226	4601

注：本表统计范围为施工总承包、专业承包法人建筑业企业。
Note: The statistical scope of this table covers legal construction enterprises with general contracting and professional contracting.

12-4 资质以上建筑业企业生产情况(2018年)

项　　目	Item	企业数(个) Number of Construction Enterprises (unit)
总　　计	**Total**	**1088**
按地区分	**Grouped by District**	
荔湾区	Liwan	39
越秀区	Yuexiu	168
海珠区	Haizhu	201
天河区	Tianhe	256
白云区	Baiyun	92
黄埔区	Huangpu	69
番禺区	Panyu	113
花都区	Huadu	30
南沙区	Nansha	45
从化区	Conghua	44
增城区	Zengcheng	31
按隶属关系分	**Grouped by Administrative Relationship**	
中央属企业	Central Government	48
地方企业	Provincial Government	100
其他企业	Others	940
按登记注册类型分	**Grouped by Registration Status**	
内资企业	Domestic Funded Enterprises	1076
国有企业	State-owned Enterprises	31
集体企业	Collective-owned Enterprises	20
股份合作企业	Share-holding Cooperative Enterprises	4
联营企业	Joint Ownership Enterprises	2
#国有联营企业	State Joint Ownership Enterprises	
集体联营企业	Collective Joint Ownership Enterprises	1
国有与集体联营企业	Joint State-collective Enterprises	1
有限责任公司	Limited Liability Corporations	288
#国有独资公司	State Sole Funded Corporations	46
股份有限公司	Share-holding Corporations Ltd.	28
私营企业	Private Enterprises	703
其他企业	Other Enterprises	
港、澳、台商投资企业	Enterprises with Funds from Hong Kong, Macao and Taiwan	9
与港、澳、台商合资经营企业	Joint-venture Enterprises	5
与港、澳、台商合作经营企业	Cooperative Enterprises	2
港、澳、台商独资经营企业	Enterprises with Sole Funds	2
港、澳、台商投资股份有限公司	Share-holding Corporations Ltd.	
外商投资企业	Foreign Funded Enterprises	3
中外合资经营企业	Joint-venture Enterprises	1
中外合作经营企业	Cooperative Enterprises	
外资企业	Enterprises with Sole Foreign Funds	1
外商投资股份有限公司	Share-holding Corporations Ltd.	1

注：本表统计范围为施工总承包、专业承包法人建筑业企业。
Note: The statistical scope of this table covers legal construction enterprises with general contracting and professional contracting.

Statistics on Production of Grade Construction Enterprises (2018)

建筑业总产值（万元）Gross Output Value of Construction (10000 yuan)				竣工产值（万元）Output Value of Completed Projects (10000 yuan)	竣工率（%）Ratio of Floor Space of Buildings Completed (%)
	建筑工程 Output Value of Construction	安装工程 Output Value of Installation	其 他 Others		
40192380	**35221002**	**3872850**	**1098528**	**13880390**	**34.53**
1293282	933623	337794	21865	701174	54.22
7287546	6070026	1033648	183872	3375650	46.32
6050568	5550683	295468	204417	2493719	41.21
11069392	10192303	535597	341492	3208852	28.99
748593	603057	121597	23939	286773	38.31
3432235	2268013	954928	209294	1326763	38.66
1673286	1451880	198810	22596	414987	24.80
1839999	1833771	3322	2906	490708	26.67
5068046	4931937	102031	34078	1062602	20.97
491622	288937	186565	16120	203195	41.33
1237811	1096772	103090	37949	315967	25.53
19289672	17727907	1470693	91072	5984226	31.02
7017181	6182341	634209	200631	3106505	44.27
13885527	11310754	1767948	806825	4789659	34.49
40059122	35151706	3809241	1098175	13831014	34.53
528334	329771	82251	116312	130343	24.67
362059	357737	569	3753	269461	74.42
129597	82477	1586	45534	103537	79.89
38153	35078	3075			
2730	2730				
35423	32348	3075			
28226055	25121166	2583341	521548	9350440	33.13
11325065	10752587	499363	73115	3627000	32.03
1879840	1773754	69426	36660	437887	23.29
8895084	7451723	1068993	374368	3539346	39.79
124055	66032	58023		41158	33.18
85425	50747	34677	1	25725	30.11
12543	12543			11496	91.65
26087	2742	23346		3937	15.09
9203	3264	5586	353	8218	89.30
3264	3264			3264	100.00
984		631	353	984	100.00
4955		4955		3970	80.12

12-4 续表

项　目	Item	房屋建筑施工面积（平方米）Floor Space of Buildings under Construction (sq.m)
总　计	**Total**	**277551506**
按地区分	**Grouped by District**	
荔湾区	Liwan	9372840
越秀区	Yuexiu	62225343
海珠区	Haizhu	82788567
天河区	Tianhe	82573946
白云区	Baiyun	2873560
黄埔区	Huangpu	6078604
番禺区	Panyu	5799924
花都区	Huadu	16929702
南沙区	Nansha	5881218
从化区	Conghua	742742
增城区	Zengcheng	2285060
按隶属关系分	**Grouped by Administrative Relationship**	
中央属企业	Central Government	161790610
地方企业	Provincial Government	48247950
其他企业	Others	67512946
按登记注册类型分	**Grouped by Registration Status**	
内资企业	Domestic Funded Enterprises	277342803
国有企业	State-owned Enterprises	46523
集体企业	Collective-owned Enterprises	1500602
股份合作企业	Share-holding Cooperative Enterprises	466501
联营企业	Joint Ownership Enterprises	52341
#国有联营企业	State Joint Ownership Enterprises	
集体联营企业	Collective Joint Ownership Enterprises	52341
国有与集体联营企业	Joint State-collective Enterprises	
有限责任公司	Limited Liability Corporations	178240969
#国有独资公司	State Sole Funded Corporations	96128811
股份有限公司	Share-holding Corporations Ltd.	10371260
私营企业	Private Enterprises	86664607
其他企业	Other Enterprises	
港、澳、台商投资企业	Enterprises with Funds from Hong Kong, Macao and Taiwan	208703
与港、澳、台商合资经营企业	Joint-venture Enterprises	
与港、澳、台商合作经营企业	Cooperative Enterprises	199563
港、澳、台商独资经营企业	Enterprises with Sole Funds	9140
港、澳、台商投资股份有限公司	Share-holding Corporations Ltd.	
外商投资企业	Foreign Funded Enterprises	
中外合资经营企业	Joint-venture Enterprises	
中外合作经营企业	Cooperative Enterprises	
外资企业	Enterprises with Sole Foreign Funds	
外商投资股份有限公司	Share-holding Corporations Ltd.	

continued

# 本年新开工 Floor Space Started in Current Year	房屋建筑竣工面积（平方米） Floor Space of Buildings Completed (sq.m)	# 住 宅 Residential Buildings	年平均人数（人） Average Annual Employed Persons (person)
85729183	**46480938**	**35264727**	**689400**
2506885	1597621	934085	20921
18879628	8760520	5769911	165355
31437847	15454671	14850367	111967
14930115	11359758	7589411	186044
1234774	1148332	670352	21122
1943897	1416160	235941	48197
3954939	1453190	1129438	33454
5544565	3315610	2845745	17920
4042862	1073373	669235	47105
361402	503812	414603	13281
892269	397891	155639	24034
48941997	23473894	21528122	204932
14997983	7767580	3545022	116600
21789203	15239464	10191583	367868
85681570	46383115	35250594	685061
10711	36183		10599
254555	294087	75565	6958
88814	405308	36575	1870
			1432
			200
			1232
50067771	22979158	16893162	466331
20273127	9179718	6597217	172286
3555898	1893238	738918	23120
31703821	20775141	17506374	174751
47613	97823	14133	4231
			2968
47613	88683	14133	812
	9140		451
			108
			54
			24
			30

12-5 资质以上建筑业企业承包工程完成情况(2018年)

单位：万元

项　　目	Item
总　计	**Total**
按地区分	**Grouped by District**
荔湾区	Liwan
越秀区	Yuexiu
海珠区	Haizhu
天河区	Tianhe
白云区	Baiyun
黄埔区	Huangpu
番禺区	Panyu
花都区	Huadu
南沙区	Nansha
从化区	Conghua
增城区	Zengcheng
按隶属关系分	**Grouped by Administrative Relationship**
中央属企业	Central Government
地方企业	Provincial Government
其他企业	Others
按登记注册类型分	**Grouped by Registration Status**
内资企业	Domestic Funded Enterprises
国有企业	State-owned Enterprises
集体企业	Collective-owned Enterprises
股份合作企业	Share-holding Cooperative Enterprises
联营企业	Joint Ownership Enterprises
#国有联营企业	State Joint Ownership Enterprises
集体联营企业	Collective Joint Ownership Enterprises
国有与集体联营企业	Joint State-collective Enterprises
有限责任公司	Limited Liability Corporations
#国有独资公司	State Sole Funded Corporations
股份有限公司	Share-holding Corporations Ltd.
私营企业	Private Enterprises
其他企业	Other Enterprises
港、澳、台商投资企业	Enterprises with Funds from Hong Kong, Macao and Taiwan
与港、澳、台商合资经营企业	Joint-venture Enterprises
与港、澳、台商合作经营企业	Cooperative Enterprises
港、澳、台商独资经营企业	Enterprises with Sole Funds
港、澳、台商投资股份有限公司	Share-holding Corporations Ltd.
外商投资企业	Foreign Funded Enterprises
中外合资经营企业	Joint-venture Enterprises
中外合作经营企业	Cooperative Enterprises
外资企业	Enterprises with Sole Foreign Funds
外商投资股份有限公司	Share-holding Corporations Ltd.

注：本表统计范围为施工总承包、专业承包法人建筑业企业。

Note: The statistical scope of this table covers legal construction enterprises with general contracting and professional contracting.

Statistics on Contracted Projects of Grade Construction Enterprises (2018)

(10000 yuan)

直接从建设单位承揽工程完成的产值 Output Value of Completed Projects Directly Contracted with Construction Units	自行完成施工产值 Output Value of Projects Completed by Oneself	分包出去工程产值 Output Value of Projects Subcontracted	从建设单位以外承揽工程完成的产值 Output Value of Completed Projects Contracted with Other Units
45428555	**36750876**	**8677679**	**3441504**
1412595	1119966	292629	173316
10566535	7167821	3398714	119725
7898107	5346750	2551357	703818
11777940	10747722	1030218	321670
969194	713311	255883	35282
2346225	2076643	269582	1355592
1686516	1629612	56904	43674
1838032	1819460	18572	20539
4460029	4440335	19694	627711
486380	471172	15208	20450
1987002	1218084	768918	19727
20525168	17529632	2995536	1760040
10276303	6019903	4256400	997278
14627084	13201341	1425743	684186
45283832	36617618	8666214	3441504
661978	507959	154019	20375
355847	355540	307	6519
129392	129392		205
38153	38153		
2730	2730		
35423	35423		
32473640	25244954	7228686	2981101
14429380	9903039	4526341	1422026
2691081	1856656	834425	23184
8933741	8484964	448777	410120
135099	124055	11044	
96469	85425	11044	
12543	12543		
26087	26087		
9624	9203	421	
3265	3264	1	
1404	984	420	
4955	4955		

12-6 资质以上建筑业企业财务指标(2018年)

单位：万元

项　　目	Item	资产总计 Total Assets
总　计	**Total**	**65944492**
按地区分	**Grouped by District**	
荔湾区	Liwan	3605472
越秀区	Yuexiu	11256902
海珠区	Haizhu	11558934
天河区	Tianhe	14754714
白云区	Baiyun	947882
黄埔区	Huangpu	6777310
番禺区	Panyu	2033458
花都区	Huadu	1947216
南沙区	Nansha	8438812
从化区	Conghua	940454
增城区	Zengcheng	3683338
按隶属关系分	**Grouped by Administrative Relationship**	
中央属企业	Central Government	26320301
地方企业	Provincial Government	12377548
其他企业	Others	27246643
按登记注册类型分	**Grouped by Registration Status**	
内资企业	Domestic Funded Enterprises	64058669
国有企业	State-owned Enterprises	895687
集体企业	Collective-owned Enterprises	282394
股份合作企业	Share-holding Cooperative Enterprises	62364
联营企业	Joint Ownership Enterprises	15664
#国有联营企业	State Joint Ownership Enterprises	
集体联营企业	Collective Joint Ownership Enterprises	3341
国有与集体联营企业	Joint State-collective Enterprises	12324
有限责任公司	Limited Liability Corporations	40053874
#国有独资公司	State Sole Funded Corporations	19040560
股份有限公司	Share-holding Corporations Ltd.	4628846
私营企业	Private Enterprises	18119840
其他企业	Other Enterprises	
港、澳、台商投资企业	Enterprises with Funds from Hong Kong, Macao and Taiwan	1547967
与港、澳、台商合资经营企业	Joint-venture Enterprises	189568
与港、澳、台商合作经营企业	Cooperative Enterprises	1238824
港、澳、台商独资经营企业	Enterprises with Sole Funds	119575
港、澳、台商投资股份有限公司	Share-holding Corporations Ltd.	
外商投资企业	Foreign Funded Enterprises	337856
中外合资经营企业	Joint-venture Enterprises	8465
中外合作经营企业	Cooperative Enterprises	
外资企业	Enterprises with Sole Foreign Funds	4434
外商投资股份有限公司	Share-holding Corporations Ltd.	324957

注：本表统计范围为施工总承包、专业承包法人建筑业企业。
Note: The statistical scope of this table covers legal construction enterprises with general contracting and professional contracting.

Financial Indicators of Grade Construction Enterprises (2018)

(10000 yuan)

负债合计 Total Liabilities	所有者权益 Owners' Equity	# 实收资本 Paid-in Capitals	# 国家资本 State Capital
48214497	**17729995**	**8201262**	**3546478**
2162074	1443398	959265	818785
8964152	2292750	1154722	533585
8507042	3051892	1555891	672929
11379474	3375240	2207770	1001925
642342	305540	208044	13527
5793316	983994	555621	24469
1373978	659480	373257	10608
1592581	354635	242258	104167
5189666	3249146	501475	274100
732999	207455	87163	
1876873	1806465	355796	92383
20929599	5390702	2955754	2014828
9124450	3253098	1823270	1267855
18160448	9086195	3422238	263795
47634892	16423777	8091394	3546478
749704	145983	100684	81087
196034	86360	46474	
40318	22046	14894	809
8850	6814	4113	1000
228	3113	3113	
8622	3702	1000	1000
30728263	9325611	5358338	3223496
14403085	4637475	2564864	2338305
3491010	1137836	461445	200086
12420713	5699127	2105446	40000
253278	1294689	105000	
113945	75623	64816	
25200	1213624	36949	
114133	5442	3235	
326327	11529	4868	
4547	3918	1600	
1260	3174	1268	
320520	4437	2000	

12-6 续表 1

单位:万元

项　　目	Item	营业收入 Income of Business
总　　计	**Total**	**46463838**
按地区分	**Grouped by District**	
荔湾区	Liwan	1675822
越秀区	Yuexiu	9665209
海珠区	Haizhu	8314023
天河区	Tianhe	12242969
白云区	Baiyun	1074602
黄埔区	Huangpu	3171870
番禺区	Panyu	1798136
花都区	Huadu	1644380
南沙区	Nansha	4271474
从化区	Conghua	531200
增城区	Zengcheng	2074153
按隶属关系分	**Grouped by Administrative Relationship**	
中央属企业	Central Government	19935020
地方企业	Provincial Government	10372794
其他企业	Others	16156024
按登记注册类型分	**Grouped by Registration Status**	
内资企业	Domestic Funded Enterprises	46286538
国有企业	State-owned Enterprises	777559
集体企业	Collective-owned Enterprises	450254
股份合作企业	Share-holding Cooperative Enterprises	73807
联营企业	Joint Ownership Enterprises	44780
#国有联营企业	State Joint Ownership Enterprises	
集体联营企业	Collective Joint Ownership Enterprises	8086
国有与集体联营企业	Joint State-collective Enterprises	36694
有限责任公司	Limited Liability Corporations	32665596
#国有独资公司	State Sole Funded Corporations	14762414
股份有限公司	Share-holding Corporations Ltd.	2673168
私营企业	Private Enterprises	9601374
其他企业	Other Enterprises	
港、澳、台商投资企业	Enterprises with Funds from Hong Kong, Macao and Taiwan	148202
与港、澳、台商合资经营企业	Joint-venture Enterprises	102022
与港、澳、台商合作经营企业	Cooperative Enterprises	20511
港、澳、台商独资经营企业	Enterprises with Sole Funds	25669
港、澳、台商投资股份有限公司	Share-holding Corporations Ltd.	
外商投资企业	Foreign Funded Enterprises	29098
中外合资经营企业	Joint-venture Enterprises	4394
中外合作经营企业	Cooperative Enterprises	
外资企业	Enterprises with Sole Foreign Funds	4815
外商投资股份有限公司	Share-holding Corporations Ltd.	19889

continued

(10000 yuan)

#主营业务收入 Revenue from Principal Business	主营业务成本 Cost of Principal Business	其他业务利润 Other Operational Profit
46033501	**42786677**	**65558**
1650952	1547410	3477
9603368	9043317	38008
8258131	7655415	14016
12125834	11287927	3895
1067055	978275	2010
3138058	2920330	1686
1696058	1420139	441
1627411	1542579	1070
4263591	4012989	25
530896	458112	67
2072147	1920184	863
19761196	18469175	15008
10305385	9849650	37791
15966920	14467852	12759
45858773	42634704	65509
770043	709908	4884
448193	**426257**	**104**
72916	69408	496
44780	43054	
8086	7646	
36694	35408	
32362909	30200645	54827
14670931	13885330	40347
2670667	2450966	2264
9489265	8734466	2934
145658	131143	27
99817	88644	27
20511	19530	
25330	22969	
29070	20830	22
4395	3156	
4790	2733	22
19885	14941	

12-6 续表 2

单位：万元

项目	Item	管理费用 Management Cost
总计	**Total**	**1656392**
按地区分	**Grouped by District**	
荔湾区	Liwan	61605
越秀区	Yuexiu	354759
海珠区	Haizhu	303817
天河区	Tianhe	428701
白云区	Baiyun	55114
黄埔区	Huangpu	135830
番禺区	Panyu	72804
花都区	Huadu	47839
南沙区	Nansha	125538
从化区	Conghua	23765
增城区	Zengcheng	46620
按隶属关系分	**Grouped by Administrative Relationship**	
中央属企业	Central Government	655526
地方企业	Provincial Government	271379
其他企业	Others	729487
按登记注册类型分	**Grouped by Registration Status**	
内资企业	Domestic Funded Enterprises	1642660
国有企业	State-owned Enterprises	39338
集体企业	Collective-owned Enterprises	11460
股份合作企业	Share-holding Cooperative Enterprises	3217
联营企业	Joint Ownership Enterprises	1283
#国有联营企业	State Joint Ownership Enterprises	1
集体联营企业	Collective Joint Ownership Enterprises	414
国有与集体联营企业	Joint State-collective Enterprises	868
有限责任公司	Limited Liability Corporations	1101983
#国有独资公司	State Sole Funded Corporations	455022
股份有限公司	Share-holding Corporations Ltd.	94795
私营企业	Private Enterprises	390584
其他企业	Other Enterprises	
港、澳、台商投资企业	Enterprises with Funds from Hong Kong, Macao and Taiwan	11349
与港、澳、台商合资经营企业	Joint-venture Enterprises	8953
与港、澳、台商合作经营企业	Cooperative Enterprises	709
港、澳、台商独资经营企业	Enterprises with Sole Funds	1687
港、澳、台商投资股份有限公司	Share-holding Corporations Ltd.	
外商投资企业	Foreign Funded Enterprises	2383
中外合资经营企业	Joint-venture Enterprises	682
中外合作经营企业	Cooperative Enterprises	
外资企业	Enterprises with Sole Foreign Funds	1011
外商投资股份有限公司	Share-holding Corporations Ltd.	690

continued

(10000 yuan)

财务费用 Financial Cost	营业利润 Business Profits	利润总额 Total Profits	产值利润率(%) Rate of Profits to Output (%)
277738	**1299172**	**1295382**	**3.22**
11819	40339	36993	2.86
51829	201878	205830	2.82
14593	338624	335110	5.54
122680	253434	253842	2.29
4405	20699	21037	2.81
35	54618	53916	1.57
7602	187768	185393	11.08
11454	22477	23765	1.29
22234	74939	74141	1.46
2955	38639	39273	7.99
28132	65757	66082	5.34
122439	552415	538037	2.79
42931	196130	194275	2.77
112368	550627	563070	4.06
277711	1292117	1288098	3.22
2136	18287	18566	3.51
293	7770	8186	2.26
12	675	691	0.53
-50	301	299	0.78
-1			
-20	-11	-11	
-29	312	310	0.88
188383	955127	946568	3.35
106354	348924	341670	3.02
35336	89123	91448	4.86
51601	220834	222340	2.50
222	3421	3582	2.89
98	3071	3080	3.61
-80	294	300	2.39
204	56	202	0.77
-195	3634	3702	40.23
28	511	259	7.94
-10	333	352	35.77
-213	2790	3091	62.38

12-7 资质以上建筑业企业盈亏情况(2018年)

单位:个、万元

项　　目	Item
总　　计	**Total**
按地区分	**Grouped by District**
荔湾区	Liwan
越秀区	Yuexiu
海珠区	Haizhu
天河区	Tianhe
白云区	Baiyun
黄埔区	Huangpu
番禺区	Panyu
花都区	Huadu
南沙区	Nansha
从化区	Conghua
增城区	Zengcheng
按隶属关系分	**Grouped by Administrative Relationship**
中央属企业	Central Government
地方企业	Provincial Government
其他企业	Others
按登记注册类型分	**Grouped by Registration Status**
内资企业	Domestic Funded Enterprises
国有企业	Stateowned Enterprises
集体企业	Collectiveowned Enterprises
股份合作企业	Shareholding Cooperative Enterprises
联营企业	Joint Ownership Enterprises
#国有联营企业	State Joint Ownership Enterprises
集体联营企业	Collective Joint Ownership Enterprises
国有与集体联营企业	Joint Statecollective Enterprises
有限责任公司	Limited Liability Corporations
#国有独资公司	State Sole Funded Corporations
股份有限公司	Shareholding Corporations Ltd.
私营企业	Private Enterprises
其他企业	Other Enterprises
港、澳、台商投资企业	Enterprises with Funds from Hong Kong, Macao and Taiwan
与港、澳、台商合资经营企业	Jointventure Enterprises
与港、澳、台商合作经营企业	Cooperative Enterprises
港、澳、台商独资经营企业	Enterprises with Sole Funds
港、澳、台商投资股份有限公司	Shareholding Corporations Ltd.
外商投资企业	Foreign Funded Enterprises
中外合资经营企业	Jointventure Enterprises
中外合作经营企业	Cooperative Enterprises
外资企业	Enterprises with Sole Foreign Funds
外商投资股份有限公司	Shareholding Corporations Ltd.

注：本表统计范围为施工总承包、专业承包法人建筑业企业。
Note: The statistical scope of this table covers legal construction enterprises with general contracting and professional contracting.

Statistics on Profits and Losses of Grade Construction Enterprises (2018)

(unit, 10000 yuan)

企业数 Number of Construction Enterprises	盈 余 Profits		亏 损 Losses	
	企业数 Number of Enterprises	金 额 Value	企业数 Number of Enterprises	金 额 Value
1088	**870**	**1366875**	**218**	**71493**
39	31	37884	8	891
168	131	212328	37	6498
201	151	346302	50	11191
256	214	260479	42	6637
92	74	25546	18	4509
69	60	73883	9	19968
113	87	190204	26	4811
30	23	26974	7	3210
45	40	82736	5	8596
44	34	40843	10	1568
31	25	69696	6	3614
48	43	553982	5	15945
100	91	201985	9	7711
940	736	610908	204	47837
1076	859	1359510	217	71411
31	24	19103	7	537
20	14	8404	6	218
4	4	691		
2	1	310	1	11
1			1	11
1	1	310		
288	250	976776	38	30209
46	42	349765	4	8095
28	23	94120	5	2672
703	543	260106	160	37764
9	8	3663	1	82
5	4	3161	1	82
2	2	300		
2	2	202		
3	3	3702		
1	1	259		
1	1	352		
1	1	3091		

12-8 资质以上劳务分包建筑企业生产经营情况(2018年)

单位：万元

项　　目	Item	企业数(个) Number of Construction Enterprises (unit)
总　　计	**Total**	**90**
按地区分	**Grouped by District**	
荔湾区	Liwan	8
越秀区	Yuexiu	7
海珠区	Haizhu	16
天河区	Tianhe	16
白云区	Baiyun	9
黄埔区	Huangpu	4
番禺区	Panyu	21
花都区	Huadu	
南沙区	Nansha	2
从化区	Conghua	5
增城区	Zengcheng	2
按隶属关系分	**Grouped by Administrative Relationship**	
中央属企业	Central Government	
地方企业	Provincial Government	3
其他企业	Others	87
按登记注册类型分	**Grouped by Registration Status**	
内资企业	Domestic Funded Enterprises	90
国有企业	State-owned Enterprises	
集体企业	Collective-owned Enterprises	
股份合作企业	Share-holding Cooperative Enterprises	
联营企业	Joint Ownership Enterprises	
#国有联营企业	State Joint Ownership Enterprises	
集体联营企业	Collective Joint Ownership Enterprises	
国有与集体联营企业	Joint State-collective Enterprises	
有限责任公司	Limited Liability Corporations	12
#国有独资公司	State Sole Funded Corporations	2
股份有限公司	Share-holding Corporations Ltd.	1
私营企业	Private Enterprises	77
其他企业	Other Enterprises	
港、澳、台商投资企业	Enterprises with Funds from Hong Kong, Macao and Taiwan	
与港、澳、台商合资经营企业	Joint-venture Enterprises	
与港、澳、台商合作经营企业	Cooperative Enterprises	
港、澳、台商独资经营企业	Enterprises with Sole Funds	
港、澳、台商投资股份有限公司	Share-holding Corporations Ltd.	
外商投资企业	Foreign Funded Enterprises	
中外合资经营企业	Joint-venture Enterprises	
中外合作经营企业	Cooperative Enterprises	
外资企业	Enterprises with Sole Foreign Funds	
外商投资股份有限公司	Share-holding Corporations Ltd.	

Statistics on Grade Construction Enterprises of Work Subcontractors (2018)

(10000 yuan)

营业收入合计 Business Revenue	# 主营业务收入 Core Business Revenue	利润总额 Total Profits	从业人员平均人数(人) Average of Employed Persons	应付职工薪酬 Benefits Payable of the Employee
1374217	**1368828**	**7968**	**110561**	**908952**
92850	92846	524	5808	22303
146822	146822	277	6669	54266
629624	629617	2161	52612	500976
160437	160437	795	19394	58198
167757	167757	2286	16014	155598
61664	61664	918	2064	54113
81702	76325	427	7353	47938
7465	7465	164	11	1337
13413	13412	-113	603	5063
12483	12483	529	33	9160
100656	100656	1004	3190	27424
1273561	1268172	6964	107371	881528
1374217	1368828	7968	110561	908952
257747	257747	1545	25177	185086
67706	67706	631	6538	32273
37428	37428	197	23	248
1079042	1073653	6226	85361	723618

【**建筑业总产值**】指以货币表现的建筑业企业在一定时期内生产的建筑业产品和服务的总和。建筑业总产值包括三部分内容：

(1)建筑工程产值：指列入建筑工程预算内的各种工程价值。

(2)设备安装工程产值：指设备安装工程价值，以及将预制部品部件安装成建筑工程产品的价值。

(3)其他产值：建筑业总产值中除建筑工程、安装工程以外的产值。包括房屋构筑物修理产值、非标准设备制造产值、总包企业向分包企业收取的管理费以及不能明确划分的施工活动所完成的产值。

a.房屋构筑物修理产值：指房屋和构筑物的修理所完成的产值，但不包括被修理房屋、构筑物的本身价值和生产设备的本身的价值。

b.非标准设备制造产值：指加工制造没有定型的非标准生产设备的加工费和原材料价值以及附属加工厂为本企业承建工程制作的非标准设备的价值。

【**房屋建筑面积**】指房屋全部平面面积的总和。它从房屋的外墙线算起，包括可供使用的有效面积和墙柱等结构占用面积。多层房屋按各层(包括地下室)面积总和计算。旧房加层或改造，只计算增加的建筑面积；旧房拆除重建，计算其全部面积；临时房屋不计算建筑面积。

【**主营业务收入**】指企业确认的销售商品、提供劳务等主营业务的收入。根据会计“主营业务收入”科目的本年各月贷方余额（结转前）之和填报。如未设置该科目，以“营业收入”代替填报。

【**营业收入**】指企业经营主要业务和其他业务所确认的收入总额。营业收入合计包括“主营业务收入”和“其他业务收入”。根据会计“利润表”中“营业收入”项目的本年累计数填报，即：

营业收入 =主营业务收入 +其他业务收入

【**Gross Output Value of Construction**】refers to total Volume of construction products and services, expressed in monetary terms, completed by construction and installation enterprises during a given period of time. It includes:

(1)Output value of construction projects, that is the value of projects covered by the project budgets;

(2)Output value of installation projects, those are the value of the installation of equipment and the value of installing prefabricated parts into construction engineering products.

(3)Other output values, that is the values excluding output value of construction projects and output value of installation projects, including output value of repair of buildings and structures, output value of manufactured non-standard equipment, management expenses received by head enterprises from sub-contract enterprises and output value of construction activities completed but unclassified.

a.Output value of repair of buildings and structures, that is the value created through the repairs of buildings or structures, but does not include the value of buildings or structures being repaired and the value of the repair of production equipment.

b.Output value of manufactured non-standard equipment, that is the value of non-standard production equipment (including raw materials and manufacturing cost) made for the construction project, and equipment manufactured by subsidiary workshops.

【**Floor Space of Buildings under Construction**】refers to the sum of all of the surface area of the housing. Counting from the housing exterior lines, including the availability of effective area and wall and column structure occupied the area. The floor space of multi-storey housing is the sum of area of all layers (including basement). The additional layer or transformation of existing homes, only the increase in construction area; old house demolition and reconstruction, to calculate the total area; temporary housing does not calculate the building area.

【**Main business income**】refers to the enterprise recognizes sales of goods and services, and other main business income. According to the sum of the credit balance (before carry-over) of each month of this year in the accounting subject of "main business income". If without a set of the subjects, operating income instead.

【**Operating income**】refers to the total income of the business recognized by business and other business. Total operating revenue includes the main business income and other operating income. Fill in the number of business income project accounting income statement for accumulated data in the year, .its calculating formula is:

Operating income = the main business income + other operating income

第十三篇 CHAPTER 13

运输和邮电

TRANSPORT，POSTAL AND TELECOMMUNICATION SERVICES

简要说明

Brief Introduction

第十三篇　运输和邮电

一、本篇资料反映广州市运输、邮电通信业发展的基本状况。交通运输业资料主要包括：五种运输方式的线路里程、运输设备拥有量、各种运输方式完成的货物运输量和旅客运输量、港口设备拥有量、港口货物吞吐量等。

邮电通信业资料主要包括：邮电业务量、邮电通信工具、邮电通信网、邮电通信水平等。

二、本篇资料由广州市统计局服务业统计处整理提供。

三、资料分别来源于民航、铁路、公路、水运、港口、公安、邮电等部门。管道运输资料由有关管道运输企业提供。

13 Transport,Postal and Telecommunication Services

I.The data in this chapter cover mainly the basis conditions of the development of transport, posts and telecommunications in Guangzhou. The data on transport cover mainly the length of the routes of five means of transportation, the owner-ship of the transport equipment, the freight traffic and passenger traffic accomplished by various means of transportation, the ownership of the port equipment and the cargo handled at ports, etc. The data on posts and telecommunications cover mainly the postal and telecommunication services, means of post and telecommunications, network of post and telecommunications, main financial of indicators of postal and telecommunication enterprises and the level of the development of the postal and telecommunication services, etc.

II.The data in this chapter are prepared and provided by the Division of Service Industries Statistics of Guangzhou Municipal Bureau of Statistics.

III.The data in this chapter come respectively from Guangzhou municipal departments of railways, transportation, post and telecommunications, etc. The data on the pipeline transport are provided by related pipeline enterprises.

13-1 运输邮电主要指标

Basic Statistics of Transport and Post

项　　目	Item	2017	2018
民用车辆拥有量 (辆)	Civilian Vehicle (unit)	2489029	2660191
#汽车	Automobile	2399158	2573308
货运量 (万吨)	Freight Traffic (10000 tons)	117429	127752
#铁　路	Railways	1822	1989
公　路	Highways	77099	82032
水　路	Waterways	37496	42608
民　航	Civil Aviation	132	137
货物周转量 (万吨公里)	Freight Ton-kilometers (10000 ton-km)	212596804	214871658
#铁　路	Railways	222997	208617
公　路	Highways	8865047	9521612
水　路	Waterways	202872085	204462938
民　航	Civil Aviation	631965	673332
客运量 (万人次)	Passenger Traffic (10000 person-times)	45279	48048
铁　路	Railways	11712	13355
公　路	Highways	25430	25725
水　路	Waterways	52	55
民　航	Civil Aviation	8085	8913
旅客周转量 (万人公里)	Passenger-kilometers (10000 passenger-km)	19990354	21950302
铁　路	Railways	1210960	1269676
公　路	Highways	2575647	2649145
水　路	Waterways	5079	5344
民　航	Civil Aviation	16198668	18026137
港口货物吞吐量 (万吨)	Volume of Freight Handled in Coastal Ports (10000 tons)	59012	61313
进　港	Import	34684	35719
出　港	Export	24328	25594
白云国际机场货邮行吞吐量 (万吨)	Volume of Freight and Post Handled in Baiyun International Airport (10000 tons)	234	249
白云国际机场旅客吞吐量 (万人次)	Volume of Passengers Handled in Baiyun International Airport (10000 person-times)	6584	6974
邮电业务收入 (万元)	Revenue of Postal and Telecommunication Services (10000 yuan)	7560250	8778953
电话交换机总容量 (万门)	Total Capacity of Telephone Exchanges (10000 gates)	87	81
报纸发行量 (万份)	Newspapers Issued (10000 copies)	130667	108327
杂志发行量 (万份)	Magazines Issued (10000 copies)	4915	5133
固定电话用户 (万户)	Number of Telephone Sets at Year-end (10000 subscribes)	396	371
移动电话用户 (万户)	Number of Mobile Telephone Subscribers (10000 subscribes)	3083	4008
互联网宽带接入用户数(万户)	Number of Internet Subscribers (10000 subscribes)	522	544
城市电话普及率(含移动电话) (部/百人)	Popularity Rate of Urban Telephones (Including Mobile Telephones) (set/100 persons)	387.47	472.00
#移动电话	Mobile Telephones	343.36	432.01

注：2018年铁路、公路的客货统计口径有所调整，对2017年相关数据也进行了相应调整。

Note: The passenger and cargo statistics of railway and highway have been adjusted in 2018, and relevant data of 2017 have also been adjusted accordingly.

13-2 公路和航道线路基本情况

Basic Statisics on Highways and Waterways

项　　目	Item	2017	2018
公路里程　（公里）	**Length of Highways (kilometer)**	**9322**	**8975**
# 晴雨通车里程	Length of Highways in Any Weathers	9322	8975
等级公路	Expressway and Class I to IV Highways	8635	8914
高　速	Expressway	972	1022
一　级	First Class	1049	1058
二　级	Second Class	911	871
三　级	Third Class	1454	1458
四　级	Fourth Class	4249	4505
等外公路	Highways below Class IV	687	61
有路面里程	Paved Highways	8563	8952
沥青混凝土	High Class	1920	2277
水泥混凝土	Second High Class	6643	6675
简易铺路面	Medium Class	74	23
未铺装路面	Low Class	685	
桥　梁	**Bridges**		
座　（座）	Number (unit)	3575	3714
长　度　（米）	Length (meter)	526839	549332
永久式桥梁	**Permanent Bridges**		
座　（座）	Number (unit)	3575	3714
长　度　（米）	Length (meter)	526839	549332
渡　口　（个）	**Ferries (unit)**	**2**	**2**
内河航道里程　（公里）	**Length of Navigable Inland Waterways (kilometer)**	**1303**	**1303**
# 等级航道里程	Standand Waterways (kilometer)	473	473

注：1.2018年剔除了已市政化、地方发展被占用或废弃的农村公路，导致“公里里程”等数据同比降幅明显。

2.本表数据由广州市交通运输局等单位提供。

Note：I. In 2018, rural roads that have been municipal and occupied or abandoned for local development were eliminated, resulting in a significant year-on-year decline in "kilometers" and other data.

II. The data in this table are provided by Guangzhou Municipal Transportation Bureau, etc.

13-3 民用车辆拥有量（2018年）
Possession of Civil Vehicles (2018)

单位：辆 (unit)

项 目	Item	全 市 Total	# 私人 Private
合 计	**Total**	**2660191**	**2085914**
汽 车	Civil Automobile	2573308	2025596
载客汽车	Passenger Vehicles	2201951	1869270
大 型	Large	43791	796
中 型	Medium	11449	3852
小 型	Small	2132482	1858892
微 型	Minicar	14229	5730
载货汽车	Trucks	358150	151833
重 型	Heavy	68457	3162
中 型	Medium	22070	3925
轻 型	Light	263373	140932
微 型	Mini	4250	3814
其他汽车	Others	13207	4493
电 车	Trolleybuses and Trams	231	
无 轨	Trolleybuses	231	
有 轨	Trams		
摩托车	Motorcycle	61441	60049
普 通	Ordinary	61440	60048
轻 便	Light	1	1
挂 车	Trailers	25211	269
其他类型车	Other Kinds of Vehicles		

注：本表资料由广州市公安局交警支队提供。
Note: The data in this table are provided by the transportation policy branch of Guangzhou policy bureau.

13-4 营业性民用运输轮驳船拥有量
Possession of Business Civil Transport Vessels

项　　目		Item		2017	2018
机动船		**Motor Vessels**			
艘数	（艘）	Number of Motor Vessels	(unit)	1822	1663
# 客船	（艘）	Passenger Vessels	(unit)	85	91
货船	（艘）	Cargo Vessels	(unit)	1729	1566
载客量	（客位）	Passenger Capacity	(seat)	23340	23710
净载重量	（吨位）	Dead Weight Tonnage	(ton)	37406895	33476631
总功率	（千瓦）	Total Power	(kw)	6387656	5180378
驳　船		**Barges**			
艘数	（艘）	Number of Barges	(unit)	3	2
净载重量	（吨位）	Dead Weight Tonnage	(ton)	5000	8411

注：1.对2017年"货船"统计口径做了修正。
　　2.本表资料由广州港务局等单位提供。

Note: I. The statistical caliber of "cargo vessel" in 2017 has been revised.
　　II. This table is provided by Guangzhou port authority.

13-5 主要年份客货运输(吞吐量)和邮电业务收入

Total Passenger and Freight Traffic and Revenue of Postal and Telecommunication Services in Main Years

年 份 Year	客运量 (万人次) Passenger Traffic (10000 persontimes)	旅客周转量 (万人公里) Passenger-kilometers (10000 passengerkm)	货运量 (万吨) Freight Traffic (10000 tons)	货物周转量 (万吨公里) Freight Tonkilometers (10000 ton-km)	港口旅客吞吐量 (万人次) Volume of Passenger Handled in Coastal Ports (10000 persontimes)
1978					433
1980					489
1985	11653	1017045	18233	15653824	514
1986	10985	1090054	15439	16584196	788
1987	9152	1158152	18947	17143674	742
1988	10290	1340611	21390	18968882	765
1989	9051	1269994	18397	20193670	610
1990	9461	1340608	17842	21417482	531
1991	9996	1574625	19535	26703071	485
1992	12459	1897547	22562	28156518	484
1993	15988	2198885	24818	29564344	447
1994	17307	2202816	26461	35696673	406
1995	16107	2227019	26992	39618131	343
1996	15638	2066438	23315	30739572	233
1997	17725	2417966	23768	30573646	134
1998	19587	2563072	24443	26210641	91
1999	22007	2799796	24238	20924658	153
2000	26097	4533805	27972	22660161	134
2001	27461	4986901	28248	23370862	135
2002	30084	5570611	28496	22346711	135
2003	30546	5408605	29309	25104134	112
2004	36941	8557982	35700	27833246	119
2005	40524	9750755	38153	27240509	99
2006	43777	10915614	42759	27954630	98
2007	51180	12906006	45852	24706845	111
2008	55385	13752318	49586	24620645	90
2009	57053	14538626	52525	21762287	78
2010	62595	16936472	57369	24508491	79
2011	67756	18790926	64929	28611908	80
2012	76070	20746062	76100	49383911	75
2013	89269	22776307	89099	68224384	77
2014	98062	24996168	96553	86335522	71
2015	106082	26681268	100124	90504153	61
2016	45823	21698556	107992	153864229	87
2017	45279	19990354	117429	212596804	92
2018	48048	21950302	127752	214871658	101

注：1.因交通部从2017年起修正了公路的客货统计口径，同时修正了2016年的同比口径，故对2016年有关数据进行了相应修正。
2.2018年铁路、公路的客货统计口径有所调整，对2017年相关数据也进行了相应调整。

Note: I. Since the ministry of transportation has revised the statistical caliber of road passenger and cargo from 2017,and also revised the year-on-year caliber in 2016, relevant data in 2016 have been revised accordingly.

II. The passenger and cargo statistics of railway and highway have been adjusted in 2018, and relevant data of 2017 have also been adjusted accordingly.

13-5 续表 continued

年 份 Year	港口货物吞吐量 (万吨) Volume of Freight Handled (10000 tons)	#集装箱 Container	机场旅客吞吐量 (万人次) Volume of Passenger Handled in Airport (10000 persontimes)	机场货邮行吞吐量 (万吨) Volume of Freight Mail and Luggage Handled in Airport (10000 tons)	邮电业务收入 (万元) Revenue of Postal and Telecommunication Services (10000 yuan)
1978	1950		66		2357
1980	2107		131	3	3631
1985	3700		290	6	9927
1986	3954		389	7	12744
1987	4561		505	10	19822
1988	5115	115	542	11	28482
1989	5106	103	485	11	38605
1990	5099	107	605	12	55960
1991	5657	161	745	15	79642
1992	6477	168	902	17	121473
1993	7610	177	927	19	180606
1994	8121	231	1070	23	270330
1995	8340	440	1257	28	380323
1996	8510	485	1264	32	528343
1997	8390	599	1251	35	687781
1998	8716	789	1241	41	841107
1999	11336	1355	1190	45	981527
2000	12455	1699	1279	49	1384846
2001	13539	2633	1384	53	1515282
2002	16772	3255	1601	59	1751392
2003	19200	4161	1501	54	1851326
2004	23887	4734	2033	63	2108788
2005	27283	6672	2340	75	2220589
2006	32816	9493	2622	82	2307436
2007	37053	13298	3096	90	2478199
2008	36954	15172	3344	93	2663183
2009	37549	15383	3705	122	2680007
2010	42526	18070	4098	145	2900942
2011	44770	20682	4504	153	3123440
2012	45125	21338	4831	163	3373039
2013	47267	23053	5246	173	4585063
2014	50097	24297	5479	190	5052592
2015	52096	26026	5521	200	5400082
2016	54437	27799	5974	216	6352822
2017	59012	30002	6584	234	7560250
2018	61313	32829	6974	249	8778953

注：因个别电信公司对2016年电信收入进行了列账调整，故对2016年邮电业务收入进行了相应调整。

Note: As some telecom companies have listed and adjusted the income of telecom in 2016, they have adjusted the income of post and telecommunications in 2016 accordingly.

13-6 民航运输主要指标
Main Indicators on Civil Aviation

项　目	Item	2017	2018
客运量　（万人次）	Passenger Traffic (10000 person-times)	8085	8913
国际航线	International Routes	1192	1752
国内航线	Domestic Routes	6893	7161
# 地区航线	Regional Routes	112	118
旅客周转量　（万人公里）	Passenger-kilometers (10000 person-km)	16198668	18026137
国际航线	International Routes	5497871	6133646
国内航线	Domestic Routes	10700797	11892491
# 地区航线	Regional Routes	170010	183046
货邮运量　（吨）	Freight Traffic (ton)	1321703	1370791
国际航线	International Routes	570292	622204
国内航线	Domestic Routes	751411	748587
# 地区航线	Regional Routes	15763	14801
货邮周转量　（万吨公里）	Freight Ton-kilometers (10000 ton-km)	631965	673332
国际航线	International Routes	507383	549957
国内航线	Domestic Routes	124582	123375
# 地区航线	Regional Routes	1870	1763
总周转量　（万吨公里）	Total Air Traffic Ton-kilometers(10000 ton-km)	2057742	2258564
国际航线	International Routes	990146	1088018
国内航线	Domestic Routes	1067596	1170546
# 地区航线	Regional Routes	16777	17808
飞行班次　（班次）	Flying Times of General Aviation (time)	631298	667382
国际航线	International Routes	88218	96425
国内航线	Domestic Routes	543080	570957
# 地区航线	Regional Routes	7601	7974
飞行时间　（小时）	Flying Time of General Aviation (hr)	1754453	1880921
运输飞行	Transportation Flying	1732105	1858979
专业飞行	Flying for Special Purpose	22348	21942

13-7 民航航线及飞机年末数

Number of Civil Aviation Routes and Civil Aircraft at Year-end

指标名称	Item	2017	2018
定期航班航线条数 （条）	Number of Civil Aviation Routes (line)	715	845
国际航线	International Routes	155	175
国内航线	Domestic Routes	560	670
# 地区航线	Regional Routes	17	18
定期航班航线里程(公里)	Length of Civil Aviation Routes (km)	2287204	2056444
国际航线	International Routes	1085440	639757
国内航线	Domestic Routes	1201764	1416687
# 地区航线	Regional Routes	28003	32336
民航飞机期末架数 （架）	Number of Civil Aircraft (unit)	516	555
运输飞机	Aero Transport	486	524
大中型飞机	Air Bus	466	504
小型飞机	Puddle-jumper	20	20
通用航空飞机	General Aircraft	30	31
教学校验飞机	Others		
国外通航国家和地区(个)	Foreign Countries and Regions Linked with Civil Aviation Routes(unit)	41	44
通航城市 （个）	Cities Linked with Civil Aviation Routes (unit)	230	246
# 国外通航城市	Foreign Cities Linked with Civil Aviation Routes	77	82

13-8 白云国际机场吞吐量
Volume Handled in Baiyun International Airport

项　目	Item	2017	2018
飞机起降架次　（万次）	Number of Aircrafts Taking off and Landing (10000 times)	46.53	47.74
进　港	Landing	23.27	23.87
出　港	Taking off	23.26	23.87
旅客吞吐量　（万人次）	Volume of Passengers Handled (10000 person-times)	6584	6974
进　港	Landing	3275	3466
出　港	Taking off	3309	3509
货邮行吞吐量　（万吨）	Volume of Freight Handled (10000 ton)	233.85	249.33
进　港	Landing	104.93	113.56
出　港	Taking off	128.92	135.77
航线条数　（条）	Number of Civil Aviation Routes (line)	278	256
国际航线	International Routes	96	92
国内航线	Domestic Routes	182	164
# 地区航线	Regional Routes	4	4
国外通航国家和地区　（个）	Foreign Countries and Regions Linked with Civil Aviation Routes (unit)	43	41
通航城市	Cities Linked with Civil Aviation Routes	208	207
# 国外通航城市	Foreign Cities Linked with Civil Aviation Routes	83	74

注：本表数据由白云国际机场提供。

Note:The data in this table are provided by Baiyun International Airport.

13-9 输油（气）管道基本情况（2018年）

Basic Statistics on Pipelines (2018)

项目	Item	合计 Total	#输成品油管道 Refined Oil Pipelines	#输其他气体管道 Others Gas Pipelines
条数 （条）	Number Of Pipelines (unit)	31	18	11
输油（气）里程 （公里）	Length Of Pipelines (km)	121.89	57.07	61.42
延展长度 （公里）	Extension Length of Pipelines (km)	121.89	57.07	61.42
输油（气）能力 （万吨/年、千万立方米/年）	Capacity of Pipeline Traffic (10000 ton/year, 10 million cu.m/year)	5030.76	4023.28	987.48
输油（气）量 （万吨）	Pipeline Traffic (10000 tons)	985.01	812.68	163.65
输油（气）周转量 （万吨公里）	Ton-kilometers (10000 ton-km)	5158.83	4461.73	667.57

注：本表数据由中石化广州分公司提供。
Note:The data in this table are provided by Sinopec Guangzhou Branch.

13-10 港口码头泊位数

Number of Berths in Ports

项目	Item	2017	2018
总计	**Total**		
码头长度 （米）	Length of Quay Line (m)	70229	70229
泊位 （个）	Number of Berths (unit)	807	807
# 万吨级	10000 Ton Class	76	76
泊位年通过能力	Berths Capacity		
# 货物 （万吨）	Cargo (10000 tons)	37445	37445
集装箱 （万TEU）	Containers (10000 TEU)	1576	1576
旅客 （万人）	Passengers (10000 persons)	2862	2862
汽车 （万辆）	Automobile (10000 units)	1034	1034
生产用	**For Productive Use**		
码头长度 （米）	Length of Quay Line (m)	58535	58535
泊位 （个）	Number of Berths (unit)	631	631
# 万吨级	10000 Ton Class	73	73

注：本表数据由广州市港务局提供。
Note:The data in this table are provided by Guangzhou Port Bureau.

13-11 港口吞吐量及货物分类（2018年）
Volume Handled in Ports and Type of Freight (2018)

单位：万吨 (10000 tons)

项　目	Item	合 计 Total	出 港 Import	进 港 Export	#沿海港口 Coastal Harbour	出 港 Import	进 港 Export
货物吞吐量	**Volume of Freight Handled**	**61313.31**	**25593.93**	**35719.38**	**59396.20**	**25150.04**	**34246.16**
外　贸	Foreign Trade	13941.05	4956.83	8984.22	13782.16	4901.76	8880.40
内　贸	Inland Trade	47372.26	20637.10	26735.16	45614.04	20248.28	25365.76
货物分类	**Type of Freight**						
煤炭及制品	Coal and Related Products	7728.69	2631.36	5097.33	7390.82	2628.91	4761.91
石油、天然气及制品	Petroleum, Natural Gas and Related Products	2384.31	910.26	1474.05	2316.58	902.99	1413.59
#原　油	Crude Oil	12.08	6.04	6.04	12.08	6.04	6.04
金属矿石	Metal Ores	564.77	29.11	535.66	562.90	29.11	533.79
钢　铁	Steel and Iron	3156.92	621.23	2535.69	3113.83	615.60	2498.23
矿建材料	Mineral Building Materials	4875.55	1786.30	3089.25	4621.04	1773.53	2847.51
水　泥	Cement	221.69	176.46	45.23	65.77	31.58	34.19
木　材	Timber	479.88	151.33	328.55	479.88	151.33	328.55
非金属矿石	Nonmetal Ores	301.47	117.21	184.26	219.75	117.21	102.54
化肥及农药	Chemical Fertilizers and Pesticides	26.36	6.87	19.49	20.21	6.87	13.34
盐	Salt	11.09	1.51	9.58	11.09	1.51	9.58
粮　食	Grain	2699.23	853.54	1845.69	2589.64	853.14	1736.50
机械、设备、电器	Machinery, Equipment and Electric Appliance	3751.44	1859.73	1891.71	3703.86	1831.71	1872.15
化工原料及制品	Chemical Raw Materials and Related Products	834.51	123.36	711.15	565.75	120.09	445.66
有色金属	Nonferrous Metals	55.33	16.97	38.36	55.33	16.97	38.36
轻工、医药产品	Light Industry, Medical and Pharmaceutical Products	984.36	384.06	600.30	863.49	315.80	547.69
农林牧渔业产品	Agricultural, Forestry, Animal Husbandry and Fishery Products	304.99	40.68	264.31	252.02	34.77	217.25
其　他	Others	32932.72	15883.95	17048.77	32564.24	15718.92	16845.32

注：本表数据由广州市港务局提供。
Note:The data in this table are provided by Guangzhou Port Bureau.

13-12 港口标准集装箱吞吐量(2018年)

Cargo Handled in International Standard Containers (2018)

项 目	Item	合 计 Total	出 港 Import	进 港 Export
箱数合计 (万箱)	Total Containers (10000 units)	2192.21	1109.29	1082.92
重量合计 (万吨)	Total Weight (10000 tons)	32829.08	15524.59	17304.49
国内小计	National Total			
箱 数 (万箱)	Number of Containers(10000 units)	1398.55	715.56	682.99
重 量 (万吨)	Weight (10000 tons)	23973.03	10992.34	12980.69
国际小计	International Total			
箱 数 (万箱)	Number of Containers(10000 units)	793.66	393.73	399.93
#中国香港	Hong Kong, China	298.98	151.18	147.80
新加坡	Singapore	32.13	20.11	12.02
马来西亚	Malaysia	25.85	21.08	4.77
韩 国	Korea, Rep.	12.90	3.56	9.34
印 尼	Indonesia	7.27	6.90	0.37
日 本	Japan	4.40	1.21	3.19
泰 国	Thailand	4.18	2.57	1.61
意大利	Italia	0.76	0.53	0.23
重 量 (万吨)	Weight (10000 tons)	8856.05	4532.25	4323.80
#中国香港	Hong Kong, China	4076.41	1784.35	2292.06
新加坡	Malaysia	405.44	268.10	137.34
马来西亚	Malaysia	325.45	282.08	43.37
韩 国	Korea, Rep.	149.81	23.97	125.84
印 尼	Indonesia	111.38	110.11	1.27
日 本	Japan	44.61	16.13	28.48
泰 国	Thailand	56.83	32.98	23.85
意大利	Italia	9.57	6.61	2.96

注：本表数据由广州市港务局提供。

Note:The data in this table are provided by Guangzhou Port Bureau.

13-13 邮政电信网

Network of Postal and Telecommunication Services

项　　目	Item	2017	2018
邮政网　（个）	Post Network (unit)	243	243
自办邮政网点	Post Office Owned by Itself	180	183
代办网点	Commission Office	63	60
邮政储蓄所　（个）	Postal Savings Office (unit)	131	131
信箱、信筒　（个）	Mail Box (unit)	965	963
电信网　（个）	Telecommunication Office (unit)	13735	11577
自办电信网点	Telecommunication Office Owned by Itself	484	422
代办网点	Commission Office	13251	11155
邮政网络　（公里）	Postal Service Network (km)		
邮路总长度	Total Length of Mail Routes	54719	54719
农村投递线路总长度	Length of Rural Delivery Routes	23927	32461

注：按可比口径，对2017年“邮政储蓄所”数据进行了调整。

Note: According to the comparable standard, the number of postal savings office in 2017 has been adjusted.

13-14 邮政业务主要指标

Main Indicators on Post

项　目		Item		2017	2018
国内分类业务总量		Category of Domestic Services			
函　件	（万件）	Number of Letters	(10000 pcs)	18645	11641
包　裹	（万件）	Foreign Exchange	(10000 pcs)	44	45
汇　兑	（万笔）	Remittance	(10000 transactions)	87	52
订销报纸累计数	（万份）	Number of Newspapers Circulation	(10000 copies)	14615	14193
订销杂志累计数	（万份）	Number of Magazines Circulation	(10000 copies)	1042	1161
快　递	（万件）	Pieces of Express Mail Services	(10000 pcs)	393320	506448
同　城		City Express		91694	105661
异　地		Long-distance Express		295357	393272
国际及港澳台		International and Hong Kong, Macao and Taiwan Express		6269	7514
邮政储蓄年末收储余额	（万元）	Postal Savings Deposits at Year-end	(10000 yuan)	3492256	3579217

13-15　电信业务主要指标

Main Indicators on Telecommunication Services

项　　目	Item	2017	2018
通信业务量	Business Volume of Telecommunications		
移动电话用户　（万户）	Number of Mobile Telephone Subscribers　(10000 subscribers)	3082.94	4007.73
# 3G移动电话用户	3G Mobile Telephone Subscribers	115.65	98.60
4G移动电话用户	4G Mobile Telephone Subscribers	2135.67	2509.66
短信通信量　（亿条）	Volume Of Message Services	185.93	189.31
# 移动短信通信量	Short Message Services	40.34	40.37
固定电话用户　（万户）	Landline Users　(10000 subscribers)	396.07	370.98
公用电话　（万户）	Number of Public Telephones　(10000 subscribers)	41.12	43.42
互联网宽带接入用户	Broadband Users	521.52	544.17
移动互联网用户	Mobile Internet Users	2747.04	3129.16
电信主要通信能力	Main Communication Capacity of Telecommunications		
长途电话交换机容量（万路端）	Capacity of Long-distance Telephone Exchanges (10000 circuits)	50.20	50.20
电话交换机总容量　（万门）	Capacity of Telephone Exchanges　(10000 gates)	86.87	80.68
局用交换机容量	Capacity of Office Exchanges	69.95	40.37
接入网交换机容量	Capacity of Exchanges Linked-out	16.92	40.31
移动电话交换机容量　（万户）	Capacity of Mobile Telephone Exchanges　(10000 subscribers)	4775	4985
移动电话基站数　（个）	Number of Mobile phone Base Station　(unit)	90704	114236
互联网宽带接入端口　（个）	Broad Band Subscribers Post Of Internet　(unit)	10984457	12143146

注：TDM(传统交换机)退网，改为光接入和AG(大容量的宽带和电话终端设备)，故电话交换机总容量同比降幅较大。

Note: TDM is out of network, changed to optical access and AG, so the total capacity of telephone switchboard decreases greatly compared with last year.

13-16 邮电业务收入
Revenue of Postal and Telecommunication Services

单位：万元 (10000 yuan)

项　　目	Item	2017	2018
总　计	**Total**	**7560250**	**8778953**
# 港澳及国际	Hong Kong, Macao and International	444869	553327
邮政收入	**Revenue of Posts**	**4159351**	**5181081**
# 港澳及国际	Hong Kong, Macao and International	434190	538418
函　件	Letters	131190	79369
快　递	Express Mail Services	3749587	4797456
汇　兑	Postal Orders	3811	2999
包　裹	Package	6751	7662
报　刊	Newspapers and Magazines	8244	8341
其　他	Others	259768	285254
电信收入	**Revenue of Telecommunications**	**3400899**	**3597872**
# 港澳及国际	Hong Kong, Macao and International	10679	14909
固定电话收入	Fixed-line Telephone	169260	130422
移动电话收入	Mobile Telephone	2164434	2250361
宽带收入	Broadband Network	427726	472049
其他收入	Other Revenue	639479	745040

注：因个别电信公司对2016年电信收入进行了列账调整，故对2016年邮电业务收入进行了相应调整。

Note: As some telecom companies have listed and adjusted the income of telecom in 2016, they have adjusted the income of post and telecommunications in 2016 accordingly.

13-17 城市公共交通（2018年）
Public Traffic in City (2018)

项　目	Item	合计 Total	汽车 Buses	电车 Trolleys
营运车、船数（辆、艘）	Number of Vehicles and Vessels (unit)	40268	14827	276
营运车船客位数（个）	Seat for Vehicles and Vessels for Business Transportation (seat)	901058	103031	8885
营运线路条数（条）	Lines Used by Public Traffic for Business Transportation (line)	1249	1205	15
营运线路长度（公里）	Length of Public Traffic (km)	22401	21690	172
客运量（万人次）	Number of Passenger Traffic (10000 person-times)	594072	224906	4214
客运收入（万元）	Revenue of Passenger Transport (10000 yuan)	1645173	394145	7337
每辆汽、电车负担人数（人）	Number of Passengers per Bus and Trolley (person)	614		

13-17 续表 continued

项　目	Item	轮渡 Ferries	出租汽车 Cabs	轨道交通 Track Traffic
营运车、船数（辆、艘）	Number of Vehicles and Vessels (unit)	48	22457	2660
营运车船客位数（个）	Seat for Vehicles and Vessels for Business Transportation (seat)	10685	89828	688629
营运线路条数（条）	Lines Used by Public Traffic for Business Transportation (line)	13		16
营运线路长度（公里）	Length of Public Traffic (km)	54		485
客运量（万人次）	Number of Passenger Traffic (10000 person-times)	1469	60533	302950
客运收入（万元）	Revenue of Passenger Transport (10000 yuan)	8170	750470	485051
每辆汽、电车负担人数（人）	Number of Passengers per Bus and Trolley (person)			

注：1.本表数据由广州市交通运输局等单位提供。
2.营运车船客位数按实际可乘坐人数计算。

Note: 1. The data in this table are provided by Guangzhou Municipal Transportation Burea,etc.
2. Seats of vehicles and vessels for business tran-sportation are caculated by factual seats.

13-18 规模以上运输邮电企业财务指标（2018年）

单位：万元

项目	Item	合计 Total	按经济类型分 Grouped by Economic Type		
			1. 内资 Domestic Funded	2. 港、澳、台商投资 Enterprises with Funds from Hong Kong, Macao and Taiwan Investors	3. 外商投资 Foreign Funded Enterprises
企业单位数（个）	Number of Enterprises (unit)	551	493	26	32
# 亏损企业	Loss-making Enterprises	127	117	4	6
营业收入	Business Revenue	29934452	26815013	1805301	1314138
营业成本	Cost of Business	25660832	23951170	895318	814345
营业税金及附加	Taxes and Extra Charges on Business	117794	105111	5435	7248
销售费用	Cost of Sales	1116964	988086	103469	25410
管理费用	Cost of Management	1627749	1484183	80385	63181
财务费用	Cost of Finance	1576498	1351865	89805	134828
营业利润	Operation Profits	2577578	1660706	641305	275568
利润总额(亏损为-)	Total Profits("-" indicates losses)	2904443	1911062	714499	278882
应付职工薪酬	Benefits Payable of the Employee	5681568	5257334	230734	193500
从业人员平均人数（人）	Average Employed Persons (person)	322445	289271	16489	16685

注：原来“国有经济，民营经济，其他经济”分类调整为“内资，港、澳、台商投资，外商投资”分类。

Finance Indicators of Transport, Postal and Telecommunication Services Enterprises above the Designated Size (2018)

(10000 yuan)

按行业类型分 Grouped by Sector Type					
1. 公路运输 Highway Transport	2. 水上运输 Waterway Transport	# 港口 Port	3. 民航 Civil Aviation	4. 邮电 Postal and Telecom-munication Services	5. 其它 Others
404	65	21	11	65	6
92	12	4	4	15	4
7621277	3800652	770967	10998334	6237772	1276417
5959005	3143096	553532	9669332	5573462	1315938
48836	13152	6743	23891	28786	3128
84422	11928	6828	501542	518908	164
517133	275297	102387	329288	487292	18740
823032	165889	37783	451754	-142233	278056
1198378	427090	169236	297281	990184	-335355
1491209	403375	245846	357658	990678	-338477
1735388	456966	176265	2234717	1091159	163339
145803	19500	9829	82555	61453	13134

Note: The classification of state-owned economy, private economy and other economies was adjusted to domestic funded, enterprises with funds from Hong Kong, Macao and Taiwan investors,foreign funded enterprises.

【货(客)运量】 指在一定时期内，各种运输工具实际运送的货物重量（旅客数量）。货运按吨计算，客运按人计算。货物不论运输距离长短、货物类别，均按实际重量统计；旅客不论行程远近或票价多少，均按一人一次作为客运量统计；半价票、小孩票也按一人统计。

【货物(旅客)周转量】 指在一定时期内，由各种运输工具运送的货物（旅客）数量与其相应运输距离的乘积之总和。该指标反映可以运输业生产总成果，也是编制和检查运输生产计划，计算运输效率、劳动生产率以及核算运输单位成本的主要基础资料。计算货物周转量通常按发出站与到达站之间的最短距离，也就是计费距离计算。计算公式为：

货物（(旅客)周转量=∑（货物（旅客）运输量×运输距离）

【移动电话用户】 指在电信运营企业营业网点办理开户登记手续，通过移动电话交换机进入移动电话网、占用移动电话号码的各类电话用户。包括各类签约用户、智能网预付费用户、无线上网卡用户。

【Freight (Passenger) Traffic】 refers to the weight of freight (number of passenger) transported with various means within a specific period of time. Freight transport is calculated in tons and passenger traffic is calculated in terms of number of persons. Freight transport is calculated in terms of the actual weight of the goods and takes no account of the type of freight and distance of travel. Passenger traffic is calculated by the principle that one person can be counted only once in one trip and takes no account of the travelling distance and ticket price. The passengers who travel with a half price ticket or a child's ticket is also calculated as one person.

【Freight Ton-kilometres (Passenger-kilometres)】 refers to the sum of the product of the volume of transported cargo (passengers) multiplied by the transport distance. It is an important indicator to reflect the achievement of the transportation industry. This is an important indicator to show the total results of the transport industry; to prepare and examine the transport plan; and to serve as the main basic data for calculating the efficiency, labour productivity and unit cost of transport. Normally, the shortest distance between the departure station and the destination station (i.e., the payable distance) is the basis in calculating the freight ton-kilometres. The formula is as follows:

Freight ton-kilometres (passenger-kilometres)=∑freight (passenger) traffic×distance of transportation

【Mobile Telephone Subscribers】 refer to persons who have gone through registration procedures in the operation points of enterprises engaged in telecommunications and are hence connected with the mobile telephone communication network through the mobile telephone switchboards and occupy mobile phone numbers. Included are various types of subscriber, prepaid users for intelligent network and wireless network card users.

第十四篇 CHAPTER 14

国内贸易
DOMESTIC TRADE

第十四篇　国内贸易

一、本篇资料反映广州市国内市场发展的基本情况。

二、本篇资料由广州市统计局贸易外经统计处整理提供。

三、本篇资料主要根据国家统计局制定的批发和零售业、住宿和餐饮业统计报表制度，通过采取全面调查、抽样调查等方法，对基层数据汇总取得。

四、各表的调查范围：

社会消费品零售总额表的调查范围是各种经济类型的批发和零售业、住宿和餐饮业法人单位、产业活动单位及个体户。

批发和零售业商品购、销、存总额表的调查范围是各种经济类型的批发和零售业法人单位及个体户。

商品购、销、存类值表的调查范围是各种经济类型的限额以上批发和零售业的法人单位及个体户。

财务状况表的调查范围是各种经济类型的限额以上批发和零售业、住宿和餐饮法人单位。

五、关于历史数据调整问题

根据2008年第二次经济普查结果，我们对2006年-2007年社会消费品零售总额进行了调整，2008年使用的是经济普查数据。

14 Domestic Trade

I.The data in this chapter show the development of Guangzhou's domestic markets.

II.The data in this chapter are prepared and provided by the Division of Trade and External Economic Relations Statistics of Guangzhou Municipal Bureau of Statistics.

III.The data are obtained mainly in accordance with the Statistical Reporting Scheme on Wholesale and Retail Trade and Catering Services stipulated by the National Bureau of Statistics. The Methods used in data collection for enterprises (units) are complete enumeration and sample surveys, under which data are reported from lower to higher level statistical offices.

IV. The statistical coverage comes as follows:

The total retail sales of social consumer goods covered the retail value of the corporation units, economic active units and individual operators of all economic types of wholesale and retail trade, accommodation and catering industry.

The investigated objects of total purchases and sales and inventory of wholesale and retail trade come from corporation units and individual operators.

The investigated objects of commodity purchases, sales and inventory covered the corporation units and individual operators of wholesale and retail trade enterprises above the designated size.

The investigated objects of financial situation covered the corporation units of wholesale and retail trade, catering and accommodation above the designated size.

V. Based on results from the Second National Economic Census in 2008, adjustments were made for total retail sales consumer goods from year 2006 to 2007.The data of year 2008 are from the census in 2008.

14-1 主要年份社会消费品零售总额

Total Retail Sales of Consumer Goods in Main Years

单位：万元 (10000 yuan)

年 份 Year	总 计 Total	按行业分 By Sector			
		批发和零售业 Wholesale and Retail Trades	住宿和餐饮业 Hotels and Catering Services	其他行业 Others	# 制造业 Manufacturing
1978	176300	148378	16242	11680	7327
1980	287127	224457	23307	39363	24261
1985	749841	499571	115750	134520	64827
1986	802044	536172	107943	157929	69972
1987	952332	622077	134437	195818	67362
1988	1303688	833448	175891	294349	86936
1989	1442483	910670	234931	296882	90114
1990	1477826	945047	239607	293172	74574
1991	1701215	1062833	286924	351458	83978
1992	2095177	1330726	340871	423580	106090
1993	3030090	1878281	550956	600853	163413
1994	4481850	2781693	803059	897098	274554
1995	5499678	3437585	962855	1099238	331749
1996	6864426	4549455	1193692	1121279	370657
1997	8025887	5329267	1387026	1309594	509907
1998	9045719	6010638	1583833	1451248	561812
1999	10006848	6661555	1820957	1524336	605225
2000	11211340	7839516	2081458	1290366	589711
2001	12482848	8803979	2399208	1279661	571027
2002	13706815	9733195	2659750	1313870	476489
2003	14942742	11833760	2818533	290449	
2004	16777731	14030973	2636742	110016	
2005	19058398	16171817	2835312	51269	
2006	21991379	18921556	3069823		
2007	26242399	22841850	3400549		
2008	31873862	27953721	3920141		
2009	36157655	31565720	4591935		
2010	44763780	38835933	5927847		
2011	52430246	45444614	6985632		
2012	59772666	51685711	8086955		
2013	68828473	59858717	8969756		
2014	71444503	62306372	9138131		
2015	79879595	69845716	10033879		
2016	87064876	76255760	10809116		
2017	94025908	82593544	11432364		
2018	92561873	80814342	11747531		

注：1.根据国家统计局的要求，对2014年的数据进行了调整。

2.从2018年起，国家统计局调整了商品零售的统计口径。商品零售是全额计入社会消费品零售总额，商品零售统计口径的调整，导致社会消费品零售总额的统计口径也要作相应的调整。

Note: I The data of year 2014 has been adjusted according to National Bureau of Statistics of China.

II. The statitical coverage of Retail sales of goods has been adjusted since the year of 2018 by National Bureau of Statistics of China. The total retail sales of commodities are included in the total retail sales of social consumer goods. The adjustment of the statistical caliber of the retail sales of commodities leads to the corresponding adjustment of the statistical caliber of the total retail sales of social consumer goods.

14-2 主要年份社会消费品零售总额指数

Indices of Total Retail Sales of Consumer Goods in Main Years

上年=100 (preceding year=100)

年份 Year	总计 Total	按行业分 By Sector			
		批发和零售业 Wholesale and Retail Trades	住宿和餐饮业 Hotels and Catering Services	其他行业 Others	# 制造业 Manufacturing
1978	106.6	105.6	118.2	104.3	95.4
1980	136.1	130.5	121.6	198.2	181.8
1985	138.1	124.7	224.2	147.9	133.1
1986	107.0	107.3	93.3	117.4	107.9
1987	118.7	116.0	124.5	124.0	96.3
1988	136.9	134.0	130.8	150.3	129.1
1989	110.6	109.3	133.6	100.9	103.7
1990	102.4	103.8	102.0	98.8	82.8
1991	115.1	112.5	119.8	119.9	112.6
1992	123.2	125.2	118.8	120.5	126.3
1993	144.6	141.2	161.6	141.8	154.0
1994	147.9	148.1	145.8	149.3	168.0
1995	122.7	123.6	119.9	122.5	120.8
1996	118.3	124.0	117.5	91.3	111.7
1997	116.9	117.1	116.2	116.8	137.6
1998	112.7	112.8	114.2	110.8	110.2
1999	110.6	110.8	115.0	105.0	107.7
2000	112.0	117.7	114.3	84.6	97.4
2001	111.3	112.3	115.3	99.2	96.8
2002	109.8	110.6	110.9	102.7	83.4
2003	109.0	121.6	106.0	22.1	
2004	112.1	115.2	106.6	38.4	
2005	113.6	115.3	107.5	46.6	
2006	115.4	117.0	108.3		
2007	119.3	120.7	110.8		
2008	121.5	122.4	115.3		
2009	113.4	113.6	112.4		
2010	124.2	123.4	129.5		
2011	117.1	117.0	117.8		
2012	115.2	114.9	117.1		
2013	115.2	115.8	110.9		
2014	112.5	113.2	107.8		
2015	111.0	111.2	109.8		
2016	109.0	109.2	107.7		
2017	108.0	108.3	105.8		
2018	107.6	107.9	105.8		

注：当年指数按可比口径计算。
Note: The indices are calculated at the comparable coverage.

14-3 各时期社会消费品零售总额

Total Retail Sales of Consumer Goods in Different Periods

单位：万元 (10000 yuan)

时 期	Period	总 计 Total	按行业分 By Sector 批发和零售业 Wholesale and Retail Trades	住宿和餐饮业 Hotels and Catering Services	其他行业 Others	# 制造业 Manufacturing
"六五"时期	6th Five-year Plan Period	2459903	1775024	260620	424259	222331
"七五"时期	7th Five-year Plan Period	5978373	3847414	892809	1238150	388958
"八五"时期	8th Five-year Plan Period	16808010	10491118	2944665	3372227	959784
"九五"时期	9th Five-year Plan Period	45154220	30390431	8066966	6696823	2637312
"十五"时期	10th Five-year Plan Period	76968534	60573724	13349545	3045265	1047516
"十一五"时期	11th Five-year Plan Period	161029075	140118780	20910295		
"十二五"时期	12th Five-year Plan Period	332355483	289141130	43214353		
1979-2018	1979-2018	914904372	776397691	123670738		

14-4 社会消费品零售总额

Total Retail Sales of Consumer Goods

单位:万元 (10000 yuan)

项目	Item	2017	2018
社会消费品零售总额	**Total**	**94025908**	**92561873**
按行业分	**By Sector**		
批发和零售业	Wholesale and Retail Trades	82593544	80814342
限额以上	Enterprises above Designated Size	38020251	38998530
限额以下	Enterprises (Units) below Designated Size and Individuals	44573293	41815812
住宿和餐饮业	Hotels and Catering Services	11432364	11747531
限额以上	Enterprises above Designated Size	3541012	3735856
限额以下	Enterprises (Units) below Designated Size and Individuals	7891352	8011675

14-5 限额以上批发和零售业法人企业商品分类销售总额(2018年)

Total Sales Value of Enterprises above Designated Size in Wholesale and Retail Trade by Category of Commodities (2018)

单位:万元 (10000 yuan)

项目	Item	销售总额 Total Sales Value	批发额 Wholesale Value	零售额 Retail Value
合计	**Total**	**329187141**	**290349926**	**38837215**
粮油、食品类	Grain and Oil	10873678	7439638	3434040
#肉禽蛋类	Meat, Poultry and Eggs	1231889	890677	341212
饮料类	Beverages	2606303	1977565	628738
烟酒类	Tobacco and Liquor	3434898	2732875	702023
服装鞋帽、针、纺织品类	Garments, Footwear, Headgear, Knitwear and Textiles	14285831	10450367	3835464
服装类	Clothing	9578327	6832854	2745473
鞋帽类	Footwear and Headgear	2597180	1722420	874760
针、纺织品类	Knitwear and Textiles	2110324	1895093	215231
化妆品类	Cosmetics	3808789	2576865	1231924
金银珠宝类	Gold, Silver and Jewelry	2818874	2013971	804903
日用品类	Daily-Use Articles	11344416	9072146	2272270
#儿童玩具类	Toys for children	370952	258932	112020
五金、电料类	Hardware and Electrical Materials	2147754	1931437	216317
体育、娱乐用品类	Sports and Recreation Articles	1375562	717163	658399
书报杂志类	Newspapers and Magazines	833852	684228	149624
电子出版物及音像制品类	E-journal and Video Products	40433	33095	7338
家用电器和音像器材类	Household Appliances and Video Appliances	5894472	3191336	2703136
中西药品类	Traditional Chinese and Western Medicines	17908217	16249437	1658780
#西药	Western Medicines	13420944	12027917	1393027
中草药及中成药	Traditional Chinese Medicines	3354970	3212333	142637
文化办公用品类	Cultural and Office Goods	5048779	3870663	1178116
家具类	Furniture	1156196	897782	258414
通讯器材类	Communication Appliances	6878012	3316704	3561308
煤炭及制品类	Coal and Related Products	8408816	8408816	
木材及制品类	Wood and Wooden Products	603160	603160	
石油及制品类	Petroleum and Related Products	61016313	57277522	3738791
化工材料及制品类	Chemical Materials and Related Products	19765189	19765189	
#化肥类	Chemical Fertilizers	683014	683014	
金属材料类	Metal Materials	65706919	65706919	
建筑及装潢材料类	Building and Decoration Materials	4862723	4740267	122456
机电产品及设备类	Mechanical and Electrical Products	6593773	6515523	78250
#农机类	Agricultural Machinery	13369	13369	
汽车类	Motor Vehicles	62736891	51349616	11387275
种子饲料类	Seeds and Feedstuff	2268388	2268388	
棉麻类	Cotton and Hemp	552625	552625	
其他类	Others	6216278	6006629	209649

14-6 限额以上批发业法人企业商品购、销、存总额(2018年)

单位：万元

项　　目	Item
合　计	**Wholesale Trade**
#国有及国有控股	State-owned and State-controlled Enterprises
按登记注册类型分	**By Status of Registration**
内资企业	Domestic-funded Enterprises
国有企业	State-owned Enterprises
集体企业	Collective-owned Enterprises
股份合作企业	Cooperative Enterprises
联营企业	Joint Ownership Enterprises
国有联营企业	State Joint Ownership Enterprises
集体联营企业	Collective Joint Ownership Enterprises
国有与集体联营企业	Joint State-collective Enterprises
其他联营企业	Other Joint Ownership Enterprise
有限责任公司	Limited Liability Corporations
国有独资企业	State Sole Funded Corporations
其他有限责任公司	Other Limited Liability Corporations
股份有限公司	Share-holding Corporations Ltd.
私营企业	Private Enterprises
私营独资企业	Private-funded Enterprises
私营合伙企业	Private Partnership Enterprises
私营有限责任公司	Private Limited Liability Corporations
私营股份有限公司	Private Share-holding Corporations Ltd.
其他企业	Other Enterprises
港、澳、台商投资企业	Enterprises with Funds from Hong Kong, Macao and Taiwan
与港、澳、台商合资经营企业	Joint-venture Enterprises
与港、澳、台商合作经营企业	Cooperative Enterprises
港、澳、台商独资经营企业	Enterprises with Sole Funds
港、澳、台商投资股份有限公司	Share-holding Corporations Ltd.
其他港、澳、台投资企业	Other Enterprises with Funds from Hong Kong, Macao and Taiwan
外商投资企业	Foreign Funded Enterprises
中外合资经营企业	Joint-venture Enterprises
中外合作经营企业	Cooperative Enterprises
外资企业	Enterprises with Sole Foreign Funds
外商投资股份有限公司	Share-holding Corporations Ltd.
其他外商投资企业	Other Foreign Funded Enterprises
按国民经济行业分组	**By Economic Sector**
农、林、牧产品批发	Wholesale of Farming, Forestry, Animal Husbandry Products
食品、饮料及烟草制品批发	Wholesale of Food, Beverages and Tobacco Products
#米、面制品及食用油批发	Wholesale of Rice, Flour and Edible Oil
烟草制品批发	Wholesale of Tobacco
纺织、服装及家庭用品批发	Wholesale of Textile, Clothing and Household Goods
#服装批发	Wholesale of Garments
家用视听设备批发	Wholesale of Household Electrical Appliances
文化、体育用品及器材批发	Wholesale of Cultural, Sports Appliances and Equipment
医药及医疗器材批发	Wholesale of Medicine and Medical Appliances
矿产品、建材及化工产品批发	Wholesale of Mineral Products, Building Materials and Chemical Products
#煤炭及制品批发	Wholesale of Coal and Related Products
石油及制品批发	Wholesale of Petroleum and Related Products
金属及金属矿批发	Wholesale of Metal Minerals
建材批发	Wholesale of Building Materials
化肥批发	Wholesale of Chemical Fertilizers
机械设备、五金产品及电子产品批发	Wholesale of Mechanical Equipment, Metal Products and Electronic Products
#汽车及零配件批发	Wholesale of Automobile and Automobile Accessories
摩托车及零配件批发	Wholesale of Motorcycles and Accessories
计算机、软件及辅助设备批发	Wholesale of Computers, Software and Assistant Equipments
贸易经纪与代理	Trade Broker and Agency
其他批发业	Wholesale of Other Trades

Total Purchases, Sales and Stock of Enterprises above Designated Size in Wholesale Trade (2018)

(10000 yuan)

购进总额		销售总额			年末库存
Total Purchase Value	# 进 口 Imports Value	Total Sales Value	批 发 额 Wholesale Value	零 售 额 Retail Value	Stock at Year-end
279040644	**11525944**	**288744067**	**285853651**	**2890416**	**14326654**
148824240	4385445	141097173	140492948	604225	5789900
238791726	7629105	242343827	239823498	2520329	11051788
1109685	133364	1426227	1403421	22806	570880
130855		136738	123656	13082	12181
130548	2791	146541	146232	309	8959
7698		7878	7688	190	1238
928		1541	1351	190	53
6770		6337	6337		1185
142116555	3657233	150781870	149901715	880155	5050275
44889895	731481	46981837	46951229	30608	1244066
97226660	2925752	103800033	102950486	849547	3806209
26684594	400780	12883426	12797816	85610	1057909
68611791	3434937	76961147	75442970	1518177	4350346
2231		2489	2489		617
12492		12924	12924		350
66457124	3410933	74604947	73092666	1512281	4250588
2139944	24004	2340787	2334891	5896	98791
12238068	1081568	13832347	13574918	257429	2072448
4907438	198669	5159332	5153344	5988	468244
7283481	873978	8607854	8356723	251131	1587292
36369	8921	52073	51763	310	16830
10780		13088	13088		82
28010850	2815271	32567893	32455235	112658	1202418
17279231	1042314	19986189	19945752	40437	617396
84108	83733	84102	84102		
10522596	1685966	12368490	12311759	56731	573397
4597		5503	5503		137
120318	3258	123609	108119	15490	11488
3887893	732419	3987417	3973858	13559	487781
10050852	918721	12516641	12274385	242256	1627545
1925551	164632	1952424	1926921	25503	550071
1040268	15543	1708659	1708659		51280
17687304	737900	21929238	20687290	1241948	2170215
2940263	132000	4034081	3575719	458362	510748
1566336	23724	1721128	1689115	32013	130670
10339400	771604	11945964	11746480	199484	998593
16930913	712312	18753241	18601830	151411	1778592
162309468	5567431	153910308	153531355	378953	5569699
7382391	623893	7644280	7643955	325	240977
66576505	2063701	55847199	55656807	190392	2548924
61011072	632161	61839573	61823480	16093	1395860
8871589	222514	9691058	9656349	34709	357396
922980	137383	945606	945433	173	123245
55748934	2000327	62996862	62365726	631136	1543896
43447360	599519	48792841	48398668	394173	459688
86156	279	101789	101373	416	6635
2875301	485118	3230703	3172525	58178	228266
397758	28717	438954	438954		28098
1688122	56513	2265442	2233773	31669	122235

14-7 限额以上零售业法人企业商品购、销、存总额(2018年)

单位：万元

项 目	Item
合 计	**Retail Trade**
#国有及国有控股	State-owned and State-controlled Enterprises
按登记注册类型分	**By Status of Registration**
内资企业	Domestic-funded Enterprises
国有企业	State-owned Enterprises
集体企业	Collective-owned Enterprises
股份合作企业	Cooperative Enterprises
联营企业	Joint Ownership Enterprises
国有联营企业	State Joint Ownership Enterprises
集体联营企业	Collective Joint Ownership Enterprises
国有与集体联营企业	Joint State-collective Enterprises
其他联营企业	Other Joint Ownership Enterprise
有限责任公司	Limited Liability Corporations
国有独资企业	State Sole Funded Corporations
其他有限责任公司	Other Limited Liability Corporations
股份有限公司	Share-holding Corporations Ltd.
私营企业	Private Enterprises
私营独资企业	Private-funded Enterprises
私营合伙企业	Private Partnership Enterprises
私营有限责任公司	Private Limited Liability Corporations
私营股份有限公司	Private Share-holding Corporations Ltd.
其他企业	Other Enterprises
港、澳、台商投资企业	Enterprises with Funds from Hong Kong, Macao and Taiwan
与港、澳、台商合资经营企业	Joint-venture Enterprises
与港、澳、台商合作经营企业	Cooperative Enterprises
港、澳、台商独资经营企业	Enterprises with Sole Funds
港、澳、台商投资股份有限公司	Share-holding Corporations Ltd.
其他港、澳、台投资企业	Other Enterprises with Funds from Hong Kong, Macao and Taiwan
外商投资企业	Foreign Funded Enterprises
中外合资经营企业	Joint-venture Enterprises
中外合作经营企业	Cooperative Enterprises
外资企业	Enterprises with Sole Foreign Funds
外商投资股份有限公司	Share-holding Corporations Ltd.
其他外商投资企业	Other Foreign Funded Enterprises
按国民经济行业分组	**By Economic Sector**
综合零售	Comprehensive Retail Trade
#百货零售	Retail of General Merchandise
超级市场零售	Retail of Supermarket
食品、饮料及烟草制品专门零售	Retail of Food, Beverage and Tobacco
纺织、服装及日用品专门零售	Retail of Textile, Garments and Daily Articles Consumer
#服装零售	Retail of Garments
文化、体育用品及器材专门零售	Retail of Cultural, Sports Appliances and Equipment
#体育用品及器材零售	Retail of Sports Goods
图书、报刊零售	Retail of Books and Newspapers
医药及医疗器材专门零售	Retail of Medicine and Medical Appliances
#西药零售	Retail of Medicine
中药零售	Retail of Chinese Medicine
汽车、摩托车、零配件和燃料及其他动力设备零售	Retail of Motor Vehicles, Motorcycles, Fuels and Parts
#汽车新车零售	Retail of Motor Vehicles
机动车燃油零售	Retail of Motor Vehicle Fuels
家用电器及电子产品专门零售	Retail of Household Electrical Appliances and Electronic Products
#家用视听设备零售	Retail of Household Audio and Video Equipment
日用家电零售	Retail of Household Electrical Appliances
计算机、软件及辅助设备零售	Retail of Computers, Software and Assistant Equipments
通信设备零售	Retail of Communication Equipments
五金、家具及室内装饰材料专门零售	Retail of Hardware, Furniture and Decoration Materials
货摊、无店铺及其他零售业	Retail of Booth and Others
#互联网零售	E-Retail

Total Purchases, Sales and Stock of Enterprises above Designated Size in Retail Trade (2018)

(10000 yuan)

购进总额 Total Purchase Value	#进口 Imports Value	销售总额 Total Sales	批发额 Wholesale Trade	零售额 Retail Trade	年末库存 Stock at Year-end
31997528	**1313772**	**40443074**	**4496275**	**35946799**	**2982811**
4665391	213806	7755141	1101238	6653903	382296
24966610	1050166	32143247	3459177	28684070	2232737
100631		126420	10073	116347	21962
187700		231690	14058	217632	11158
33367		38695	5840	32855	3466
51005		63697	1734	61963	1336
29844		38199	400	37799	956
9333		11094	1334	9760	221
11828		14404		14404	159
13077155	728767	17789440	1308180	16481260	874611
377997	56155	395472	74441	321031	82384
12699158	672612	17393968	1233739	16160229	792227
2336483	125270	3071215	914363	2156852	190181
9179555	196129	10821151	1204929	9616222	1129905
15148		19568	530	19038	2286
10542		11868		11868	630
8886471	196129	10490632	1180021	9310611	1098940
267394		299083	24378	274705	28049
714		939		939	118
3733318	119855	4497004	580075	3916929	408227
1344516	20176	1640920	52098	1588822	104981
36317		44860	175	44685	2075
2345956	99679	2804719	527802	2276917	300348
6529		6505		6505	823
3297600	143751	3802823	457023	3345800	341847
1348161	95308	1498754	4444	1494310	136009
673658		672484	411616	260868	31606
1236335	46016	1496882	40963	1455919	165289
34645		38435		38435	2836
4801	2427	96268		96268	6107
5119802	198	5939985	517980	5422005	380089
2538415	9	3216133	102750	3113383	162444
2257671	189	2370980	411617	1959363	191293
471845	8032	636711	103567	533144	84752
2173408	94858	3224351	563754	2660597	546335
1253994	714	1887893	156549	1731344	361416
640290		795071	204783	590288	174701
50180		72689	3237	69452	8053
158459		174269	48019	126250	51350
1499435		1861720	404741	1456979	221386
1445428		1784790	383112	1401678	210997
30636		45460	6276	39184	7303
12297954	1108545	16105018	2069737	14035281	1307068
10855291	1097615	11726423	1364708	10361715	1207349
1170909		4026930	642218	3384712	61617
2665133	9501	2967885	352722	2615163	105739
1360379	2133	1453650	42859	1410791	9775
809921		848650	116478	732172	47841
163235	1761	254585	67804	186781	19667
265351	2457	324194	91155	233039	19159
256101	1504	360197	104728	255469	44487
6873560	91134	8552136	174263	8377873	118254
6748057	41617	8368781	138998	8229783	94824

14-8 限额以上批发业法人企业财务状况(2018年)

单位：万元

项　　目	Item
总　　计	**Total**
按登记注册类型分	**Grouped by Registration Status**
内资企业	Domestic-funded Enterprises
国有企业	State-owned Enterprises
集体企业	Collective-owned Enterprises
股份合作企业	Share-holding Cooperative Enterprises
联营企业	Joint-opeartion Enterprises
国有联营企业	State-owned Joint-opeartion Enterprises
集体联营企业	Collective Joint-opeartion Enterprises
国有与集体联营企业	Joint State-collective Enterprises
其他联营企业	Other Joint Ownership Enterprises
有限责任公司	Limited Liability Corporations
国有独资公司	State Sole Investment Corporations
其他有限责任公司	Other Limited Liability Corporations
股份有限公司	Share-holding Corporations Ltd.
私营企业	Private Enterprises
私营独资企业	Private Sole Investment Enterprises
私营合伙企业	Private Partnership Enterprises
私营有限责任公司	Private Limited Liability Corporations
私营股份有限公司	Private Share-holding Corporations Ltd.
其他企业	Other Enterprises
港、澳、台商投资企业	Enterprises with Funds from Hong Kong, Macao and Taiwan
与港、澳、台商合资经营企业	Joint-venture Enterprises
与港、澳、台商合作经营企业	Cooperative Enterprises
港、澳、台商独资经营企业	Enterprises with Sole Funds
港、澳、台商投资股份有限公司	Share-holding Corporations Ltd.
其他港、澳、台投资企业	Other Enterprises with Funds from Hong Kong, Macao and Taiwan
外商投资企业	Foreign Funded Enterprises
中外合资经营企业	Joint-venture Enterprises
中外合作经营企业	Cooperative Enterprises
外资企业	Enterprises with Sole Foreign Funds
外商投资股份有限公司	Share-holding Corporations Ltd.
其他外商投资企业	Other Foreign Funded Enterprises
按行业分	**Grouped by Sector**
农、林、牧产品批发	Wholesale of Farming, Forestry, Animal Husbandry Products
食品、饮料及烟草制品批发	Wholesale of Food, Beverages and Tobacco Products
#米、面制品及食用油批发	Wholesale of Rice, Flour and Edible Oil
烟草制品批发	Wholesale of Tobacco
纺织、服装及家庭用品批发	Wholesale of Textile, Garments and Daily Articles Consumer
#服装批发	Wholesale of Garments
家用视听设备批发	Wholesale of Household Electrical Appliances
文化、体育用品及器材批发	Wholesale of Cultural, Sports Appliances and Equipment
医药及医疗器材批发	Wholesale of Medicine and Medical Appliances
矿产品、建材及化工产品批发	Wholesale of Mineral Products, Building Materials and Chemical Products
#煤炭及制品批发	Wholesale of Coal and Related Products
石油及制品批发	Wholesale of Petroleum and Related Products
金属及金属矿批发	Wholesale of Metal Minerals
建材批发	Wholesale of Building Materials
化肥批发	Wholesale of Chemical Fertilizers
机械设备、五金产品及电子产品批发	Wholesale of Mechanical Equipment, Metal Products and Electronic Products
#汽车及零配件批发	Wholesale of Automobile
摩托车及零配件批发	Wholesale of Motorcycles and Accessories
计算机、软件及辅助设备批发	Wholesale of Computers, Software and Assistant Appliances
贸易经纪与代理	Trade Broker and Agency
其他批发业	Other Wholesales Trades

Financial Situation of Enterprises above Designated Size in Wholesale Trade (2018)

(10000 yuan)

资产总计 Total Assets	固定资产原价 Original Value of Fixed Assets	负债合计 Total Liabilities	所有者权益 Owners' Equity	营业收入 Revenue from Principal Business
96543289	**6901884**	**71846142**	**24697147**	**266666075**
75529032	5978017	55353830	20175202	225699701
1283590	80431	1122368	161222	1307870
70106	4179	31875	38231	122881
62981	9682	44168	18813	131982
437	43	991	-554	6753
400	41	1121	-721	1290
37	2	-130	167	5463
39884766	2681977	29445598	10439168	131381057
9214961	1864750	5258371	3956590	40687630
30669805	817227	24187227	6482578	90693427
10076916	2048060	6149925	3926991	25028434
24150236	1153645	18558905	5591331	67720724
1087	15	959	128	2139
3258	66	797	2461	11232
23343350	1099689	18188730	5154620	65640994
802541	53875	368419	434122	2066359
8658195	244094	6644559	2013636	12061831
1946262	81229	1631441	314821	4456454
6666089	162022	4996572	1669517	7548852
43623	717	15645	27978	45269
2221	126	901	1320	11256
12356062	679773	9847753	2508309	28904543
7344300	473467	6070942	1273358	17285493
20407	473	15737	4670	74990
4935280	204671	3684209	1251071	11431891
974	82	566	408	5061
55101	1080	76299	-21198	107108
2703386	93021	1704339	999047	3779814
8543678	579050	5565212	2978466	11112702
1772019	151751	1362162	409857	1842244
740465	72056	351147	389318	1473904
12152444	529803	8947651	3204793	19499119
2505547	101929	1641127	864420	3601952
533897	24658	377183	156714	1501261
4354497	227944	2983740	1370757	10887140
9338242	294934	6940834	2397408	16376560
40661173	4601849	30164525	10496648	147397197
1186022	55555	751647	434375	6566807
13384244	3991674	8130907	5253337	62317573
16777657	251111	13884434	2893223	53586619
5039214	93847	4435715	603499	8409756
430422	12224	364884	65538	859670
16854263	493377	13987012	2867251	55169378
10973004	51601	9726885	1246119	42494900
26660	1444	17215	9445	92827
1171913	53673	881301	290612	2896163
331946	10826	168996	162950	442151
1603660	71080	1383833	219827	2002014

14-8 续表 1

单位：万元

项　　目	Item
总　　计	**Total**
按登记注册类型分	**Grouped by Registration Status**
内资企业	Domestic-funded Enterprises
国有企业	State-owned Enterprises
集体企业	Collective-owned Enterprises
股份合作企业	Share-holding Cooperative Enterprises
联营企业	Joint-opeartion Enterprises
国有联营企业	State-owned Joint-opeartion Enterprises
集体联营企业	Collective Joint-opeartion Enterprises
国有与集体联营企业	Joint State-collective Enterprises
其他联营企业	Other Joint Ownership Enterprises
有限责任公司	Limited Liability Corporations
国有独资公司	State Sole Investment Corporations
其他有限责任公司	Other Limited Liability Corporations
股份有限公司	Share-holding Corporations Ltd.
私营企业	Private Enterprises
私营独资企业	Private Sole Investment Enterprises
私营合伙企业	Private Partnership Enterprises
私营有限责任公司	Private Limited Liability Corporations
私营股份有限公司	Private Share-holding Corporations Ltd.
其他企业	Other Enterprises
港、澳、台商投资企业	Enterprises with Funds from Hong Kong, Macao and Taiwan
与港、澳、台商合资经营企业	Joint-venture Enterprises
与港、澳、台商合作经营企业	Cooperative Enterprises
港、澳、台商独资经营企业	Enterprises with Sole Funds
港、澳、台商投资股份有限公司	Share-holding Corporations Ltd.
其他港、澳、台投资企业	Other Enterprises with Funds from Hong Kong, Macao and Taiwan
外商投资企业	Foreign Funded Enterprises
中外合资经营企业	Joint-venture Enterprises
中外合作经营企业	Cooperative Enterprises
外资企业	Enterprises with Sole Foreign Funds
外商投资股份有限公司	Share-holding Corporations Ltd.
其他外商投资企业	Other Foreign Funded Enterprises
按行业分	**Grouped by Sector**
农、林、牧产品批发	Wholesale of Farming, Forestry, Animal Husbandry Products
食品、饮料及烟草制品批发	Wholesale of Food, Beverages and Tobacco Products
#米、面制品及食用油批发	Wholesale of Rice, Flour and Edible Oil
烟草制品批发	Wholesale of Tobacco
纺织、服装及家庭用品批发	Wholesale of Textile, Garments and Daily Articles Consumer
#服装批发	Wholesale of Garments
家用视听设备批发	Wholesale of Household Electrical Appliances
文化、体育用品及器材批发	Wholesale of Cultural, Sports Appliances and Equipment
医药及医疗器材批发	Wholesale of Medicine and Medical Appliances
矿产品、建材及化工产品批发	Wholesale of Mineral Products, Building Materials and Chemical Products
#煤炭及制品批发	Wholesale of Coal and Related Products
石油及制品批发	Wholesale of Petroleum and Related Products
金属及金属矿批发	Wholesale of Metal Minerals
建材批发	Wholesale of Building Materials
化肥批发	Wholesale of Chemical Fertilizers
机械设备、五金产品及电子产品批发	Wholesale of Mechanical Equipment, Metal Products and Electronic Products
#汽车及零配件批发	Wholesale of Automobile
摩托车及零配件批发	Wholesale of Motorcycles and Accessories
计算机、软件及辅助设备批发	Wholesale of Computers, Software and Assistant Appliances
贸易经纪与代理	Trade Broker and Agency
其他批发业	Other Wholesales Trades

continued

(10000 yuan)

主营业务收入 Revenue from Prmcipal Busmess	主营业务成本 Cose of Primcipal Busmess	主营业务税金及附加 Taxes and Other Charges on Prmcipal Busmess	其他业务利润 Profit from Other Business	销售费用 Operating Expenses
264677140	**247663712**	**570662**	**693906**	**8938395**
224315258	211438629	470987	256114	6555594
1297561	1251371	2350	5693	30179
120827	118227	200	1302	2112
129896	120830	405	845	3911
6753	6954	5		30
1290	1526	3		1
5463	5428	2		29
130783440	124063395	355203	115612	3293349
40613411	39135910	233232	10714	513351
90170029	84927485	121971	104898	2779998
24464525	22769146	29688	53539	1188789
67512256	63108706	83136	79123	2037224
2139	1777	3		325
11232	10907	7		
65434926	61180226	79540	78570	1983464
2063959	1915796	3586	553	53435
11999951	10531674	39589	21941	811208
4445841	4220430	6889	7943	94894
7497686	6267310	32522	13998	710427
45168	35142	127		4303
11256	8792	51		1584
28361931	25693409	60086	415851	1571593
17210103	15377448	39562	1600	799889
74990	72276	6		1948
10965059	10147466	20221	414211	713456
4733	4019	17		562
107046	92200	280	40	55738
3758878	3611064	2186	2617	62271
11033033	9244345	225923	23435	953147
1824649	1742509	2341	4805	86314
1472594	1043444	198904	1142	19344
19343255	16292945	50003	63741	1756713
3572692	2998115	9105	6829	303371
1495140	1393450	2415	2536	58374
10455056	9717704	30739	402966	717818
16260245	14650881	35820	78355	799384
146490004	142159755	104044	97784	2116712
6566521	6400430	6828	709	86595
61575639	59271157	47590	57579	1296800
53464349	52863409	23000	16502	178916
8390218	7990416	9744	1389	127695
854870	817887	601	2930	16520
54901212	49727435	117915	21873	2461438
42316346	38119278	96135	8197	2060540
92615	84995	67	80	3664
2888505	2753615	3498	4261	47948
439254	392069	753	1104	14759
1996203	1867514	3279	2031	56153

14-8 续表 2

单位：万元

项 目	Item
总 计	**Total**
按登记注册类型分	**Grouped by Registration Status**
内资企业	Domestic-funded Enterprises
国有企业	State-owned Enterprises
集体企业	Collective-owned Enterprises
股份合作企业	Share-holding Cooperative Enterprises
联营企业	Joint-opeartion Enterprises
国有联营企业	State-owned Joint-opeartion Enterprises
集体联营企业	Collective Joint-opeartion Enterprises
国有与集体联营企业	Joint State-collective Enterprises
其他联营企业	Other Joint Ownership Enterprises
有限责任公司	Limited Liability Corporations
国有独资公司	State Sole Investment Corporations
其他有限责任公司	Other Limited Liability Corporations
股份有限公司	Share-holding Corporations Ltd.
私营企业	Private Enterprises
私营独资企业	Private Sole Investment Enterprises
私营合伙企业	Private Partnership Enterprises
私营有限责任公司	Private Limited Liability Corporations
私营股份有限公司	Private Share-holding Corporations Ltd.
其他企业	Other Enterprises
港、澳、台商投资企业	Enterprises with Funds from Hong Kong, Macao and Taiwan
与港、澳、台商合资经营企业	Joint-venture Enterprises
与港、澳、台商合作经营企业	Cooperative Enterprises
港、澳、台商独资经营企业	Enterprises with Sole Funds
港、澳、台商投资股份有限公司	Share-holding Corporations Ltd.
其他港、澳、台投资企业	Other Enterprises with Funds from Hong Kong, Macao and Taiwan
外商投资企业	Foreign Funded Enterprises
中外合资经营企业	Joint-venture Enterprises
中外合作经营企业	Cooperative Enterprises
外资企业	Enterprises with Sole Foreign Funds
外商投资股份有限公司	Share-holding Corporations Ltd.
其他外商投资企业	Other Foreign Funded Enterprises
按行业分	**Grouped by Sector**
农、林、牧产品批发	Wholesale of Farming, Forestry, Animal Husbandry Products
食品、饮料及烟草制品批发	Wholesale of Food, Beverages and Tobacco Products
#米、面制品及食用油批发	Wholesale of Rice, Flour and Edible Oil
烟草制品批发	Wholesale of Tobacco
纺织、服装及家庭用品批发	Wholesale of Textile, Garments and Daily Articles Consumer
#服装批发	Wholesale of Garments
家用视听设备批发	Wholesale of Household Electrical Appliances
文化、体育用品及器材批发	Wholesale of Cultural, Sports Appliances and Equipment
医药及医疗器材批发	Wholesale of Medicine and Medical Appliances
矿产品、建材及化工产品批发	Wholesale of Mineral Products, Building Materials and Chemical Products
#煤炭及制品批发	Wholesale of Coal and Related Products
石油及制品批发	Wholesale of Petroleum and Related Products
金属及金属矿批发	Wholesale of Metal Minerals
建材批发	Wholesale of Building Materials
化肥批发	Wholesale of Chemical Fertilizers
机械设备、五金产品及电子产品批发	Wholesale of Mechanical Equipment, Metal Products and Electronic Products
#汽车及零配件批发	Wholesale of Automobile
摩托车及零配件批发	Wholesale of Motorcycles and Accessories
计算机、软件及辅助设备批发	Wholesale of Computers, Software and Assistant Appliances
贸易经纪与代理	Trade Broker and Agency
其他批发业	Other Wholesales Trades

continued

(10000 yuan)

管理费用 Management Cost	营业利润 Business Profit	利润总额 Total Profits	本年应付职工薪酬 Total Wages Payable	本年应交增值税 Total Value-added Payable Tax
3320579	**5183057**	**5215277**	**3599695**	**2391340**
2561503	3752937	3755613	2596950	1813371
26900	10536	14483	27038	14537
1924	510	1142	2121	400
4260	1458	1758	4880	1149
478	-719	-725	279	33
475	-720	-726	248	33
3	1	1	31	
806252	2557454	2581225	1092655	895960
167045	699260	703219	248276	254385
639207	1858194	1878006	844379	641575
300137	417627	391550	339269	244590
1421552	766071	766180	1130708	656702
23	12	8	51	24
191	122	122	132	49
1368956	707728	705568	1073606	630263
52382	58209	60482	56919	26366
295279	359071	372301	455385	198241
43302	62094	62532	43302	36250
248696	294000	306749	408140	160630
2515	2914	2952	2065	973
766	63	68	1878	388
463797	1071049	1087363	547360	379728
128287	918152	920886	183568	258252
489	295	294	964	47
326705	200587	214021	339654	119400
248	195	197	654	118
8068	-48180	-48035	22520	1911
87082	174085	178267	71856	8000
392394	392445	399119	513893	245580
33919	14204	14683	36925	17971
42539	183563	183908	48445	68792
817903	507800	523207	863453	392910
199689	98109	109694	198825	85123
30941	9995	10332	28060	10455
248987	165797	173655	383891	121269
433664	350035	348831	394348	242457
791973	1279480	1273634	768749	625854
27452	28285	30532	21997	39238
230175	757880	733698	355212	348713
182324	211078	221162	116233	82339
101389	119599	114666	73835	48869
12989	8320	8937	11764	2035
483126	2281084	2285836	546470	711204
126588	2087978	2086701	168980	535265
3377	563	156	3624	3434
56260	25598	27493	58242	20546
17221	18433	18512	13792	11744
48229	13898	14216	43243	32322

14-9 限额以上零售业法人企业财务状况(2018年)

单位：万元

项　　目	Item
总　计	**Total**
按登记注册类型分	**Grouped by Registration Status**
内资企业	Domestic-funded Enterprises
国有企业	State-owned Enterprises
集体企业	Collective-owned Enterprises
股份合作企业	Share-holding Cooperative Enterprises
联营企业	Joint-opeartion Enterprises
国有联营企业	State-owned Joint-opeartion Enterprises
集体联营企业	Collective Joint-opeartion Enterprises
国有与集体联营企业	Joint State-collective Enterprises
其他联营企业	Other Joint Ownership Enterprises
有限责任公司	Limited Liability Corporations
国有独资公司	State Sole Investment Corporations
其他有限责任公司	Other Limited Liability Corporations
股份有限公司	Share-holding Corporations Ltd.
私营企业	Private Enterprises
私营独资企业	Private Sole Investment Enterprises
私营合伙企业	Private Partnership Enterprises
私营有限责任公司	Private Limited Liability Corporations
私营股份有限公司	Private Share-holding Corporations Ltd.
其他企业	Other Enterprises
港、澳、台商投资企业	Enterprises with Funds from Hong Kong, Macao and Taiwan
与港、澳、台商合资经营企业	Joint-venture Enterprises
与港、澳、台商合作经营企业	Cooperative Enterprises
港、澳、台商独资经营企业	Enterprises with Sole Funds
港、澳、台商投资股份有限公司	Share-holding Corporations Ltd.
其他港、澳、台投资企业	Other Enterprises with Funds from Hong Kong, Macao and Taiwan
外商投资企业	Foreign Funded Enterprises
中外合资经营企业	Joint-venture Enterprises
中外合作经营企业	Cooperative Enterprises
外资企业	Enterprises with Sole Foreign Funds
外商投资股份有限公司	Share-holding Corporations Ltd.
其他外商投资企业	Other Foreign Funded Enterprises
按行业分	**Grouped by Sector**
综合零售	Integrated Retail
# 百货零售	Retail of General Merchandise
超级市场零售	Retail of Supermarket
食品、饮料及烟草制品专门零售	Retail of Food, Beverage and Tobacco
纺织、服装及日用品专门零售	Retail of Textile, Garments and Daily Articles Consumer
# 服装零售	Retail of Garments
文化、体育用品及器材专门零售	Retail of Cultural, Sports Appliances and Equipment
# 体育用品及器材零售	Retail of Sporting Goods and Equipment
图书、报刊零售	Retail of Books and Newspapers
医药及医疗器材专门零售	Retail of Medicine and Medical Appliances
# 西药零售	Retail of Medicine
中药零售	Retail of Chinese Medicine
汽车、摩托车、零配件和燃料及其他动力设备零售	Retail of Motor Vehicles, Motorcycles, Fuels and Parts
# 汽车新车零售	Retail of Motor Vehicles
机动车燃油零售	Retail of Fuels for Motor Vehicles
家用电器及电子产品专门零售	Retail of Household Electrical Appliances and Electronic Products
# 家用视听设备零售	Retail of Household Audio and Video Equipment
日用家电零售	Retail of Household Electrical Appliances
计算机、软件及辅助设备零售	Retail of Computers, Software and Assistant Equipment
通信设备零售	Retail of Communication Equipment
五金、家具及室内装饰材料专门零售	Retail of Hardware, Furniture and Decoration Materials
货摊、无店铺及其他零售业	Retail of Booth and Others
# 互联网零售	E-Retail

Financial Situation of Enterprises above Designated Size in Retail Trade (2018)

(10000 yuan)

资产总计 Total Assets	# 固定资产原价 Original Value of Fixed Assets	负债合计 Total Liabilities	所有者权益 Owners' Equity	营业收入 Revenue from Principal Business
21028106	**1908844**	**15426769**	**5601337**	**36334774**
17392598	1175173	12861408	4531190	28789323
63053	6596	38492	24561	117018
98358	10523	55080	43278	202686
13162	2477	5241	7921	33597
14173	5138	5629	8544	55414
4971	2895	974	3997	32889
2004	915	564	1440	9604
7198	1328	4091	3107	12921
9972178	568542	7269755	2702423	15788918
241941	51564	126098	115843	379056
9730237	516978	7143657	2586580	15409862
2421193	246667	1449704	971489	2801738
4810108	335215	4037204	772904	9789143
6216	591	3284	2932	17210
5580	600	1757	3823	10197
4632520	323796	3893360	739160	9483890
165792	10228	138803	26989	277846
373	15	303	70	809
1911350	286820	1378194	533156	4061692
645939	108010	459044	186895	1517981
18296	5588	18401	-105	41604
1243087	169303	897624	345463	2495472
4028	3919	3125	903	6635
1724158	446851	1187167	536991	3483759
703429	178764	438606	264823	1333690
308347	44206	272295	36052	665433
658202	215743	448553	209649	1363257
24399	1908	9493	14906	34737
29781	6230	18220	11561	86642
2856822	685454	1998258	858564	5455678
1725187	334727	943112	782075	2915494
1011266	313579	912220	99046	2218365
295194	30355	251713	43481	564971
2095096	158168	1269350	825746	2862196
1491470	113142	791618	699852	1684799
618948	94537	393624	225324	740159
24354	14113	-2228	26582	64370
231226	56420	105529	125697	180712
935258	44123	652027	283231	1680714
890067	40917	621249	268818	1609894
23331	1503	14811	8520	40480
10147575	708762	7316513	2831062	14524931
4434902	425740	3467512	967390	10744292
5570080	264941	3725317	1844763	3467604
1745318	50898	1502625	242693	2655105
672372	5458	548732	123640	1260514
538069	25699	504276	33793	765864
144557	8328	95063	49494	265570
339851	7565	326404	13447	285345
288370	82406	182943	105427	338770
2045525	54141	1859716	185809	7512250
1962420	47457	1814786	147634	7336533

14-9 续表 1

单位：万元

项　　目	Item
总　计	**Total**
按登记注册类型分	**Grouped by Registration Status**
内资企业	Domestic-funded Enterprises
国有企业	State-owned Enterprises
集体企业	Collective-owned Enterprises
股份合作企业	Share-holding Cooperative Enterprises
联营企业	Joint-opeartion Enterprises
国有联营企业	State-owned Joint-opeartion Enterprises
集体联营企业	Collective Joint-opeartion Enterprises
国有与集体联营企业	Joint State-collective Enterprises
其他联营企业	Other Joint Ownership Enterprises
有限责任公司	Limited Liability Corporations
国有独资公司	State Sole Investment Corporations
其他有限责任公司	Other Limited Liability Corporations
股份有限公司	Share-holding Corporations Ltd.
私营企业	Private Enterprises
私营独资企业	Private Sole Investment Enterprises
私营合伙企业	Private Partnership Enterprises
私营有限责任公司	Private Limited Liability Corporations
私营股份有限公司	Private Share-holding Corporations Ltd.
其他企业	Other Enterprises
港、澳、台商投资企业	Enterprises with Funds from Hong Kong, Macao and Taiwan
与港、澳、台商合资经营企业	Joint-venture Enterprises
与港、澳、台商合作经营企业	Cooperative Enterprises
港、澳、台商独资经营企业	Enterprises with Sole Funds
港、澳、台商投资股份有限公司	Share-holding Corporations Ltd.
其他港、澳、台投资企业	Other Enterprises with Funds from Hong Kong, Macao and Taiwan
外商投资企业	Foreign Funded Enterprises
中外合资经营企业	Joint-venture Enterprises
中外合作经营企业	Cooperative Enterprises
外资企业	Enterprises with Sole Foreign Funds
外商投资股份有限公司	Share-holding Corporations Ltd.
其他外商投资企业	Other Foreign Funded Enterprises
按行业分	**Grouped by Sector**
综合零售	Integrated Retail
# 百货零售	Retail of General Merchandise
超级市场零售	Retail of Supermarket
食品、饮料及烟草制品专门零售	Retail of Food, Beverage and Tobacco
纺织、服装及日用品专门零售	Retail of Textile, Garments and Daily Articles Consumer
# 服装零售	Retail of Garments
文化、体育用品及器材专门零售	Retail of Cultural, Sports Appliances and Equipment
# 体育用品及器材零售	Retail of Sporting Goods and Equipment
图书、报刊零售	Retail of Books and Newspapers
医药及医疗器材专门零售	Retail of Medicine and Medical Appliances
# 西药零售	Retail of Medicine
中药零售	Retail of Chinese Medicine
汽车、摩托车、零配件和燃料及其他动力设备零售	Retail of Motor Vehicles, Motorcycles, Fuels and Parts
# 汽车新车零售	Retail of Motor Vehicles
机动车燃油零售	Retail of Fuels for Motor Vehicles
家用电器及电子产品专门零售	Retail of Household Electrical Appliances and Electronic Products
# 家用视听设备零售	Retail of Household Audio and Video Equipment
日用家电零售	Retail of Household Electrical Appliances
计算机、软件及辅助设备零售	Retail of Computers, Software and Assistant Equipment
通信设备零售	Retail of Communication Equipment
五金、家具及室内装饰材料专门零售	Retail of Hardware, Furniture and Decoration Materials
货摊、无店铺及其他零售业	Retail of Booth and Others
# 互联网零售	E-Retail

continued

(10000 yuan)

主营业务收入 Revenue from Prmcipal Busmess	主营业务成本 Cose of Primcipal Busmess	主营业务税金及附加 Taxes and Other Charges on Prmcipal Busmess	其他业务利润 Profit from Other Business	销售费用 Operating Expenses
35495423	**30768928**	**120876**	**446375**	**3390998**
28222976	24931861	81876	178883	2212416
113213	93245	547	1813	10008
202235	162966	586	126	12840
33581	28866	82	1	2267
55333	44566	240	86	2715
32868	26043	159		1461
9564	8049	28	86	624
12901	10474	53		630
15522578	13720044	38654	67992	1270685
361354	329615	426	4903	24569
15161224	13390429	38228	63089	1246116
2744756	2459551	10652	36871	188280
9550471	8422008	31111	71994	725579
17081	14228	54	129	1668
10197	8950	24		743
9260956	8165782	29952	66727	706198
262237	233048	1081	5138	16970
809	615	4		42
3917457	3080030	27571	126792	648409
1426502	1094343	4657	62445	275698
38719	28445	196	650	7893
2446652	1951954	22699	63697	364294
5584	5288	19		524
3354990	2757037	11429	140700	530173
1296985	1066210	5498	61574	213797
627067	579682	1253	38366	55923
1314102	1011992	4329	37266	248943
33715	26928	100	1022	3918
83121	72225	249	2472	7592
5192558	4277419	26559	240786	852050
2789860	2252397	19696	93056	426485
2106989	1799982	5801	119116	347134
561511	441008	1785	1857	94569
2800202	1904171	13600	43564	643370
1639963	1073807	9008	12071	409158
708426	539000	14281	17550	104177
63027	42805	343	1047	15062
162576	123635	261	5892	29210
1633397	1385341	5662	18246	189783
1563808	1335595	5289	18246	180330
39566	30106	202		6642
14163966	12916345	38450	110712	624440
10459851	9808645	32252	105332	400811
3396360	2827815	5665	3362	206542
2611675	2361802	4729	7364	162851
1248438	1167474	1431	9	37381
745504	668971	1565	942	67168
258755	194232	1085	20	44548
281167	265849	403	6199	10289
317138	243252	1633	4922	47101
7506550	6700590	14177	1374	672657
7331640	6593703	13008	-223	619865

14-9 续表 2

单位：万元

项　　目	Item
总　计	**Total**
按登记注册类型分	**Grouped by Registration Status**
内资企业	Domestic-funded Enterprises
国有企业	State-owned Enterprises
集体企业	Collective-owned Enterprises
股份合作企业	Share-holding Cooperative Enterprises
联营企业	Joint-opeartion Enterprises
国有联营企业	State-owned Joint-opeartion Enterprises
集体联营企业	Collective Joint-opeartion Enterprises
国有与集体联营企业	Joint State-collective Enterprises
其他联营企业	Other Joint Ownership Enterprises
有限责任公司	Limited Liability Corporations
国有独资公司	State Sole Investment Corporations
其他有限责任公司	Other Limited Liability Corporations
股份有限公司	Share-holding Corporations Ltd.
私营企业	Private Enterprises
私营独资企业	Private Sole Investment Enterprises
私营合伙企业	Private Partnership Enterprises
私营有限责任公司	Private Limited Liability Corporations
私营股份有限公司	Private Share-holding Corporations Ltd.
其他企业	Other Enterprises
港、澳、台商投资企业	Enterprises with Funds from Hong Kong, Macao and Taiwan
与港、澳、台商合资经营企业	Joint-venture Enterprises
与港、澳、台商合作经营企业	Cooperative Enterprises
港、澳、台商独资经营企业	Enterprises with Sole Funds
港、澳、台商投资股份有限公司	Share-holding Corporations Ltd.
其他港、澳、台投资企业	Other Enterprises with Funds from Hong Kong, Macao and Taiwan
外商投资企业	Foreign Funded Enterprises
中外合资经营企业	Joint-venture Enterprises
中外合作经营企业	Cooperative Enterprises
外资企业	Enterprises with Sole Foreign Funds
外商投资股份有限公司	Share-holding Corporations Ltd.
其他外商投资企业	Other Foreign Funded Enterprises
按行业分	**Grouped by Sector**
综合零售	Integrated Retail
#百货零售	Retail of General Merchandise
超级市场零售	Retail of Supermarket
食品、饮料及烟草制品专门零售	Retail of Food, Beverage and Tobacco
纺织、服装及日用品专门零售	Retail of Textile, Garments and Daily Articles Consumer
#服装零售	Retail of Garments
文化、体育用品及器材专门零售	Retail of Cultural, Sports Appliances and Equipment
#体育用品及器材零售	Retail of Sporting Goods and Equipment
图书、报刊零售	Retail of Books and Newspapers
医药及医疗器材专门零售	Retail of Medicine and Medical Appliances
#西药零售	Retail of Medicine
中药零售	Retail of Chinese Medicine
汽车、摩托车、零配件和燃料及其他动力设备零售	Retail of Motor Vehicles, Motorcycles, Fuels and Parts
#汽车新车零售	Retail of Motor Vehicles
机动车燃油零售	Retail of Fuels for Motor Vehicles
家用电器及电子产品专门零售	Retail of Household Electrical Appliances and Electronic Products
#家用视听设备零售	Retail of Household Audio and Video Equipment
日用家电零售	Retail of Household Electrical Appliances
计算机、软件及辅助设备零售	Retail of Computers, Software and Assistant Equipment
通信设备零售	Retail of Communication Equipment
五金、家具及室内装饰材料专门零售	Retail of Hardware, Furniture and Decoration Materials
货摊、无店铺及其他零售业	Retail of Booth and Others
#互联网零售	E-Retail

continued

(10000 yuan)

管理费用 Management Cost	营业利润 Business Profit	利润总额 Total Profits	本年应付职工薪酬 Total Wages Payable	本年应交增值税 Total Value-added Payable Tax
1050260	**818956**	**847480**	**1584398**	**574501**
721215	624134	638551	1083829	421235
7025	4240	4646	12722	2628
6394	19063	19058	9505	6022
1041	1243	1206	1688	675
174	7627	7662	1646	1771
50	5039	5039	857	1117
87	884	914	301	247
37	1704	1709	488	407
243336	417520	432816	471180	209484
14843	10783	11364	23704	4794
228493	406737	421452	447476	204690
67539	101570	104946	116290	39603
395585	72848	68194	470690	161023
985	263	279	1890	1084
366	85	92	370	183
379305	70361	65314	424563	155756
14929	2139	2509	43867	4000
121	23	23	108	29
211828	109883	123632	304655	94542
88801	53844	56715	135127	41225
3254	1840	1809	3708	1443
119314	54421	65324	165510	51745
459	-222	-216	310	129
117217	84939	85297	195914	58724
28581	39379	39193	82745	22657
14887	11619	12088	19746	5200
71994	26184	26181	88745	28207
573	3165	3153	1323	800
1182	4592	4682	3355	1860
212683	149353	155462	377019	112482
104185	142831	146340	190879	70855
75388	18404	20106	153547	33471
31496	-1944	-1921	47770	14522
214757	68638	80376	250444	89793
130180	38446	50395	160291	53772
53211	24969	26109	79224	19870
3575	2191	2206	3658	2168
22402	2358	3346	27679	2343
71748	42998	43063	114942	34619
64240	40731	41273	104295	31673
3177	204	298	6933	1538
293603	457936	462093	466113	185856
248706	121680	122850	372901	138493
35890	324120	325699	80816	43961
70837	36908	37735	99866	27112
8450	37569	37268	14744	8203
24403	-2424	-1827	23941	7290
23155	-1526	-993	49434	7559
7959	1582	1442	7367	1902
35436	-2271	-1868	25594	8164
66489	42369	46431	123426	82083
56643	38224	41990	110129	80206

14-10 限额以上住宿业法人企业基本情况(2018年)

项　　目	Item
合　计	**Accommodation Trade**
# 国有及国有控股	State-owned and State-controlled Enterprises
按登记注册类型分组	**Grouped by Registration Status**
内资企业	Domestic Funded Enterprises
国有企业	State-owned Enterprises
集体企业	Collective-owned Enterprises
股份合作企业	Share-holding Cooperative Enterprises
联营企业	Joint Ownership Enterprises
国有联营企业	State Joint Ownership Enterprises
集体联营企业	Collective Joint Ownership Enterprises
国有与集体联营企业	Joint State-collective Enterprises
其他联营企业	Other Joint Ownership Enterprise
有限责任公司	Limited Liability Corporations
国有独资公司	State Sole Investment Corporations
其他有限责任公司	Other Limited Liability Corporations
股份有限公司	Share-holding Corporations Ltd.
私营企业	Private Enterprises
私营独资企业	Private Sole Investment Enterprises
私营合伙企业	Private Partnership Enterprises
私营有限责任公司	Private Limited Liability Corporations
私营股份有限公司	Private Share-holding Corporations Ltd.
其他企业	Other Enterprises
港、澳、台商投资企业	Enterprises with Funds from Hong Kong, Macao and Taiwan
与港、澳、台商合资经营企业	Joint-venture Enterprises
与港、澳、台商合作经营企业	Cooperative Enterprises
港、澳、台商独资经营企业	Enterprises with Sole Funds
港、澳、台商投资股份有限公司	Share-holding Corporations Ltd.
其他港、澳、台投资企业	Other Enterprises with Funds from Hong Kong, Macao and Taiwan
外商投资企业	Foreign Funded Enterprises
中外合资经营企业	Joint-venture Enterprises
中外合作经营企业	Cooperative Enterprises
外资企业	Enterprises with Sole Foreign Funds
外商投资股份有限公司	Share-holding Corporations Ltd.
其他外商投资企业	Other Foreign Funded Enterprises
按住宿行业中类分组	**Grouped by Accomodation Middle Sector**
旅游饭店	Travel Hotel
一般旅馆	Common Hotel
民宿服务	Minshuku
其它住宿服务业	Others

Basic Statistics of Enterprises above Designated Size of Hotels (2018)

法人企业 (个) Number of Corporation Units (unit)	营业额 (万元) Business Revenue (10000 yuan)	# 客房收入 Lodging Revenue	# 餐费收入 Dinner Revenue	# 商品销售收入 Sale Revenue of Commodities
557	**1390640**	**791465**	**355374**	**13214**
114	513636	226648	163295	6388
521	1112851	617423	283642	10482
56	199339	92372	61399	3295
9	6900	4129	302	5
2	660	571	20	8
137	476590	249687	132160	4461
19	127906	56892	47465	1594
118	348684	192795	84695	2867
5	37497	12498	15377	
312	391865	258166	74384	2713
20	11410	10868	392	3
4	919	335		
286	378637	246168	73992	2710
2	899	795		
23	119812	61198	37101	840
6	33806	14843	10736	77
6	27394	15123	6199	
11	58612	31232	20166	763
13	157977	112844	34631	1892
2	15322	9046	3842	147
1	3374	900	1624	
9	138310	101947	29158	1732
1	971	951	7	13
270	1034081	518228	315619	10645
270	338733	263365	36499	2565
3	1943	1783	94	
14	15883	8089	3162	4

14-11 限额以上餐饮业法人企业基本情况(2018年)

项　　目	Item
合　计	**Catering Trade**
# 国有及国有控股	State-owned and State-controlled Enterprises
按登记注册类型分组	**Grouped by Registration Status**
内资企业	Domestic Funded Enterprises
国有企业	State-owned Enterprises
集体企业	Collective-owned Enterprises
股份合作企业	Share-holding Cooperative Enterprises
联营企业	Joint Ownership Enterprises
国有联营企业	State Joint Ownership Enterprises
集体联营企业	Collective Joint Ownership Enterprises
国有与集体联营企业	Joint State-collective Enterprises
其他联营企业	Other Joint Ownership Enterprise
有限责任公司	Limited Liability Corporations
国有独资公司	State Sole Investment Corporations
其他有限责任公司	Other Limited Liability Corporations
股份有限公司	Share-holding Corporations Ltd.
私营企业	Private Enterprises
私营独资企业	Private Sole Investment Enterprises
私营合伙企业	Private Partnership Enterprises
私营有限责任公司	Private Limited Liability Corporations
私营股份有限公司	Private Share-holding Corporations Ltd.
其他企业	Other Enterprises
港、澳、台商投资企业	Enterprises with Funds from Hong Kong, Macao and Taiwan
与港、澳、台商合资经营企业	Joint-venture Enterprises
与港、澳、台商合作经营企业	Cooperative Enterprises
港、澳、台商独资经营企业	Enterprises with Sole Funds
港、澳、台商投资股份有限公司	Share-holding Corporations Ltd.
其他港、澳、台投资企业	Other Enterprises with Funds from Hong Kong, Macao and Taiwan
外商投资企业	Foreign Funded Enterprises
中外合资经营企业	Joint-venture Enterprises
中外合作经营企业	Cooperative Enterprises
外资企业	Enterprises with Sole Foreign Funds
外商投资股份有限公司	Share-holding Corporations Ltd.
其他外商投资企业	Other Foreign Funded Enterprises
按餐饮行业中类分组	**Grouped by Catering Middle Sector**
正餐服务	Dinner
快餐服务	Snack
饮料及冷饮服务	Baverage and cold drinks
餐饮配送及外卖送餐服务	Restaurants distribution and take-away service
其他餐饮服务	Others

Basic Statistics of Enterprises above Designated Size of Catering Sevices (2018)

法人企业 （个） Number of Corporation Units (unit)	营业额 （万元） Business Revenue (10000 yuan)			
		# 客房收入 Lodging Revenue	# 餐费收入 Dinner Revenue	# 商品销售收入 Sale Revenue of Commodities
977	**3240320**	**46943**	**2972489**	**143828**
31	210739	23184	131131	34394
882	1649718	42068	1438375	121409
9	41691	8973	28023	300
7	15138	443	10923	
27	32978		32975	3
148	532311	15726	452235	45844
3	9353	598	3654	2447
145	522958	15128	448581	43397
6	103074		67179	32289
683	923828	16926	846342	42973
86	63244	149	62990	83
30	39780	504	39094	77
561	811481	16273	734935	42813
6	9323		9323	
2	698		698	
65	487848	295	462118	22327
5	16881		16862	8
6	42421		39636	929
53	428308	295	405382	21390
1	238		238	
30	1102754	4580	1071996	92
7	408506	1085	404425	19
1	434		434	
21	687723	346	664384	4
1	6091	3149	2753	69
850	1556835	46870	1391766	74498
56	1222375	73	1190461	2730
22	290439		262402	27299
29	133060		97588	34028
20	37611		30272	5273

14-12　限额以上住宿业法人企业财务状况(2018年)

单位:万元

项　　目	Item
合　计	**Accommodation Trade**
# 国有及国有控股	State-owned and State-controlled Enterprises
按登记注册类型分组	**Grouped by Registration Status**
内资企业	Domestic Funded Enterprises
国有企业	State-owned Enterprises
集体企业	Collective-owned Enterprises
股份合作企业	Share-holding Cooperative Enterprises
联营企业	Joint Ownership Enterprises
国有联营企业	State Joint Ownership Enterprises
集体联营企业	Collective Joint Ownership Enterprises
国有与集体联营企业	Joint State-collective Enterprises
其他联营企业	Other Joint Ownership Enterprise
有限责任公司	Limited Liability Corporations
国有独资公司	State Sole Investment Corporations
其他有限责任公司	Other Limited Liability Corporations
股份有限公司	Share-holding Corporations Ltd.
私营企业	Private Enterprises
私营独资企业	Private Sole Investment Enterprises
私营合伙企业	Private Partnership Enterprises
私营有限责任公司	Private Limited Liability Corporations
私营股份有限公司	Private Share-holding Corporations Ltd.
其他企业	Other Enterprises
港、澳、台商投资企业	Enterprises with Funds from Hong Kong, Macao and Taiwan
与港、澳、台商合资经营企业	Joint-venture Enterprises
与港、澳、台商合作经营企业	Cooperative Enterprises
港、澳、台商独资经营企业	Enterprises with Sole Funds
港、澳、台商投资股份有限公司	Share-holding Corporations Ltd.
其他港、澳、台投资企业	Other Enterprises with Funds from Hong Kong, Macao and Taiwan
外商投资企业	Foreign Funded Enterprises
中外合资经营企业	Joint-venture Enterprises
中外合作经营企业	Cooperative Enterprises
外资企业	Enterprises with Sole Foreign Funds
外商投资股份有限公司	Share-holding Corporations Ltd.
其他外商投资企业	Other Foreign Funded Enterprises
按住宿行业中类分组	**Grouped by Accomodation Middle Sector**
旅游饭店	Travel Hotel
一般旅馆	Common Hotel
民宿服务	Minshuku
其它住宿服务业	Others

Financial Situation of Enterprises above Designated Size of Hotels (2018)

(10000 yuan)

资产总计 Total Assets	固定资产原价 Original Value of Fixed Assets	负债合计 Total Liabilities	所有者权益 Owners' Equity	营业收入 Revenue from Principal Business	# 主营业务收入 Revenue from Primcipal Busmess
5849561	**2295268**	**4774250**	**1075311**	**1303657**	**1281018**
1589521	1001768	641482	948039	483399	474954
2754603	1488001	1828333	926270	1050792	1033373
400289	296804	153660	246629	186693	181353
10555	11384	5161	5394	6466	6442
514	1153	807	-293	638	638
1469553	796478	1049963	419590	450328	443646
555785	323707	264511	291274	120385	117514
913768	472771	785452	128316	329943	326132
312756	89925	25191	287565	35409	35409
560936	292257	593551	-32615	371258	365885
10553	3639	7419	3134	10910	10881
284	20	1047	-763	887	752
549408	288580	584181	-34773	358607	353398
691	18	904	-213	854	854
624675	316322	541683	82992	113430	110863
138433	47725	124548	13885	32179	32160
81133	100656	76965	4168	25843	25823
405109	167941	340170	64939	55408	52880
2470283	490945	2404234	66049	139435	136782
239782	261647	387012	-147230	14324	14324
5784	4884	3895	1889	3244	3244
2225455	224159	2013259	212196	120951	118298
-738	255	68	-806	916	916
5209398	1959355	4420273	789125	977348	958780
630140	331774	347471	282669	309479	305485
2213	1858	388	1825	1857	1800
7810	2281	6118	1692	14973	14953

14-12 续表 1

单位：万元

项　　目	Item
合　计	**Accommodation Trade**
# 国有及国有控股	State-owned and State-controlled Enterprises
按登记注册类型分组	**Grouped by Registration Status**
内资企业	Domestic Funded Enterprises
国有企业	State-owned Enterprises
集体企业	Collective-owned Enterprises
股份合作企业	Share-holding Cooperative Enterprises
联营企业	Joint Ownership Enterprises
国有联营企业	State Joint Ownership Enterprises
集体联营企业	Collective Joint Ownership Enterprises
国有与集体联营企业	Joint State-collective Enterprises
其他联营企业	Other Joint Ownership Enterprise
有限责任公司	Limited Liability Corporations
国有独资公司	State Sole Investment Corporations
其他有限责任公司	Other Limited Liability Corporations
股份有限公司	Share-holding Corporations Ltd.
私营企业	Private Enterprises
私营独资企业	Private Sole Investment Enterprises
私营合伙企业	Private Partnership Enterprises
私营有限责任公司	Private Limited Liability Corporations
私营股份有限公司	Private Share-holding Corporations Ltd.
其他企业	Other Enterprises
港、澳、台商投资企业	Enterprises with Funds from Hong Kong, Macao and Taiwan
与港、澳、台商合资经营企业	Joint-venture Enterprises
与港、澳、台商合作经营企业	Cooperative Enterprises
港、澳、台商独资经营企业	Enterprises with Sole Funds
港、澳、台商投资股份有限公司	Share-holding Corporations Ltd.
其他港、澳、台投资企业	Other Enterprises with Funds from Hong Kong, Macao and Taiwan
外商投资企业	Foreign Funded Enterprises
中外合资经营企业	Joint-venture Enterprises
中外合作经营企业	Cooperative Enterprises
外资企业	Enterprises with Sole Foreign Funds
外商投资股份有限公司	Share-holding Corporations Ltd.
其他外商投资企业	Other Foreign Funded Enterprises
按住宿行业中类分组	**Grouped by Accomodation Middle Sector**
旅游饭店	Travel Hotel
一般旅馆	Common Hotel
民宿服务	Minshuku
其它住宿服务业	Others

continued

(10000 yuan)

主营业务成本 Cost of Principal Business	主营业务税金及附加 Taxes and Other Charges on Principal Business	其他业务利润 Profit from Other Business	销售费用 Operating Expenses
443800	**17560**	**10089**	**382053**
139071	10762	2796	148662
332628	14333	9992	329189
51631	3096	1090	64787
2923	175		1334
19	5		303
122625	6817	3077	152492
30465	2241	1396	38856
92160	4576	1681	113636
14487	1682		4155
140943	2558	5825	106118
4824	101	382	1453
382	6		21
135167	2449	5443	104502
570	2		142
31756	2087	96	28103
6518	107	93	10531
3794	813		7608
21444	1167	3	9964
79416	1140	1	24761
1401	939		15688
727			1009
77218	198		7640
70	3	1	424
298231	15034	8556	301324
136871	2424	1513	77377
434	54		663
8264	48	20	2689

14-12 续表 2

单位:万元

项　　目	Item
合　计	**Accommodation Trade**
# 国有及国有控股	State-owned and State-controlled Enterprises
按登记注册类型分组	**Grouped by Registration Status**
内资企业	Domestic Funded Enterprises
国有企业	State-owned Enterprises
集体企业	Collective-owned Enterprises
股份合作企业	Share-holding Cooperative Enterprises
联营企业	Joint Ownership Enterprises
国有联营企业	State Joint Ownership Enterprises
集体联营企业	Collective Joint Ownership Enterprises
国有与集体联营企业	Joint State-collective Enterprises
其他联营企业	Other Joint Ownership Enterprise
有限责任公司	Limited Liability Corporations
国有独资公司	State Sole Investment Corporations
其他有限责任公司	Other Limited Liability Corporations
股份有限公司	Share-holding Corporations Ltd.
私营企业	Private Enterprises
私营独资企业	Private Sole Investment Enterprises
私营合伙企业	Private Partnership Enterprises
私营有限责任公司	Private Limited Liability Corporations
私营股份有限公司	Private Share-holding Corporations Ltd.
其他企业	Other Enterprises
港、澳、台商投资企业	Enterprises with Funds from Hong Kong, Macao and Taiwan
与港、澳、台商合资经营企业	Joint-venture Enterprises
与港、澳、台商合作经营企业	Cooperative Enterprises
港、澳、台商独资经营企业	Enterprises with Sole Funds
港、澳、台商投资股份有限公司	Share-holding Corporations Ltd.
其他港、澳、台投资企业	Other Enterprises with Funds from Hong Kong, Macao and Taiwan
外商投资企业	Foreign Funded Enterprises
中外合资经营企业	Joint-venture Enterprises
中外合作经营企业	Cooperative Enterprises
外资企业	Enterprises with Sole Foreign Funds
外商投资股份有限公司	Share-holding Corporations Ltd.
其他外商投资企业	Other Foreign Funded Enterprises
按住宿行业中类分组	**Grouped by Accomodation Middle Sector**
旅游饭店	Travel Hotel
般旅馆	Common Hotel
民宿服务	Minshuku
其它住宿服务业	Others

continued

(10000 yuan)

管理费用 Management Cost	营业利润 Business Profit	利润总额 Total Profits	本年应付职工薪酬 Total Wages Payable	应交增值税 Value Added Tax Payable
382201	**38304**	**39957**	**398786**	**41885**
141616	50978	51569	176796	17332
313895	32497	35556	329876	34560
53898	9894	12654	77781	5915
1216	814	778	2340	239
382	-71	-586	269	18
139905	-2447	-3307	144999	17000
41060	3399	3406	47188	6060
98845	-5846	-6713	97811	10940
10354	24600	24543	11262	888
108140	-293	1474	93225	10500
5319	-939	-946	1948	305
474	2	8	278	22
102166	685	2451	90815	10155
181	-41	-39	184	18
45106	-10332	-12759	35263	4008
10560	-2858	-2869	9840	568
12256	450	292	9445	672
22290	-7924	-10182	15978	2768
23200	16139	17160	33647	3317
9726	-13269	-13240	7305	93
960	500	501	580	130
11954	29081	30072	25626	3090
560	-173	-173	136	4
299178	29646	30840	313623	30004
78552	8476	8941	79954	11314
509	214	214	912	65
3962	-32	-38	4297	502

14-13 限额以上餐饮业法人企业财务状况(2018年)

单位：万元

项　　目	Item
合　计	**Catering Trade**
# 国有及国有控股	State-owned and State-controlled Enterprises
按登记注册类型分组	**Grouped by Registration Status**
内资企业	Domestic Funded Enterprises
国有企业	State-owned Enterprises
集体企业	Collective-owned Enterprises
股份合作企业	Share-holding Cooperative Enterprises
联营企业	Joint Ownership Enterprises
国有联营企业	State Joint Ownership Enterprises
集体联营企业	Collective Joint Ownership Enterprises
国有与集体联营企业	Joint State-collective Enterprises
其他联营企业	Other Joint Ownership Enterprise
有限责任公司	Limited Liability Corporations
国有独资公司	State Sole Investment Corporations
其他有限责任公司	Other Limited Liability Corporations
股份有限公司	Share-holding Corporations Ltd.
私营企业	Private Enterprises
私营独资企业	Private Sole Investment Enterprises
私营合伙企业	Private Partnership Enterprises
私营有限责任公司	Private Limited Liability Corporations
私营股份有限公司	Private Share-holding Corporations Ltd.
其他企业	Other Enterprises
港、澳、台商投资企业	Enterprises with Funds from Hong Kong, Macao and Taiwan
与港、澳、台商合资经营企业	Joint-venture Enterprises
与港、澳、台商合作经营企业	Cooperative Enterprises
港、澳、台商独资经营企业	Enterprises with Sole Funds
港、澳、台商投资股份有限公司	Share-holding Corporations Ltd.
其他港、澳、台投资企业	Other Enterprises with Funds from Hong Kong, Macao and Taiwan
外商投资企业	Foreign Funded Enterprises
中外合资经营企业	Joint-venture Enterprises
中外合作经营企业	Cooperative Enterprises
外资企业	Enterprises with Sole Foreign Funds
外商投资股份有限公司	Share-holding Corporations Ltd.
其他外商投资企业	Other Foreign Funded Enterprises
按行业分	**Grouped by Catering Middle Sector**
正餐服务	Dinner
快餐服务	Snack
饮料及冷饮服务	Beverage and Cold Drinks
餐饮配送及外卖送餐服务	Restaurants distribution and take-away service
其他餐饮服务	Others

Financial Situation of Enterprises above Designated Size of Catering Services (2018)

(10000 yuan)

资产总计 Total Assets	# 固定资产原价 Original Value of Fixed Assets	负债合计 Total Liabilities	所有者权益 Owners' Equity	营业收入 Revenue from Principal Business	# 主营业务收入 Revenue from Primcipal Busmess
1928514	**830769**	**1199621**	**728893**	**3034845**	**3024894**
386448	208831	224416	162032	193125	189209
1127933	456158	898969	228964	1534696	1526064
49023	63275	25473	23550	39497	39297
16735	7317	2633	14102	14332	13882
8753	3246	8824	-71	31261	31225
433233	245851	400832	32401	499153	496629
14513	361	7532	6981	8615	8611
418720	245490	393300	25420	490538	488018
199067	14187	46619	152448	91655	88628
421073	122278	414574	6499	858128	855733
15532	7919	12943	2589	60246	60042
10397	4739	8419	1978	37660	37541
393693	109488	392841	852	751209	749137
1451	132	371	1080	9013	9013
49	4	14	35	670	670
419698	103352	199462	220236	460670	459463
9281	5393	4228	5053	15924	15913
42313	26041	49170	-6857	39894	39838
367897	71707	146026	221871	404627	403487
207	211	38	169	225	225
380883	271259	101190	279693	1039479	1039367
160405	153736	9409	150996	385060	385035
12029	687	4457	7572	410	410
206181	116836	83125	123056	648269	648182
2268		4199	-1931	5740	5740
1186536	538770	929603	256933	1445718	1438442
433766	237328	138436	295330	1154179	1154013
229584	39617	75851	153733	274891	274211
59194	12349	40165	19029	124003	123699
19434	2705	15566	3868	36054	34529

14-13　续表 1

单位：万元

项　　目	Item
合　计	**Catering Trade**
# 国有及国有控股	State-owned and State-controlled Enterprises
按登记注册类型分组	**Grouped by Registration Status**
内资企业	Domestic Funded Enterprises
国有企业	State-owned Enterprises
集体企业	Collective-owned Enterprises
股份合作企业	Share-holding Cooperative Enterprises
联营企业	Joint Ownership Enterprises
国有联营企业	State Joint Ownership Enterprises
集体联营企业	Collective Joint Ownership Enterprises
国有与集体联营企业	Joint State-collective Enterprises
其他联营企业	Other Joint Ownership Enterprise
有限责任公司	Limited Liability Corporations
国有独资公司	State Sole Investment Corporations
其他有限责任公司	Other Limited Liability Corporations
股份有限公司	Share-holding Corporations Ltd.
私营企业	Private Enterprises
私营独资企业	Private Sole Investment Enterprises
私营合伙企业	Private Partnership Enterprises
私营有限责任公司	Private Limited Liability Corporations
私营股份有限公司	Private Share-holding Corporations Ltd.
其他企业	Other Enterprises
港、澳、台商投资企业	Enterprises with Funds from Hong Kong, Macao and Taiwan
与港、澳、台商合资经营企业	Joint-venture Enterprises
与港、澳、台商合作经营企业	Cooperative Enterprises
港、澳、台商独资经营企业	Enterprises with Sole Funds
港、澳、台商投资股份有限公司	Share-holding Corporations Ltd.
其他港、澳、台投资企业	Other Enterprises with Funds from Hong Kong, Macao and Taiwan
外商投资企业	Foreign Funded Enterprises
中外合资经营企业	Joint-venture Enterprises
中外合作经营企业	Cooperative Enterprises
外资企业	Enterprises with Sole Foreign Funds
外商投资股份有限公司	Share-holding Corporations Ltd.
其他外商投资企业	Other Foreign Funded Enterprises
按行业分	**Grouped by Catering Middle Sector**
正餐服务	Dinner
快餐服务	Snack
饮料及冷饮服务	Beverage and Cold Drinks
餐饮配送及外卖送餐服务	Restaurants distribution and take-away service
其他餐饮服务	Others

continued

(10000 yuan)

主营业务成本 Cost of Principal Business	主营业务税金及附加 Taxes and Other Charges on Principal Business	其他业务利润 Profit from Other Business	销售费用 Operating Expenses
1339792	**8206**	**20304**	**1142919**
89152	1560	6954	50452
741544	7091	14808	501724
19573	653		6524
10317	103	4218	2206
14896	159	1321	10849
210658	1974	515	169578
4439	38	3	413
206219	1936	512	169165
43563	545	2927	31296
442108	3652	5827	281186
31987	571	180	14621
19175	347	54	11706
384833	2711	5593	253821
6113	23		1038
429	5		85
141696	546	5524	221617
5853	17	11	7366
19667	203	57	16283
116105	326	5456	197941
71			27
456552	569	-28	419578
123769	171	-38	211310
293	1		14
327857	358	10	207816
4633	39		438
658905	7101	19224	498018
501931	614	624	472961
84574	113	456	128086
75486	262		38155
18896	116		5699

14-13 续表 2

单位：万元

项　　目	Item
合　计	**Catering Trade**
# 国有及国有控股	State-owned and State-controlled Enterprises
按登记注册类型分组	**Grouped by Registration Status**
内资企业	Domestic Funded Enterprises
国有企业	State-owned Enterprises
集体企业	Collective-owned Enterprises
股份合作企业	Share-holding Cooperative Enterprises
联营企业	Joint Ownership Enterprises
国有联营企业	State Joint Ownership Enterprises
集体联营企业	Collective Joint Ownership Enterprises
国有与集体联营企业	Joint State-collective Enterprises
其他联营企业	Other Joint Ownership Enterprise
有限责任公司	Limited Liability Corporations
国有独资公司	State Sole Investment Corporations
其他有限责任公司	Other Limited Liability Corporations
股份有限公司	Share-holding Corporations Ltd.
私营企业	Private Enterprises
私营独资企业	Private Sole Investment Enterprises
私营合伙企业	Private Partnership Enterprises
私营有限责任公司	Private Limited Liability Corporations
私营股份有限公司	Private Share-holding Corporations Ltd.
其他企业	Other Enterprises
港、澳、台商投资企业	Enterprises with Funds from Hong Kong, Macao and Taiwan
与港、澳、台商合资经营企业	Joint-venture Enterprises
与港、澳、台商合作经营企业	Cooperative Enterprises
港、澳、台商独资经营企业	Enterprises with Sole Funds
港、澳、台商投资股份有限公司	Share-holding Corporations Ltd.
其他港、澳、台投资企业	Other Enterprises with Funds from Hong Kong, Macao and Taiwan
外商投资企业	Foreign Funded Enterprises
中外合资经营企业	Joint-venture Enterprises
中外合作经营企业	Cooperative Enterprises
外资企业	Enterprises with Sole Foreign Funds
外商投资股份有限公司	Share-holding Corporations Ltd.
其他外商投资企业	Other Foreign Funded Enterprises
按行业分	**Grouped by Catering Middle Sector**
正餐服务	Dinner
快餐服务	Snack
饮料及冷饮服务	Beverage and Cold Drinks
餐饮配送及外卖送餐服务	Restaurants distribution and take-away service
其他餐饮服务	Others

continued

(10000 yuan)

管理费用 Management Cost	营业利润 Business Profit	利润总额 Total Profits	本年应付职工薪酬 Total Wages Payable	应交增值税 Value Added Tax Payable
346799	**196011**	**193560**	**705741**	**38997**
35549	41717	42396	57208	4177
228053	71514	71843	372331	31818
8651	4145	4276	14531	1446
1030	768	760	3605	499
4026	1088	1086	7476	942
66781	44336	44435	127177	8326
3062	641	638	2845	299
63719	43695	43797	124332	8027
12230	31911	32334	24471	1410
135206	-10755	-11069	194986	19167
11505	1111	1518	16207	1605
4855	1383	1375	7691	869
117032	-13251	-13965	166086	16420
1814	2	3	5002	273
129	21	21	85	28
28758	67971	67748	97955	3984
2478	219	13	3955	56
4435	-723	-762	7173	1337
21718	68475	68497	86782	2588
127			45	3
89988	56526	53969	235455	3195
14946	35396	33869	74733	-102
251	-149	-149	237	1
73563	21894	20861	157043	3292
1228	-615	-612	3442	4
212346	85463	84927	364406	32309
98956	61954	59844	243924	2241
14522	48575	47921	58004	577
9443	304	693	32777	3360
11532	-285	175	6630	510

14-14 连锁店(公司)基本情况(2018年)

Statistics on Chain Stores (Companies) (2018)

单位：个 (unit)

项目	Item	连锁总店 General Chain Stores	连锁门店 Branch Chain Stores	直营店 Direct Stores	加盟店 League Stores
总计	**Total**	**134**	**9238**	**8082**	**1156**
批发业	Wholesale Trade	13	585	297	288
零售业	Retail Trade	92	6074	5229	845
按注册类型分	Grouped by Registration Status				
内资	Domestic Funded Enterprises	69	2848	2339	509
外商及港澳台投资	Enterprises with Funds from Foreign Countries, Hong Kong, Macao and Taiwan	23	3226	2890	336
按零售业态分	By Retail Format				
百货商店	Department Stores	8	721	721	
超级市场	Supermarkets	12	490	468	22
专业店	Specialized Stores	48	1860	1682	178
专卖店	Franchised Stores	15	942	924	18
其他	Others	9	2061	1434	627
住宿业	Accommodation Services	7	134	134	
餐饮业	Catering Services	22	2445	2422	23
#外商及港澳台投资	Enterprises with Funds from Foreign Countries, Hong Kong, Macao and Taiwan	8	1844	1844	
正餐	Dinner	8	152	151	1
快餐	Snack	9	1511	1511	
其他	Others	5	782	760	22

14-14 续表 continued

单位：万元 (10000 yuan)

项　目	Item	营业面积（平方米）Business Area (sq.m)	从业人数（人）Employed Persons (person)	销售总额（营业总收入）Total Sales (Business Revenue)	#零售额 Retail Sales
总　计	**Total**	**5687534**	**146867**	**16911643**	**13579215**
批发业	Wholesale Trade	81518	2905	797676	116514
零售业	Retail Trade	4769074	79013	14413762	11892613
按注册类型分	Grouped by Registration Status				
内资	Domestic Funded Enterprises	2760546	38367	9963101	8131205
外商及港澳台投资	Enterprises with Funds from Foreign Countries, Hong Kong, Macao and Taiwan	2008528	40646	4450661	3761408
按零售业态分	By Retail Format				
百货商店	Department Stores	1357303	11357	2514579	2359880
超级市场	Supermarkets	1417777	23629	2217619	1699823
专业店	Specialized Stores	1455370	25595	5691222	4312520
专卖店	Franchised Stores	99810	5874	515145	510703
其　他	Others	438814	12558	3475197	3009687
住宿业	Accommodation Services	2387	1600	128471	606
餐饮业	Catering Services	834555	63349	1571734	1569482
#外商及港澳台投资	Enterprises with Funds from Foreign Countries, Hong Kong, Macao and Taiwan	686202	52266	1294604	1294604
正　餐	Dinner	139238	6492	194650	192398
快　餐	Snack	592318	48393	1110057	1110057
其　他	Others	102999	8464	267027	267027

注：本表“营业面积”指标，批发业和零售业反映年末零售营业面积数据，住宿业和餐饮业反映年末餐饮营业面积数据。

14-15 亿元以上商品交易市场成交情况(2018年)
Statistics on Commodity Exchange Markets with Total Sale over 100 Million Yuan (2018)

项　　目	Item	出租摊位数 (个) Number of Booths (unit)	总成交额 (万元) Total Transaction Values (10000 yuan)
合　计	**Total**	**78810**	**19011421**
粮油、食品类	Grain and Oil	10042	4672943
饮料类	Beverages	520	103745
烟酒类	Tobacco and Liquor	181	33870
服装鞋帽、针、纺织品类	Garments, Shoes, Hats, Knitwear and Textiles	40404	8330295
化妆品类	Cosmetics	1984	108397
金银珠宝类	Gold, Silver and Jewelry	566	35664
日用品类	Articles for Daily Use	11276	1483329
五金电料类	Hardware and Electrical Appliances	3585	892424
体育、娱乐用品类	Sports and Recreation Articles	399	52429
书报杂志类	Books, Newspapers and Magazines	97	19952
电子出版物及音像制品类	E-journal and Video Products		
家用电器和音像器材类	Household Appliances and Video Appliances	821	113520
中西药品类	Traditional Chinese and Western Medicines	419	12699
文化办公用品类	Cultural and Office Goods	634	133307
家具类	Furniture	376	28016
通讯器材类	Communication Equipments	70	4167
煤炭及制品类	Coal and Coal Products		
木材及制品类	Wood and Wooden Products	171	24390
石油及制品类	Petroleum and Related Products		
化工材料及制品类	Chemical Materials and Related Products	17	3892
金属材料类	Metal Materials	539	515108
建筑及装潢材料类	Building and Decoration Materials	1904	208282
机电产品及设备类	Mechanical and Electrical Products	358	87790
汽车类	Automobiles	2721	2035556
种子饲料类	Seed and Feedstuff	12	327
棉麻类	Cotton and Hemp		
其他类	Others	1714	111319

【社会消费品零售总额】 指企业（单位、个体户）通过交易直接售给个人、社会集团非生产、非经营用的实物商品金额，以及提供餐饮服务所取得的收入金额。个人包括城乡居民和入境人员，社会集团包括机关、社会团体、部队、学校、企事业单位、居委会或村委会等。

【商品购进总额】 指从本企业以外的单位和个人购进（包括从国外直接进口）作为转卖或加工后转卖的商品金额（含增值税）。本指标反映批发和零售业从国内外市场上购进商品的总价。

商品购进包括：（1）从工农业生产者、批发和零售业、住宿和餐饮业、出版社或报社的出版发行部门和其他服务业等企事业单位和个体经营户购进的商品；（2）从机关、社会团体购进的商品；（3）从海关、市场管理部门购进的缉私和没收的商品；（4）从居民收购的废旧商品等。

不包括：（1）企业为本单位自身经营用，不是作为转卖而购进的商品，如材料物资、包装物、低值易耗品、办公用品等；（2）未通过买卖行为而收入的商品，如接受其他部门移交的商品、借入的商品、收入代其他单位保管的商品、其他单位赠送的样品、加工回收的成品等；（3）经本单位介绍，由买卖双方直接结算，本单位只收取手续费的业务；（4）销售退回和买方拒付货款的商品；（5）商品溢余；（6）期货交易商品。

【商品销售总额】 指对本单位以外的单位和个人出售的商品金额（包括售给本单位消费用的商品，含增值税），在批发和零售业中，本指标反映在国内市场上销售商品以及出口商品的总价。

商品销售包括：（1）售给个人和社会集团消费用的商品；（2）售给农业、工业、建筑业、服务业等国民经济各行业用于生产、经营用的商品，包括售予批发和零售业作为转卖或加工后转卖的商品；（3）对国（境）外直接出口的商品。

商品销售不包括：（1）未通过买卖行为付出的商品，如因机构变动移交给其他企业单位的商品、借出的商品、归还受其他单位委托代保管的商品、付出的加工原料和赠送给其他单位的样品等；（2）促销返券所销售的、不计入营业收入的商品；（3）经本单位介绍，由买卖双方直接结算，本单位只收取手续费的业务；（4）未发生所有权转移的商品预付卡销售，如加油卡；（5）汽车维修、电话卡销售等服务性经济活动；（6）购货退回的商品；（7）商品损耗和损失；（8）出售本单位自用的废旧物资；（9）期货交易商品；（10）自来水供应企业、电力企业、天然气供应企业提供的水、电、气。

【住宿餐饮业营业额】 指住宿和餐饮业单位在经营活动中因提供服务或销售商品等取得的全部收入（含销项税），收入主要来源于提供客房、餐费服务、商品销售和其他服务，如商务服务。不包括多产业法人企业附营的其他行业产业活动单位的餐费收入、商品销售收入等各项收入。

【Total Retail Sales of Consumer Goods】 refer to the amount obtained by enterprises (units, self-employed individuals) through direct sales of non-production and non-business physical commodity to individuals, social institutions, and revenue from providing catering services. Individuals include rural and urban households, population from abroad, social institutions include government agencies, social organizations, military units, schools, institutions, neighbourhood (village) committees.

【Total Purchases of Commodities】 refer to the total value of purchases of commodities by enterprises (establishments) from other establishments or individuals (including direct import from abroad) for the purpose of re-selling, either with or without further processing of the commodities purchased. The commodities include: (1) commodities purchased from agricultural and industrial producer, wholesaler, retailer, publishing house and other service business; (2) commodities purchased from institutions and government departments; (3) confiscated goods purchased from the customs authorities or market management agencies; (4) second-hand goods and wastes purchased from residents; The commodities exclude (1) commodities purchased by enterprises (establishments) for use in their own business operation, commodities obtained without buying or selling procedures such as materials, consumable goods of low value, office appliance, etc. (2) received goods without trading, such as goods handed over from others, borrowed goods, preserved goods for others, donated goods from others, processed and retrieved goods, etc. (3) goods of direct settlement between buyer and seller with handling fees introduced by others, (4) goods returned or refused to pay by the buyer, (5) excessive goods.

【Total Sales of Commodities】 refer to value of commodities sold by the establishments to other establishments and individuals (including goods sold for self consumption, including the value-added tax). The commodities include: (1) commodities sold to urban and rural residents and social groups for their consumption; (2) commodities sold to establishments in all industries for their production and operation, including ?agriculture, industry, construction, and catering services including commodities sold to wholesale and retail establishments for re-selling, with or without further processing; and (3) commodities for direct export to abroad. Excluded are (1) extended commodities without trading, such as goods handed over to other enterprises and institutions because of the change of organizations, lent goods, returned goods preserved for others, extended processing materials and samples donated to others, (2)? goods of direct settlement between buyer and seller with handling fees introduced by others, (3) goods returned after purchase, (4) damaged and spoiled goods, (5) waste and used goods of self use.

【Hotel Services and Catering Services Business Revenue】 refers to total revenue (including VAT) of hotels and catering services received from providing services or selling commodities through business activities, income comes mainly from providing hotels, catering services, selling of commodities and other services, such as commodity services. It does not include revenue such as meal fees, selling of commodities of other industrial units affiliated with multi industrial legal entities. Income from hotels refers to income (including VAT) of hotels and catering services by providing lodging services through business activities. Income from catering services refers to income (including VAT) from providing catering services, including selling of cooked or prepared foods, such as staple food, cooked dishes, or cold dishes. It does not include meal fees of other industrial units affiliated with multi industrial legal entities.

第十五篇 CHAPTER 15

对外经济贸易和旅游

FOREIGN ECONOMY AND TOURISM

简要说明
Brief Introduction

第十五篇　对外经济贸易和旅游

一、本篇资料反映广州市对外贸易、利用外资、对外承包工程和劳务合作、境外投资、外商投资企业工商注册登记以及旅游业概况及发展情况。

二、本篇资料由广州市统计局贸易外经统计处整理提供。

三、资料来源及统计范围：

1．广州进出口贸易的规模、结构情况资料主要来源于广州海关，统计范围为广州地区进出口经营单位（广州地区口岸进出口资料除外）。

2．广州利用外资规模及结构、对外承包工程及劳务合作状况、境外投资情况、软件出口和技术进口情况的资料来源于广州市商务局。

3．广州外商投资企业注册登记情况的资料由广州市市场监督管理局提供，但不包括在广东省市场监督管理局注册登记的在穗外商投资企业。

4．广州旅游业发展情况的资料由广州市文化广电旅游局提供。

5．广州与国外城市交流情况，广州与国外结成友好城市情况及各国驻广州领事馆情况的资料由广州市政府外事办公室提供。

6．外商投资企业包括国外及港澳台投资企业。

15 Foreign Economy and Tourism

I.The data in this chapter show the Summary data of Guangzhou's foreign trade, utilization of foreign capital, contracted projects and labor cooperation with the foreign countries or territories, external investment, basic indicators of three kinds of registered foreign-funded enterprises and international tourism.

II.The data in this chapter are prepared and provided by the Division of Trade and External Economic Relations Statistics of Guangzhou Municipal Bureau of Statistics.

III. Data sources and statistical coverage:

(1) The data on the size and composition of Guangzhou's imports and exports come from Guangzhou Customs Office; the statistical coverage covers the imports and exports operating units in Guangzhou, excluding the data of imports and exports through ports in Guangzhou.

(2)The data on the scale and composition of the utilization of foreign capitals and the contracted projects and labor cooperation with the foreign countries or territories, external investment, software exports and technical imports of Guangzhou come from Guangzhou Municipal Commerce Bureau.

(3)The basic indicators of the registered foreign-funded enterprises come from the Guangzhou Municipal Market Regulatory Administration but exclude those registered by the Administration for Market Regulation of Guangdong Province.

(4)The data on the development of international tourism are provided by Guangzhou Municipal Culture,Radio,Televison and Tourism Bureau.

(5) The data on exchange between Guangzhou and foreign friendly cities, consulate generals in Guangzhou are provided by Foreign Affair Office of Guangzhou Municipal People's Government.

(6) The foreign-funded enterprises cover the enterprises whose fund come from Hong Kong, Macao, Taiwan and foreign countries.

15-1 主要年份商品进出口总值和商品进出口总值指数

Total Value and Indices of Import and Export Commodities in Main Years

年份 Year	进出口总值(亿美元) Total Value of Imports and Exports (USD 100 million)	进口总值 Imports	出口总值 Exports	进出口差额(亿美元) Balance (USD 100 million)	进出口总值指数(上年=100) Indices of Total Imports and Exports (preceding year=100)	进口总值 Imports	出口总值 Exports
1988	32.25	17.66	14.59	-3.07	148.5	154.0	142.4
1989	35.32	17.62	17.70	0.08	109.5	99.8	121.3
1990	41.79	18.24	23.55	5.31	118.3	103.5	133.0
1991	53.82	24.40	29.42	5.02	128.8	133.8	125.0
1992	70.75	33.88	36.87	2.99	131.5	138.8	125.3
1993	134.33	69.84	64.49	-5.35	189.9	206.2	174.9
1994	161.36	74.67	86.69	12.02	120.1	106.9	134.4
1995	166.99	71.32	95.67	24.35	103.5	95.5	110.4
1996	166.89	75.53	91.36	15.83	99.9	105.9	95.5
1997	187.46	81.51	105.95	24.44	112.3	107.9	116.0
1998	178.77	75.39	103.38	27.99	95.4	92.5	97.6
1999	191.85	93.18	98.67	5.49	107.3	123.6	95.4
2000	233.51	115.60	117.91	2.31	121.7	124.1	119.5
2001	230.37	114.13	116.24	2.11	98.7	98.7	98.6
2002	279.27	141.49	137.78	-3.71	121.2	124.0	118.5
2003	349.41	180.52	168.89	-11.63	125.1	127.6	122.6
2004	447.88	233.14	214.74	-18.40	128.2	129.2	127.2
2005	534.75	268.07	266.68	-1.39	119.4	115.0	124.2
2006	637.62	313.85	323.77	9.92	119.2	117.1	121.4
2007	734.94	355.91	379.03	23.12	115.3	113.4	117.1
2008	818.73	389.47	429.26	39.79	111.4	109.4	113.3
2009	766.85	392.82	374.03	-18.79	93.7	100.9	87.1
2010	1037.68	553.89	483.79	-70.10	135.3	141.0	129.3
2011	1161.68	596.94	564.74	-32.20	112.0	107.8	116.7
2012	1171.67	582.52	589.15	6.63	100.9	97.6	104.3
2013	1188.96	560.89	628.07	67.18	101.5	96.3	106.6
2014	1305.90	578.77	727.13	148.36	109.8	103.2	115.8
2015	1338.68	527.01	811.67	284.66	102.5	91.1	111.6
2016	1293.09	511.32	781.77	270.45	96.6	97.0	96.3
2017	1432.50	579.30	853.20	273.90	110.8	113.3	109.1
2018	1485.05	636.55	848.50	211.95	103.7	109.9	99.4

15-1 续表 continue

年份 Year	进出口总值(亿元) Total Value of Imports and Exports (RMB 100 million)	进口总值 Imports	出口总值 Exports	进出口差额(亿元) Balance (RMB 100 million)	进出口总值指数(上年=100) Indices of Total Imports and Exports (preceding year=100)	进口总值 Imports	出口总值 Exports
2014	8022.80	3555.15	4467.65	912.50	108.7	102.2	114.6
2015	8306.28	3271.71	5034.57	1762.86	103.5	92.0	112.7
2016	8541.02	3382.26	5158.76	1776.50	102.8	103.4	102.5
2017	9715.52	3923.09	5792.43	1869.34	113.8	116.0	112.3
2018	9811.59	4204.09	5607.50	1403.41	101.0	107.2	96.8

注：为进一步完善海关统计数据公布制度，从2014年开始海关总署全面公布以人民币计价的各类海关统计数据。

Note:In order to improve the customs statistical data publication system, since 2014 the General Administration of Customs has announced all kinds of Customs Statistics in RMB.

15-2 商品进出口总值(人民币计价)

单位：万元

项　　目	Item
总　　计	**Total**
按贸易方式分	**By Trade Form**
一般贸易	Ordinary Trade
国家间国际组织无偿援助和捐赠的物资	Donation and Gratis Aid of International Organizations
华侨港澳同胞外籍华人捐赠的物资	Donation of Overseas Chinese
补偿贸易	Compensation Trade
来料加工装配贸易	Trade of Processing and Assembling Supplied Materials
进料加工贸易	Trade of Processing Imported Materials
寄售代销贸易	Sale by Consignment
边境小额贸易	Small Trade on Border
来料加工装配进口的设备	Equipment for Processing and Assembling by Import
对外承包工程货物	Goods for Contracted Foreign Projects
租赁贸易	Leasing Trade
外商投资企业作为投资进口的设备物品	Imported Equipment Used as Investment by Foreign Funded Enterprises
出料加工贸易	Trade of Processing Exported Materials
保税监管场所进出境货物	Inbound and Outbound Goods in Bonded Warehouses
海关特殊监管区域物流货物	Storage of Transit Goods in Bonded Warehouses
易货贸易	Barter Trade
海关特殊监管区域进口设备	Facility of Export Manufacturing District
其他贸易	Others
按登记注册类型分	**Grouped by Registration Status**
国有企业	State-owned Enterprises
集体企业	Collective-owned Enterprises
外商及港澳台投资企业	Enterprises with Funds from Foreign Countries, Hong Kong, Macao and Taiwan
合资企业	Joint-venture Enterprises
合作企业	Cooperative Enterprises
外资企业	Enterprises with Sole Foreign Funds
私营企业	Private Enterprises
其他企业	Others
个体工商户	Individual Operating Households

Total Value of Import and Export Commodities through Customs (Renminbi-denominated)

(10000 yuan)

2017			2018		
合 计 Total (by RMB)	进 口 Imports	出 口 Exports	合 计 Total (by RMB)	进 口 Imports	出 口 Exports
97155200	**39230940**	**57924260**	**98115885**	**42040898**	**56074987**
43932381	23461927	20470454	45888167	25224072	20664095
5453		5453	4007	6	4001
7332403	3125612	4206791	7229639	3181237	4048402
20050692	7451027	12599665	19313928	7404195	11909733
13286	13286		8714	8714	
382481		382481	156847		156847
219242	217559	1683	42647	42605	42
124024	124024		185218	185218	
4619	2899	1720	8665	4447	4218
3047056	1762397	1284659	3643215	2164117	1479098
4865482	2896834	1968648	5335358	3669946	1665412
580	580		1880	1880	
17177501	174795	17002706	16297600	154461	16143139
14413194	6825758	7587436	12735897	6858525	5877372
401671	229910	171761	374257	220762	153495
41416014	20480673	20935341	41981137	21579673	20401464
14131541	7395338	6736203	15337417	8339297	6998120
630522	167892	462630	590224	163325	426899
26653951	12917443	13736508	26053496	13077051	12976445
40120670	10959082	29161588	42157594	12581140	29576454
793963	735088	58875	857262	800572	56690
9688	429	9259	9738	226	9512

15-2 续表

单位:万元

项　目	Item
按国别(地区)分	**By Country (Territory)**
亚洲小计	Asia
# 中国香港	Hong Kong, China
中国澳门	Macao, China
印度尼西亚	Indonesia
日　本	Japan
马来西亚	Malaysia
新加坡	Singapore
韩　国	Republic of Korea
泰　国	Thailand
中国台湾	Taiwan, China
阿拉伯联合酋长国	United Arab Emirates
印　度	India
非洲小计	Africa
# 南　非	South Africa
欧洲小计	Europe
# 英　国	United Kingdom
德　国	Germany
法　国	France
意大利	Italy
荷　兰	Netherlands
西班牙	Spain
比利时	Belgium
瑞　士	Switzerland
俄罗斯	Russia
拉丁美洲小计	Latin America
# 墨西哥	Mexico
巴拿马	Panama
北美洲小计	North America
# 加拿大	Canada
美　国	United States
大洋洲小计	Oceania
# 澳大利亚	Australia
其　他	Others

continued

(10000 yuan)

2017			2018		
合 计 Total (by RMB)	进 口 Imports	出 口 Exports	合 计 Total (by RMB)	进 口 Imports	出 口 Exports
51613643	23340689	28272954	52334393	25246848	27087545
8812249	433896	8378353	8412843	325621	8087222
234892	17638	217254	316613	7638	308975
2030107	1023194	1006913	2368982	1207872	1161110
9333462	7082914	2250548	10388272	7895838	2492434
2329304	808152	1521152	2876084	1084725	1791359
1617689	625599	992090	1568614	560440	1008174
5846609	4623820	1222789	6496070	5305071	1190999
2186598	1101554	1085044	2188326	994997	1193329
2968845	2129442	839403	2876855	2165567	711288
1429005	567607	861398	1502043	512393	989650
2993900	860542	2133358	2551003	907178	1643825
8735233	2064908	6670325	7950149	2327112	5623037
2159304	1740255	419049	2331793	1898098	433695
16102478	6999388	9103090	16063725	6989496	9074229
1946426	312005	1634421	1984145	358977	1625168
3794839	2265959	1528880	3915843	2520701	1395142
2150655	1404279	746376	1686304	1012651	673653
1013347	504754	508593	1079157	498360	580797
1614197	665072	949125	1673894	679277	994617
680175	222632	457543	712143	214188	497955
667228	236998	430230	577926	182833	395093
436911	382468	54443	435035	391934	43101
868942	98735	770207	935740	142492	793248
4565249	920692	3644557	4939485	1023939	3915546
1648955	122358	1526597	1952702	316938	1635764
216763	10458	206305	228730	11025	217705
13532520	4510361	9022159	14444207	5324662	9119545
995184	307983	687201	1299443	419825	879618
12463256	4202379	8260877	13119868	4904827	8215041
2598726	1387551	1211175	2380141	1125056	1255085
1857163	907578	949585	1760457	701764	1058693
7351	7351		3785	3785	

15-3 商品进出口总值(美元计价)

单位：万美元

项　　目	Item
总　　计	**Total**
按贸易方式分	**By Trade Form**
一般贸易	Ordinary Trade
国家间国际组织无偿援助和捐赠的物资	Donation and Gratis Aid of International Organizations
华侨港澳同胞外籍华人捐赠的物资	Donation of Overseas Chinese
补偿贸易	Compensation Trade
来料加工装配贸易	Trade of Processing and Assembling Supplied Materials
进料加工贸易	Trade of Processing Imported Materials
寄售代销贸易	Sale by Consignment
边境小额贸易	Small Trade on Border
来料加工装配进口的设备	Equipment for Processing and Assembling by Import
对外承包工程货物	Goods for Contracted Foreign Projects
租赁贸易	Leasing Trade
外商投资企业作为投资进口的设备物品	Imported Equipment Used as Investment by Foreign Funded Enterprises
出料加工贸易	Trade of Processing Exported Materials
保税监管场所进出境货物	Inbound and Outbound Goods in Bonded Warehouses
海关特殊监管区域物流货物	Storage of Transit Goods in Bonded Warehouses
易货贸易	Barter Trade
海关特殊监管区域进口设备	Facility of Export Manufacturing District
其他贸易	Others
按登记注册类型分	**Grouped by Registration Status**
国有企业	State-owned Enterprises
集体企业	Collective-owned Enterprises
外商及港澳台投资企业	Enterprises with Funds from Foreign Countries, Hong Kong, Macao and Taiwan
合资企业	Joint-venture Enterprises
合作企业	Cooperative Enterprises
外资企业	Enterprises with Sole Foreign Funds
私营企业	Private Enterprises
其他企业	Others
个体工商户	Individual Operating Households

Total Value of Import and Export Commodities through Customs (U.S.dollar-denominated)

(USD10000)

2017			2018		
合 计 Total (by USD)	进 口 Imports	出 口 Exports	合 计 Total (by USD)	进 口 Imports	出 口 Exports
14324969	**5792992**	**8531977**	**14850529**	**6365507**	**8485022**
6484006	3464113	3019893	6955660	3820004	3135656
813		813	610	1	609
1082180	461310	620870	1094443	481973	612470
2958766	1099804	1858962	2926253	1121256	1804997
1953	1953		1324	1324	
56032		56032	23683		23683
31973	31727	246	6494	6488	6
18119	18119		27248	27248	
673	423	250	1261	645	616
450805	260646	190159	550636	327088	223548
719591	428989	290602	810651	555825	254826
86	86		281	281	
2519972	25822	2494150	2451985	23374	2428611
2124503	1007516	1116987	1934882	1041299	893583
59208	33902	25306	56705	33392	23313
6112014	3022373	3089641	6361625	3267439	3094186
2086268	1091037	995231	2322754	1260236	1062518
92944	24776	68168	89551	24784	64767
3932802	1906560	2026242	3949320	1982419	1966901
5912210	1622241	4289969	6370588	1906699	4463889
115599	106897	8702	125244	116644	8600
1435	63	1372	1485	34	1451

15-3 续表

单位:万美元

项　　目	Item
按国别(地区)分	**By Country (Territory)**
亚洲小计	Asia
# 中国香港	Hong Kong, China
中国澳门	Macao, China
印度尼西亚	Indonesia
日　本	Japan
马来西亚	Malaysia
新加坡	Singapore
韩　国	Republic of Korea
泰　国	Thailand
中国台湾	Taiwan, China
阿拉伯联合酋长国	United Arab Emirates
印　度	India
非洲小计	Africa
# 南　非	South Africa
欧洲小计	Europe
# 英　国	United Kingdom
德　国	Germany
法　国	France
意大利	Italy
荷　兰	Netherlands
西班牙	Spain
比利时	Belgium
瑞　士	Switzerland
俄罗斯	Russia
拉丁美洲小计	Latin America
# 墨西哥	Mexico
巴拿马	Panama
北美洲小计	North America
# 加拿大	Canada
美　国	United States
大洋洲小计	Oceania
# 澳大利亚	Australia
其　他	Others

continued

(USD10000)

2017			2018		
合 计 Total (by USD)	进 口 Imports	出 口 Exports	合 计 Total (by USD)	进 口 Imports	出 口 Exports
7608510	3444898	4163612	7920162	3822240	4097922
1302072	63866	1238206	1272318	48782	1223536
34434	2590	31844	48502	1164	47338
299316	150986	148330	359271	183592	175679
1377903	1045875	332028	1574204	1195853	378351
343195	119334	223861	434157	164176	269981
238102	92227	145875	238132	85083	153049
861644	681538	180106	982691	801202	181489
322347	162516	159831	331265	150924	180341
438670	314894	123776	435898	328199	107699
210234	83846	126388	225541	77334	148207
440021	127064	312957	386151	137575	248576
1285610	304781	980829	1199667	352669	846998
318592	256882	61710	353054	287269	65785
2376068	1035061	1341007	2431821	1057041	1374780
287014	46122	240892	300692	54108	246584
560128	334825	225303	592272	381474	210798
318370	208356	110014	254608	152825	101783
149632	74774	74858	163512	75400	88112
238159	98268	139891	253436	102660	150776
100274	32904	67370	107954	32415	75539
98236	34921	63315	87502	27576	59926
64307	56298	8009	66264	59711	6553
128061	14530	113531	141523	21227	120296
673607	136056	537551	748420	155098	593322
243325	18082	225243	295957	48033	247924
31977	1548	30429	34591	1682	32909
1997135	666492	1330643	2189768	807402	1382366
146934	45374	101560	195649	63130	132519
1839383	621118	1218265	1990249	744270	1245979
382946	204611	178335	360105	170471	189634
273868	133755	140113	266465	106473	159992
1093	1093		586	586	

15-4 商品进出口总值(2018年，按地区分)

Total Value of Import and Export Commodities through Customs (2018, by Region)

地　区	District	按美元计价 (By USD) 商品进出口总值 (万美元) Total Value of Imports and Exports (USD 10000)	进口总值 Imports	出口总值 Exports
全　市	**Total**	**14850529**	**6365507**	**8485022**
#荔湾区	Liwan	236870	79302	157568
越秀区	Yuexiu	1081876	360555	721321
海珠区	Haizhu	408972	116029	292943
天河区	Tianhe	931607	519649	411958
白云区	Baiyun	865650	291941	573709
黄埔区	Huangpu	4166062	2324396	1841666
番禺区	Panyu	1930161	695877	1234284
花都区	Huadu	1417233	373081	1044152
南沙区	Nansha	3125284	1472919	1652365
从化区	Conghua	212522	33770	178752
增城区	Zengcheng	474292	97988	376304

15-4 续表 continued

地 区	District	按人民币计价 (By RMB) 商品进出口总值 (万元) Total Value of Imports and Exports (10000 yuan)	进口总值 Imports	出口总值 Exports
全 市	**Total**	**98115885**	**42040898**	**56074987**
# 荔湾区	Liwan	1575170	523739	1051431
越秀区	Yuexiu	7142801	2373388	4769413
海珠区	Haizhu	2692749	765077	1927672
天河区	Tianhe	6133369	3422709	2710660
白云区	Baiyun	5720335	1922580	3797755
黄埔区	Huangpu	27533574	15385732	12147842
番禺区	Panyu	12772319	4591226	8181093
花都区	Huadu	9371329	2468734	6902595
南沙区	Nansha	20636115	9717721	10918394
从化区	Conghua	1404461	222562	1181899
增城区	Zengcheng	3133663	647430	2486233

15-5 主要进口商品数量和金额

商品名称		Name of Commodities	
鲜干水果及坚果	(吨)	Fresh or Dried Fruits and Nuts	(ton)
乳　品	(吨)	Dairy	(ton)
谷物及谷物粉	(吨)	Cereals and Cereal Flour	(ton)
大　豆	(吨)	Soybean	(ton)
食用植物油	(吨)	Edible Vegetable Oil	(ton)
合成橡胶	(吨)	Synthetic Rubber	(ton)
原　木	(立方米)	Logs	(cu.m)
铁矿砂及其精矿	(吨)	Iron Ore	(ton)
煤及褐煤	(吨)	Coal and Brown Coal	(ton)
成品油	(吨)	Petroleum Products Refined	(ton)
医药品	(吨)	Pharmaceutical Products	(ton)
初级形状的塑料	(吨)	Primary Plastics	(ton)
牛皮革及马皮革	(吨)	Bovine or Equine Leather	(ton)
纸及纸板	(吨)	Paper and Paperboards	(ton)
棉纱线	(吨)	Cotton Yarn	(ton)
合成纤维纱线	(吨)	Yarn of Synthetic Fibers	(ton)
针织或钩编织物	(万米)	Knitted or Crocheted Fabrics	(10000 meters)
钻　石	(千克)	Diamonds	(kg)
钢　材	(吨)	Rolled Steel	(ton)
未锻造的铜及铜材	(吨)	Unwrought Copper and Copper Products	(ton)
未锻造的铝及铝材	(吨)	Unwrought Aluminum and Aluminum Products	(ton)
活塞式内燃机的零件	(吨)	Parts of Piston Combustion Engines	(ton)
涡轮喷气发动机	(台)	Gas Turbine Engine	(set)
机械提升搬运装卸设备及零件		Mechanical Handling Equipment and Parts	
印刷、装订机械及零件		Printing or Book-binding Machinery and Parts	
金属加工机床	(台)	Machine Tools	(set)
自动数据处理设备及其部件	(万台)	Automatic Data Processing Machines and Components	(10000 sets)
制造平板显示器用的机器及装置	(台)	Machines and Devices for the Manufacture of Flat Display	(set)
变压、整流、电感器及零件		Transformers, Rectifiers and Inductance Suppliers and Parts	
电视、收音机及无线电讯设备的零附件	(吨)	Parts of Television, Radio, Telecommunications Apparatus	(ton)
电容器	(吨)	Capacitors and Parts	(ton)
印刷电路	(百万块)	Printed Circuit	(10 000 units)
通断及保护电路装置及零件		Electrical Apparatus and Parts for Switching or Protecting Electrical Circuits	
二极管及类似半导体器件	(百万个)	Diode and Semi-conductors	(million units)
集成电路	(百万个)	IC	(1 million pcs)
电线和电缆	(吨)	Electric Wires and Cables	(ton)
汽车零配件		Parts of Motor Vehicles	
飞机及其他航空器		Aircraft	(unit)
液晶显示板	(万个)	LCD Panel	(10 000 units)
医疗仪器及器械		Medical Instruments and Appliances	
计量检测分析自控仪器及器具		Measuring or Checking Instruments and Apparatus	
塑料制品	(吨)	Plastic Articles	(ton)

注："飞机及其他航空器"统计口径有变化：根据2018年世界海关组织协调制度委员会(HSC)会议决定，明确"无人机"归类由"带照相机的飞行器"调整为"会飞的照相机"。

Main Import Commodities in Volume and Value

2017			2018		
数 量 Volume	金 额 （万美元） Value (USD 10000)	金 额 （万元） Value (10000 yuan)	数 量 Volume	金 额 （万美元） Value (USD 10000)	金 额 （万元） Value (10000 yuan)
83889	17315	117996	60073	13016	86250
194555	148036	1000507	206604	181857	1201105
4522553	105029	712699	2629063	72851	473844
1007968	41240	279345	136553	5766	36951
249833	18809	127562	159869	12692	84198
87665	19989	135628	79041	17357	114214
783532	28577	193418	677863	26510	173343
7094194	47348	321692	3505616	28012	184329
13673515	87117	591672	13671968	89414	586716
591868	37157	251261	756343	51467	339821
9204	140138	950057	10474	127450	843673
2255634	386530	2618326	2341604	422703	2784290
24976	20764	140822	37532	22125	144726
206455	19322	130637	276216	24259	159687
196681	56109	380969	118084	35993	236987
27006	20477	138647	23188	16238	106714
3447	10150	68524	3462	10149	66501
674	232488	1574017	816	271768	1796627
1824731	141024	955775	1887832	159413	1050602
89696	69045	466514	157638	117158	768891
23948	8012	54595	35099	10490	70964
20576	38350	259747	22805	44280	291193
51	52444	354407	40	43226	282566
	18409	124922		15655	103079
	72593	492129		71229	469697
2916	27856	188590	3027	36771	242209
295	20500	139080	265	21687	143133
232	38158	261753	224	50801	349486
	29000	196309		38325	253948
1475	23480	159761	1880	26265	174952
2011	15943	107833	2075	23856	157417
854	38905	263618	751	37860	250377
	64664	437988		74252	490433
11459	80979	549713	13123	96214	633759
4806	250382	1691314	6113	281159	1858849
9138	16186	109610	9003	17309	114275
	307333	2080319		399208	2629176
3681	240326	1617645	57	371012	2450279
6060	313638	2126462	6509	301897	1993386
	42185	284848		52077	343258
	163139	1103990		186055	1230699
18610	21384	144719	18482	24207	160007

Note: The statistical caliber of "aircraft and other aircraft" has changed. According to the decision of the World Customs Organization Harmonization System Committee (HSC) meeting in 2018, the classification of "unmanned aerial vehicles" has been changed from "aircraft with camera" to flying camera.

15-6 主要出口商品数量和金额

商品名称		Name of Commodities	
印刷品	(吨)	Presswork	(ton)
成品油	(吨)	Refined Petroleum Products	(ton)
医药品	(吨)	Medical and Pharmaceutical Products	(ton)
新的充气橡胶轮胎	(万条)	New Pneumatic Rubber Tires	(10000 units)
纺织纱线、织物及制品		Textile Yarn, Fabrics and Related Products	
玻璃制品	(吨)	Glasswork	(ton)
陶瓷产品	(吨)	Ceramic	(ton)
珍珠、钻石、宝石及半宝石		Pearls, Diamonds, Jewelry and Semi-jewelry	
钢　材	(吨)	Rolled Steel	(ton)
不锈钢厨具、餐具等家用器具	(吨)	Household Stainless Steel Cookware and Tableware	(ton)
电　扇	(万台)	Electric Fans	(10000 sets)
空气调节器	(万台)	Air conditional	(10000 sets)
冰　箱	(万台)	Fridge	(10000 sets)
自动数据处理设备及其部件	(万台)	Automatic Data Processing Machines and Components	(10000 sets)
自动数据处理设备的零件	(吨)	Parts of Automatic Data Processing Machines	(ton)
打印机(包括多功能一体机)	(万台)	Printer(Multi Function Printer)	(10000 sets)
液晶显示板	(万个)	LCD Panel	(10000 sets)
静止式变流器	(百万个)	Static Converter	(million units)
原电池	(百万个)	Primary Cells and Batteries	(million units)
蓄电池	(万个)	Electric Accumulators	(10000 units)
电话机	(万台)	Telephone	(10000 units)
扬声器	(万个)	Loudspeakers	(10000 units)
录、放像机	(万台)	Video Tape Recorders	(10000 sets)
电视机	(万台)	TV	(10000 sets)
电视、收音机及无线电讯设备的零附件	(吨)	Parts of TV,radio,wireless telecommunication device	(ton)
印刷电路	(百万块)	Printed Circuits	(million units)
电线和电缆	(吨)	Electronic Wires and Cables	
集装箱	(个)	Containers	(unit)
汽车零配件		Parts of Motor Vehicles	
摩托车	(辆)	Motorcycles	(unit)
自行车	(万辆)	Bicycles	(10000 units)
摩托车及自行车的零配件		Parts of Motorcycles and Bicycles	
船　舶	(艘)	Ships	(unit)
照相机	(万架)	Cameras	(10000 sets)
手　表	(万只)	Wrist Watches	(10000 units)
家具及其零件		Furniture and Parts	
灯具、照明装置及类似品		Lamps and Lighting Fittings	
箱包及类似容器	(吨)	Package Bags and Similar Containers	(ton)
服装及衣着附件		Garments and Clothing Accessories	
鞋	(万双)	Footwear	(10000 pairs)
塑料制品	(吨)	Plastic Articles	(ton)
玩　具		Toys	
贵金属或包贵金属的首饰	(千克)	Jewelry of Precious Metals or Rolled Precious Metals	(kilogramme)

Main Export Commodities in Volume and Value

2017			2018		
数 量 Volume	金 额（万美元） Value (USD 10000)	金 额（万元） Value (10000 yuan)	数 量 Volume	金 额（万美元） Value (USD 10000)	金 额（万元） Value (10000 yuan)
45707	20036	136073	39675	17233	113767
1884805	100308	675594	1840968	120447	796184
29593	13963	94753	21689	11872	78434
1298	20553	139482	1425	22107	145897
	332385	2257404		294213	1939456
219194	30055	204346	188878	29151	192484
1010409	77220	524701	1020375	140873	933204
	21116	143891		17882	118501
571280	93076	633315	524984	77889	512879
35242	20484	139280	66917	34581	228427
2935	20621	140536	3314	19423	127240
405	75475	514255	391	82568	534248
289	43855	297380	336	51300	337795
3975	146017	990220	6830	145114	955267
31805	54993	375491	19651	38056	252756
537	111672	757467	547	110549	727375
2928	410928	2785868	2684	396637	2610714
271	109714	745106	290	95795	631511
7106	28383	192217	6765	29112	191918
8048	27759	187927	8696	33988	225210
353	19181	129525	376	20667	135958
9392	88738	600043	9593	78649	520843
516	10544	71277	1223	20768	137858
540	66334	448729	643	75647	498723
16436	152194	1030573	18281	94203	617277
1497	124130	840037	1473	115664	763715
69041	67213	457336	72469	54521	359906
93485	30640	206358	94508	32037	210474
	266203	1806234		274395	1810789
1437093	72469	491463	1422026	73970	486733
207	15732	106943	183	13024	85630
	63794	435104		45708	303216
97	155854	1059380	84	150674	999185
595	41913	283259	514	56455	377237
6535	19958	135574	7071	16421	108909
	274219	1861378		268154	1778273
	234969	1599485		249196	1653332
343892	345719	2347627	355149	317542	2097156
	1164457	7923139		964294	6399881
47937	229289	1559996	53232	205582	1360582
359065	176798	1202528	399416	185073	1224737
	67914	461468		219164	1451780
253397	384249	2601560	167737	401040	2654665

15-7 进出口商品分类金额(按人民币计价)

单位:万元

项目	Item
合　计	**Total**
第一类 活动物、动物产品	Live Animals & Animal Products
活动物	Live Animals
肉及食用杂碎	Meat and Edible Haslets
水产品	Aquatic Products
乳品、蛋品、天然蜂蜜、其他食用动物产品	Dairy Products, Eggs, Natural Honey and Other Edible Animal Products
其他动物产品	Other Animal Products
第二类 植物产品	Vegetables Products
树苗及花草	Saplings, Flowers and Herbs
蔬　菜	Edible Vegetables
水果及坚果	Fruits and Nuts
咖啡、茶叶及调味香料	Coffee, Tea and Spices
谷　物	Cereals
制粉工业产品	Flour,Starch and Related Prouducts
植物油籽、果实、种子、药材及饲料	Oil Seeds and Kernels and Oleaginous Fruits, Seeds, Plants for Medicinal Use and Forge
虫胶、树胶、树脂	Shellacs, Gums and Resins
编结植物材料、其他植物产品	Vegetable Plaiting Materials and Other Vegetable Products
第三类 动、植物油脂及蜡	Animal Fat ,Vegetable Oils and Waxes
动、植物油脂及蜡	Animal and Vegetable Oils, Fats and Waxes
第四类 食品、烟草及制品	Food, Tobacco and Related Products
动物产品制品	Animal Products
糖及糖食	Sugar and Sugar Confectionery
可可及可可制品	Cocoa and Cocoa Products
粮食及乳制品、糕饼点心	Grain, Milk and Pastry Products
蔬菜、水果等植物制品	Vegetable and Fruit Products
杂项食品	Miscellaneous Edible Preparation
饮料、酒及醋	Beverages, Liquor and Vinegar
食品的残渣、动物饲料	Residues and Waste from Food and Animal Fodder
烟草及烟草制品	Tobacco and Tobacco Products
第五类 矿产品	Mineral
盐、硫磺、建筑材料	Salt, Sulfur and Building Materials
矿砂、矿渣及矿灰	Ore, Slag and Mortar
矿物燃料、矿物油及产品	Mineral Fuels, Mineral Oils and Related Products
第六类 化工产品	Chemicals
无机化学品	Inorganic Chemicals
有机化学品	Organic Chemicals
药　品	Medicinal and Pharmaceuticaland Products
肥　料	Fertilizers
鞣料、染料浸膏、染料、颜料、油漆、油墨	Tanning and Dyeing Extracts, Coloring and Dyeing Materials, Paint and Printing Ink

Value of Imports and Exports by Category of Commodities (Renminbi-denominated)

(10000 yuan)

2017		2018	
进口 Imports	出口 Exports	进口 Imports	出口 Exports
39230940	**57924260**	**42040900**	**56074988**
843806	88426	690815	68529
1777	46512	3466	41967
419978	12581	205725	15593
222083	23819	262113	4938
189442	4062	211642	4883
10526	1452	7869	1148
1278782	99260	884481	118781
2831	645	4769	925
10692	30410	89884	34876
120795	1847	91281	5655
5215	10165	11815	15655
712310		470357	
21343	26086	24400	29514
378079	8827	157015	10002
18824	11888	21670	13548
8693	9392	13290	8606
221901	15649	184056	46195
221901	15649	184056	46195
1605020	298936	2011628	366183
3517	3816	5453	13433
20832	43799	30391	47483
14579	2987	16202	3382
904284	91693	1103134	112977
49079	8931	58081	10655
185719	59871	331911	82606
253738	17526	271404	16119
172517	56691	192245	64606
755	13622	2807	14922
2867225	1218978	3144303	1378030
26060	22389	76723	20530
449796	411	381931	1889
2391369	1196178	2685649	1355611
3430818	1174420	3750671	1394110
142781	96264	146956	124346
1030872	208182	934555	244132
930915	63574	818701	58222
1271	5465	1622	11134
219809	79667	214070	98730

15-7 续表 1

单位:万元

项　　目	Item
化妆品及其原料、芳香料制品	Cosmetics and Related Products, Perfumed Materials
洗涤用品	Detergents
蛋白类物质、改性淀粉、胶、酶	Protein Materials, Modified Starches, Glues and Enzymes
炸药、烟火制品、易燃材料制品	Explosives, Pyrotechnic Products and Combustible Products
照相及电影用品	Photographic and Cinematographic Goods
杂项化学产品	Miscellaneous Chemical Products
第七类 塑料、橡胶及其制品	Plastics, Rubber and Related Products
塑料及其制品	Plastics and Related Products
橡胶及其制品	Rubber and Related Products
第八类 皮革、毛皮及其制品、旅行用品、手提包	Leather, Furs Skins and Related Products, Travel Articles and Handbags
生皮及皮革	Raw Hides and Leather
皮革制品、旅行用品及手提包	Leather Products, Travel Articles and Handbags
毛皮、人造毛皮及制品	Furs Shins, Artificial Furs Manufactures Thereof
第九类 木及木制品、草柳编结品	Wood and Wooden Products, Straw and Wicker Plaited Products
木及木制品、木炭	Wood and Wooden Products, Charcoal
软木及软木制品	Cork and Related Products
草柳编结品	Straw and Wicker Plaited Products
第十类 木浆、纸、纸板及制品	Wood Paper Pulp, Paper, Paperboard and Related Products
木浆及其他纤维素浆、废碎纸板	Paper Pulp and Cellulose, Waste Paperboard
纸及纸板、纸浆、纸制品	Paper and Paperboard, Articles of Paper Pulp and Paper Products
书籍、印刷品、设计图纸	Books, Printed Matter and Design Drawings
第十一类 纺织原料及纺织制品	Textile Materials and Products
蚕　丝	Natural Silk
羊毛、动物毛、毛纱线及制品	Wool, Animal Hair and Woolen Woven Fabrics
棉花及制品	Cotton and Related Products
其他纺织纤维、纸纱线及机织物	Other Textile Fiber, Yarn and Related Woven Fabrics
化学纤维长丝	Chemical Fiber, Continuous Filament
化学纤维短丝	Chemical Fiber, Staple Fiber
絮胎、毡尼及无纺物、特种纱线、线绳索缆	Wadding, Felt and Adhesive-Bond Fabrics, Special Yarn, Thread, Rope and Cable
地毯及纺织铺地制品	Carpets and Related Products
特种机织物、纺织装饰品、刺绣品	Special Woven Fabrics, Textile Trimmings and Embroidery
浸渍、涂布、包覆或层压的纺织物	Soaked, Coated or Overlapping Textiles
针织物及钩编织物	Knitwear and Crocheted Fabrics
针织或钩编的服装及衣着附件	Knitted or Crocheted Garments and Clothing Accessories
非针织或非钩编的服装及衣着附件	Garments and Clothing Accessories Not Knitted or Crocheted
其他纺织制成品、成套物品	Other Textile Products
第十二类 鞋帽伞杖、加工羽毛、人造花、人发制品	Footwear, Headgear, Umbrellas, Canes, Processed Feather, Artificial Flowers and Wigs
鞋类及零件	Footwear and Accessories
帽类及零件	Headgear and Accessories

continued

(10000 yuan)

2017		2018	
进　口 Imports	出　口 Exports	进　口 Imports	出　口 Exports
336884	281594	758286	343369
219416	137201	253299	176306
104035	99028	105431	111872
31	20026	195	25554
41284	16469	31546	12711
403520	166950	486010	187734
3423555	2610408	3483027	2725612
3090100	2308039	3171221	2413448
333455	302369	311806	312164
245943	2440957	254447	2185131
194419	4246	178125	1471
21274	2427620	52530	2174482
30250	9091	23792	9178
377079	121839	358493	115548
376584	113134	357962	106898
35	85	40	105
460	8620	491	8545
365202	585616	470877	638437
182939	307	255735	3909
150530	449236	176602	520761
31733	136073	38540	113767
943636	10043265	844357	8197566
1884	24622	1477	32743
8464	7180	10300	2893
411429	472736	268600	314284
25626	1042	29082	1488
142510	159505	134479	90532
127782	49348	104605	52579
51418	86825	49974	98561
3008	47938	2808	43393
19062	201862	15832	165252
32441	192429	35565	202672
68524	781514	66501	709775
19247	1688875	64435	1664530
21320	6075691	48199	4579908
10921	253698	12500	238956
83886	1882276	140584	1702374
81750	1676449	136361	1454965
1469	64280	2858	60014

15-7 续表 2

单位:万元

项目	Item
伞、杖、鞭及零件	Umbrellas, Canes, Whips and Accessories
加工羽毛、羽绒及制品、人造花、人发制品	Processed Feathers and Related Products, Artificial Flowers and Wigs
第十三类 石材制品、陶瓷产品、玻璃及其制品	Stone Products,Leramics,Glass and Glossware
石材制品	Stone and Related Products
陶瓷产品	Ceramics
玻璃及其制品	Glass and Glassware
第十四类 珠宝首饰、硬币	Jewellery and Coins
珠宝首饰	Jewellery
第十五类 贱金属及其制品	Base Metals and Related Products
钢 铁	Iron and Steel
钢铁制品	Iron and Steel Products
铜及其制品	Copper and Related Products
镍及其制品	Nickel and Related Products
铝及其制品	Aluminum and Related Products
铅及其制品	Lead and Related Products
锌及其制品	Zinc and Related Products
锡及其制品	Tin and Related Products
其他贱金属、金属陶瓷及其制品	Other Base Metals, Metal Ceramics and Related Products
贱金属工具、器具、利口器、餐具及零件	Base Metal Tools, Implements, Cutlery, Tableware and Related Parts
贱金属杂项制品	Miscellaneous Products of Base Metals
第十六类 机械、电气设备、电视机及音响设备	Machinery, Electric Equipment, Television Sets and Sound Appliances
核反应堆、锅炉、机械设备及零件	Nuclear Reactors, Boilers, Mechanical Equipment and Accessories
机电、电气设备、电视机及音响设备	Machinery and Electric Equipment, Television Sets and Sound Appliances
第十七类 车辆、航空器、船舶及有关运输设备	Locomotives, Vehicles, Aircraft, Ships and Related Transportation Equipment
铁道及电车机车、车辆及零件	Railway Locomotives, Tramcars and Accessories
车辆及零附件(铁道车辆除外)	Vehicles and Related Parts and Accessories (excluding railway locomotives)
航空器、航天器及零件	Aircraft, Spacecraft and Related Parts
船舶及浮动结构体	Ships and Related Products
第十八类 仪器、医疗器械、钟表及乐器	Instruments, Medical Instruments and Equipment, Clocks and Musical Instruments
光学、照相电影、计量检验、医疗仪器设备	Optical, Photographic, Film, Measuring and Checking, Medical Instruments and Equipments
钟表及零件	Clocks and Related Parts
乐器及零附件	Musical Instruments and Related Parts and Accessories
第十九类 武器、弹药及其零件、附件	Arms and Ammunition, Parts and Auessories thereof
第二十类 杂项制品	Miscellaneous Products
家具、床上用品、照明装置、活动房	Furniture, Bed Articles, Lighting Apparatus and Luminous Signs
玩具、游戏、运动用品及零附件	Toys, Games and Sports Goods and Related Parts and Accessories
杂项制品	Miscellaneous Manufactured Articles
第二十一类 艺术品、收藏品及古物	Works of Art, Collector's Pieces and Antiques
第二十二类 特殊交易品及未分类商品	Special Commodities and Unclassified Commodities

continued

(10000 yuan)

2017		2018	
进　口 Imports	出　口 Exports	进　口 Imports	出　口 Exports
109	35042	515	29682
558	106505	850	157713
271274	1058706	294237	1616612
53749	165610	44235	326697
14470	524701	15275	933204
203055	368395	234727	356711
1837521	2983108	2091187	2925242
1837521	2983108	2091187	2925242
2763107	3579073	2657264	3703367
1235968	440865	1154799	324805
280533	1349234	300746	1455651
742043	51338	789710	90571
127640	263	83184	371
158170	442126	105440	508218
958	317	4479	22
14354	3971	19973	4137
6166	2628	10150	1286
16695	11591	14363	19704
122670	336158	113780	361385
57910	940582	60640	937217
8867391	16924068	10121758	15270400
4012934	6547280	4740605	6085341
4854457	10376788	5381153	9185059
3645161	3685758	4812818	3395814
1737	208689	1987	215130
1880137	2353901	2221141	2115934
1739579	58681	2586042	40811
23708	1064487	3648	1023939
4152111	4041593	4264555	3885701
4013383	3709857	4110527	3587876
122866	238062	133043	209382
15862	93674	20985	88443
1042	58	458	38
373507	4807218	470126	5986166
86440	3614608	134416	3595404
62654	821294	86296	2023502
224413	371316	249414	367260
1024	844	2574	127
1631949	263804	1108184	355025

15-8 进出口商品分类金额(按美元计价)

单位:万美元

项　　目	Item
合　计	**Total**
第一类 活动物、动物产品	Live Animals & Animal Products
活动物	Live Animals
肉及食用杂碎	Meat and Edible Haslets
水产品	Aquatic Products
乳品、蛋品、天然蜂蜜、其他食用动物产品	Dairy Products, Eggs, Natural Honey and Other Edible Animal Products
其他动物产品	Other Animal Products
第二类 植物产品	Vegetables Products
树苗及花草	Saplings, Flowers and Herbs
蔬　菜	Edible Vegetables
水果及坚果	Fruits and Nuts
咖啡、茶叶及调味香料	Coffee, Tea and Spices
谷　物	Cereals
制粉工业产品	Flour,Starch and Related Prouducts
植物油籽、果实、种子、药材及饲料	Oil Seeds and Kernels and Oleaginous Fruits, Seeds, Plants for Medicinal Use and Forge
虫胶、树胶、树脂	Shellacs, Gums and Resins
编结植物材料、其他植物产品	Vegetable Plaiting Materials and Other Vegetable Products
第三类 动、植物油脂及蜡	Animal Fat ,Vegetable Oils and Waxes
动、植物油脂及蜡	Animal and Vegetable Oils, Fats and Waxes
第四类 食品、烟草及制品	Food, Tobacco and Related Products
动物产品制品	Animal Products
糖及糖食	Sugar and Sugar Confectionery
可可及可可制品	Cocoa and Cocoa Products
粮食及乳制品、糕饼点心	Grain, Milk and Pastry Products
蔬菜、水果等植物制品	Vegetable and Fruit Products
杂项食品	Miscellaneous Edible Preparation
饮料、酒及醋	Beverages, Liquor and Vinegar
食品的残渣、动物饲料	Residues and Waste from Food and Animal Fodder
烟草及烟草制品	Tobacco and Tobacco Products
第五类 矿产品	Mineral
盐、硫磺、建筑材料	Salt, Sulfur and Building Materials
矿砂、矿渣及矿灰	Ore, Slag and Mortar
矿物燃料、矿物油及产品	Mineral Fuels, Mineral Oils and Related Products
第六类 化工产品	Chemicals
无机化学品	Inorganic Chemicals
有机化学品	Organic Chemicals
药　品	Medicinal and Pharmaceuticaland Products
肥　料	Fertilizers
鞣料、染料浸膏、染料、颜料、油漆、油墨	Tanning and Dyeing Extracts, Coloring and Dyeing Materials, Paint and Printing Ink

Value of Imports and Exports by Category of Commodities (U.S.dollar-denominated)

(USD 10000)

2017		2018	
进 口 Imports	出 口 Exports	进 口 Imports	出 口 Exports
5792992	**8531977**	**6365508**	**8485022**
124874	13032	105278	10354
263	6848	517	6323
62293	1861	31654	2360
32803	3512	39788	755
27958	600	32113	741
1557	211	1206	175
188561	14675	134745	17949
419	96	721	139
1596	4500	13304	5234
17729	274	13777	841
772	1505	1752	2377
104970		72345	
3157	3853	3655	4474
55856	1304	23884	1514
2781	1760	3282	2062
1281	1383	2025	1308
32735	2302	27902	7057
32735	2302	27902	7057
237480	44172	303940	55345
520	566	818	2029
3092	6470	4637	7178
2165	442	2431	512
133905	13553	166864	17004
7253	1318	8731	1622
27446	8842	49922	12511
37582	2591	41237	2443
25404	8389	28873	9775
113	2001	427	2271
422924	180511	477303	209412
3844	3290	11678	3131
66241	62	58136	296
352839	177159	407489	205985
506866	173359	566913	210979
21127	14234	22280	18877
152305	30726	141794	36918
137323	9366	123673	8796
185	804	252	1684
32467	11759	32515	14935

15-8 续表 1

单位:万美元

项　　　目	Item
化妆品及其原料、芳香料制品	Cosmetics and Related Products, Perfumed Materials
洗涤用品	Detergents
蛋白类物质、改性淀粉、胶、酶	Protein Materials, Modified Starches, Glues and Enzymes
炸药、烟火制品、易燃材料制品	Explosives, Pyrotechnic Products and Combustible Products
照相及电影用品	Photographic and Cinematographic Goods
杂项化学产品	Miscellaneous Chemical Products
第七类 塑料、橡胶及其制品	Plastics, Rubber and Related Products
塑料及其制品	Plastics and Related Products
橡胶及其制品	Rubber and Related Products
第八类 皮革、毛皮及其制品、旅行用品、手提包	Leather, Furs Skins and Related Products, Travel Articles and Handbags
生皮及皮革	Raw Hides and Leather
皮革制品、旅行用品及手提包	Leather Products, Travel Articles and Handbags
毛皮、人造毛皮及制品	Furs Shins, Artificial Furs Manufactures Thereof
第九类 木及木制品、草柳编结品	Wood and Wooden Products, Straw and Wicker Plaited Products
木及木制品、木炭	Wood and Wooden Products, Charcoal
软木及软木制品	Cork and Related Products
草柳编结品	Straw and Wicker Plaited Products
第十类 木浆、纸、纸板及制品	Wood Paper Pulp, Paper, Paperboard and Related Products
木浆及其他纤维素浆、废碎纸板	Paper Pulp and Cellulose, Waste Paperboard
纸及纸板、纸浆、纸制品	Paper and Paperboard, Articles of Paper Pulp and Paper Products
书籍、印刷品、设计图纸	Books, Printed Matter and Design Drawings
第十一类 纺织原料及纺织制品	Textile Materials and Products
蚕　丝	Natural Silk
羊毛、动物毛、毛纱线及制品	Wool, Animal Hair and Woolen Woven Fabrics
棉花及制品	Cotton and Related Products
其他纺织纤维、纸纱线及机织物	Other Textile Fiber, Yarn and Related Woven Fabrics
化学纤维长丝	Chemical Fiber, Continuous Filament
化学纤维短丝	Chemical Fiber, Staple Fiber
絮胎、毡尼及无纺物、特种纱线、线绳索缆	Wadding, Felt and Adhesive-Bond Fabrics, Special Yarn, Thread, Rope and Cable
地毯及纺织铺地制品	Carpets and Related Products
特种机织物、纺织装饰品、刺绣品	Special Woven Fabrics, Textile Trimmings and Embroidery
浸渍、涂布、包覆或层压的纺织物	Soaked, Coated or Overlapping Textiles
针织物及钩编织物	Knitwear and Crocheted Fabrics
针织或钩编的服装及衣着附件	Knitted or Crocheted Garments and Clothing Accessories
非针织或非钩编的服装及衣着附件	Garments and Clothing Accessories Not Knitted or Crocheted
其他纺织制成品、成套物品	Other Textile Products
第十二类 鞋帽伞杖、加工羽毛、人造花、人发制品	Footwear, Headgear, Umbrellas, Canes, Processed Feather, Artificial Flowers and Wigs
鞋类及零件	Footwear and Accessories
帽类及零件	Headgear and Accessories

continued

(USD 10000)

2017		2018	
进 口 Imports	出 口 Exports	进 口 Imports	出 口 Exports
49961	41590	113424	51894
32448	20239	38408	26622
15338	14598	15948	16943
5	2957	30	3881
6078	2424	4795	1929
59629	24662	73794	28500
505317	384196	528648	412495
456132	339686	481342	365324
49185	44510	47306	47171
36329	359449	38653	330837
28702	620	27203	223
3151	357495	7793	329224
4476	1334	3657	1390
55750	17963	54714	17507
55676	16683	54634	16196
5	12	6	16
69	1268	74	1295
53899	86201	71243	96495
26952	46	38576	580
22256	66119	26820	78681
4691	20036	5847	17234
139308	1476631	128004	1237095
279	3638	223	5068
1249	1075	1574	448
60608	69629	40801	48015
3797	153	4450	226
21067	23308	20376	13622
18880	7265	15962	7952
7599	12788	7588	14912
443	7048	431	6556
2808	29733	2407	25075
4799	28382	5387	30711
10150	115156	10149	107672
2849	248748	9603	250904
3168	892352	7168	689906
1612	37356	1885	36028
12424	276630	21175	257210
12107	246400	20538	219848
218	9474	427	9049

15-8 续表 2

单位:万美元

项　　目	Item
伞、杖、鞭及零件	Umbrellas, Canes, Whips and Accessories
加工羽毛、羽绒及制品、人造花、人发制品	Processed Feathers and Related Products, Artificial Flowers and Wigs
第十三类 石材制品、陶瓷产品、玻璃及其制品	Stone Products,Leramics,Glass and Glossware
石材制品	Stone and Related Products
陶瓷产品	Ceramics
玻璃及其制品	Glass and Glassware
第十四类 珠宝首饰、硬币	Jewellery and Coins
珠宝首饰	Jewellery
第十五类 贱金属及其制品	Base Metals and Related Products
钢　铁	Iron and Steel
钢铁制品	Iron and Steel Products
铜及其制品	Copper and Related Products
镍及其制品	Nickel and Related Products
铝及其制品	Aluminum and Related Products
铅及其制品	Lead and Related Products
锌及其制品	Zinc and Related Products
锡及其制品	Tin and Related Products
其他贱金属、金属陶瓷及其制品	Other Base Metals, Metal Ceramics and Related Products
贱金属工具、器具、利口器、餐具及零件	Base Metal Tools, Implements, Cutlery, Tableware and Related Parts
贱金属杂项制品	Miscellaneous Products of Base Metals
第十六类 机械、电气设备、电视机及音响设备	Machinery, Electric Equipment, Television Sets and Sound Appliances
核反应堆、锅炉、机械设备及零件	Nuclear Reactors, Boilers, Mechanical Equipment and Accessories
机电、电气设备、电视机及音响设备	Machinery and Electric Equipment, Television Sets and Sound Appliances
第十七类 车辆、航空器、船舶及有关运输设备	Locomotives, Vehicles, Aircraft, Ships and Related Transportation Equipment
铁道及电车机车、车辆及零件	Railway Locomotives, Tramcars and Accessories
车辆及零附件(铁道车辆除外)	Vehicles and Related Parts and Accessories (excluding railway locomotives)
航空器、航天器及零件	Aircraft, Spacecraft and Related Parts
船舶及浮动结构体	Ships and Related Products
第十八类 仪器、医疗器械、钟表及乐器	Instruments, Medical Instruments and Equipment, Clocks and Musical Instruments
光学、照相电影、计量检验、医疗仪器设备	Optical, Photographic, Film, Measuring and Checking, Medical Instruments and Equipments
钟表及零件	Clocks and Related Parts
乐器及零附件	Musical Instruments and Related Parts and Accessories
第十九类 武器、弹药及其零件、附件	Arms and Ammunition, Parts and Auessories thereof
第二十类 杂项制品	Miscellaneous Products
家具、床上用品、照明装置、活动房	Furniture, Bed Articles, Lighting Apparatus and Luminous Signs
玩具、游戏、运动用品及零附件	Toys, Games and Sports Goods and Related Parts and Accessories
杂项制品	Miscellaneous Manufactured Articles
第二十一类 艺术品、收藏品及古物	Works of Art, Collector's Pieces and Antiques
第二十二类 特殊交易品及未分类商品	Special Commodities and Unclassified Commodities

continued

(USD 10000)

2017		2018	
进口 Imports	出口 Exports	进口 Imports	出口 Exports
16	5147	78	4500
83	15609	132	23813
40236	155810	44693	244158
7946	24387	6718	49301
2149	77220	2331	140873
30141	54203	35644	53984
271373	440252	316245	441940
271373	440252	316245	441940
407947	526191	403232	560121
182274	64739	175407	49434
41433	198482	45456	220211
109726	7581	120309	13765
18816	39	12523	58
23339	65133	15682	76878
142	46	661	3
2124	586	3044	622
921	385	1540	193
2462	1714	2181	2984
18147	49499	17206	54759
8563	137987	9223	141214
1309294	2495061	1529680	2316437
591985	964508	715561	925458
717309	1530553	814119	1390979
540050	542849	729839	513848
255	30987	301	32755
277988	346624	337541	320555
258288	8632	391449	6242
3519	156606	548	154296
612981	596080	645306	589659
592493	547227	622039	544680
18130	35064	20081	31607
2358	13789	3186	13372
152	9	68	6
55331	707414	70845	902658
12810	531826	20230	542090
9261	120901	13006	304948
33260	54687	37609	55620
152	123	372	19
239009	39067	166710	53441

15-9 广州地区口岸进出口商品总值

Commodity Value of Imports and Exports through Ports in Guangzhou Area

项目	Item	2017		2018	
		万美元 (USD 10000)	万元 (10000 yuan)	万美元 (USD 10000)	万元 (10000 yuan)
进出口商品货物总值	**Total**	**17290840**	**117195327**	**20624130**	**136226828**
进口商品货物总值	Imports	8288141	56113738	9865925	65138406
出口商品货物总值	Exports	9002699	61081589	10758205	71088422

15-10 软件出口和技术进口情况

Software Export and Technology Import

项目	Item	2018	
		项目（个） Number (unit)	金额（万美元） Amount (USD 10000)
软件出口	Software Export	1104	97199
软件产品	Software Products	23	955
软件服务	Software Services	1081	96244
技术进口	Technology Import	44	162589
其中：制造业	Manufacturing	37	161563
房地产业	Real Estate	3	267
计算机应用业	Computer Applied Software Industry		
技术咨询服务业	Technology Consulting Service		124

注：技术进口是指办理了合同登记手续的，通过贸易、投资或经济技术合作等方式转移技术到境内的行为。

Notes:Technology import refers to the action of transferring technology into China in forms of trade,investment or economic technological cooperation after the contracts registrations formalities have been gone through.

15-11 历年利用外资情况

Statistics on Utilization of Foreign Capital in Main Years

年 份 Year	项目(企业) 个 数 (个) Number of Contracts (unit)	# 外商直接投资 Foreign Direct Investment	合同外资金额 (万美元) Amount of Contracted Foreign Capital (USD 10000)	# 外商直接投资 Foreign Direct Investment	实际使用外资金额 (万美元) Amount of Foreign Capital Actually Used (USD 10000)	# 外商直接投资 Foreign Direct Investment
1978	2		53			
1980	1379	21	24905	24794	3013	1287
1985	4394	290	70175	51575	15782	10389
1986	2062	104	33668	29569	17966	9316
1987	2271	126	28510	20374	8574	5562
1988	2120	289	52650	39338	27119	14521
1989	2121	292	57778	40101	43892	27481
1990	2711	389	55426	47183	27263	18613
1991	2678	571	87517	70635	40519	25938
1992	2925	1193	471080	449654	74595	57135
1993	2620	1275	704764	683634	147028	128464
1994	2907	1906	709683	685763	204816	181403
1995	2564	1774	685657	673101	225298	214444
1996	1793	865	510301	447393	260002	233153
1997	3066	661	219922	169824	289379	248003
1998	986	643	245058	193178	304467	271608
1999	1053	537	172808	141377	317600	298687
2000	1445	647	163454	152759	311541	298923
2001	1087	678	200604	196229	332746	300119
2002	1177	776	316579	302322	265299	228386
2003	1204	870	402176	351117	306409	258076
2004	1506	1046	334767	320494	247696	240062
2005	1599	1061	366155	340205	284128	264882
2006	1465	1025	463987	439124	305477	292339
2007	1460	959	715269	703506	341138	328579
2008	1378	991	604536	591864	377413	362277
2009	1022	844	388633	378401	387476	377339
2010	1170	980	505928	497384	408121	397862
2011	1273	1134	683809	674734	437626	427009
2012	1204	1095	693071	680188	474312	457485
2013	1258	1092	734009	711428	507853	480385
2014	1324	1155	827560	803975	543905	510707
2015		1429		836335		541634
2016		1757		990123		570120
2017		2459		1339133		628947
2018		5376		3995880		661108

注：1.合同外资金额、实际使用外资金额按当年口径统计。
2.由于制度变化，2015年开始不再统计外商其他投资，仅统计外商直接投资。

Note: I. The amount of contracted foreign capital and foreign capital actually used are calculated at current coverage.
II. Recording to the statistical system,the only statistical indicator is foreign direct investment instead of other foreign invest since 2015.

15-12 历年利用外资项目(企业)个数、合同外资金额、实际使用外资金额指数(上年=100)

Indices of Contracts Number, Contracted Foreign Capital and Foreign Capital Actually Used in Main Years (Preceding Year=100)

年 份 Year	项目(企业)个数 Number of Contracts	# 外商直接投资 Foreign Direct Investment	合同外资金额 Amount of Contracted Foreign Capital	# 外商直接投资 Foreign Direct Investment	实际使用外资金额 Amount of Foreign Capital Actually Used	# 外商直接投资 Foreign Direct Investment
1980	250.3	300.0	1080.5	1258.6	306.2	780.0
1985	97.2	163.8	344.8	272.3	101.3	79.7
1986	46.9	35.9	48.0	57.3	113.8	89.7
1987	110.1	121.2	84.7	68.9	47.7	59.7
1988	93.4	229.4	184.7	193.1	316.3	261.1
1989	100.1	101.0	109.7	101.9	161.9	189.3
1990	127.8	133.2	95.9	117.7	62.1	67.7
1991	98.8	146.8	157.9	149.7	148.6	139.4
1992	109.2	208.9	538.3	636.6	184.1	220.3
1993	89.6	106.9	149.6	152.0	197.1	224.8
1994	111.0	149.5	100.7	100.3	139.3	141.2
1995	88.2	93.1	96.6	98.2	110.0	118.2
1996	69.9	48.8	74.4	66.5	115.4	108.7
1997	171.0	76.4	43.1	38.0	111.3	106.4
1998	32.2	97.3	111.4	113.8	105.2	109.5
1999	106.8	83.5	70.5	73.2	104.3	110.0
2000	137.2	120.5	94.6	108.1	98.1	100.1
2001	75.2	104.8	122.7	128.5	106.8	100.4
2002	108.3	114.5	174.1	170.4	110.6	110.2
2003	102.3	112.1	127.0	116.1	115.5	113.0
2004	125.1	120.2	127.7	125.6	164.8	164.4
2005	106.2	101.4	109.4	106.2	114.7	110.3
2006	91.6	96.6	126.7	129.1	107.5	110.4
2007	99.7	93.6	154.2	160.2	111.7	112.4
2008	94.4	103.3	84.5	84.1	110.6	110.3
2009	74.2	85.2	64.3	63.9	102.7	104.2
2010	114.5	116.1	130.2	131.4	105.3	105.4
2011	108.8	115.7	135.2	135.7	107.2	107.3
2012	94.6	96.6	101.4	100.8	108.4	107.1
2013	104.5	99.7	105.9	104.6	107.1	105.0
2014	105.2	105.8	112.7	113.0	107.1	106.3
2015		123.7		104.0		106.1
2016		123.0		118.4		105.3
2017		140.0		135.3		110.3
2018		218.6		298.4		105.1

注：2002年和2004年合同外资金额、实际使用外资金额统计口径调整，当年指数按可比口径计算。

Note: The coverage of amount of contracted foreign capital and foreign capital actually used were adjusted in 2002 and 2004, the indices of which being calculated on the same coverage.

15-13 外商直接投资情况
Statistics on Foreign Direct Investment

单位：万美元 (USD 10000)

项　　目	Item	2017	2018	1978-2018
项目(企业)个数　（个）	**Number of Contracts　(unit)**			
外商直接投资	Foreign Direct Investment	2459	5376	36561
合资企业	Joint-venture Enterprises	364	1007	7130
合作企业	Cooperative Enterprises	7	10	5729
外资企业	Enterprises with Sole Foreign Funds	2087	4353	23679
外商投资股份制企业	Share-holding Corporations	1	6	23
合同外资金额	**Contracted Foreign Capital**			
外商直接投资	Foreign Direct Investment	1339133	3995880	18112227
合资企业	Joint-venture Enterprises	64219	977994	3531761
合作企业	Cooperative Enterprises	32822	18604	3241282
外资企业	Enterprises with Sole Foreign Funds	1162440	2946806	10698338
外商投资股份制企业	Share-holding Corporations	79652	52476	640846
实际使用外资金额	**Amount of Foreign Capital Actually Used**			
外商直接投资	Foreign Direct Investment	628947	661108	9396791
合资企业	Joint-venture Enterprises	80280	312640	2356730
合作企业	Cooperative Enterprises	11469	4293	1802460
外资企业	Enterprises with Sole Foreign Funds	312209	288332	4584018
外商投资股份制企业	Share-holding Corporations	224989	55843	653583

15-14 外商直接投资情况(按地区分)

Statistics on Utilization of Foreign Direct Investment Capital (by Region)

单位：万美元 (USD 10000)

项目	Item	2017			2018		
		项目(企业)个数(个) Number of Contracts (unit)	合同外资金额 Contracted Foreign Capital	实际使用外资金额 Amount of Foreign Capital Actually Used	项目(企业)个数(个) Number of Contracts (unit)	合同外资金额 Contracted Foreign Capital	实际使用外资金额 Amount of Foreign Capital Actually Used
全市	**Total**	**2459**	**1339133**	**628947**	**5376**	**3995880**	**661108**
#荔湾区	Liwan	259	6439	3259	284	36093	17898
越秀区	Yuexiu	513	65530	43856	691	87903	32299
海珠区	Haizhu	151	52448	54561	229	48956	40034
天河区	Tianhe	537	98248	80114	1348	373392	37402
白云区	Baiyun	192	23812	11083	302	55413	14817
黄埔区	Huangpu	117	224401	222131	173	414501	224705
番禺区	Panyu	219	47153	31252	294	44508	21260
花都区	Huadu	44	47076	45899	81	87772	83038
南沙区	Nansha	365	502219	104229	1582	2769621	97424
从化区	Conghua	26	37335	13192	296	26684	12045
增城区	Zengcheng	33	225607	19325	94	49118	71643
广州空港经济区	Guangzhou Airport Economic Zone	3	8865	45	2	1919	8543

15-15 外商直接投资项目分类(2018年)

Amount of Foreign Direct Investment Capital Actually Used by Category (2018)

单位：万美元 (USD 10000)

项　目	Item	项目(企业)个数(个) Number of Contracts (unit)	合同外资金额 Contracted Foreign Capital	实际使用外资金额 Amount of Foreign Capital Actually Used
总　计	**Total**	**5376**	**3995880**	**661108**
# 投资额1000万美元以上项目	Projects with Investment above 10 million USD	1287	3878075	361729
按国民经济行业分	**By Sector**			
农、林、牧、渔业	Agriculture, Forestry, Animal Husbandry and Fishing	9	1314	230
采矿业	Mining			
制造业	Manufacturing	135	385224	293978
电力、热力、燃气及水生产和供应业	Production and Supply of Electricity, Heat,Gas and Water	4	17829	
建筑业	Construction	95	38020	3193
交通运输、仓储和邮政业	Transport, Storage and Post	56	73522	62325
信息传输、计算机服务和软件业	Information Transmission, Software and Information Technology Services	456	76235	31704
批发和零售业	Wholesale and Retail Trade	1855	372419	40642
住宿和餐饮业	Hotels and Catering Services	45	3573	1453
金融业	Financial Intermediation	1058	2125740	28761
房地产业	Real Estate	77	126360	88757
租赁和商务服务业	Leasing and Business Services	963	617798	74820
科学研究和技术服务业	Scientific Research and Technical Services	517	153279	19885
水利、环境和公共设施管理业	Management of Water Conservancy,Environment and Public Facilities	1	15	65
居民服务、修理和其他服务业	Service to Households, Repair and Other Services	23	1001	141
教育	Education	19	1395	1709
卫生和社会工作	Health and Social Service	4	603	4269
文化、体育和娱乐业	Culture, Sports and Entertainment	59	1553	9176
公共管理、社会保障和社会组织	Public Management, Social Security and Social Organization			
国际组织	International Organizations			

15-15 续表 continued

单位：万美元 (USD 10000)

项目	Item	项目(企业)个数(个) Number of Contracts (unit)	合同外资金额 Contracted Foreign Capital	实际使用外资金额 Amount of Foreign Capital Actually Used
按国别(地区)分	**By Country (Territory)**			
中国香港	Hong Kong, China	3989	3368389	403929
韩 国	Republic of Korea	77	185986	77794
日 本	Japan	19	29821	41153
百慕大	Bermuda	1	33540	32083
新加坡	Singapore	52	24019	26978
英属维尔京群岛	Virgin Islands	16	82918	17959
荷 兰	Netherlands	4	6241	5634
英 国	United Kingdom	23	2948	2524
萨摩亚	Samoa	1	2098	2486
美 国	United States	69	45295	1454
中国台湾	Taiwan, China	152	15060	1404
德 国	Germany	11	272	589
瑞 士	Switzerland	1	72	400
比利时	Belgium	2	61	367
卢森堡	Luxembourg			330
澳大利亚	Australia	21	863	280
泰 国	Thailand	10	174	206
开曼群岛	Cayman Islands	1	2065	200
加拿大	Canada	19	1535	152
法 国	France	20	6827	146
中国澳门	Macao, China	43	16975	97
芬 兰	Finland			82
意大利	Italy	7	413	56
爱尔兰	Ireland	1	37	36
叙利亚	Syria	25	1306	33
马来西亚	Malaysia	57	603	32
丹 麦	Danmark	5	124	23
塞舌尔	Seychelles	2	225	23
土耳其	Turkey	8	221	14
印 度	India	69	1804	9
巴基斯坦	Palestine	21	711	8
马 里	Mali	24	425	5
卡塔尔	Qatar			5
也 门	Yemen	74	2463	3
亚美尼亚	Armenia			3
约 旦	Jordan	18	489	2
以色列	Israel	10	267	2
阿拉伯联合酋长国	United Arab Emirates	3	75	2
委内瑞拉	Venezuela	1	14	2
巴 西	Spain	1	15	1
其 他	Others	519	161529	44602

15-16　境外企业情况(2018年)

Statistics on Overseas Enterprises Funded by Domestic Capital (2018)

单位：万美元　　(USD 10000)

项　　目	Item	当年新增 Newly Increased in Current Year	
		企业数(个) Number of Enterprises (unit)	中方投资额 Volume of Investment from China
总　　计	**Total**	**156**	**205172**
按投资企业类型分	**By Status of Investment**		
国有企业	State-owned enterprises	9	7450
私营企业	Private-owned enterprises	137	187375
外资企业	Foreign-owned enterprises	10	10347
按国民经济行业分	**By Sector**		
农、林、牧、渔业	Agriculture, Forestry, Animal Husbandry and Fishing	4	4702
采矿业	Mining	1	300
制造业	Manufacturing	25	76250
电力、热力、燃气及水生产和供应业	Production and Supply of Electricity, Heat,Gas and Water	1	5320
建筑业	Construction	1	46
批发和零售业	Wholesale and Retail Trade	58	50440
交通运输、仓储和邮政业	Transport, Storage and Post	6	9644
住宿和餐饮业	Hotels and Catering Services	1	500
信息传输、软件和信息技术服务业	Information Transmission, Software and Information Technology Services	20	3878
金融业	Financial Intermediation		
房地产业	Real Estate		-59
租赁和商务服务业	Leasing and Business Services	13	11535
科学研究和技术服务业	Scientific Research and Technical Services	22	42227
水利、环境和公共设施管理业	Management of Water Conservancy,Environment and Public Facilities	1	6
居民服务、修理和其他服务业	Service to Households, Repair and Other Services		
教育	Education	3	384
卫生和社会工作	Health and Social Service		
文化、体育和娱乐业	Culture, Sports and Entertainment		
其他	Others		

15-16 续表 continued

单位：万美元 (USD 10000)

项 目	Item	当年新增 Newly Increased in Current Year 企业数(个) Number of Enterprises (unit)	中方投资额 Volume of Investment from China
按投资国家(地区)分	**By Investment Destination**		
中国香港	Hong Kong, China	75	46039
中国澳门	Macao，China	2	19
中国台湾	Taiwan,China	1	16
日本	Japan	1	1804
韩国	Republic of Korea	1	297
柬埔寨	Cambodia	1	2
泰国	Thailand	1	332
新加坡	Singapore	8	34432
印度	India	3	600
越南	Vietnam	5	3370
缅甸	Burma	2	3900
印度尼西亚	Indonesia	3	371
马来西亚	Malaysia	3	630
马尔代夫	Maldives	1	190
沙特阿拉伯	Saudi Arabia		-2556
土耳其	Turkey	1	2
孟加拉国	The People's Republic of Bangladesh	1	1297
英国	Britain	2	1200
德国	Germany	3	584
爱尔兰	Ireland		4950
意大利	Italy	2	7132
荷兰	Holland	2	609
瑞士	Switzerland		1186
爱沙尼亚	Esthonia	1	5195
拉脱维亚	Latvia	1	1000
俄罗斯	Russia	2	10
巴西	Brazil	1	3000
墨西哥	Mexico	1	3
英属维尔京群岛	British Virgin Is.	1	5000
加拿大	Canada		3843
美国	United States of America	20	12484
澳大利亚	Australia	1	55124
斐济	Fiji	1	46
瓦努阿图	Vanuatu	1	4000
新西兰	New Zealand		296
加纳	Ghana	1	1000
肯尼亚	Kenya	3	755
毛里求斯	Mauritius	1	500
莫桑比克	Mozambique	1	180
塞舌尔	Republic of Seychelles	1	860
坦桑尼亚	Tanzania		1000
乌干达	Uganda	1	4471

15-17 对外劳务合作业务情况(2018年)

Statistics on Labor Cooperation with Foreign Countries or Territories (2018)

项目	Item	合同额（万美元） Contracted Value (USD 10000)	完成营业额（万美元） Turnover (USD 10000)
合 计	**Total**	**49532**	**36814**
中国香港	Hong Kong, China	1759	3243
中国澳门	Macao, China	46628	32289
日本	Japan	21	21
印度尼西亚	Indonesia	23	23
马来西亚	Malaysia	44	44
新加坡	Singapore	12	66
越南	Vietnam	719	178
缅甸	Burma	17	17
南非	South Africa	30	30
利比里亚	Liberia	29	182
刚果(布)	The Republic of Congo	167	167
德国	Germany	1	31
比利时	Belgium	1	4
马耳他	The Republic of Malta	4	20
巴拿马	The Republic of Panama	73	404
基里巴斯	The Republic of Kiribati	2	17
帕劳共和国	The Republic of Palau	1	2
科威特	Kuwait		37
沙特阿拉伯	Saudi Arabia		37
马绍尔群岛共和国	The Republic of Marshall Island	1	2

15-18 主要年份对外经济合作业务情况
Contracted Projects and Labor Cooperation with Foreign Countries or Territories in Main Years

年 份 Year	新签合同数 (个) Number of Contracts Newly Signed (unit)	合同额 (万美元) Contracted Value (USD 10000)	完成营业额 (万美元) Turnover (USD 10000)	派出人数 (人次) Persons Sent Abroad (person-times)	年末在外人数 (人) Persons Abroad in Year-end (person)
1985	201	189	189	113	113
1990	1005	1887	1072	994	1201
1995	806	6632	5810	1473	2893
2000	4989	10588	7288	684	1833
2001	6317	8186	7487	1088	2247
2002	6577	7837	9115	2390	3378
2003	9089	10737	10919	3237	4080
2004	9728	13047	13247	3530	4456
2005	11815	16490	16237	3556	5001
2006	13611	19691	18093	3784	5011
2007	13615	23174	21365	4503	5962
2008	19872	30362	32037	4844	7912
2009	20457	40527	38827	5187	8142
2010	47416	81878	47187	6685	8970
2011		43928	24765	8795	11790
2012		44553	28856	9867	13770
2013		51373	36696	11282	16617
2014		62866	57141	15292	24368
2015		90214	85491	16117	24375
2016		53840	45606	17887	25014
2017		59285	39262	20493	39496
2018		49532	36814	26326	37848

注：1.2011年开始取消新签合同数统计。
2.本表中2017年、2018年的数据为对外劳务合作业务数据。

Note: 1.Since 2011, the indicator number of contracts newly signed has been canceled.
2.The data of year 2017 and 2018 is about the foreign labour cooperation.

15-19 旅游业总收入、外汇收入情况(2018年)
Total Income from Tourism and Foreign Exchange Earnings (2018)

项 目	Item	旅游业总收入 (万元) Total Income (10000 yuan)	国内旅游收入 Domestic Travel Income	旅游外汇收入 Foreign Exchange Income	旅游外汇收入 (万美元) Foreign Exchange Income (USD 10000)
合 计	**Total**	**40081871**	**35792419**	**4289452**	**648208**
商品销售	Commodity Sales	9459322	8227821	1231501	186100
餐 饮	Catering Services	6665615	6080963	584652	88351
长途交通	Long Distance Transport	7174655	6107868	1066787	161209
住 宿	Accommodation	8413185	7653952	759233	114733
邮电通讯	Post and Telecommunications	120246	81212	39034	5899
市内交通	Local Transport	933908	826672	107236	16205
游 览	Tours	3134402	3002716	131686	19900
娱 乐	Recreation	2617346	2398155	219191	33123
其 他	Others	1563192	1413060	150132	22688

15-20 城市接待过夜旅游者情况

Tourists Staying Overnight in Guangzhou

项目	Item	2017	2018
人次数合计 （万人次）	**Total Number of Tourists (10000 person-times)**	**6275.62**	**6532.55**
入境旅游者	Overseas Tourists	900.48	900.63
外国人	Foreigners	345.74	340.13
亚洲	Asia	170.31	165.83
#日本	Japan	20.58	19.08
韩国	Republic of Korea	17.39	16.21
蒙古	Mongolia	0.15	0.15
印度尼西亚	Indonesia	6.04	5.90
马来西亚	Malaysia	12.75	12.56
菲律宾	Philippines	3.21	3.44
新加坡	Singapore	8.18	8.68
泰国	Thailand	6.37	7.22
印度	India	9.08	10.34
越南	Vietnam	3.73	3.84
沙特阿拉伯	Saudi Arabia	5.10	4.62
欧洲	Europe	64.58	62.32
#英国	United Kingdom	6.38	6.32
法国	France	6.79	5.81
德国	Germany	5.68	5.50
意大利	Italy	3.98	3.90
瑞士	Switzerland	0.76	0.93
瑞典	Sweden	1.00	0.96
荷兰	Netherlands	2.31	2.40
俄罗斯	Russia	5.55	5.65
西班牙	Spain	2.37	2.40
美洲	America	44.04	45.13
#美国	United States	23.49	24.28
加拿大	Canada	4.90	4.77
大洋洲	Oceania	9.13	9.58
#澳大利亚	Australia	6.55	6.54
新西兰	New Zealand	1.17	1.16
非洲	Africa	57.68	57.27
香港同胞	Compatriots from Hong Kong	437.17	441.90
澳门同胞	Compatriots from Macao	54.41	54.96
台湾同胞	Compatriots from Taiwan	63.16	63.64
境内旅游者	Domestic Tourists	5375.14	5631.92
人天数合计 （万人天）	**Total Number of Tourists and Days (10000 person-days)**	**14490.74**	**15202.23**
入境旅游者	Overseas Tourists	2079.17	2100.61
外国人	Foreigners	886.62	886.04
香港同胞	Compatriots from Hong Kong	918.93	932.33
澳门同胞	Compatriots from Macao	114.29	116.48
台湾同胞	Compatriots from Taiwan	159.33	165.76
境内旅游者	Domestic Tourists	12411.57	13101.62

15-21 主要宾馆(酒店)基本情况
Statistics on Main Hotels

项　　目	Item	2017	2018
企业情况	**Statistics of Enterprises**		
宾馆酒店数　(家)	Number of Hotels (unit)	342	344
#星　级	Star-rated	180	170
五星级	Five-star	22	22
四星级	Four-star	34	35
三星级	Three-star	105	96
二星级	Two-star	19	17
一星级	One-star		
客房总数　(间)	Number of Guest Rooms (unit)	92568	91962
床位总数　(张)	Number of Beds (unit)	137593	137943
接待情况	**Reception Capacity**		
过夜旅游者　(万人次)	Tourists Staying Overnight (10000 person-times)	1862.53	1876.70
海外旅游者	Overseas Tourists	238.65	215.50
国内旅游者	Domestic Tourists	1623.88	1661.20
过夜旅游者　(万人天)	Tourists Staying Overnight (10000 person-days)	2695.04	2792.30
经营情况	**Statistics of Operation**		
营业收入　(万元)	Operating Income (10000 yuan)	1604622	1606342
营业成本　(万元)	Operating Cost (10000 yuan)	483280	513812
税金及附加　(万元)	Taxes and Extra Charges (10000 yuan)	22554	23723
销售费用　(万元)	Selling expenses (10000 yuan)	322048	292173
管理费用　(万元)	Management Expense (10000 yuan)	388561	378414
财务费用　(万元)	Financial Expense (10000 yuan)	52470	53494
营业利润　(万元)	Operating Profit (10000 yuan)	193518	203947
投资收益　(万元)	Investment Revenue (10000 yuan)	10178	5051
营业外收支净额　(万元)	Net Non-operating Income and Expenditure (10000 yuan)	17878	10945
利润总额　(万元)	Total Profits (10000 yuan)	203696	214892
年末从业人员　(人)	Employed Person at Year-end (person)	58012	53611
开房率　(%)	Room Occupancy (%)	67.59	66.21

15-22 旅行社基本情况
Statistics on Travel Agencies

单位：万元 (10000 yuan)

项　　目	Item	2017	2018
企业情况	**Statistics of Enterprises**		
企业数 （个）	Number of Enterprises (unit)	514	701
年末从业人员 （人）	Employed Persons at Year-end (person)	16203	16311
组团(外联)旅游情况	**Organized (Overseas) Tourism Contracted**		
组团(外联)人数 (万人次)	Organized (Overseas) Persons Contracted (10000 person-times)	1066.95	1261.44
入境旅游者	Overseas Tourists	16.66	13.28
国内旅游者	Domestic Tourists	1050.29	1248.16
# 出境游	Local Residents Going Overseas	287.02	307.53
经营情况	**Statistics of Operation**		
营业收入	Operating Income	2829129	3264876
营业成本	Operating Cost	2600688	3009159
税金及附加	Taxes and Extra Charges	2581	3053
销售费用	Selling expenses	112097	102738
管理费用	Management Expense	80022	103469
财务费用	Financial Expense	4126	3604
营业利润	Operating Profit	-2734	1623
营业外收支净额	Net Income of Non-business	5339	6914
利润总额	Total Profits	4261	10072

注：组团(外联)人数包括旅行社外联入境旅游者人数和组团境内旅游者人数，包括过夜人数和不过夜人数，不包括接待人数。

Note: The organized (overseas) persons contracted includes both international and domestic tourists contracted by travel agencies and the data includes tourists staying overnight or not, except reception persons.

15-23 主要年份人民币对主要外币年平均汇价

Average Exchange Rates of RMB Against Main Convertible in Main Years

单位:人民币，元 (RMB/yuan)

年　份 year	100美元 100 US Dollars	100日元 100 Japanese Yen	100港元 100 Hong Kong Dollars	100欧元 100 Euros
1987	372.21	2.5799	47.74	
1988	372.21	2.9082	47.70	
1989	376.59	2.7360	48.28	
1990	478.38	3.3233	61.39	
1991	532.27	3.9602	68.45	
1992	551.49	4.3608	71.24	
1993	576.19	5.2020	74.41	
1994	861.87	8.4370	111.53	
1995	835.07	8.9225	107.96	
1996	830.57	7.6238	107.40	
1997	828.97	6.8623	107.09	
1998	827.90	6.3487	106.88	
1999	827.83	7.2913	106.66	
2000	827.84	7.6950	106.17	
2001	827.71	6.8098	106.07	
2002	827.70	6.6651	106.08	801.45
2003	827.70	7.1347	106.24	937.77
2004	827.70	7.6552	106.23	1029.00
2005	819.17	7.4484	105.00	1019.53
2006	797.18	6.8570	102.62	1001.90
2007	760.40	6.4632	97.46	1041.75
2008	694.51	6.7427	89.19	1022.27
2009	683.25	7.3244	88.15	955.25
2010	678.89	7.7122	87.39	906.86
2011	649.43	8.1309	83.39	902.34
2012	631.71	7.9343	81.43	814.64
2013	621.35	6.4682	80.11	824.47
2014	615.16	5.7456	79.34	803.45
2015	623.71	5.1643	80.46	690.12
2016	664.98	6.1178	85.68	734.12
2017	673.98	6.0254	86.47	766.10
2018	662.34	6.0074	84.51	780.72

15-24 外商投资企业及分支机构工商登记情况（2018）

Statistics on Foreign Funded Enterprises Registered by Departments of Industry and Commerce(2018)

单位：万美元 (USD 10000)

项　目	Item	年末户数（个）Number of Enterprises at Year-end (unit)	注册资本 Registered Capital	#外方 Capital from Foreign Partners
总　计	**Total**	**31522**	**18817341**	**13401487**
按国民经济行业分	**By Sector**			
农、林、牧、渔业	Agriculture, Forestry, Animal Husbandry and Fishing	108	105120	103641
采矿业	Mining	5	29	29
制造业	Manufacturing	3981	3594835	2222078
电力、热力、燃气及水生产和供应业	Production and Supply of Electricity,Heat,Gas and Water	62	97782	58406
建筑业	Construction	281	70753	49337
批发和零售业	Wholesale and Retail Trade	11902	995599	896213
交通运输、仓储和邮政业	Transport, Storage and Post	841	242341	170216
住宿和餐饮业	Hotels and Catering Services	1697	87983	79489
信息传输、软件和信息技术服务业	Information Transmission, Software and Information Technology	1346	678731	441296
金融业	Financial Intermediation	490	1167100	706418
房地产业	Real Estate	1514	2402692	1827165
租赁和商务服务业	Leasing and Business Services	6620	8371332	5980084
科学研究和技术服务业	Scientific Research and Technical Services	2115	771044	650800
水利、环境和公共设施管理业	Management of Water Conservancy,Environment and Public Facilities	22	30194	24334
居民服务、修理和其他服务业	Service to Households, Repair and Other Services	186	9933	8913
教育	Education	40	374	314
卫生和社会工作	Health and Social Service	23	73248	69241
文化、体育和娱乐业	Culture, Sports and Entertainment	289	118250	113511
其他	Others			

注：本表不包括在省市场监督管理局注册登记的在穗企业数。

Note: The number of enterprises loctated in Guangzhou but registered in Guangdong Provincial Administration for Market Regulation is excluded.

15-25 广州市与国外结成友好城市一览(2018年末)

List of Foreign Friendly Cities with Guangzhou (Year-end of 2018)

国 别	Country	城 市	City	缔结日期（年、月、日）	Date of Signing
日 本	Japan	福 冈	Fukuoka	1979.05.02	May 2,1979
美 国	United States	洛杉矶	Los Angeles	1981.12.08	December 8,1981
菲律宾	Philippines	马尼拉	Manila	1982.11.05	November 05,1982
加拿大	Canada	温哥华	Vancouver	1985.03.27	March 27,1985
澳大利亚	Australia	悉 尼	Sydney	1986.05.12	May 12,1986
意大利	Italy	巴 里	Bari	1986.11.12	November 12,1986
法 国	France	里 昂	Lyon	1988.01.19	January 19,1988
德 国	Germany	法兰克福	Frankfurt	1988.04.11	April 11,1988
新西兰	New Zealand	奥克兰	Auckland	1989.02.17	February 17,1989
韩 国	Republic of Korea	光 州	Gwangju	1996.10.25	October 25,1996
瑞 典	Sweden	林雪平	Linkoping	1997.11.24	November 24,1997
南 非	South Africa	德 班	Durban	2000.07.17	July 17,2000
英 国	United Kingdom	布里斯托尔	Bristol	2001.05.23	May 23,2001
俄罗斯	Russia	叶卡捷琳堡	Ekaterinburg	2002.07.10	July 10,2002
秘 鲁	Peru	阿雷基帕	Arequipa	2004.10.27	October 27,2004
印度尼西亚	Indonesia	泗 水	Surabaya	2005.12.21	December 21,2005
立陶宛	Litawen	维尔纽斯	Vilnius	2006.10.12	October 12,2006
英 国	United Kingdom	伯明翰	Birmingham	2006.12.04	December 4,2006
斯里兰卡	Sri lanka	汉班托塔	Hambantota	2007.02.27	February 27,2007
巴 西	Brazil	累西腓	Recife	2007.10.22	October 22,2007
芬 兰	Finland	坦佩雷	Tampere	2008.12.02	December 2,2008
泰 国	Thailand	曼 谷	Bangkok	2009.11.13	November 13,2009
阿根廷	Agentine Republic	布宜诺斯艾利斯	Buenos Aires	2012.04.16	April 16,2012
阿联酋	United Arab Emirates	迪 拜	Dubai	2012.04.18	April 18,2012
科威特	State of Kuwait	科威特城	Kuwait City	2012.04.25	April 25,2012
俄罗斯	Russian Federation	喀 山	Kazan	2012.07.06	July 6,2012
土耳其	Republic of Turkey	伊斯坦布尔	Istanbul	2012.07.18	July 18,2012
津巴布韦	Repulic of Zimbabwe	哈拉雷	Harare	2012.09.03	September 3,2012
哥斯达黎加	Republic of Costa Rica	圣何塞	San Jose	2012.09.11	September 11,2012
日 本	Japan	登 别	Noboribetsu	2012.11.15	November 15,2012
西班牙	Kingdom of Spain	巴伦西亚	Valencia	2012.12.29	December 29,2012
摩洛哥	Kingdom of Morocco	拉巴特	Rabat	2013.10.03	October 3,2013
波 兰	The Republic Of Poland	罗 兹	Lodz	2014.08.20	August 20,2014
印 度	India	艾哈迈达巴德	Ahmedabad	2014.09.17	September 17,2014
尼泊尔	Federal Democratic Republic of Nepal	博克拉	Pokhara	2014.11.29	November 29,2014
厄瓜多尔	The Republic of Ecuador	基 多	Quito	2014.11.29	November 29,2014
智 利	Chile	圣地亚哥	San Diego	2017.06.20	June 20,2017
肯尼亚	Kenya	蒙巴萨郡	Mombasa County	2018.11.27	November 27，2018

15-26　各国驻广州总领事馆一览(2018年末)

List of Consulate General in Guangzhou (Year-end of 2018)

馆　务	Consulates	设立时间 Date of Setting up	领区范围	Consular Region
美　国	United States	1979.08.31	广东、广西、福建、海南	Guangdong Guangxi Fujian Hainan
日　本	Japan	1980.03.01	广东、广西、福建、海南	Guangdong Guangxi Fujian Hainan
泰　国	Thailand	1989.02.12	广东、海南	Guangdong Hainan
波　兰	Poland	1989.07.22	广东、广西、海南	Guangdong Guangxi Hainan
澳大利亚	Australia	1992.12.09	广东、广西、福建、海南、湖南	Guangdong Guangxi Fujian Hainan Hunan
越　南	Viet Nam	1993.01.18	广东	Guangdong (Interim)
马来西亚	Malaysia	1993.10.24	广东、福建、海南、江西、湖南	Guangdong Fujian Hainan Jiangxi Hunan
德　国	Germany	1995.11.07	广东、广西、福建、海南	Guangdong Guangxi Fujian Hainan
英　国	United Kingdom	1997.01.14	广东、广西、湖南、福建、海南、江西	Guangdong Guangxi Hunan Fujian Hainan Jiangxi
法　国	France	1997.04.24	广东、广西、福建、海南	Guangdong Guangxi Fujian Hainan
菲律宾	Philippines	1997.05.23	广东、广西、湖南、海南	Guangdong Guangxi Hunan Hainan
荷　兰	Netherlands	1997.09.15	广东、广西、福建、海南	Guangdong Guangxi Fujian Hainan
加拿大	Canada	1997.11.20	广东、广西、福建、海南、湖南、江西	Guangdong Guangxi Fujian Hainan Hunan Jiangxi
柬埔寨	Cambodia	1998.07.01	广东、福建、海南	Guangdong Fujian Hainan
丹　麦	Denmark	1998.09.23	广东、广西、福建、海南	Guangdong Guangxi Fujian Hainan
意大利	Italy	1998.11.04	广东、广西、福建、海南、湖南、江西	Guangdong Guangxi Fujian Hainan Hunan Jiangxi
韩　国	Republic of Korea	2001.08.28	广东、广西、福建、海南	Guangdong Guangxi Fujian Hainan
印度尼西亚	Indonesia	2002.12.12	广东、广西、福建、海南	Guangdong Guangxi Fujian Hainan
瑞　士	Switzerland	2005.10.10	广东、广西、福建、海南、湖南、江西	Guangdong Guangxi Fujian Hainan Hunan Jiangxi
比利时	belgium	2005.12.10	广东、福建、海南、云南、广西	Guangdong Fujian Hainan Yunnan Guangxi
新加坡	Singapore	2006.04.13	广东、海南、湖南、广西、云南、贵州	Guangdong Hainan Hunan Guangxi Yunnan Guizhou
古　巴	Cuba	2006.11.08	广东、广西、海南	Guangdong Guangxi Hainan
俄罗斯	Russia	2007.04.05	广东、福建、海南、云南、江西、广西	Guangdong Fujian Hainan Yunnan Jiangxi Guangxi
新西兰	New Zealand	2007.04.26	广东、广西、湖南、福建、海南	Guangdong Guangxi Hunan Fujian Hainan
希　腊	Greece	2007.05.15	广东、福建、海南、广西、湖南、云南、贵州	Guangdong Fujian Hainan Guangxi Hunan Yunnan Guizhou
印　度	India	2007.10.18	广东、福建、湖南、海南、云南、四川、广西	Guangdong Fujian Hunan Hainan Yunnan Sichuan Guangxi
奥地利	Austria	2007.11.25	广东、海南、湖南、广西	Guangdong Hainan Hunan Guangxi
挪　威	Norway	2008.02.18	广东、福建、海南、广西	Guangdong Fujian Hainan Guangxi
科威特	Kuwait	2008.02.21	广东、福建、海南、广西	Guangdong Fujian Hainan Guangxi

注：瑞典总领事馆2009年已撤馆，墨西哥领事馆已于2008年升级为总领事馆。

Note: The Consulate General of Sweden in Guangzhou was withdrawn in 2009. And the Mexican Consulate has upgraded to the Consulate General o Mexico since 2008.

15-26 续表 conitnued

馆 务	Consulates	设立时间 Date of Setting up	领区范围	Consular Region
墨西哥	Mexico	2008.04.25	广东、海南、福建、湖南、江西、广西	Guangdong Hainan Fujian Hunan Jiangxi Guangxi
巴基斯坦	Pakistan	2008.06.27	广东、福建、湖南、海南、广西	Guangdong Fujian Hunan Hainan Guangxi
以色列	Israel	2009.03.22	广东、福建、海南、广西	Guangdong Fujian Hainan Guangxi
西班牙	Spain	2009.06.14	广东、福建、湖南、广西、海南、贵州、云南	Guangdong Fujian Hunan Guangxi Hainan Guizhou Yunnan
埃塞俄比亚	Ethiopia	2009.06.14	广东、湖南、福建、江西、海南、广西	Guangdong Hunan Fujian Jiangxi Hainan Guangxi
阿根廷	Argentina	2009.07.21	广东、福建、海南、广西	Guangdong Fujian Hainan Guangxi
厄瓜多尔	Ecuador	2009.09.08	广东	Guangdong
巴 西	Brazil	2010.04.15	广东、海南、广西、福建、湖南、贵州、云南	Guangdong Hainan Guangxi Fujian Hunan Guizhou Yunnan
智 利	Chile	2010.12.29	广东、海南、广西、福建	Guangdong Hainan Guangxi Fujian
马 里	Mali	2011.07.18	广东、福建、海南、广西	Guangdong Fujian Hainan Guangxi
乌干达	Uganda	2011.08.15	广东、福建、海南、广西	Guangdong Fujian Hainan Guangxi
伊 朗	Iran	2011.12.23	广东、福建、湖南、广西	Guangdong Fujian Hunan Guangxi
土耳其	Turkey	2012.01.12	广东、福建、海南、广西	Guangdong Fujian Hainan Guangxi
斯里兰卡	Sri Lanka	2012.03.27	广东、福建、海南、广西、江西	Guangdong Fujian Hainan Guangxi Jiangxi
乌克兰	Ukraine	2012.05.30	广东、贵州、海南、湖南、广西	Guangdong Guizhou Hainan Hunan Guangxi
老 挝	Lao	2013.09.23	广东、海南、江西、福建	Guangdong Hainan Jiangxi Fujian
秘 鲁	Peru	2013.10.02	广东、广西、贵州、海南、云南、湖南	Guangdong Guangxi Guizhou Hainan Yunnan Hunan
吉尔吉斯斯坦	Kyrgyzstan	2014.04.08	广东、福建、江西、湖南、海南、广西	Guangdong Fujian Jiangxi Hunan Hainan Guangxi
尼日利亚	Nigeria	2014.07.09	广东、广西、海南	Guangdong Guangxi Hainan
科特迪瓦	Cote d Ivoire	2014.07.12	广东、福建、海南、江西、广西	Guangdong Fujian Hainan Jiangxi Guangxi
刚 果	Coga	2014.08.15	广东、海南、福建、广西	Guangdong Hainan Fujian Guangxi
哥伦比亚	Colombia	2014.12.12	广东、广西、贵州、云南、海南	Guangdong Guangxi Guizhou Yunnan Hainan
安哥拉	Angola	2015.11.06	广东、福建、海南、广西	Guangdong Fujian Hainan Guangxi
卡塔尔	Qatar	2015.11.10	广东、广西、福建、海南	Guangdong Guangxi Fujian Hainan
阿联酋	Emirates	2016.06.15	广东、广西、海南	Guangdong Guangxi Hainan
赞比亚	Zambia	2016.06.28	广东、福建、海南、广西	Guangdong Fujian Hainan Guangxi
沙特阿拉伯	Saudi Arab	2017.01.01	广东、福建、广西、海南	Guangdong Fujian Guangxi Hainan
塞内加尔	Senegal	2017.03.06	广东、广西、福建、海南	Guangdong Guangxi Fujian Hainan
尼泊尔	Nepal	2017.04.25	广东、广西、福建、海南	Guangdong Guangxi Fujian Hainan
苏 丹	Sudan	2017.05.15	广东、江西、福建、湖南、贵州、海南、浙江、广西	Guangdong Jiangxi Fujian Hunan Guizhou Hainan Zhejiang Guangxi
葡萄牙	Portugal	2017.07.17	广东、湖南、海南、福建、广西	Guangdong Hunan Hainan Fujian Guangxi
白俄罗斯	Belarus	2017.12.28	广东、湖南、贵州、海南、云南广西	Guangdong Hunan Guizhou Hainan Yunnan Guangxi
乌拉圭	Uruguay	2018.03.26	广东、福建、贵州、海南、广西	Guangdong Fujian Guizhou Hainan Guangxi
委内瑞拉	Venezuela	2018.10.26	广东、福建、湖南、贵州、海南广西	Guangdong Fujian Hunan Guizhou Hainan Guangxi

【外商直接投资】 是指外国投资者在我国境内通过设立外商投资企业、合伙企业、与中方投资者共同进行石油资源的合作勘探开发以及设立外国公司分支机构等方式进行投资。外国投资者可以用现金、实物、无形资产、股权等投资，还可以用从外商投资企业获得的利润进行再投资。

【对外劳务合作】 指组织劳务人员赴其他国家或地区为国外的企业或机构工作的经营性活动。

【国际旅游（外汇）收入】 指入境游客在中国（大陆）境内旅行、游览过程中用于交通、参观游览、住宿、餐饮、购物、娱乐等全部花费。

【国内旅游收入（旅游总花费）】 指国内游客在国内旅行、游览过程中用于交通、参观游览、住宿、餐饮、购物、娱乐等全部花费。

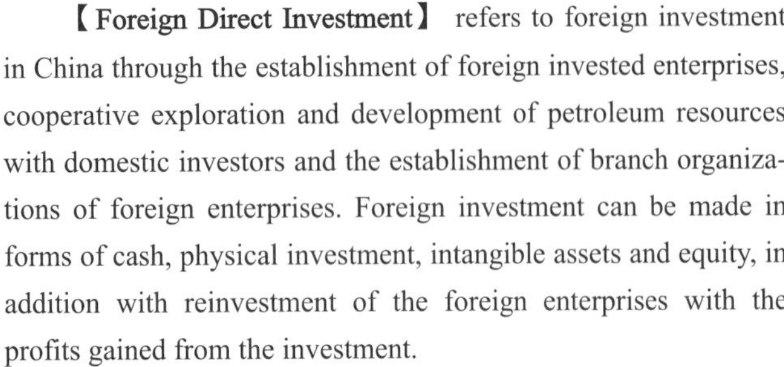

【Foreign Direct Investment】 refers to foreign investment in China through the establishment of foreign invested enterprises, cooperative exploration and development of petroleum resources with domestic investors and the establishment of branch organizations of foreign enterprises. Foreign investment can be made in forms of cash, physical investment, intangible assets and equity, in addition with reinvestment of the foreign enterprises with the profits gained from the investment.

【Overseas Labour Services】 refer to operational activities of organizing labour force to go abroad providing services to foreign enterprises or agencies.

【Foreign Exchange Earnings from International Tourism】 refer to the total expenditure of foreigners, overseas Chinese, Chinese compatriots from Hong Kong, Macao and Taiwan during their stay in the mainland of China on transportation, sighting, accommodation, food, shopping and entertainment.

【Income from Domestic Tourism】 refer to expenditure of domestic tourists on transportation, sighting, accommodation, food, shopping and entertainment while they travel.

第十六篇 CHAPTER 16

规模以上服务业

SERVICE ENTERPRISES ABOVE THE THE DESIGNATED SIZE

简要说明

Brief Introduction

第十六篇　规模以上服务业

一、本篇资料反映广州市规模以上服务业基本情况。

二、统计范围：辖区内规模以上服务业法人单位。

三、规模以上服务业涉及行业包括：交通运输、仓储和邮政业，信息传输、软件和信息技术服务业，租赁和商务服务业，科学研究和技术服务业，水利、环境和公共设施管理业，居民服务、修理和其他服务业，教育，卫生和社会工作，文化、体育和娱乐业；以及房地产业中除房地产开发经营外等行业。

四、规模以上服务业法人单位的介定标准为：居民服务、修理和其他服务业，文化、体育和娱乐业年营业收入合计大于等于500万或从业人数大于等于50人的法人单位，上述其他行业年营业收入合计大于等于1000万或从业人数大于等于50人的法人单位。

五、调查方法：执行国家统计局制定的《规模以上服务业一套表制度》，调查方法为符合上述行业条件法人单位的全面调查。

六、本篇资料由广州市统计局服务业处整理提供。

16 Service Enterprises Above Designated Size

I.This data in this chapter reflect the basic information of some service enterprises above designated size of Guangzhou.

II. The statistical coverage of service enterprises above designated size includes relative sectors enterprises in every district in Guangzhou Municipality.

III. The sectors of service enterprises above designated size includes: Transport Storage and Postal Services Information Transmission Software and Information Technology Services Leasing and Business Services Scientific Research and Technical Services Management of Water Conservancy,Environment and Public Facilities Households' Service,Repair and Other Services Education Health and Social Work Culture,Sports and Entertainment and Real Estate (Not including Real Estate Development and Management).

IV. The service enterprises above designated size refer to the enterprises with over 50 employees by the end of the year or with annual business revenue of over 5 million yuan, of sectors including households' service, repair and other services, culture, sports and entertainment services. Besides, it covers services sectors as above III involved with over 50 employees by the end of the year or with annual business revenue of over 10 million yuan.

V. Survey method:implement the "a set of table system for Service Enterprises Above Designated Size" formulated by the National Bureau of Statistics, and is a comprehensive survey of legal entities meeting the above IV conditions..

VI. The data in this chapter are prepared and edited by the Division of Service Statistics of Guangzhou Statistics Bureau.

16-1 规模以上服务业企业主要财务指标

Main Financial Indicators of Service Enterprises above the Designated Size

单位：万元 (10000 yuan)

项　　目	Item	2018	同比增速(%) Year-on-year Growth Rate (%)
一、损益及分配	Profits and Loss		
营业收入	Business Revenue	111147729	15.4
营业成本	Business Costs	84736477	16.2
税金及附加	Tax and Extra Charges on Business	784873	6.1
销售费用	Sales Expenses	6257331	17.1
管理费用	Management Expenses	12375523	16.9
财务费用	Financial Expenses	3591399	12.9
投资收益(损失以“-”号记)	Investment Income(loss with “-”mark)	7161593	10.9
营业利润	Business Profits	11480628	10.1
利润总额	Total Profits	12178093	1.0
所得税费用	Income Taxes Payable	1592634	9.8
二、成本费用及增值税	Labor Cost and Value-added Tax		
应付职工薪酬(本年贷方累计发生额)	Total Wages Payable(Credit Accumulated Amount in this year)	21116175	14.0
其中：社会保险和住房公积金	Social insurance and Housing Fund	2370161	17.2
应交增值税	Value-added Tax Payable	2286922	2.5
三、平均用工人数(人)	Average number of employed persons(person)	1635692	1.8

注：同比增速按本年数和上年同口径数计算得出，下同。

Note: The year-on-year growth rate is calculated based on the number of this year and the same caliber number of last year, the same below.

16-2 规模以上服务业企业主要财务指标(2018年，按行业分)

单位：万元

项目	Item	企业单位数(个) Number of Enterprises (unit)
合　计	**Total**	**7348**
按行业分	**Grouped by Sector**	
交通运输、仓储和邮政业	Transport, Storage and Postal Services	1028
铁路运输业	Railway Transport Service	7
道路运输业	Road Transport Services	404
水上运输业	Waterway Transport Service	65
航空运输业	Air Transport Service	11
装卸搬运和运输代理业	Handling and Transportation Agency	390
仓储业	Warehousing Service	119
邮政业	Postal Service	32
信息传输、软件和信息技术服务业	Information Transmission, Software and Information Technology Services	1310
电信、广播电视和卫星传输服务	Telecommunications, Broadcasting Television and Satellite Transmission Services	43
互联网和相关服务	Internet and Related Services	149
软件和信息技术服务业	Software and Information Technology Services	1118
房地产业(不含房地产开发)	Real Estate (Not including Real Estate Development and Management)	1040
租赁和商务服务业	Leasing and Business Services	2143
租赁业	Leasing	107
商务服务业	BusinessServices	2036
科学研究和技术服务业	Scientific Research and Technical Services	891
研究和试验发展	Research and Experimental Development	157
专业技术服务业	Professional Technical Services	627
科技推广和应用服务业	Services of Science and Technology Exchanges and Promotion	107
水利、环境和公共设施管理业	Management of Water Conservancy,Environment and Public Facilities	78
水利管理业	Management of Water Conservancy	1
生态保护和环境治理业	Ecological Protection and Environmental Treatment	20
公共设施管理业	Management of Public Facilities	55
土地管理业	Land Management	2
居民服务、修理和其他服务业	Households' service,Repair and Other Services	253
居民服务业	Services to Households	63
机动车、电子产品和日用产品修理业	Motor Vehicle,Electronic Products and Consumer Productsrepair	97
其他服务业	Other Services	93
教育	Education	218
卫生和社会工作	Health and Social Work	103
卫生	Health	89
社会工作	SocialWork	14
文化、体育和娱乐业	Culture,Sports and Entertainment	284
新闻和出版业	News and Publication	54
广播、电视、电影和影视录音制作业	Production of Radio,Television,Film and Video Recording	95
文化艺术业	CultureandArts	41
体育	Sports	40
娱乐业	Entertainment	54

Main Financial Indicators of Service Enterprises above the Designated Size (2018,by Sector)

(10000 yuan)

营业收入 Business Revenue	营业成本 Business Costs	营业税金及附加 Tax and Extra Charges on Business	销售费用 Selling Expenses	管理费用 Management Expenses	财务费用 Financial Expenses
111147729	**84736477**	**784873**	**6257331**	**12375523**	**3591399**
41183580	36280988	138111	789183	1958412	2356209
11096879	10426541	27102	14123	339917	875822
7621277	5959005	48836	84422	517133	823032
3800652	3143096	13152	11928	275297	165889
10998334	9669332	23891	501542	329288	451754
4366757	3945093	9588	71736	243921	5746
942950	738683	8374	61316	107714	29525
2356732	2399239	7168	44116	145143	4441
28367636	18790253	173701	3104465	4210907	-160105
4564068	3639311	22692	520946	470457	-140898
6229288	3956489	16722	653676	1019594	-18376
17574280	11194453	134288	1929842	2720856	-831
5802557	3305270	173243	377020	1171595	165477
20648372	15523712	204491	1058357	2532185	1086149
900007	547564	5263	27530	93385	79691
19748365	14976147	199229	1030826	2438801	1006458
8764470	6242079	49370	376193	1461147	39443
1223055	767730	7957	121404	226766	5329
6766393	5025977	37301	214209	1018778	3178
775023	448372	4112	40580	215603	30937
1179323	939288	12476	16568	132953	47892
2248	1502	8		468	-2
240178	177621	1834	9396	33076	3345
903292	742625	5703	7096	92873	-8133
33604	17540	4931	77	6536	52682
722102	496932	4881	72787	112874	1573
172288	91648	1202	28526	34138	709
248827	181293	1565	31696	31815	565
300988	223991	2114	12565	46922	298
1124738	667345	3174	100750	295154	9749
934047	600972	1101	142516	160106	6553
893320	581435	1095	137485	148487	6353
40727	19537	6	5031	11619	200
2420904	1889639	24324	219493	340189	38459
560227	444233	7743	45546	92211	-1437
856212	662135	5605	66878	75798	1767
165582	136318	864	12931	28661	659
269589	367855	5321	29373	65855	2714
569294	279098	4792	64765	77665	34757

16-2 续表

单位：万元

项 目	Item	营业利润 Business Profits
合 计	**Total**	**11480628**
按行业分	Grouped by Sector	
交通运输、仓储和邮政业	Transport, Storage and Postal Services	1161194
铁路运输业	Railway Transport Service	-638227
道路运输业	Road Transport Services	1198378
水上运输业	Waterway Transport Service	427090
航空运输业	Air Transport Service	297281
装卸搬运和运输代理业	Handling and Transportation Agency	113631
仓储业	Warehousing Service	6029
邮政业	Postal Service	-242988
信息传输、软件和信息技术服务业	Information Transmission, Software and Information Technology Services	3461162
电信、广播电视和卫星传输服务	Telecommunications, Broadcasting Television and Satellite Transmission Services	842815
互联网和相关服务	Internet and Related Services	620871
软件和信息技术服务业	Software and Information Technology Services	1997475
房地产业(不含房地产开发)	Real Estate (Not including Real Estate Development and Management)	937686
租赁和商务服务业	Leasing and Business Services	4921075
租赁业	Leasing	132898
商务服务业	BusinessServices	4788177
科学研究和技术服务业	Scientific Research and Technical Services	769822
研究和试验发展	Research and Experimental Development	124602
专业技术服务业	Professional Technical Services	591131
科技推广和应用服务业	Services of Science and Technology Exchanges and Promotion	54089
水利、环境和公共设施管理业	Management of Water Conservancy,Environment and Public Facilities	70162
水利管理业	Management of Water Conservancy	272
生态保护和环境治理业	Ecological Protection and Environmental Treatment	20690
公共设施管理业	Management of Public Facilities	66995
土地管理业	Land Management	-17795
居民服务、修理和其他服务业	Households' service,Repair and Other Services	40566
居民服务业	Services to Households	19100
机动车、电子产品和日用产品修理业	Motor Vehicle,Electronic Products and Consumer Productsrepair	6187
其他服务业	Other Services	15279
教育	Education	65511
卫生和社会工作	Health and Social Work	17709
卫生	Health	13270
社会工作	SocialWork	4439
文化、体育和娱乐业	Culture,Sports and Entertainment	35743
新闻和出版业	News and Publication	36943
广播、电视、电影和影视录音制作业	Production of Radio,Television,Film and Video Recording	54651
文化艺术业	CultureandArts	-39
体育	Sports	-197846
娱乐业	Entertainment	142033

continued

(10000 yuan)

利润总额 Total Profits	所得税费用 Income Tax Expenses	应付职工薪酬 Total Wages Payable	应交增值税 Value-added Tax Payable	平均用工人数（人） Average Number of Employed Persons (person)
12178093	**1592634**	**21116175**	**2286922**	**1635692**
1463930	510046	7440932	607181	509761
-685782	29007	2110135	210340	174400
1491209	264089	1735388	144519	145803
403375	86138	456966	16221	19500
357658	81366	2234717	132713	82555
116266	19192	338843	33916	32110
17485	13650	153625	16702	16623
-236280	16605	411258	52772	38770
3548355	303264	4705345	611809	263962
830320	-9010	884057	113339	34931
629647	36872	696750	87547	36436
2088388	275402	3124538	410924	192595
990033	192504	1568428	231767	208557
5071523	384475	3348871	427313	341389
153796	35944	80707	13236	6781
4917727	348531	3268164	414077	334608
811356	111305	2164867	271957	132638
134764	20890	247093	31169	15421
602383	74990	1757967	221470	109766
74209	15425	159808	19318	7451
111789	17572	194944	43153	29244
272	76	244	67	22
22162	4238	30604	7699	2100
68868	12818	159991	32007	26976
20487	440	4105	3380	146
42510	7968	246566	26210	50223
19271	3554	40980	4296	5951
8419	1606	47030	10224	5607
14819	2808	158557	11691	38665
73151	12190	504236	14618	40293
13149	7107	286485	1166	25855
8375	5663	271677	1158	23646
4775	1444	14808	8	2209
52297	46206	655502	51748	33770
38706	458	181498	13406	8559
61387	9037	80605	10712	6654
7068	1408	30351	3737	2580
-188403	2037	245996	12928	5033
133539	33266	117052	10965	10944

16-3　规模以上服务业企业主要财务指标(2018年，按地区分)

单位：万元

地　区	District	企业单位数(个) Number of Enterprises (unit)	营业收入 Business Revenue	营业成本 Business Costs	营业税金及附加 Tax and Extra Charges on Business	销售费用 Selling Expenses	管理费用 Management Expenses
合　计	**Total**	**7348**	**111147729**	**84736477**	**784873**	**6257331**	**12375523**
按地区分	**By District**						
荔湾区	Liwan	248	2363826	1444243	17254	290748	451283
越秀区	Yuexiu	1598	27638534	23734657	154685	863653	2266836
海珠区	Haizhu	1147	7898126	5235904	81247	500213	1127949
天河区	Tianhe	1725	31830579	23038038	206851	2547433	4715009
白云区	Baiyun	752	16264258	13505451	75979	729542	1049217
黄埔区	Huangpu	783	9776541	6322903	149889	738902	1077556
番禺区	Panyu	497	6300528	4341876	46301	345181	801804
花都区	Huadu	152	1553171	1302786	6168	39544	149464
南沙区	Nansha	219	6461836	5105289	31872	131753	528391
从化区	Conghua	74	381810	271581	2428	14664	94336
增城区	Zengcheng	153	678522	433749	12199	55699	113678

Main Financial Indicators of Service Enterprises above the Designated Size (2018,by Region)

(10000 yuan)

财务费用 Financial Expenses	营业利润 Business Profits	利润总额 Total Profits	所得税费用 Income Tax Expenses	应付职工薪酬 Total Wages Payable	应交增值税 Value-added Tax Payable	平均用工人数(人) Average Number of Employed Persons (person)
3591399	**11480628**	**12178093**	**1592634**	**21116175**	**2286922**	**1635692**
15798	367655	382746	39578	464997	58980	38124
1256082	993766	1250163	309274	5311753	531086	435672
461419	1285051	1314587	173908	1980488	225808	183015
801029	4286995	4396143	287221	5870967	791529	405013
540390	973742	1135365	201783	3337200	253285	201754
54591	1916728	2022695	306982	1703793	192692	147675
65529	830157	874591	85657	965181	121614	99472
14734	108085	130293	25820	252444	18959	26747
356854	675838	617150	149931	936405	62020	61389
11057	-9490	-2849	-719	107014	7419	11936
13917	52101	57210	13200	185933	23529	24895

16-4 规模以上服务业企业主要财务指标(2018年，按登记注册类型分)

单位：万元

项 目	Item	企业单位数（个） Number of Enterprises (unit)
合 计	**Total**	**7348**
按登记注册类型分	**Grouped by Registration Status**	
内资企业	Domestic Funded	6668
国有企业	State-owned	219
集体企业	Collective-owned	352
股份合作企业	Cooperative	23
联营企业	Joint Ownership Enterprises	10
国有联营企业	State Joint Ownership Enterprises	5
集体联营企业	Collective Joint Ownership Enterprises	2
其他联营企业	Joint State-collective Enterprises	3
有限责任公司	Limited Liability Corporations	2339
国有独资公司	State Sole Funded Corporations	291
其他有限责任公司	Other Limited Liability Corporations	2048
股份有限公司	Share-holding Corporations Ltd.	223
私营企业	Private Enterprises	3256
私营独资企业	Private-funded Enterprises	24
私营合伙企业	Private Partnership Enterprises	91
私营有限责任公司	Private Limited Liability Corporations	3011
私营股份有限公司	Private Share Holding Corporations	130
其他企业	Others	246
港、澳、台商投资企业	Enterprises with Funds from Hong Kong, Macao and Taiwan Investors	413
与港澳台商合资经营企业	Joint-venture Enterprises	99
与港澳台商合作经营企业	Cooperative Enterprises	43
港澳台商独资经营企业	Enterprises with Sole Funds	258
港澳台商投资股份有限公司	Share-holding Corporations Ltd.	6
其他港澳台投资企业	Other Enterprises with Funds from Hong Kong, Macao and Taiwan	7
外商投资企业	Foreign Funded Enterprises	267
中外合资经营企业	Joint-venture Enterprises	94
中外合作经营企业	Cooperative Enterprises	14
外资企业	Enterprises with Sole Foreign Funds	139
外商投资股份有限公司	Share-holding Corporations Ltd.	8
其他外商投资企业	Other Foreign Funded Enterprises	12

Main Financial Indicators of Service Enterprises above the Designated Size (2018,by Registration Status)

(10000 yuan)

营业收入 Business Revenue	营业成本 Business Costs	营业税金及附加 Tax and Extra Charges on Business	销售费用 Selling Expenses	管理费用 Management Expenses	财务费用 Financial Expenses
111147729	**84736477**	**784873**	**6257331**	**12375523**	**3591399**
97242882	77059524	593560	5049657	10283234	3257337
13777566	12667368	62119	142688	871064	532084
761275	280747	26946	15973	214407	-1411
71261	46543	899	3374	16363	-327
44521	11989	2101	5596	14446	445
25890	4423	1393	2857	9472	330
5812	4063	46		1048	-17
12819	3503	663	2739	3927	133
39658909	30063931	317734	2347220	4284204	2099449
9254076	7777955	117542	156248	1014519	1174798
30404833	22285976	200192	2190972	3269685	924651
18990324	16535787	64577	1004988	1275110	430717
22836559	16818387	114260	1483452	3280134	188500
44078	20112	1144	11144	12167	-2262
497959	134043	3417	61137	230906	-2753
20894243	15729313	102521	1313650	2789091	188286
1400279	934920	7178	97521	247970	5229
1102468	634772	4925	46367	327506	7879
8833083	4563131	92100	917499	1428644	136540
1315933	917019	9373	94021	154057	38213
1806191	751898	11217	139263	117718	88227
4107778	2316965	26312	448229	1062107	18515
1512397	528457	44748	231054	77607	-8687
90785	48793	450	4933	17155	273
5071764	3113822	99213	290175	663645	197522
2181918	1447305	69461	74171	201560	111288
531074	208191	2682	83275	36117	28050
2197138	1327637	25470	117913	415537	56852
20054	3891	318	13451	3877	334
141580	126797	1282	1365	6555	998

16-4 续表

单位：万元

项　　目	Item	营业利润 Business Profits
合　计	**Total**	**11480628**
按登记注册类型分	**Grouped by Registration Status**	
内资企业	Domestic Funded	8555353
国有企业	State-owned	239002
集体企业	Collective-owned	234249
股份合作企业	Cooperative	3672
联营企业	Joint Ownership Enterprises	9906
国有联营企业	State Joint Ownership Enterprises	7374
集体联营企业	Collective Joint Ownership Enterprises	673
其他联营企业	Joint State-collective Enterprises	1859
有限责任公司	Limited Liability Corporations	4716727
国有独资公司	State Sole Funded Corporations	1810233
其他有限责任公司	Other Limited Liability Corporations	2906494
股份有限公司	Share-holding Corporations Ltd.	1919071
私营企业	Private Enterprises	1340867
私营独资企业	Private-funded Enterprises	2082
私营合伙企业	Private Partnership Enterprises	182673
私营有限责任公司	Private Limited Liability Corporations	906501
私营股份有限公司	Private Share Holding Corporations	249611
其他企业	Others	91861
港、澳、台商投资企业	Enterprises with Funds from Hong Kong, Macao and Taiwan Investors	1859796
与港澳台商合资经营企业	Joint-venture Enterprises	102780
与港澳台商合作经营企业	Cooperative Enterprises	705503
港澳台商独资经营企业	Enterprises with Sole Funds	311655
港澳台商投资股份有限公司	Share-holding Corporations Ltd.	720590
其他港澳台投资企业	Other Enterprises with Funds from Hong Kong, Macao and Taiwan	19267
外商投资企业	Foreign Funded Enterprises	1065479
中外合资经营企业	Joint-venture Enterprises	580081
中外合作经营企业	Cooperative Enterprises	172890
外资企业	Enterprises with Sole Foreign Funds	302747
外商投资股份有限公司	Share-holding Corporations Ltd.	-1817
其他外商投资企业	Other Foreign Funded Enterprises	11577

continued

(10000 yuan)

利润总额 Total Profits	所得税费用 Income Tax Expenses	应付职工薪酬 Total Wages Payable	应交增值税 Value-added Tax Payable	平均用工人数（人） Average Number of Employed Persons (person)
12178093	**1592634**	**21116175**	**2286922**	**1635692**
9163613	1074805	18215005	1955227	1448569
309484	106163	3106858	263731	233411
257215	12003	146285	26548	27466
3599	233	10403	1319	1255
10749	2054	10114	2957	1052
8247	1868	7527	1938	736
661	22	1219	397	115
1840	164	1368	622	201
5042785	761944	7424297	852619	558091
1929251	134650	2063532	163177	111326
3113534	627294	5360765	689442	446765
2014255	-53760	3648356	276759	175883
1430151	237581	3456520	523727	416764
2233	2154	11776	1871	1187
181646	14820	90753	28411	10600
979148	203324	3031533	448298	375976
267124	17283	322458	45147	29001
95376	8587	412172	7568	34647
1942894	326855	1632316	218388	96555
183033	47474	255841	32096	22946
705145	100956	203880	86967	13782
317836	50892	1046531	93241	46997
718398	124999	111846	2492	11454
18483	2534	14217	3593	1376
1071586	190975	1268855	113307	90568
587579	108432	402086	54895	43744
174823	45727	123609	14425	6436
306894	35600	732463	42110	39529
-1828	59	3751	235	505
4118	1157	6945	1642	354

16-5 规模以上服务业企业主要财务指标(2018年，按控股情况分)

单位：万元

项　　目	Item	合计 Total
按控股情况分	**Group by Type of Ownership**	
单位数(个)	Number of Enterprises(unit)	7348
一、损益及分配	Profits and Loss	
营业收入	Business Revenue	111147729
营业成本	Business Costs	84736477
税金及附加	Tax and Extra Charges on Business	784873
销售费用	Sales Expenses	6257331
管理费用	Management Expenses	12375523
财务费用	Financial Expenses	3591399
投资收益(损失以“-”号记)	Investment Income(loss with “-”mark)	7161593
营业利润	Business Profits	11480628
利润总额	Total Profits	12178093
所得税费用	Income Taxes Payable	1592634
二、成本费用及增值税	Labor Cost and Value-added Tax	
应付职工薪酬(本年贷方累计发生额)	Total Wages Payable(Credit Accumulated Amount in this year)	21116175
其中：社会保险和住房公积金	Social insurance and Housing Fund	2370161
应交增值税	Value-added Tax Payable	2286922
三、平均用工人数(人)	Average number of employed persons(person)	1635692

Main Financial Indicators of Service Enterprises above the Designated Size (2018,by Type of Ownership)

(10000 yuan)

国有控股 State-owned	集体控股 Collective-owned	私人控股 Private Holdings	港澳台商控股 Hong Kong, Macao and Taiwan Holdings	外商控股 Foreign Holdings	其他 Other Holdings
1127	495	4396	370	225	735
53134215	1738116	34153636	7061265	3389469	11671028
44854552	795838	25085483	3713406	2090260	8196939
322188	45475	183173	82162	45030	106845
1617565	68507	2519590	860593	195528	995549
3876158	420810	4700944	1301148	574982	1501481
3055629	36359	289428	88231	57484	64268
6073498	37412	504414	111045	152336	282889
6363505	391972	1795596	1194418	546689	1188447
6751211	420059	1955915	1279765	544621	1226523
703162	34975	362467	231951	81927	178153
10804119	311952	5319490	1488921	1064783	2126910
1092284	38579	596152	190930	187999	264217
1001431	59405	795858	134574	74429	221225
654309	44049	614576	84211	77390	161157

16-6 规模以上服务业企业营业收入(2018年，按行业分)

单位：万元

项目	Item
合 计	**Total**
按行业划分	**Grouped by Sector**
交通运输、仓储和邮政业	Transport, Storage and Postal Services
铁路运输业	Railway Transport Service
道路运输业	Road Transport Services
水上运输业	Waterway Transport Service
航空运输业	Air Transport Service
装卸搬运和运输代理业	Handling and Transportation Agency
仓储业	Warehousing Service
邮政业	Postal Service
信息传输、软件和信息技术服务业	Information Transmission, Software and Information Technology Services
电信、广播电视和卫星传输服务	Telecommunications, Broadcasting Television and Satellite Transmission Services
互联网和相关服务	Internet and Related Services
软件和信息技术服务业	Software and Information Technology Services
房地产业(不含房地产开发)	Real Estate (Not including Real Estate Development and Management)
租赁和商务服务业	Leasing and Business Services
租赁业	Leasing
商务服务业	Business Services
科学研究和技术服务业	Scientific Research and Technical Services
研究和试验发展	Research and Experimental Development
专业技术服务业	Professional Technical Services
科技推广和应用服务业	Services of Science and Technology Exchanges and Promotion
水利、环境和公共设施管理业	Management of Water Conservancy,Environment and Public Facilities
水利管理业	Management of Water Conservancy
生态保护和环境治理业	Ecological Protection and Environmental Treatment
公共设施管理业	Management of Public Facilities
土地管理业	Land Management
居民服务、修理和其他服务业	Households' service,Repair and Other Services
居民服务业	Services to Households
机动车、电子产品和日用产品修理业	Motor Vehicle,Electronic Products and Consumer Products Repair
其他服务业	Other Services
教育	Education
卫生和社会工作	Health and Social Work
卫生	Health
社会工作	Social Work
文化、体育和娱乐业	Culture,Sports and Entertainment
新闻和出版业	News and Publication
广播、电视、电影和影视录音制作业	Production of Radio,Television,Film and Video Recording
文化艺术业	Culture and Arts
体育	Sports
娱乐业	Entertainment

Business Revenue of Service Enterprises above the Designated Size (2018, by Sector)

(10000 yuan)

企业单位数 (个) Number of Enterprises (unit)	营业收入 (万元) Business Revenue (10000 yuan)	2018年比2017年增长 (%) Growth Rate in 2018 Over 2017 (%)
7348	**111147729**	**15.4**
1028	41183580	12.7
7	11096879	25.5
404	7621277	10.8
65	3800652	2.6
11	10998334	11.3
390	4366757	2.5
119	942950	10.9
32	2356732	10.9
1310	28367636	27.3
43	4564068	4.6
149	6229288	54.6
1118	17574280	26.6
1040	5802557	8.3
2143	20648372	9.7
107	900007	26.7
2036	19748365	9.0
891	8764470	12.9
157	1223055	11.9
627	6766393	14.4
107	775023	2.7
78	1179323	26.3
1	2248	5.8
20	240178	22.5
55	903292	28.4
2	33604	5.7
253	722102	7.9
63	172288	4.9
97	248827	5.4
93	300988	11.9
218	1124738	10.6
103	934047	17.4
89	893320	16.6
14	40727	38.0
284	2420904	12.3
54	560227	5.3
95	856212	11.0
41	165582	14.8
40	269589	24.6
54	569294	16.0

16-7 规模以上服务业企业营业收入(2018年，按地区分)

Business Revenue of Service Enterprises above the Designated Size (2018,by District)

项目	District	企业单位数（个）Number of Enterprises (unit)	营业收入（万元）Business Revenue (10000 yuan)	同比增速（%）Year-on-year Growth Rate (%)
合计	**Total**	**7348**	**111147729**	**15.4**
按地区分	**By District**			
荔湾区	Liwan	248	2363826	12.3
越秀区	Yuexiu	1598	27638534	12.0
海珠区	Haizhu	1147	7898126	31.1
天河区	Tianhe	1725	31830579	15.6
白云区	Baiyun	752	16264258	10.7
黄埔区	Huangpu	783	9776541	9.2
番禺区	Panyu	497	6300528	32.9
花都区	Huadu	152	1553171	9.4
南沙区	Nansha	219	6461836	21.4
从化区	Conghua	74	381810	9.1
增城区	Zengcheng	153	678522	36.1

16-8 规模以上服务业企业营业收入(2018年，按登记注册类型和控股情况分)

Business Revenue of Service Enterprises above the Designated Size (2018，by Registration Status and Type of Ownership)

项 目	Item	企业单位数 (个) Number of Enterprises (unit)	营业收入 (万元) Business Revenue (10000 yuan)	同比增速 (%) Year-on-year Growth Rate (%)
合 计	**Total**	**7348**	**111147729**	**15.4**
按登记注册类型分	**Grouped by Registration Status**			
内资企业	Domestic Funded	6668	97242882	15.6
国有企业	State-owned	219	13777566	19.2
集体企业	Collective-owned	352	761275	-4.6
股份合作企业	Cooperative	23	71261	-5.3
联营企业	Joint Ownership Enterprises	10	44521	26.3
国有联营企业	State Joint Ownership Enterprises	5	25890	13.4
集体联营企业	Collective Joint Ownership Enterprises	2	5812	127.8
其他联营企业	Joint State-collective Enterprises	3	12819	30.1
有限责任公司	Limited Liability Corporations	2339	39658909	16.6
国有独资公司	State Sole Funded Corporations	291	9254076	16.6
其他有限责任公司	Other Limited Liability Corporations	2048	30404833	16.6
股份有限公司	Share-holding Corporations Ltd.	223	18990324	7.0
私营企业	Private Enterprises	3256	22836559	21.4
私营独资企业	Private-funded Enterprises	24	44078	61.7
私营合伙企业	Private Partnership Enterprises	91	497959	13.3
私营有限责任公司	Private Limited Liability Corporations	3011	20894243	22.9
私营股份有限公司	Private Share Holding Corporations	130	1400279	4.9
其他企业	Others	246	1102468	5.2
港、澳、台商投资企业	Enterprises with Funds from Hong Kong, Macao and Taiwan Investors	413	8833083	16.7
与港澳台商合资经营企业	Joint-venture Enterprises	99	1315933	23.3
与港澳台商合作经营企业	Cooperative Enterprises	43	1806191	5.2
港澳台商独资经营企业	Enterprises with Sole Funds	258	4107778	19.0
港澳台商投资股份有限公司	Share-holding Corporations Ltd.	6	1512397	18.1
其他港澳台投资企业	Other Enterprises with Funds from Hong Kong, Macao and Taiwan	7	90785	65.4
外商投资企业	Foreign Funded Enterprises	267	5071764	8.6
中外合资经营企业	Joint-venture Enterprises	94	2181918	6.2
中外合作经营企业	Cooperative Enterprises	14	531074	-1.0
外资企业	Enterprises with Sole Foreign Funds	139	2197138	11.5
外商投资股份有限公司	Share-holding Corporations Ltd.	8	20054	49.7
其他外商投资企业	Other Foreign Funded Enterprises	12	141580	46.6
按控股情况分	**Group by Type of Ownership**			
国有控股	State-owned	1127	53134215	13.1
集体控股	Collective-owned	495	1738116	-0.6
私人控股	Private Holdings	4396	34153636	22.7
港澳台商控股	Hong Kong, Macao and Taiwan Holdings	370	7061265	18.2
外商控股	Foreign Holdings	225	3389469	18.0
其他	Other Holdings	735	11671028	7.1

【营业收入】指企业经营主要业务和其他业务所确认的收入总额。营业收入合计包括“主营业务收入”和“其他业务收入”。

【营业成本】指企业经营主要业务和其他业务所发生的成本总额。包括企业（单位）在报告期内从事销售商品、提供劳务等日常活动发生的各种耗费。

【营业利润】指企业从事生产经营活动所取得的利润。执行《企业会计准则》的企业，营业利润为营业收入减去营业成本、税金及附加、销售费用、管理费用、财务费用、资产减值损失，再加上公允价值变动收益、投资收益和其他收益。执行《小企业会计准则》的企业，营业利润为营业收入减去营业成本、税金及附加、销售费用、管理费用、财务费用，再加上投资收益和其他收益后的金额；执行其他企业会计制度的企业，营业利润为主营业务收入减去主营业务成本、主营业务税金及附加，加上其他业务利润后，再减去销售费用、管理费用、财务费用后的金额，应符合以下逻辑关系：营业利润等于营业收入减去营业成本、税金及附加、销售费用、管理费用、财务费用。根据会计“利润表”中“营业利润”项目的本年累计数填报。

【利润总额】指企业在一定会计期间的经营成果，是生产经营过程中各种收入扣除各种耗费后的盈余，反映企业在报告期内实现的盈亏总额。

【应付职工薪酬】指企业为获得职工提供的服务而给予各种形式的报酬以及其他相关支出。包括职工工资、奖金、津贴和补贴，职工福利费，医疗保险费、养老保险费、失业保险费、工伤保险费和生育保险费等社会保险费，住房公积金，工会经费和职工教育经费，非货币性福利，因解除与职工的劳动关系给予的补偿，其他与获得职工提供的服务相关的支出。

【平均用工人数】指报告期内(年度、月度)平均拥有的从事服务业活动的人员数。按“谁用工，谁统计”的原则实施统计，包括参加企业服务业活动的正式人员，劳务派遣人员和临时聘用人员。不包括在本企业领取工资、股息、红利未参加服务业活动的人员。

【Business Revenue】 refers to the total income of the business recognized by business and other business. Total operating revenue includes the main business income and other operating income.

【Business Costs】 is defined as indirect business costs that cannot be assigned to a particular product or operation.

【Business Profits】 refers to the profit gained by an enterprise in its production and operation activities. For an enterprise performing the accounting standards for enterprises, the operating profit shall be the operating income minus the business cost, taxes and extra charges, selling expenses,management expenses, financial expenses, and impairment losses of assets, plus the fair value variation income, investment income and other income. For enterprises that implement the accounting standards for small enterprises, the operating profit shall be the amount of the operating income after deducting operating costs, taxes and surcharges, sales expenses, administrative expenses and financial expenses, plus the investment income and other earnings. Perform other enterprises accounting system of enterprises, operating profit of main business income minus the advocate business wu cost, advocate business wu taxes and add, and other business profits, after subtracting the cost of sales, management fees, the amount after financial expenses, shall meet the following logic: operating profit is equal to revenue minus the operating cost, additional, sales tax and fees, management fees, financial costs. According to the "business profit" item in the accounting "income statement".

【Total Profits】 refers to all kinds of income surplus of enterprises after the deduction of the various cost in the process of production, to reflect the realized total profit and loss of the enterprise in the reporting period.

【Total Wages Payable】 refers to various forms of compensation and other related expenses paid by an enterprise to obtain the services provided by employees. Including workers' wages, bonuses, allowances and subsidies, employee welfare, health insurance, endowment insurance, unemployment insurance, industrial injury insurance and birth insurance premium of social insurance premiums and housing accumulation fund, union funds and employee education funds, non-monetary benefits, for lifting and worker labor relations of compensation, other expenses related to for services rendered by employees.

【Average number of employed persons】 refers to the average number of persons engaged in the service industry activities within the reporting period, according to the statistics principle of "who labor, who statistics", including the formal staff, labor dispatch personnel and temporary staff who participate in the activities of the service industry enterprises. And the people receiving wages, dividends, bonus from the enterprise but not participating in the service industry activities are not included.

第十七篇 CHAPTER 17

科技

SCIENCE AND TECHNOLOGY

第十七篇　科　技

一、本篇资料反映广州市科学技术活动的基本情况。

二、资料来源：

17-1至17-5表根据广州市科学技术局、广州市市场监督管理局（知识产权局）、广州市科协等部门提供的统计数据加工整理。17-6至17-9由广州市统计局人口和社会科技统计处根据国家统计局企业研发活动情况年报表数据整理。17-10至17-13表分别由广州市统计局综合处、农村处、工业处和服务业处提供。

17 Science and Technology

I.The data in this chapter show the basic conditions of Guangzhou's activities of science and technology.

II. Data resources:

Tables 17-1 to 17-5 is provided by Guangzhou Municipal Science and Technology Bureau,Guangzhou Administration for Market Regulation(intellectual property Office), Guangzhou Association of Science and Technology.Tables 17-6 to 17-9 are organized by the population and Social Science and Technology Statistics Department of the Bureau of Statistics of Guangzhou, according to the annual report on enterprise R&D activities in the National Bureau of Statistics. Tables 17-10 to 17-13 is provided by Guangzhou Bureau of Statistics, Integrated Branch, Rural Branch, Industry Branch and Service Branch, respectively.

17-1　科技监测主要指标

Main Indicators of Scientific and Technological Monitoring

项　　　　目	Item	2017	2018
科研机构人均固定资产原价（千元/人）	Per Capita Original Value of Fixed Assets of Scientific Research Institutions (1000 yuan/person)	751.60	690.00
科学研究和技术服务业新增固定资产占全社会新增固定资产比重　(%)	Proportion of Newly-increasing Fixed Assets in Science Research and Technology Services to Newly-increasing Fixed Assets of the Whole Society (%)	0.48	0.23
每万人口专利申请量　（件/万人）	Number of Patent Applications per 1 Million Persons (piece/10000 persons)	133.83	189.67
每万人口专利授权量　（件/万人）	Number of Patent Applications Granted per 1 Million Persons (piece/10000 persons)	68.09	98.41
每万人口发明专利授权量　(件/万人)	Number of Invention & Patent Applications Granted per Million Persons (piece/10000 persons)	10.57	11.83
专业技术人才数　（万人）	Number of professional and technical personnel (10000 persons)	167.50	176.70
其中：高级职称	Senior title of professional	18.40	20.30
中级职称	Middle title of professional	71.00	77.10
初级职称	Junior title of professional	78.10	79.30
技术市场合同成交金额年增长率　(%)	Annual Growth Rates of Contracted Transaction Value in Technical Market (%)	23.45	101.20

17-2 各类科学研究与开发机构基本情况

Basic Statistics of Scientific Research and Development Institutions

项　　目	Item	2017 全市 Total	2017 #市属 Managed by Municipal Government	2018 全市 Total	2018 #市属 Managed by Municipal Government
机构数　（个）	Number of Institutions (unit)	162	51	166	51
#自然科学	Natural Science	150	47	156	47
从业人员　（人）	Employed Persons (person)	27280	6042	29400	6262
#自然科学	Natural Science	26506	5714	28667	5947
在从业人员中的科研人员（人）	Scientific Researchers of Employed Persons (person)	21476	3933	23137	4280
#自然科学	Natural Science	20763	3613	22443	3972

17-3 获得省级以上科技成果奖励情况

Statistics on Provincial Prizes and Above for Scientific and Technological Research Achievements

单位：项 (item)

指标	Indicators	2017	2018
国家级科技奖励成果	**National Prizes for Scientific and Technological Research Achievements**	**21**	**21**
国家发明奖	Number of National Invention Prizes Awarded	2	3
国家自然科学奖	Number of National Natural Sciences Prizes Awarded		2
国家科技进步奖	Number of National Scientific and Technological Progress Prizes Awarded	19	16
省级科技奖励成果	**Provincial Prizes for Scientific and Technological Research Achievements**	**162**	**140**
省科技进步奖	Number of Provincial Scientific and Technological Progress Prizes Awarded	160	106

17-4 科协基本情况(2018年)

项　　目		Item	
机构数	(个)	Number of Associations for Science & Technology	(unit)
机关人数	(人)	Number of Agency Personnel	(person)
在册学会、协会、研究会	(个)	Number of Registered Societies, Associations and Research Societies	(unit)
企业科协	(个)	Associations in Enterprises	(unit)
街道科普协会	(个)	Associations in Communities	(unit)
乡镇科普协会	(个)	Associations in County-level cities	(unit)
农村专业技术协会	(个)	Specialized Rural Technological Societies	(unit)
举行国内外学术交流活动	(次)	Number of Domestic and International Academic Meetings	(times)
参加人数	(人)	Number of Participants	(person-times)
举办科普宣讲活动	(次)	Number of Lectures on Popular Science	(times)
# 举办专题展览	(次)	Number of Special Subject Exhibitions	(times)
开展科技咨询	(次)	Number of Scientific and Technological Consulting	(times)
科普宣讲活动受众人数	(人次)	Number of Participants in Lectures on Popular Science	(person-time)
举办实用技术培训	(次)	Number of Practical and Technical Training Courses	(times)
实用技术培训人数	(人)	Number of Participants to Practical and Technical Training Courses	(person)
推广新技术、新品种	(项)	Popularizing New Technologies and New Species	(items)
科普宣讲活动覆盖村	(个)	Number of Villages covered by Lectures on Popular Science	(unit)
科普宣讲活动覆盖社区	(个)	Number of Communities covered by Lectures on Popular Science	(unit)
举办青少年科普宣讲活动	(次)	Number of Lectures on Popular Science for Teenagers	(times)
青少年宣讲活动受众人数	(人次)	Number of Participants to Lectures on Popular Science for Teenagers	(person-time)
举办青少年科技竞赛	(项)	Number of Teenagers Science and Technology Competitions	(times)
青少年科技竞赛参加人数	(人)	Number of Persons Engaged in Teenagers Science and Technology Competitions	(person)
青少年科技竞赛获奖人数	(人)	Number of Winners in Teenagers Science and Technology Competitions	(person)
科技馆(科普活动中心)	(个)	Number of Science Centers	(unit)
科普教育基地(示范基地)	(个)	Number of Popular Science Exhibitions Bases	(unit)
科普活动站(室)	(个)	Number of Popular Science labs	(unit)
科普画廊建筑面积(宣传栏、科普橱窗)	(平方米)	Construction Area of Popular Science Galleries	(Square meter)
科普画廊展示面积	(平方米)	Demonstration Area of Popular Science Galleries	(Square meter)
制作科普挂图种数	(种)	Types of Popular Science Charts	(type)
科普挂图总印数	(张)	Total Amount of Printed Popular Science Charts	(piece)
接待国外专家学者	(人)	Foreign Experts and Scholars	(person)
接待港澳台地区专家学者	(人)	Experts and Scholars from Hong Kong, Macao and Taiwan	(person)
开展"讲、比"活动企业数	(个)	Number of Enterprises Holding Speech and Competition Activities	(unit)
# 国有企业	(个)	Number of State-owned Enterprises	(unit)
参与"讲、比"活动的科技人员数	(人)	Number of Persons Engaged in Science and Technology Participating in the Speech and Competition Activities	(person)
"讲、比"活动中被采纳合理化建议	(条)	Number of Rationalization Proposals Adopted in the Speech and Competition Activities	(unit)
参与"创交会"人数	(人)	Number of Persons Engaged in China Innovation and Entrepreneurship Fair	(person)

Basic Statistics on Associations for Science and Technology(2018)

合 计 Total	# 市科协 City-level Associations	区科协 District-level Associations
12	1	11
111	42	69
197	90	107
162	146	16
145		145
35		35
49		49
9	6	3
1735	1485	250
1103	863	240
85	7	78
119	29	90
6895895	6792547	103348
50	20	30
5982	2625	3357
14	3	11
915	94	821
1186	149	1037
90	1	89
59560	1000	58560
39	7	32
39814	7284	32530
8627	3500	5127
3	1	2
134	36	98
313		313
11722	200	11522
28340	800	27540
38	36	2
11173	9357	1816
371	371	
6	6	
6	6	
2098	2098	
2063	2063	
62000	62000	

17-5　专利申请量和专利授权量

Patent Applications and Patent Certified

单位：件　　(item)

指　标	Indicators	专利申请量 Patent Applications		专利授权量 Patent Certified	
		2017	2018	2017	2018
总　计	**Total**	**118332**	**173124**	**60201**	**89826**
按种类分	**By Sort**				
发　明	Creations and Inventions	36941	50169	9345	10797
实用新型	Utility Models	53397	79598	32179	51307
外观设计	Appearance Designs	27994	43357	18677	27722
按对象分	**By Applicant**				
非职务发明创造	Non-position Creations and Inventions	22550	24734	9851	10452
职务发明创造	Position Creations and Inventions	95782	148390	50350	79374
大专院校	Universities and Colleges	13387	16523	5716	7414
科研单位	Research Institutions	3022	3401	1491	1763
工矿企业	Industrial Enterprises	77523	125880	42618	69542
机关团体	Government Agencies and Organizations	1850	2586	525	655

17-6 全社会研究与试验发展(R&D)主要情况

Main Indicators of Researoh and Developmant (R&D)

指标	Item	2017	2018
R&D人员 (万人)	Number of R&D Personnel (10 000 man)	19.57	20.36
R&D人员折合全时当量 (万人年)	Number of R&D Personnel (10 000 man-years)	11.8	13.4
R&D经费内部支出 (亿元)	Internal Expenditure on R&D (100 million yuan)	532.41	600.17
# 企业	Enterprises	341.55	389.93
科研机构	R&D Institutions	87.43	91.64
高校	Institutions of Higher Education	100.54	109.25
其他	others	2.89	9.35
全社会R&D经费内部支出占GDP比例(%)	Percentage of Research and Development Expenditure in Provincial GDP (%)	2.48	2.63

17-7 规模以上工业企业研发机构、人员情况

Statistics on Research and Development Institutions and Personnel of Industrial Enterprises above the Designated Size

项目	Item	2017	2018
规模以上工业企业数 (个)	Number of Industrial Enterprises above Designated Size (unit)	4664	4807
# 有R&D活动的企业数 (个)	Number of Enterprises Having R&D Activities (unit)	2122	1865
# 有研发机构的企业数 (个)	Number of Industrial Enterprises Having Research and Development Institutions above Designated Size (unit)	1790	2132
R&D人员 (人)	R&D Personnel (person)	97894	95562
R&D人员折合全时当量 (人年)	Full-time Equivalent of R&D Personnel (man-year)	61689	69351
企业办研发机构数 (个)	Number of Research and Development Institutions in Enterprises (unit)	2195	2595
研发机构人员 (人)	Personnel in Research and Development Institutions (person)	91199	99492
# 硕士毕业及以上的人员	Personnel with Educational Background of Master and Above	9014	8236

17-8 规模以上工业企业R&D经费内部支出情况

Total Expenditures for Research and Development Activity of Industrial Enterprises above the Designated Size

单位：万元 (10000 yuan)

项　　目	Item	2017	2018
R&D经费内部支出合计	Expenditure for R&D	2548553.5	2672706.7
按支出用途分组	**Grouped by use of Expenditure**		
经常性支出	Recurrent Expenditure	2334171.2	2369447
资产性支出	Capital Expenditure	214382.3	303259.7
按资金来源分组	**Grouped by Source of Funds**		
政府资金	Government Appropriation Funds	77326.9	75916.6
企业资金	Self-raised Funds of Enterprises	2454458.3	2566339.6
境外资金	Overseas Funds	12600.9	19971.8
其他资金	Others	4167.4	10478.7

17-9 规模以上非工业企业研发情况

Research and Development of Non-industrial Enterprises above the Designated Size

项　目	Item	2017	2018
企业数 (个)	Number of Enterprises (unit)	1447	1682
# 建筑业	Constuction	258	273
服务业	Service	1189	1409
有R&D活动的企业数 (个)	Number of Enterprises Having R&D Activities (unit)	412	394
# 建筑业	Constuction	67	69
服务业	Service	345	325
R&D人员 (人)	R&D Personnel (person)	30687	36588
# 建筑业	Constuction	5880	6798
服务业	Service	24807	29790
R&D经费内部支出合计 (万元)	Expenditure for R&D (10000 yuan)	866974.9	1226588.2
# 建筑业	Constuction	272656.4	318412.2
服务业	Service	594318.5	908176

注：本表中的建筑业企业指特、一级资质总承包、专业承包建筑业企业。服务业企业指以下行业的规模以上大中型服务业企业：交通运输、仓储和邮政业，信息传输、软件和信息技术服务业，租赁和商务服务业，科学研究和技术服务业，水利、环境和公共设施管理业，卫生和社会工作，文化、体育和娱乐业。

Note: Data in this table is the first-grade qualification of construction enterprise refers to the special and general contracting of construction enterprise specialized contracting.Services enterprises refer to the following industries more than the size of the large and medium-sized service companies: transportation, warehousing and postal service, information transmission software and information technology services, leasing and business services,scientific research and technical services, water environment and public facilities management, health and social work,culture and sports and entertainment.

17-10　农业企业高新技术产品情况(2018年)

单位：万元

项　　目	Item	企业数（个）Number of Enterprises (unit)
总　　计	**Total**	**39**
按地区分	By District	
荔湾区	Liwan	3
越秀区	Yuexiu	
海珠区	Haizhu	
天河区	Tianhe	2
白云区	Baiyun	5
黄埔区	Huangpu	
番禺区	Panyu	8
花都区	Huadu	
南沙区	Nansha	3
从化区	Conghua	9
增城区	Zengcheng	9
按技术领域分	By Technological Circle	
电子与信息技术	Electronic and Information Technology	
机电一体化技术	Integration Technology for Machinery with Electronics	
生物技术	Biotechnology	39
新材料技术	New Material Technology	
新能源高效节能	New Energy and High-efficiency Energy-saving	
环保技术	Environmental Protection Technology	
其他技术	Others	

注：1．从2010年起，根据广州市科技信息局新修订《广州市农业高新技术产品目录》进行统计。
　　2．“产品数”指标因各区(县级)市之间存在重复计算，其合计数大于全市数。

Statistics on High-tech Products of Agricultural Enterprises (2018)

(10000 yuan)

产品数 (个) Number of Products (unit)	总产值 Total Output Value	增加值 Added Value	产品销售收入 Sales Revenue	出口销售收入 Sales Revenue of Exports
69	**109827**	**40156**	**106252**	**965**
8	2573	1793	2585	
2	29599	5018	28917	
5	25717	4787	25241	746
12	21757	10500	20397	107
3	930	15	963	
14	8629	3711	10405	112
41	20622	14332	17744	
69	109827	40156	106252	965

Note: I. Since 2010, the data in this table are calculated according to the "Catalog of Agriculture High-tech Product in Guangzhou".
II. Summation of all districts by number of products is greater than total because different districts would have the same products.

【研究与试验发展（R&D）】指在科学技术领域，为增加知识总量、以及运用这些知识去创造新的应用进行的系统的创造性的活动，包括基础研究、应用研究、试验发展三类活动。

【Research and Experimental Development(R&D)】 In the field of science and technology, comprise creative work undertaken on a systematic basis in order to increase the stock of knowledge and the use of this stock of knowledge to devise new applications. The term R&D covers three activities: basic research, applied research and experimental development.

第十八篇 CHAPTER 18

教育、文化、体育、卫生、社会福利和其他

EDUCATION， CULTURE， SPORTS， PUBLIC HEALTH，SOCIAL WELFARE AND OTHERS

简要说明

Brief Introduction

第十八篇　教育、文化、体育、卫生、社会福利和其他

一、本篇资料反映广州市教育、文化、体育、卫生、社会福利及其他事业的发展情况。

二、本篇资料由广州市统计局人口和社会科技统计处整理提供。

三、教育部分包括高等、中等、基础教育、幼儿教育、各级成人教育。资料由省教育厅、市教育局、省人力资源和社会保障厅等相关部门提供。

四、文化部分主要包括文化机构、人员及业务活动开展情况等。文化统计资料根据省文化和旅游厅、市文化广电旅游局、省广播电视局、省委办公厅（省档案局）、市委办公厅（市档案局）等有关部门提供的统计年报加工整理。

五、体育部分主要包括体育行政部门主办的运动会和比赛活动、全民健身活动情况及运动竞技成绩等，资料由市体育局提供。

六、卫生部分主要包括卫生事业机构、床位及人员数、医院业务情况、妇幼保健情况等，资料由市卫生健康委员会提供。

七、社会福利部分主要包括社会福利事业的机构数、收养救济人数、婚姻登记状况等，资料由市民政局、市退役军人事务局、市医疗救助服务中心提供。

八、社会保险部分主要包括五种险种的年末参保人数和全年享受人数。其中2018年的养老保险、失业保险、工伤保险和生育保险数据由广州市人力资源和社会保障局提供，医疗保险数据由广州市医疗保障局提供。

九、其他部分主要包括司法工作开展情况和刑事、交通、火灾事故发生情况等，资料由市司法局、市公安局提供。

18 Education, Culture, Sports, Public Health, Social Welfare and Others

I. The data in this chapter show the development conditions of Guangzhou's education, culture, sports, public health, social welfare and others.

II.The data in this chapter are prepared and provided by the Division of Population, Social, Science and Technology Statistic of Guangzhou Municipal Bureau of Statistics.

III.The data on education cover the situations on higher education, secondary education, primary education, kindergartens and adult education at all levels. The data are provided by Guangdong Provincial Bureau of Education, Guangzhou Municipal Bureau of Education, Guangdong Provincial Bureau of Human Resources and Social Security, etc.

IV. The data on culture mainly cover the situations on institutes, employed persons and business activities of culture. The cultural statistics are processed according to the statistical annual reports provided by the Guangdong Provincial Department of Culture and Tourism, Guangzhou Bureau of Culture, Radio and Television Tourism, Guangdong Radio and Television Bureau, Guangdong Provincial Committee Office (Provincial Archives Bureau), Guangzhou Committee Office (Municipal Archives Bureau) and other relevant departments.

V. The data on sports mainly include the sports games and matches organized by sports administrative departments, mass sports and athletics sports. The data are provided by Guangzhou Municipal Bureau of Sports.

VI. The data on public health mainly include the number of institutions, hospital beds and personnel, hospital business, women and babies hygiene. The data are provided by Guangzhou Municipal Health Commission.

VII. The data on social welfare mainly include the number of institutions, the number receiving social welfare relief funds and marriage registrations, etc. The data are provided by Guangzhou Municipal Civil Affairs Bureau, Guangzhou Municipal Veterans Affairs Bureau and Guangzhou Municipal Medical Assistance Service Center.

VIII.The part of social insurance mainly includes the number of insurance participants at the end of the year and the number of people enjoying the whole year of five kinds of insurance. The data of endowment insurance, unemployment insurance, industrial injury insurance and reproductive insurance in 2018 are provided by Guangzhou Municipal Human Resources and Social Security Bureau, and the data of medical insurance are provided by Guangzhou Municipal Medical Security Bureau.

IX. The data on others mainly include the judicial conditions, basic statistics on traffic accidents and fires, etc. The data are provided by Guangzhou Municipal Bureau of Justice and Guangzhou Municipal Bureau of Public Security.

18-1 主要年份教育事业基本情况

Basic Statistics on Education in Main Years

项　　目	Item	2017	2018
学校数　　(所)	**Number of Schools　　(unit)**	**1721**	**1731**
普通高等学校	Regular Institutions of Higher Education	82	82
中等职业学校	Vocational Secondary Schools	83	82
技工学校	Technical Schools	55	55
普通中学	Regular Secondary Schools	518	527
高　中	Senior Secondary Schools	121	118
初　中	Junior Secondary Schools	397	409
小　学	Primary Schools	961	965
特殊教育学校	Special Schools	22	20
专任教师　　(人)	**Number of Full-time Teachers　　(person)**	**173990**	**178324**
普通高等学校	Regular Institutions of Higher Education	61239	62732
中等职业学校	Vocational Secondary Schools	8044	7866
技工学校	Technical Schools	6123	6128
普通中学	Regular Secondary Schools	42796	43519
高　中	Senior Secondary Schools	14569	14522
初　中	Junior Secondary Schools	28227	28997
小　学	Primary Schools	54867	57160
特殊教育学校	Special Schools	921	919

注：本表普通高等学校数据由广东省教育厅提供，技工学校数据由广东省人力资源和社会保障厅提供，其余数据由广州市教育局提供。

Note: The data of colleges and universities in this table are provided by the Department of Education of Guangdong Province, the data of technical schools are provided by Human Resources and Social Security Department of Guangdong Province, and the rest of the data are provided by the Bureau of Education of Guangzhou City.

18-1 续表 continued

项　　目	Item	2017	2018
招生数　（人）	**New Student Enrollment (person)**	**816845**	**847467**
普通高等学校	Regular Institutions of Higher Education	309315	323605
中等职业学校	Vocational Secondary Schools	63027	66026
技工学校	Technical Schools	76490	76428
普通中学	Regular Secondary Schools	176496	174522
高　中	Senior Secondary Schools	54406	52401
初　中	Junior Secondary Schools	122090	122121
小　学	Primary Schools	191092	206514
特殊教育学校	Special Schools	425	372
在校学生　（人）	**Total Student Enrollment (person)**	**3010879**	**3072572**
普通高等学校	Regular Institutions of Higher Education	1067335	1086407
中等职业学校	Vocational Secondary Schools	196796	184094
技工学校	Technical Schools	229651	226342
普通中学	Regular Secondary Schools	509427	514428
高　中	Senior Secondary Schools	170676	163838
初　中	Junior Secondary Schools	338751	350590
小　学	Primary Schools	1004695	1058455
特殊教育学校	Special Schools	2975	2846
毕业生数　（人）	**Graduates (person)**	**715084**	**724389**
普通高等学校	Regular Institutions of Higher Education	284056	290395
中等职业学校	Vocational Secondary Schools	73208	67910
技工学校	Technical Schools	56592	67020
普通中学	Regular Secondary Schools	160974	159576
高　中	Senior Secondary Schools	58392	58514
初　中	Junior Secondary Schools	102582	101062
小　学	Primary Schools	139815	139039
特殊教育学校	Special Schools	439	449

注：本表普通高等学校数据由广东省教育厅提供，技工学校数据由广东省人力资源和社会保障厅提供，其余数据由广州市教育局提供。

Note: The data of colleges and universities in this table are provided by the Department of Education of Guangdong Province, the data of technical schools are provided by Human Resources and Social Security Department of Guangdong Province, and the rest of the data are provided by the Bureau of Education of Guangzhou City.

18-2 主要年份每万人口在校学生数、每个教师负担学生数

Students Enrollment per 10000 Persons and Students Taught by Every Teacher in Main Years

单位：人 (person)

年份 Year	平均每万人口在校学生数 Students Enrollment Per 10000 Persons			平均每个教师负担学生数 Students Taught by Every Teacher		
	普通高校 College and University Students	普通中学生 High School Students	小学生 Primary School Students	普通高校 College and University Students	普通中学 Regular Secondary Schools	小学 Primary School Students
1978	44.94	795.85	1178.65	3.10	18.25	24.05
1980	54.28	598.04	1175.91	3.65	15.83	21.80
1985	94.77	456.79	993.46	4.83	15.15	20.43
1986	99.43	471.25	967.81	4.87	16.10	21.05
1987	103.35	487.88	938.26	5.18	16.40	21.04
1988	112.42	481.43	919.33	5.52	16.21	21.05
1989	116.10	463.41	941.98	5.74	15.44	21.93
1990	110.16	446.65	963.03	5.52	15.25	22.79
1991	106.92	446.28	985.58	5.58	15.56	23.24
1992	109.37	461.81	1009.11	6.04	15.99	24.16
1993	126.51	469.79	1034.06	6.87	15.94	24.52
1994	139.74	475.66	1058.77	7.75	16.20	24.62
1995	147.56	494.03	1073.74	8.13	16.42	23.90
1996	151.23	516.39	1074.82	8.23	16.53	22.77
1997	153.60	538.65	1085.07	8.72	16.79	22.24
1998	160.76	562.95	1087.87	9.33	16.99	22.14
1999	196.03	581.75	1083.13	10.83	17.25	22.81
2000	264.14	606.92	1080.31	13.95	17.59	22.16
2001	343.44	642.86	1106.66	16.48	17.60	22.04
2002	414.97	668.15	1133.21	14.40	17.38	22.04
2003	516.75	705.69	1168.69	14.48	17.21	21.76
2004	623.14	719.53	1185.82	15.45	17.28	21.88
2005	738.58	733.24	1203.62	15.89	17.09	22.02
2006	814.28	746.16	1174.64	16.22	16.89	21.85
2007	888.35	745.78	1149.31	16.33	16.38	21.24
2008	938.77	742.25	1100.35	16.90	16.07	20.45
2009	1001.75	723.94	1043.13	17.30	15.50	19.61
2010	1046.88	709.90	1023.16	17.32	14.97	18.88
2011	1100.10	689.46	1006.37	17.31	14.48	18.74
2012	1142.17	669.67	1000.36	17.49	13.74	18.43
2013	1181.11	657.14	1032.38	17.74	13.41	19.06
2014	1209.96	632.55	1068.44	17.82	12.84	19.00
2015	1221.30	603.18	1097.96	17.66	12.38	19.01
2016	1214.58	580.92	1112.63	17.71	12.07	18.60
2017	1188.74	567.37	1118.98	17.43	11.90	18.31
2018	1171.09	554.53	1140.96	17.32	11.82	18.52

18-3 主要年份各级各类学校在校学生数

单位：人

年 份 Year	普通高等学校 Regular Institutions of Higher Education	中等职业学校 Vocational Secondary Schools	技工学校 Technical Schools
1978	21699		
1980	27239	18852	8273
1985	51647	48959	5615
1986	55223	61913	8670
1987	58402	69693	12479
1988	64859	78025	17225
1989	67969	84662	18514
1990	65465	95048	20319
1991	64389	103860	21692
1992	66958	113218	23842
1993	78901	141307	25242
1994	89019	154144	29742
1995	95429	182090	36078
1996	99214	212396	43446
1997	102372	210956	50566
1998	108378	210566	58396
1999	134283	227084	59779
2000	185078	219640	59570
2001	244736	209340	64008
2002	299037	200090	76660
2003	374742	200337	87878
2004	459676	184682	104317
2005	554327	191499	122108
2006	619442	216555	153175
2007	687115	237411	173413
2008	736152	244070	196197
2009	796006	251077	242085
2010	843934	248060	252812
2011	896123	248614	269188
2012	939208	239446	289967
2013	983051	240579	279329
2014	1019291	244585	240350
2015	1043221	237130	236323
2016	1057281	216974	222298
2017	1067335	196796	229651
2018	1086407	184094	226342

Students Enrollment by Various Schools in Main Years

(person)

普通中学 Regular Secondary Schools	小 学 Primary Schools	特殊教育学校 Special Schools
384313	569165	326
300134	590146	289
248940	541420	372
261733	537528	481
275690	530189	546
277743	530368	651
271291	551458	724
265423	572286	854
268760	593537	949
282720	617779	1032
292991	644907	1680
303004	674464	3760
319493	694401	5411
338776	705134	6096
359000	723183	5977
379505	733375	5827
398499	741950	6106
425261	756961	5224
458099	788604	5877
481481	816617	5495
511756	847524	4947
530776	874749	5302
550320	903353	5010
567619	893575	5045
576845	888965	5340
582051	862859	5246
575252	828889	5131
572280	824807	5153
561618	819771	4527
550669	822594	4719
546941	859263	4389
532870	900072	4386
515228	937870	4281
505685	968531	2969
509427	1004695	2975
514428	1058455	2846

18-4 主要年份研究生基本情况

Basic Statistics on Postgraduates in Main Years

单位：人　　　　(person)

年 份 Year	培养单位 (所) Training Units (unit)	# 普通高校 Regular Institutions of Higher Education	毕业生数 Graduates	# 普通高校 Regular Institutions of Higher Education	# 博 士 Doctors
1985	15	12	654	650	7
1990	25	13	1491	1438	101
1991	24	13	1272	1234	109
1992	19	13	947	917	76
1993	18	13	1025	1003	76
1994	18	13	1079	1064	142
1995	21	13	1259	1215	154
1996	21	13	1440	1396	188
1997	21	13	1770	1715	253
1998	21	13	1843	1759	420
1999	21	13	2168	2059	371
2000	21	13	2131	2028	417
2001	22	14	2753	2671	540
2002	20	12	3133	3022	574
2003	20	12	4439	4299	772
2004	24	16	6541	6303	1160
2005	24	16	9006	8699	1331
2006	24	16	11790	11360	1579
2007	26	18	12624	12170	1751
2008	26	18	14773	14286	2086
2009	26	18	15395	14969	2462
2010	26	18	16244	15828	2265
2011	26	18	18584	18155	2374
2012	27	19	20816	20372	2583
2013	27	19	21833	21382	2700
2014	22	19	22717	22636	2788
2015	22	19	23218	23132	2881
2016	22	19	24138	24057	2896
2017	22	19	24127	24044	2979
2018	22	19	25418	25315	3031

注：1.本表数据由广东省教育厅提供。

2.2014年起，中国科学院在我市研究所招收的研究生不再纳入全市教育事业统计，因此2014年及以后的研究生数据不含中国科学院在广州的数据。下表同。

Note: 1.The data in this table are provided by the Department of Education of Guangdong Province.

2.Since 2014, Guangzhou education statistics does not include the recruit students of Chinese Academic of Sciences in Guangzhou. So since 2014 the statistic of graduates does not contain the graduates of Chinese Academy of Sciences in Guangzhou. The same as the following table.

18-4 续表 continued

单位:人 (person)

年 份 Year	招生数 New Students Enrollment	# 普通高校 Regular Institutions of Higher Education	# 博 士 Doctors	在校学生数 Students Enrollment	# 普通高校 Regular Institutions of Higher Education	# 博 士 Doctors
1985	1526	1518	74	2878	2859	92
1990	1113	1090	76	3355	3264	293
1991	1171	1157	167	3216	3149	338
1992	1258	1228	162	3492	3426	417
1993	1521	1490	201	3940	3865	533
1994	1866	1831	298	4656	4562	681
1995	1875	1782	407	5283	5080	935
1996	2367	2249	457	6162	5888	1192
1997	2387	2288	457	6696	6388	1391
1998	2997	2921	582	7821	7521	1539
1999	3673	3559	788	9253	8952	1933
2000	5435	5274	1048	12492	12135	2549
2001	7080	6837	1352	17150	16631	3421
2002	8245	7910	1596	20408	19674	4256
2003	10864	10403	2104	26294	25253	5499
2004	13642	13143	2656	34599	33302	7474
2005	15642	15140	2780	40594	39124	8980
2006	17093	16586	2672	45238	43725	9149
2007	18084	17578	2819	49838	48298	9846
2008	19298	18776	2893	53826	52313	10753
2009	22181	21684	3132	60129	58635	11530
2010	23390	22844	3059	65911	64321	11528
2011	24216	23690	3119	69825	68223	12125
2012	25042	24504	3195	73118	71484	12526
2013	26002	25457	3294	76193	74535	13389
2014	26524	26440	3463	77211	76943	13818
2015	27137	27037	3434	79547	79268	14085
2016	28563	28459	3617	82282	81979	14532
2017	34074	33963	3847	90716	90391	15171
2018	37356	37244	4580	101092	100757	16394

18-5 普通高等院校各类专业本科学生数(2018年)

Students Enrollment in Regular Institutions of Higher Education by Field of Study (2018)

单位:人 (person)

项 目	Item	毕业生数 Number of Graduates	招生数 New Students Enrollment	在校学生数 Number Of Students Enrollment
合 计	**Total**	**148158**	**169949**	**648899**
哲 学	Philosophy	113	176	688
经济学	Economics	14709	16313	64034
法 学	Law	6117	6274	24562
教育学	Education	2811	3372	12315
文 学	Literature	16722	20617	77472
历史学	History	492	517	2195
理 学	Science	8360	9645	36555
工 学	Engineering	36424	48647	170768
农 学	Agriculture	1808	2232	8158
医 学	Medicine	9932	11961	49002
管理学	Management	40294	37892	157353
艺术学	Art	10376	12303	45797

注：本表数据由广东省教育厅提供。

Note: The data in this table are provided by the Department of Education of Guangdong Province.

18-6 普通高等院校专科分学科学生数(2018年)

Students Enrollment in Regular Institutions of Higher Education for Junior College by Field of Study (2018)

单位:人 (person)

项目	Item	毕业生数 Number of Graduates	招生数 New Students Enrollment	在校学生数 Number Of Students Enrollment
合计	**Total**	**142237**	**153656**	**437508**
农林牧渔大类	Agriculture,Forestry,Animal Husbandry and Fishery Category	1587	1644	4594
资源环境与安全大类	Resource Environment and Security Category	1503	1593	4479
能源动力与材料大类	Energy Dynamics and Materials Category	1283	1115	3533
土木建筑大类	Civil Engineering Category	11614	11984	34299
水利大类	Water Conservancy Category	398	399	1240
装备制造大类	Equipment Manufacturing Category	12066	13531	37189
生物与化工大类	Biology and Chemical Industry Category	1177	1146	3735
轻工纺织大类	Textile Category	736	1091	2699
食品药品与粮食大类	Food,Medicine and Grain Category	3276	3456	9302
交通运输大类	Transport Category	7232	7794	24070
电子信息大类	Electronic Information Category	19935	26691	72043
医药卫生大类	Medical and Health Care Category	4580	7059	17861
财经商贸大类	Finance Category	42247	36948	113951
旅游大类	Tourism Category	3841	4561	12837
文化艺术大类	Cultural and Art Design Category	11380	11294	31932
新闻传播大类	Media Category	831	1321	3176
教育与体育大类	Education and Sports Category	13482	16588	43950
公安与司法大类	Public Security and Law Category	1943	1957	5743
公共管理与服务大类	Public Administration and Services Category	3126	3484	10875

注：本表数据由广东省教育厅提供。

Note: The data in this table are provided by the Department of Education of Guangdong Province.

18-7 普通高等院校本专科基本情况(2018年)

单位：人

院 校 名 称	Name of Universities, Institutes and Colleges	毕业生数 Number of Graduates
合 计	**Total**	**290395**
中山大学	Sun Yat-sen University	7485
华南理工大学	South China University of Technology	5694
暨南大学	Jinan University	5252
华南农业大学	South China Agricultural University	8984
南方医科大学	Southern Medical University	2900
广州中医药大学	Guangzhou University of Traditional Chinese Medicine	3165
华南师范大学	South China Normal University	6335
广东工业大学	Guangdong University of Technology	10105
广东外语外贸大学	Guangdong University of Foreign Studies	5091
广东财经大学	Guangdong Business Institute	6709
仲恺农业工程学院	Zhongkai Agritechnical College	4740
广东药科大学	Guangdong Pharmaceutical University	5116
星海音乐学院	Xinghai Conservatory of Music	996
广州美术学院	Guangzhou Academy of Fine Arts	1176
广州体育学院	Guangzhou Institute of Physical Education	1490
广东技术师范学院	Guangdong Polytechnic Normal University	5497
广东金融学院	Guangdong Finance College	5398
广东警官学院	Guangdong Police College	1401
广州大学	Guangzhou University	9115
广州医科大学	Guangzhou Medical Institute	2720
广东白云学院	Guangdong Baiyun Vocational Technical College	4237
广东培正学院	Guangdong Peizheng College	4004
广东第二师范学院	Guangdong University of Education	2144
广州民航职业技术学院	Guangzhou Civil Aviation College	3939
广州航海学院	Guangzhou Maritime College	2544
广东轻工职业技术学院	Guangdong Light Industry Technical College	7506
广东省外语艺术职业学院	Guangdong College of Foreign Languages and Art	2582
广东机电职业技术学院	Guangdong Machinery and Electricity College	5135
广东工贸职业技术学院	Guangdong Vocational College of Industry & Commerce	5231
广东交通职业技术学院	Guangdong Communication Polytechnic College	4450
广东水利电力职业技术学院	Guangdong Technical College of Water Resources and Electric Engineering	4881
广东生态工程职业学院	Guangdong Eco-engineering Polytechnic	1335
广东司法警官职业学院	Judicial Police Officers' Professional Institute of Guangdong	1614
广东女子职业技术学院	Guangdong Women's Professional College	2380
广东农工商职业技术学院	Guangdong AIB Polytechnic College	5869
广东邮电职业技术学院	Guangdong Posts & Telecom Vocational Technology College	1388
广东建设职业技术学院	Guangdong Construction Vocational Technology Institute	2460
广东行政职业学院	Guangdong Vocational of Administration	910

Basic Statistics on Regular Institutions of Higher Education (2018)

(person)

招生数 Number of New Entrants	在校学生数 Number of Enrolled Students	校本部教职工人数 Number of Teachers and Staff	# 专任教师 Full-time Teachers	# 正高级 Professors	# 副高级 Associate Professors	# 中级 Lecturers
323605	**1086407**	**89669**	**62732**	**9990**	**17784**	**24034**
7712	32307	5987	3751	1586	1395	550
6124	24861	4163	2633	968	1036	574
6353	25319	3768	2337	682	866	682
8897	36317	3306	2475	465	871	971
3116	13736	2684	1963	635	838	477
2953	13003	1784	1373	384	458	454
6261	24674	4803	2157	559	645	653
9029	36404	3215	2248	392	626	1114
4931	19704	2178	1441	318	396	453
5887	25236	1579	1287	215	398	563
5136	20606	1314	1097	127	313	476
6192	20925	1730	1407	206	406	693
1235	4497	605	345	53	114	103
1282	5351	864	521	68	156	229
1611	6627	628	433	68	117	171
8605	19078	1827	996	140	329	461
5875	22624	1255	948	96	267	494
1706	6574	672	295	36	114	102
9615	36895	3260	2160	337	693	622
2074	8725	1923	1448	516	699	98
5410	18969	1159	956	121	181	380
4489	15460	839	658	38	74	384
3425	12743	937	648	48	164	239
4108	12546	714	563	17	146	298
3399	13580	803	617	51	163	315
7332	19598	1203	870	81	318	422
4019	8546	559	344	19	108	158
4983	14201	973	785	31	246	422
5306	14685	850	665	23	172	341
4282	13484	805	645	50	162	338
4664	13850	790	622	28	221	311
2026	5927	394	304	1	61	40
1369	4025	306	187	16	57	96
2473	6153	404	218	14	74	94
6398	18688	1046	903	32	235	551
1542	4448	438	163	2	37	69
3478	8478	429	336	9	81	175
822	4246	326	212	19	37	119

18-7 续表

单位：人

院校名称	Name of Universities, Institutes and Colleges	毕业生数 Number of Graduates
广东体育职业技术学院	Guangdong Sports Vocational Technical Institute	1070
广东食品药品职业学院	Guangdong Food and Drug Vocational School	4911
广东文艺职业学院	Guangdong Vocational Literature and Art College	1402
广州工程技术职业学院	Guangzhou Institute of Technology	2775
广州番禺职业技术学院	Guangzhou Panyu Polytechnic College	3855
广州体育职业技术学院	Guangzhou Sports Training and Technical College	652
广东理工职业学院	Guangdong Polytechnic Institute of Technology	3673
广州城市职业学院	Guangzhou City Polytechnic College	3268
广东工程职业技术学院	Guangdong Polytechnic College of Engineering	2371
广州铁路职业技术学院	Guangzhou Railway Vocational Technical College	2267
广东科贸职业学院	Guangdong Vocational College of Science and Trade	2935
广州科技贸易职业学院	Guangzhou Polytechnic of Science and Trade	2215
广东青年职业学院	Guangdong Youth Polytechnic College	2123
广东舞蹈戏剧职业学院	Guangdong Dance and Drama College	700
广东南华工商职业学院	Guangdong Nanhua Vocational College of Industry and Commerce	3400
私立华联学院	Private Hualian University	2226
广东岭南职业技术学院	Guangdong Lingnan Polytechnic College	4850
广州康大职业技术学院	Kanda Vocational Technical College	1292
广州工商学院	Guangdong College of Technology and Business	4558
广州涉外经济职业技术学院	Guangzhou International Economics College	3263
广州南洋理工职业学院	Guangzhou Nanyang Institute of Technology	3357
广州科技职业技术学院	Guangzhou Vocational College of Science and Technology	4330
广州现代信息工程职业技术学院	Guangzhou Modern Information Engineering College	1762
广州华南商贸职业学院	South China Business Trade College	1801
广州华立科技职业学院	Guangzhou HuaLi Vocational College of Science and Technology	4320
广州珠江职业技术学院	Guangzhou Pearl-river Vocational College of Technology	2684
广州松田职业学院	Guangzhou Songtian Polytechnic College	1243
广州城建职业学院	Guangzhou City Construction College	5885
广州华商职业学院	Guangzhou Huashang Vocational College	2984
广州华夏职业学院	Guangzhou Huaxia Technical College	4172
广州东华职业学院	Guangdong Donghua Polytechnic College	2880
广东工业大学华立学院	Huali College, Guangdong University	2464
广州大学松田学院	Songtian College, Guangzhou University	2344
广州商学院	Guangzhou College of Commerce	3975
中山大学新华学院	Xinhua College of SYSU	5057
广州大学华软软件学院	South Institute of Software Engineering	3480
中山大学南方学院	Nanfang College of SYSU	4052
广东外语外贸大学南国商学院	South China Business College, Guangdong University of Foreign Studies	2035
广东财经大学华商学院	Huashang College, Guangdong University of Business Studies	5317
华南农业大学珠江学院	Zhujiang College of South China Agriculture University	2682
广东技术师范学院天河学院	Tianhe College of Guangdong Polytechnic Normal University	3007
华南理工大学广州学院	Guangzhou College of SCUT	4780
公安边防部队高等专科学校	Public Security Frontier Forces Higher Specialty School	
广州卫生职业技术学院	Guangzhou Health Vocational and Technical College	

注:1.本表数据由广东省教育厅提供。

continued

(person)

招生数 Number of New Entrants	在校学生数 Number of Enrolled Students	校本部教职工人数 Number of Teachers and Staff	#专任教师 Full-time Teachers	#正高级 Professors	#副高级 Associate Professors	#中级 Lecturers
1461	3231	279	177	13	36	88
5478	14048	845	639	36	160	294
1352	3867	335	218	7	30	93
2774	7953	489	420	12	102	222
4097	11769	934	545	33	131	270
996	2346	467	181	3	40	90
4005	11836	697	465	24	97	304
3038	8410	628	422	17	117	229
3658	10463	553	446	14	113	265
2594	7928	561	373	17	93	159
3636	9755	532	415	10	101	181
2653	6016	429	302	6	71	153
904	4479	270	188	8	16	85
897	2468	298	180	2	35	52
3329	10089	547	416	8	60	210
3226	8159	522	361	13	42	149
7258	19797	1187	994	52	197	328
394	394	27	17	4		11
6839	24017	1363	1036	131	157	379
3298	9465	620	452	15	130	197
3984	11235	711	591	22	101	192
6032	12453	1028	708	80	207	238
2606	7416	620	457	17	55	193
2996	6311	363	283	15	45	110
4271	13158	916	766	65	229	216
2728	8558	551	422	30	53	88
1421	3475	213	175	6	28	105
6564	18999	1054	832	32	220	336
2947	9573	524	405	39	85	134
3749	13113	744	572	31	93	166
2637	9633	619	455	3	89	118
4681	15172	913	690	27	241	295
2956	9280	451	382	14	34	261
3650	17619	989	809	79	170	430
6285	23188	1224	996	137	167	380
3825	14503	828	586	48	116	329
5183	19232	715	615	51	82	284
2338	9178	770	449	90	110	171
6289	22702	989	848	122	134	362
3302	12285	591	484	53	54	180
1864	13003	770	659	64	148	364
5694	22006	1279	954	80	230	449
		318	142	2	22	90
1597	4735	386	194	7	69	92

Note: 1.The data in this table are provided by the Department of Education of Guangdong Province.

18-8 高中、初中、小学毕业生升学情况

Statistics on Graduates of Senior, Junior Secondary Schools and Primary Schools Entering Higher Level Schools

项 目		Item		2017
高中毕业生数	（人）	Graduates of Senior Secondary Schools	(person)	58392
已升学人数	（人）	Students Entering Institution of Higher Education	(person)	55683
升学率	（%）	Percentage of Graduates of Senior Secondary Schools Entering Institution of Higher Education	(%)	95.36
初中毕业生数	（人）	Graduates of Junior Secondary Schools	(person)	102582
已升学人数	（人）	Students Entering Senior Secondary Schools	(person)	97666
升学率	（%）	Percentage of Graduates of Junior Secondary Schools Entering Senior Secondary Schools	(%)	95.21
小学毕业生数	（人）	Graduates of Primary Schools	(person)	139815
已升学人数	（人）	Students Entering Junior Secondary Schools	(person)	133878
升学率	（%）	Percentage of Graduates of Primary Schools Entering Junior Secondary Schools	(%)	95.75

18-8 续表 continued

项 目		Item		2018
高中毕业生数	（人）	Graduates of Senior Secondary Schools	(person)	58514
已升学人数	（人）	Students Entering Institution of Higher Education	(person)	54619
升学率	（%）	Percentage of Graduates of Senior Secondary Schools Entering Institution of Higher Education	(%)	93.34
初中毕业生数	（人）	Graduates of Junior Secondary Schools	(person)	101062
已升学人数	（人）	Students Entering Senior Secondary Schools	(person)	97120
升学率	（%）	Percentage of Graduates of Junior Secondary Schools Entering Senior Secondary Schools	(%)	96.10
小学毕业生数	（人）	Graduates of Primary Schools	(person)	139039
已升学人数	（人）	Students Entering Junior Secondary Schools	(person)	135864
升学率	（%）	Percentage of Graduates of Primary Schools Entering Junior Secondary Schools	(%)	97.72

注：本表数据由广州市教育局提供。

Note: The data in this table are provided by Guangzhou Municipal Education Bureau.

18-9 普通中学专任教师学历情况(2018年)

Diploma Qualifications of Full-time Teachers in Regular Secondary Schools (2018)

项目	Item	人数（人）Personnel (person)	高中 Senior Secondary Schools	初中 Junior Secondary Schools
合计	**Total**	**43519**	**14522**	**28997**
研究生毕业	Postgraduates	4514	2448	2066
本科毕业	Graduates Attending Regular College Course	36850	12039	24811
专科及以下毕业	Graduates Attending Specialized Subject	2155	35	2120

18-9 续表 continued

项目	Item	构成（%）Composition (%)	高中 Senior Secondary Schools	初中 Junior Secondary Schools
合计	**Total**	**100.00**	**100.00**	**100.00**
研究生毕业	Postgraduates	10.37	16.86	7.13
本科毕业	Graduates Attending Regular College Course	84.68	82.90	85.56
专科及以下毕业	Graduates Attending Specialized Subject	4.95	0.24	7.31

注：1.高中教师学历达标率为99.76%，初中教师学历达标率为99.99%。
2.本表数据由广州市教育局提供。

Note:1. The academic qualification rate of teachers in senior secondary schools is 99.76 percent, that in junior secondary schools is 99.99 percent.
2.The data in this table are provided by Guangzhou Municipal Education Bureau.

18-10 各类学校教职工人数及专任教师数

Staff and Workers and Full-time Teachers by Type of School

单位：人 (person)

项　　目	Item	2017	2018
各类学校教职工人数	**Number of Staff and Workers by Type of School**	**228748**	**228360**
普通高等学校	Regular Institutions of Higher Education	93465	89669
中等职业学校	Vocational Secondary Schools	11609	11391
技工学校	Technical Schools	12443	12493
普通中学	Regular Secondary Schools	51338	52566
小　学	Primary Schools	58827	61191
特殊学校	Special Schools	1066	1050
各类学校专任教师数	**Number of Full-time Teachers by Type of School**	**173990**	**178324**
普通高等学校	Regular Institutions of Higher Education	61239	62732
中等职业学校	Vocational Secondary Schools	8044	7866
技工学校	Technical Schools	6123	6128
普通中学	Regular Secondary Schools	42796	43519
#高　中	Senior Secondary Schools	14569	14522
小　学	Primary Schools	54867	57160
特殊学校	Special Schools	921	919

18-11 小学教育情况
Statistics on Primary Education

项 目		Item		2017	2018
适龄儿童入学率	(%)	Percentage of School-age Children Enrolled	(%)	100.00	100.00
6-11岁学龄儿童数	(人)	Number of 6-11 School-age Children	(person)	988958	1042345
#已入学人数	(人)	Number of Children Enrolled in Schools	(person)	988958	1042345
毕业率	(%)	Percentage of Graduation	(%)	99.67	99.57
上学年预计毕业生数	(人)	Number of Graduated Pupils in Previous Year	(person)	140284	139639
毕业生人数	(人)	Number of Graduates	(person)	139815	139039

注：本表数据由广州市教育局提供。
Note: The data in this table are provided by Guangzhou Municipal Education Bureau.

18-12 成人高等教育基本情况
Basic Statistics on Adult Higher Education

单位：人 (person)

项 目		Item		2017	2018
成人高等教育		**Higher Education for Adults**			
学校数	(所)	Number of Schools	(unit)	7	9
教职工人数		Number of Teachers and Staff		3274	3227
#专任教师数		Number of Full-time Teachers		2004	1977
聘请校外教师	(人次)	Number of Teachers Engaged from Other Schools	(Person-time)	3595	3614
毕业生		Graduates		140876	123934
招生数		New Students Enrollment		141584	206233
在校学生数		Students Enrolled		388636	458405

注：本表数据由广东省教育厅提供。
Note: The data in this table are provided by the Department of Education of Guangdong Province.

18-13 成人高等教育在校学生数

Number of Students Enrolled in Adult Higher Education by Level

单位：人 (person)

项目	Item	2017	2018
成人高等教育	**Higher Education for Adults**	**388636**	**458405**
成人高等学校	Institutions of Higher Education for Adults	27925	84857
广播电视大学	Radio and TV Universities	10276	79628
职工高等学校	Schools of Higher Education for Staff and Workers	17649	5229
管理干部学院	Colleges for Management Cadres		
普通高校附设	Departments Run by Regular Institutions of Higher Education	360711	373548
函　授	Correspondence Divisions	155239	144337
业　余	Evening Universities	205471	229211
脱　产	Courses in Form of Full Time for Adults	1	

注：本表数据由广东省教育厅提供。

Note: The data in this table are provided by the Department of Education of Guangdong Province.

18-14 民办普通中小学及幼儿园情况（2018年）

Statistics on Regular Secondary Schools, Primary Schools and Kindergartens Run by Society (2018)

单位：人 (person)

项目	Item	学校数（所）Number of Schools (unit)	毕业生数 Number of Graduates	招生数 Number of New Entrants	在校学生数 Number of Enrolled Students	教职工数 Number of Teachers and Staff	#专任教师 Full-time Teachers
合　计	**Total**	**1649**	**194492**	**233195**	**787070**	**83702**	**48989**
普通中学	Regular Secondary Schools	212	35798	44084	121637	15033	9012
高　中	Senior Secondary Schools	17	3518	4091	11508	2150	1040
初　中	Junior Secondary Schools	195	32280	39993	110129	12883	7972
小　学	Primary Schools	148	43569	63770	332439	19200	16722
幼儿园	Kindergartens	1289	115125	125341	332994	49469	23255

注：本表数据由广州市教育局提供。

Note: The data in this table are provided by Guangzhou Municipal Education Bureau.

18-15 幼儿园基本情况

Basic Statistics on Kindergartens

项　目	Item	2017	2018
幼儿园数　(所)	**Number of Kindergartens　(unit)**	**1775**	**1846**
公　办	Kindergartens Run by Government	530	557
民　办	Kindergartens Run by Society	1245	1289
教职工人数　(人)	**Number of Teachers and Staff　(person)**	**69863**	**73617**
#教　师	Teachers	34096	35401
在园幼儿数　(人)	**Number of Student Enrollment　(person)**	**483497**	**498127**

注：本表数据由广州市教育局提供。
Note: The data in this table are provided by Guangzhou Municipal Education Bureau.

18-16 体育事业基本情况

Basic Statistics on Sports

项　目	Item	2017	2018
群众体育活动情况	**Mass Sports Activities**		
各级各类大型全民健身活动赛事　(项次)	Number of large-scale Body-building Activities Run by all kinds all levels　(item-times)	480	496
参加各级各类大型全民健身活动人数　(万人次)	Number of Persons Taking Part in large-scale Body-building Activities Run by all kinds all levels　(10000 person-times)	650	700
举办国际级、国家级单项比赛次数(次)	Number of international and national individual competitions(times)	86	94
破纪录	**Records Chalked up**		
破世界纪录　(项、人次)	World Records Chalked up　(item, person-times)		1项1人次
破亚洲纪录　(项、人次)	Asian Records Chalked up　(item, person-times)		1项1人次
破全国纪录　(项、人次)	National Records Chalked up　(item, person-times)		1项1人次
获得冠军	**Champions Won**		
广州运动员获世界冠军　(项、人次)	World Champions　(item, person-times)	22项23人次	37项39人次
广州运动员获亚洲冠军　(项、人次)	Asian Champions　(item, person-times)	20项20人次	26项31人次
广州运动员获全国冠军　(项、人次)	National Champions　(item, person-times)	153项185人次	120项171人次

注：本表数据由广州市体育局提供。
Note: The data in this table are provided by Guangzhou Municipal Sports Bureau.

18-17 文化主要指标
Main Indicators of Culture

项 目		Item		2017	2018
电影、艺术		**Films and Arts**			
全年摄制完成影片	(部)	Film Production	(film)	6	1
#故事片		Feature Films		6	1
全年发行各种新影片	(部)	Release of Various New Films	(film)	715	555
#国产与合拍片		Chinese-made Films		485	426
进口片		Hong Kong-made and Import Films		230	129
艺术表演场馆	(个)	Art Performance Halls	(unit)	22	30
艺术表演场馆座席数	(个)	Seats of Art Performance Halls	(unit)	30337	44749
专业艺术表演团体	(个)	Specialized Arts Performance Troupes	(unit)	54	69
本团原创首演剧目	(个)	Premiere Performance of Original Play	(unit)	26	24
艺术表演团体演出场次	(万场)	Number of Performance for Arts Performance Troupes	(scene)	0.46	0.56
艺术表演团体国内演出观众人次	(万人次)	Number of Spectators for Arts Performance Troupes	(10000 person-times)	402	383
广播电视事业		**Broadcasting and Television Stations**			
广　播		Broadcasting			
广播电台	(座)	Number of Broadcasting Stations	(set)	2	2
节目套数	(套)	Number of Programs	(set)	16	17
中短波转播发射台	(座)	Medium Wave and Short Wave Broadcasting Transmission Stations	(set)	2	2
平均日播音	(时)	Broadcasting Hours per Day	(hour)	346	361
广播综合人口覆盖率	(%)	Listener Rating	(%)	100.00	100.00
电　视		Television			
电视台	(座)	Number of Television Stations	(set)	3	3
节目套数	(套)	Number of Programs	(set)	27	21
平均周播放时间	(时)	Broadcasting Hours per Week	(hour)	3747	3909
制作电视剧	(集)	TV Play Programs	(set)	1034	735
电视综合人口覆盖率	(%)	Viewer Rating	(%)	100.00	100.00

18-17 续表 continued

项 目	Item	2017	2018
图书、档案事业	**Books and Archives**		
公共图书馆 (间)	Public Libraries (unit)	14	14
总藏量 (万册)	Total Collections (10000 volumes)	2986	3307
#图 书	Books	2614	2922
阅览室座席 (个)	Seating Capacity of Reading Rooms (seat)	25861	26827
#少儿阅览室座席	Seating Capacity of Children Reading Rooms	5516	5605
总流通人次 (万人次)	Total Number of Circulation (10000 person-times)	3117	3704
书刊文献外借册次 (万册次)	Number of Books Borrowed by the Readers (10000 volume-times)	2853	3025
国家综合档案馆 (个)	Number of National Comprehensive Archives (unit)	13	13
馆藏案卷总数 (万卷)	Total Number of Collections (10000 volumes)	496	521
图书销售量 (万册)	Number of Books Sold (10000 volumes)	2903	2513
群众文化事业	**Mass Culture**		
群众艺术馆、文化馆 (间)	Units Responsible for Guiding Mass Art (unit)	13	13
文化站 (个)	Cultural Stations (unit)	169	169
举办展览 (个)	Number of Exhibitions (unit)	1261	967
组织文艺活动 (次)	Art Performances and Story-telling (times)	9568	9098
举办训练班 (次)	Training Courses (times)	13395	13012
文物事业	**Cultural Relics**		
博物馆、纪念馆及美术馆 (个)	Museums and Memorial Halls (unit)	32	32
藏品数 (件)	Number of Cultural Relics Collection (piece)	542814	543623
#一级品	Grade One	1062	1062
举办陈列展览 (个)	Number of Displays and Exhibitions (unit)	286	115
参观人次 (千人次)	Number of Visitors (1000 person-times)	13073	12831
文物商店 (间)	Cultural Relic Stores (unit)	2	2

注：2013年起图书销售量不包括花都区、番禺区、增城区和从化区数据。
Note: Since 2013 number of books sold does not include Huadu, Panyu, Zengcheng and Conghua.

18-18 主要年份卫生事业基本情况

Basic Statistics on Public Health in Main Years

年份 Year	卫生机构数（个） Health Care Institutions (unit)	#医院 Hospitals	卫生技术人员（人） Medical Professionals (person)	#医生 Doctors	卫生机构床位数（张） Hospital Beds (bed)	#医院 Hospitals	每万人口医生数（人） Doctors per 10000 Population (person)	每万人口医院床位数（张） Hospital Beds per 10000 Population (bed)
1978	1589	140	31547	12014	17109	14382	24.88	29.78
1980	1802	141	35792	14566	17673	14747	29.02	29.38
1985	2098	163	42522	18079	23830	19439	33.17	35.67
1986	2319	165	44666	19152	25031	20020	34.48	36.05
1987	2173	174	45818	19557	26599	21544	34.61	38.13
1988	2387	182	46957	20094	27981	22663	34.83	39.28
1989	2409	186	47988	20913	28988	23458	35.72	40.07
1990	2353	190	48276	21015	29930	24395	35.36	41.05
1991	2347	194	48618	21026	31293	25286	34.91	41.99
1992	2323	200	49052	21304	32646	26901	34.80	43.94
1993	2094	210	50097	22153	32399	27339	35.52	43.84
1994	2131	216	50819	22401	33086	27871	35.17	43.75
1995	2238	221	52851	23321	34139	28721	36.06	44.41
1996	1987	222	52450	22384	34338	29728	34.12	45.31
1997	1989	224	53654	22829	35301	30067	34.25	45.11
1998	2013	224	54053	22817	35306	30791	33.85	45.67
1999	1670	250	54480	23068	36431	31284	33.68	45.67
2000	1703	252	55677	23503	38758	33716	33.54	48.12
2001	2257	253	56262	23949	39417	34558	33.61	48.50
2002	2265	196	54652	22169	40430	32736	30.76	45.43
2003	2349	183	57274	23464	42210	34140	32.36	47.08
2004	2443	188	59943	24493	45687	35979	33.20	48.77
2005	2517	211	64182	25852	47888	39359	34.44	52.44
2006	2603	223	69091	27338	50500	42821	35.94	56.29
2007	2543	225	76791	29056	52640	45209	37.57	58.45
2008	2388	218	80687	29953	54973	47128	38.20	60.10
2009	2341	224	89179	32926	59038	50367	41.44	63.39
2010	2387	216	95546	33575	62552	53227	41.65	66.03
2011	3459	207	100832	35638	65940	55429	43.75	68.05
2012	3511	224	106708	37442	70649	62194	45.53	75.63
2013	3729	222	114802	39694	73301	64864	47.69	77.93
2014	3749	224	120915	40715	77011	68685	48.33	81.53
2015	3724	229	126681	42499	82022	73313	49.75	85.83
2016	3806	243	137953	46791	87959	79037	53.75	90.80
2017	4058	243	145045	49747	90222	81747	55.41	91.05
2018	4598	255	156497	54134	95134	86011	36.32	57.71

注：1．从2016年起卫生指标按照新的《2016国家卫生和计划生育统计调查制度》统计。其中，医生为执业(助理)医师数。

2．从2004年起医院不包卫生院及社区卫生服务中心(站)。

3．2017年及以前年份，每万人口医生数和每万人口医院床位数用年末户籍人口计算，从2018年起用年末常住人口计算。

Note: I. Since 2016, the health indicators have been counted according to the new National Health and Family Planning Survey system 2016. Among them, the number of doctors practising (assistant) doctors.

II.The number of hospitals haven't included the township hospitals since 2004.

III. Doctors per 10000 population and hospital beds per 10000 population are caculated by the registered population.

18-19 医疗卫生机构数

Number of Health Institutions

单位：个 (unit)

项　　目	Item	2017	2018
各类医疗卫生机构合计	**Total Number of Health Care Institutions**	**4058**	**4598**
医　院	**Hospitals**	**243**	**255**
综合医院	General Hospitals	135	140
中医医院	TCM Hospitals	28	29
中西医结合医院	Hospitals Which Integrate Traditional Chinese Therapeutics with Western Therapeutics in Practice	7	7
专科医院	Specialized Hospitals	70	74
护理院	Nursing Homes	3	5
基层医疗卫生机构	**Basic Health Care Institutions**	**3602**	**4162**
社区卫生服务中心(站)	Health Service CerYers(Stations) for Community	325	331
社区卫生服务中心	Health Service Centers for Community	153	152
社区卫生服务站	Health Service Stations for Community	172	179
卫生院	Township Hospitals	30	31
村卫生室	Village Health Hospitals	932	928
门诊部	Outpatient Departments	900	1204
诊所、卫生所、医务室	Clinics、Health Stations, Infirmaries	1415	1668
专业公共卫生机构	**Specialized Health Care Institutions**	**180**	**143**
疾病预防控制中心	CDC(Epidemic Prevention Stations)	17	17
专科疾病防治院(所、站)	Specialized Disease Prevention & Treatment Institutions	6	6
健康教育所(站、中心)	Health Education Stations(Centers)	3	3
妇幼保健院(所、站)	Maternity and Child Care Centers	12	12
急救中心(站)	First Aid Centers(Stations)	7	7
采供血机构	Blood Collection Agencies	5	5
卫生监督所(中心)	Health Supervision Stations	14	14
计划生育技术服务机构	Family-planning Technical Service Institutions	116	79
其他卫生机构	**Others**	**33**	**38**
疗养院	Sanitariums	9	7
医学科学研究机构	Research Institutions of Medical Science	5	5
医学在职培训机构	Training Institutions of Medical Science for Incunbent	1	1
临床检验中心(所、站)	Clinical Inspect Centers(stations)	13	14
统计信息中心	Statistical Information Centers	2	2
其　他	Other Medical Institutions	3	9

注：本表数据由广州市卫生健康委员会提供。

Note: The data in this table are provided by Guangzhou Municipal Health Commission.

18-20 医疗卫生机构床位数(2018年)

Number of Beds in Medical and Health Institutions (2018)

单位：张 (unit)

项　目	Item	2017	2018
各类医疗卫生机构床位	**Total Number of Beds in Health Institutions**	**90222**	**95134**
医　院	**Hospitals**	**81747**	**86011**
综合医院	General Hospitals	51361	53516
中医医院	TCM Hospitals	10249	11175
中西医结合医院	Hospitals Which Integrate Traditional Chinese Therapeutics with Therapeutics in Practice	1975	2445
专科医院	Specialized Hospitals	17264	18234
护理院	Nursing Homes	898	641
基层医疗卫生机构	**Community Medical and Health Institutions**	**4825**	**5341**
社区卫生服务中心(站)	Health Service Centers for Community	3115	3257
卫生院	Township Hospitals	1684	2058
门诊部	Outpatient Departments	26	26
专业公共卫生机构	**Specialized Public Health Institutions**	**3252**	**3694**
专科疾病防治院(所、站)	Specialized Disease Prevention & Treatment Institutions	106	106
妇幼保健院(所、站)	Maternity and Child Care Centers	3146	3588
其他卫生机构	**Others**	**398**	**88**
疗养院	Sanitariums	398	88

注：本表数据由广州市卫生健康委员会提供。
Note: The data in this table are provided by Guangzhou Municipal Health Commission.

18-21 医疗卫生机构工作人员(2018年)

Number of Employed Personnel in Medical and Health Institutions (2018)

单位:人 (person)

项　　目	Item	2017	2018
合　计	**Total**	**175714**	**188695**
# 卫生技术人员小计	Medical Technical Personnel	145045	156497
执业(助理)医师	Assistant Certified Doctors	49747	54134
# 执业医师	Certified Doctors	46529	50584
# 全科医生	General Doctors	5036	5251
注册护士	Registered Nurses	65615	71740
药　师(士)	Pharmacists	8536	8804
技　师(士)	Technicians	7639	7658
# 检验师(士)	Testers	5563	5452
其　他	Others	13508	14161
其他技术人员	Other Technical Personnel	5795	5955
管理人员	Managerial Personnel	8610	8878
工勤技能人员	Workers	15541	16672
乡村医生和卫生员	Rural Doctors and Medical Attendants	723	693

注：本表数据由广州市卫生健康委员会提供。

Note: The data in this table are provided by Guangzhou Municipal Health Commission.

18-22 医疗卫生机构基本情况(2018年，按地区分)

Basic Statistics on Medical and Health Institutions(2018, by District)

地　区	District	卫生机构数(个) Number of Health Institutions (unit)	医疗机构数(个) Number of Medical Institutions (unit)	医院 Hospital	实有床位(张) Number of Beds (bed)	医院 Hospital
总　计	**Total**	**4598**	**4463**	**255**	**95134**	**86011**
荔湾区	Liwan	220	218	26	6810	6618
越秀区	Yuexiu	370	352	34	24141	22255
海珠区	Haizhu	307	302	19	10431	9757
天河区	Tianhe	709	681	44	12345	11916
白云区	Baiyun	709	683	46	19937	18475
黄埔区	Huangpu	323	307	21	4078	3726
番禺区	Panyu	372	365	24	6421	5585
花都区	Huadu	481	477	10	3755	2653
南沙区	Nansha	222	220	12	1410	1296
从化区	Conghua	351	339	8	2560	1984
增城区	Zengcheng	534	519	11	3246	1746

18-22 续表 continued

地　区	District	人员数(人) Number of Employed Personnel (person)	卫生技术人员(人) Medical Technical Personnel (person)	执业(助理)医师(人) Assistant Certified Doctors (person)	注册护士(人) Registered Nurses (person)
总　计	**Total**	**188695**	**156497**	**54134**	**71740**
荔湾区	Liwan	12163	10286	3751	4700
越秀区	Yuexiu	50317	42607	13390	19963
海珠区	Haizhu	20055	16721	5619	7824
天河区	Tianhe	29879	24282	8841	11209
白云区	Baiyun	26885	21808	7507	10183
黄埔区	Huangpu	8029	6351	2250	2624
番禺区	Panyu	13920	11730	4466	5100
花都区	Huadu	10264	8681	3172	3808
南沙区	Nansha	3483	2841	1075	1231
从化区	Conghua	5127	4051	1412	1834
增城区	Zengcheng	8573	7139	2651	3264

注：本表数据由广州市卫生健康委员会提供。

Note: The data in this table are provided by Guangzhou Municipal Health Commission.

18-23 民营医疗机构基本情况(2018年，按地区分)

Basic Statistics on Private Medical and Health Institutions(2018, by District)

地区	District	医疗机构数(个) Number of Medical Institutions (unit)	床位数(张) Number of Beds (unit)	人员数(人) Number of Employed Personnel (person)	#卫生技术人员(人) Medical Technical Personnel (person)	#执业(助理)医师(人) Assistant Certified Doctors (person)	#注册护士(人) Registered Nurses (person)
总　计	**Total**	**2688**	**17129**	**39481**	**31673**	**13269**	**14031**
荔湾区	Liwan	148	570	1996	1790	827	745
越秀区	Yuexiu	226	501	4609	3366	1386	1659
海珠区	Haizhu	168	826	2592	2275	1055	960
天河区	Tianhe	568	2667	10298	7670	3227	3461
白云区	Baiyun	467	9013	8644	7009	2718	3394
黄埔区	Huangpu	219	711	2452	1976	773	645
番禺区	Panyu	284	1278	3812	3187	1275	1312
花都区	Huadu	245	747	2282	2048	931	809
南沙区	Nansha	60	75	623	391	180	154
从化区	Conghua	83	404	505	442	207	197
增城区	Zengcheng	220	337	1668	1519	690	695

注：本表数据由广州市卫生健康委员会提供。

Note: The data in this table are provided by Guangzhou Municipal Health Commission.

18-24 医疗资源与服务情况（2018年，按经济类型和设置主办单位分）

Resources and Services on Medical Institutions (2018，By Economic Type and Setting Organizer)

项　目	Item	合　计 Total	公立医疗机构 Public Medical Institutions	#政府办 Operated by Governments	民营医疗机构 Private Medical Institutions
医疗机构数（个）	Number of Units (unit)	4463	1775	569	2688
总诊疗人次（万人次）	Patients Treated (10000 person-times)	15248.99	12961.51	11771.16	2287.48
#门　诊	Outpatient Visits	13845.13	11650.77	10526.13	2194.36
急　诊	Emergency Visits	1141.11	1074.21	1025.92	66.90
观察室留观病例数（万人次）	Number of Persons for Further Observation (10000 person-times)	89.61	87.70	87.14	1.91
健康检查人次（万人次）	Number of Persons for Health Examination (10000 person-times)	1027.18	798.52	712.77	228.66
入院人数（万人次）	Number of Inpatients (10000 person-times)	320.33	299.50	290.77	20.82
出院人数（万人次）	Number of Leaving Hospital(10000 person-times)	320.59	299.80	291.06	20.79
年底实有病床数（张）	Number of Beds at Year-end (unit)	95134	78005	73852	17129
病床使用率（%）	Utilization Rate of Beds (%)	85.70	92.41	92.63	53.10
病床周转次数（次/年）	Turnover Rate of Beds (times/year)	34.8	39.3	40.3	13.2
出院者平均住院日（日）	Average Hospitalization Period (day)	9.8	9.7	9.5	12.4
医师人均每日担负诊疗人次（人）	Average Daily For Per Doctor visited (person)	11.5	13.0	12.9	6.9
医师人均每日担负住院床日（人）	Doctor Responsible For Inpatient Bed Days Per Capita Daily (person)	1.8	1.9	1.8	1.7

注：本表数据由广州市卫生健康委员会提供。

Note: The data in this table are provided by Guangzhou Municipal Health Commission.

18-25 医疗资源与服务情况(2018年，按机构类型分)

Resources and Services on Medical Institutions (2018，By Organization Type)

项目	Item	医院 Hospital	基层医疗卫生机构 Basic Medical and Health Institutions	社区卫生服务中心(站) Community Health Care Centers	卫生院 Health Center	专业公共卫生机构 Professional Medical and Health Institutions	其他卫生机构 Other Health Care Institutions
机构数 (个)	Number of Units (unit)	255	4162	331	31	25	21
总诊疗人次 (万人次)	Patients Treated (10000 person-times)	9225.36	5105.22	2720.65	507.78	903.11	15.30
#门诊	Outpatient Visits	8302.26	4784.84	2544.23	371.17	742.77	15.25
急诊	Emergency Visits	827.51	187.28	76.57	110.71	126.28	0.04
观察室留观病例数 (万人次)	Number of Persons for Further Observation (10000 person-times)	76.88	12.52	4.46	8.06	0.21	
健康检查人次 (万人次)	Number of Persons for Health Examination (10000 person-times)	561.66	309.76	143.47	32.68	92.75	63.01
入院人数 (万人次)	Number of Inpatients (10000person-times)	286.85	14.05	5.85	8.20	19.35	0.08
出院人数 (万人次)	Number of Leaving Hospital (10000 person-times)	286.99	14.15	5.93	8.21	19.38	0.08
年末实有病床数 (张)	Number of Beds at Year-end (unit)	86011	5341	3257	2058	3694	88
平均开放病床数 (张)	Average Number of Beds in Use (unit)	83077	5211	3173	2037	3638	88
病床使用率 (%)	Utilization Rate of Beds (%)	86.36	75.00	75.63	74.03	86.18	72.29
病床周转次数 (次/年)	Turnover Rate of Beds (times/year)	34.5	27.2	18.7	40.3	53.3	8.5
出院者平均住院日 (日)	Average Hospitalization Period (day)	10.1	8.9	12.7	6.2	5.9	31.1

注：本表数据由广州市卫生健康委员会提供。

Note: The data in this table are provided by Guangzhou Municipal Health Commission.

18-26 村卫生室基本情况

Statistics on Rural Health Institutions

项目	Item	2017	2018
机构数 (个)	Number of Institutions (unit)	932	928
执业(助理)医师 (人)	Certified (Assistant) Doctors (person)	514	525
注册护士 (人)	Certified (Assistant) Nurses (person)	276	303
乡村医生和卫生员 (人)	Rural Doctors and Medical Attendants (person)	723	693
乡村医生数	Rural Doctors	679	657
卫生员	Medical Attendants	44	36
总诊疗人次 (万人次)	Patients Treated (10000 person-times)	357.05	318.04

注：本表数据由广州市卫生健康委员会提供。

Note: The data in this table are provided by Guangzhou Municipal Health Commission.

18-27 卫生事业其他指标

Other Indicators of Health Care

项　　目	Item	2017	2018
人均卫生资源	**Per Capita Health Resources**		
每万人口卫生机构床位数 (张)	Number of Hospital Beds per 10000 Population (unit)	62.23	63.83
每万人口卫生技术人员数 (人)	Number of Medical Technical Personnel per 10000 Population (person)	100.04	105.00
每万人口执业(助理)医师数 (人)	Number of Certified (Assistant) Doctors per 10000 Population (person)	34.31	36.32
每万人口注册护士数 (人)	Number of Registered Nurses per 10000 Population (person)	45.26	48.13
防病工作	**Disease Prevention**		
甲、乙类传染病发病率 (1/10万)	Incidence Disease Rate of type A&B Infectious Disease (per 100000 persons)	356.49	320.81
甲、乙类传染病死亡率 (1/10万)	Death Rate of type A&B Infectious Diseases (per 100000 persons)	0.97	1.01
儿童计划免疫接种率 (%)	Planned Vaccination Rate of Children (%)		
卡介苗基础免疫 (%)	BCG Basic Vaccination Rate	99.86	99.86
脊髓灰质炎基础免疫 (%)	Poliovirus Basic Vaccination Rate	99.76	99.84
百白破基础免疫 (%)	Pertussis, Diphtheria & Tetanus Basic Vaccination Rate	99.80	99.88
麻疹基础免疫 (%)	Measles Virus Basic Vaccination Rate	99.77	99.84
乙肝基础免疫 (%)	Hepatitis B Basic Vaccination Rate	99.79	99.84
乙脑基础免疫 (%)	Encephalitis B Basic Vaccination Rate	99.72	99.85
妇幼工作	**Women and Children**		
孕产妇保健系统管理率 (%)	Management Rate of Maternity Health Care System (%)	95.93	96.12
产前检查率 (%)	Medical Examination Rate before Birth (%)	98.30	98.23
住院分娩率 (%)	Hospital Childbirth Rate (%)	99.95	99.93
3岁以下儿童系统管理率 (%)	Management Rate of Children System at 3 Years Old and below (%)	94.61	93.65
7岁以下儿童健康管理率 (%)	Management Rate of Children Health Care at 7 Years Old and below (%)	99.06	98.46
新生儿遗传代谢性疾病筛查率 (%)	Screening Rate of Neonatal Genetic and Metabolic Disease (%)	99.55	99.64
新生儿听力筛查率 (%)	Neonatal Hearing Screening Rate (%)	99.02	99.00
住院分娩出生缺陷发生率 (1/万)	Birth Defect Rate at Hospital Childbirth (1/10000)	182.60	210.06
出生低体重儿发生率 (%)	Incidence Rate of Low Weight Infants at Birth (%)	5.43	5.98
5岁以下儿童中重度营养不良发生率 (%)	Incidence Rate from Medium and Serious Malnutrition of Children at 5 Years Old and below (%)	1.31	1.31
围产儿死亡率 (‰)	Death Rate of Perinatal Children (%)	3.59	3.40
孕产妇死亡率 (1/10万)	Death Rate of Pregnant and Lying-in Women (per 100000 persons)	7.22	3.67
婴儿死亡率 (‰)	Death Rate of Infant (‰)	2.49	2.50
5岁以下儿童死亡率 (‰)	Death Rate of Children at 5 Years Old and below (‰)	3.06	3.41
生命指标	**Life Indicators**		
平均期望寿命 (岁)	Life Expectancy (year)	81.96	82.28
男　性	Male	79.14	79.47
女　性	Female	84.93	85.22

注：1.本表数据由广州市卫生健康委员会提供。
2.本表人均卫生资源用年末常住人口计算；
3.甲、乙类传染病发病率、死亡率用年平均常住人口计算。
4.平均期望寿命以死因统计年报计算。

Note: I. The data in this table are provided by Guangzhou Municipal Health Commission.
II. Per capita health resources is calculated by annual resident population.
III. The incidence disease rate and death rate of type A and B infections diseases are calculated by annual resident population.
Ⅳ. Life expectancy is calculated according to the statistical yearbook of death.

18-28 律师、公证、基层司法基本情况

Basic Statistics on Lawyers, Notarization and Grassroots Judicial Work

项　　目		Item		2017	2018
律师工作		**Lawyers**			
律师事务所	（个）	Number of Law Offices	(unit)	676	745
执业律师	（人）	Number of Certified Lawyers	(person)	12323	14069
担任常年法律顾问	（家）	Number of Units with Permanent Legal Advisors	(unit)	18314	22181
民事诉讼代理	（件）	Civil Case Litigation Agency	(case)	80211	98057
行政诉讼代理	（件）	Administrative Action Case Litigation Agency	(case)	2697	3897
非诉讼法律事务	（件）	off-court Case	(case)	31111	44353
刑事辩护及代理	（件）	Criminal Case Litigation Agency	(case)	9285	21961
公证工作		**Notarization**			
公证处	（个）	Number of Notary Offices	(unit)	10	11
公证人员	（人）	Number of Notary Personnel	(person)	410	492
办结公证总数	（件）	Number of Notary Documents	(case)	464407	434865
# 国内民事公证		Domestic Civil Notary		278460	262689
国内经济公证		Domestic Economic Notarization		98662	86974
涉外民事公证		Foreign-related Civil notary		86198	83976
涉外经济公证		Foreign-related Economic Notarization		1087	1226
基层司法工作		**Grassroots Judicial Work**			
司法所	（个）	Number of Law Services	(unit)	171	171
司法所人员	（人）	Number of Law Service Personnel	(person)	828	897
司法所兼职人员	（人）	Number of Units with Legal Advisors	(person)		13
司法助理员	（人）	Agent of Civil Cases	(person)		
人民调解委员会	（个）	Number of People's Mediation Committees at Year-end	(unit)	3327	3262
调解人员	（人）	Number of Mediators at Year-end	(person)	15235	15283
调解纠纷总数	（件）	Number of Disputes Mediated	(case)	73958	64332

注：本表数据由广州市司法局提供。

Note:The data in this table are provided by Guangzhou Municipal Bureau of Justice.

18-29 社会治安主要指标

Main Indicators of Public Security

项　目		Item		2017	2018
刑事案件		**Criminal Cases**			
立当年案数	(件)	Number of Cases Registered	(case)	128815	111857
破当年案数	(件)	Number of Cases Cracked in Current Year	(case)	29408	31924
破案率	(%)	Percentage of Cases Cracked to Total Criminal Cases in Current Year	(%)	22.8	28.5
治安案件		**Offense Cases against Public Order**			
受理数	(件)	Number of Cases Accepted to be Treated	(case)	165474	152002
查处数	(件)	Number of Cases Investigated and Treated	(case)	161946	142750
城市交通事故		**City Traffic Accidents**			
交通事故	(件)	Number of Traffic Accidents	(case)	2336	2594
死伤人数	(人)	Number of Deaths and Injuries	(person)	3058	3246
# 死亡人数		Number of Deaths		775	738
损失折款	(万元)	Losses Converted into Cash	(10000 yuan)	969	883
火　灾		**Fires**			
火灾起数	(起)	Number of Fires	(case)	2543	2181
死伤人数	(人)	Number of Deaths and Injuries	(person)	21	26
# 死亡人数		Number of Deaths		12	13
损失折款	(万元)	Losses Converted into Cash	(10000 yuan)	3119	2518

注：本表数据由广州市公安局。

Note: The data in this table are provided by Guangzhou Municipal Public Security Bureau.

18-30 结婚和离婚对数

Couples of Marriage and Divorce

单位：对　　(couple)

地　区	District	2017 登记结婚对数 Number of Marriage Registration	2017 离婚对数 Number of Divorces	2018 登记结婚对数 Number of Marriage Registration	2018 离婚对数 Number of Divorces
全　市	**Total**	**85818**	**25998**	**77818**	**23275**
荔湾区	Liwan	5968	1764	4786	1466
越秀区	Yuexiu	10341	4040	9075	3433
海珠区	Haizhu	8319	3062	7056	2556
天河区	Tianhe	11596	2930	10209	2609
白云区	Baiyun	8606	2372	9372	2518
黄埔区	Huangpu	5498	1458	5413	1274
番禺区	Panyu	8740	2389	8449	2143
花都区	Huadu	7068	2339	6642	1958
南沙区	Nansha	3775	969	3820	1193
从化区	Conghua	5727	2091	5016	1828
增城区	Zengcheng	9392	2340	7980	2297
广州市本级	City Level	788	244		

注：1.法院判决解除和调解解除2018年3097对、2017年3221对。
2.从2018年起，涉外婚姻登记办理权限下放到各区。
3.本表数据由广州市民政局提供。

Note: I. Number of divorces by the court is about 3097 in 2018,and 3221 in 2017.
II. The authority for registration of foreign-related marriages has been delegated to all districts since 2018.
III. The data in this table are provided by Guangzhou Municipal Civil Affairs Bureau.

18-31 社会保险情况

Conditions of Social Insurance

单位：人 (person)

项 目	Item	2017 年末参保人数 Persons Participating in Insurance at Year-end	2017 全年享受人数 Persons Enjoying Insurance
基本养老保险	Basic Pension Insurance	13430202	1518948
城镇职工基本养老保险	Basic Pension Insurance for Employed Persons in Urban Units	11964499	954887
城乡居民养老保险	Pension Insurance for Urban and Rural Resident	1255678	425270
农转居养老保险	Pension Insurance for Resident transferred from Farmers	210025	138791
社会医疗保险	Social Medical Care Insurance	11616804	5636731
职工社会医疗保险	Employee Social Medical Care Insurance	6842761	3696398
城乡居民社会医疗保险	Social Medical Care Insurance for Urban and Rural Residents	4774043	1940333
失业保险	Unemployment Insurance	5407969	134717
工伤保险	Work Injury Insurance	5793067	15146
生育保险	Maternity Insurance	5189222	316770

18-31 续表 continued

单位：人 (person)

项 目	Item	2018 年末参保人数 Persons Participating in Insurance at Year-end	2018 全年享受人数 Persons Enjoying Insurance
基本养老保险	Basic Pension Insurance	9283720	1666296
城镇职工基本养老保险	Basic Pension Insurance for Employed Persons in Urban Units	7835244	1092749
城乡居民养老保险	Pension Insurance for Urban and Rural Resident	1242198	432329
农转居养老保险	Pension Insurance for Resident transferred from Farmers	206278	141218
社会医疗保险	Social Medical Care Insurance	12476988	6177348
职工社会医疗保险	Employee Social Medical Care Insurance	7519504	4080869
城乡居民社会医疗保险	Social Medical Care Insurance for Urban and Rural Residents	4957484	2096479
失业保险	Unemployment Insurance	6087077	126681
工伤保险	Work Injury Insurance	6398682	15599
生育保险	Maternity Insurance	5852979	318328

注：1.2018年，养老保险、失业保险、工伤保险和生育保险数据由广州市人力资源和社会保障局提供，医疗保险数据由广州市医疗保障局提供。
2.从2018年起，城镇职工基本养老保险含机关事业单位养老保险，且其中的暂停缴费人数统计口径有调整，数据与2017年不可比。
3.职工医保享受人数仅统计享受医疗待遇人数，未包含医保个人账户注资人数。

Note: I. The data on old-age insurance, unemployment insurance, industrial injury insurance and maternity insurance are provided by Guangzhou Municipal Human Resources and Social Security Bureau, the data on medical insurance are provided by Guangzhou Municipal Medical Insurance Bureau, in 2018.
II. The basic old-age insurance for urban employees includes the old-age insurance for government and public institutions, and the statistical caliber of suspended contributions has been adjusted, since 2018. The data are incomparable with that of 2017.
III. Number of medical care insurance for employed persons only calculates the number of persons enjoyed medical treatment, excluding the number of personal capital account for medical insurance.

18-32 优抚和社会救助、福利事业情况

Statistics on Special Care, Social Relief and Social Welfare

项　　目	Item	2017	2018
优抚事业	**Special Care and Preferential Treatment**		
抚恤、补助优抚对象总人数(人)	Number of Persons Enjoying Regular Pensions and Allowances (person)	25370	30229
抚恤事业财政性支出 (万元)	Expenses on Special Care and Preferential Treatment (10000 yuan)	55683	48518
社会救助	**Social Relief**		
城市居民最低生活保障人数(人)	Number of Persons Enjoying Mininum living Security In Urbar Areas (Person)	21723	21590
城市居民最低生活保障户数(户)	Number of Households Enjoying Mininum living Security In Urbar Areas (Household)	14359	14392
农村居民最低生活保障人数(人)	Number of Persons Enjoying Mininum living Security In Rural Areas (Person)	26193	26935
农村居民最低生活保障户数(户)	Number of Households Enjoying Mininum living Security In Rural Areas (Household)	11734	11953
农村特困人员救助供养人数(人)	The Number of Relief Personnel in Rural Areas (Person)	4414	4319
资助参加医疗救助保险 (人)	Number of Persons Funded to Participate in Medical Care Insurance (Person)	186867	171911
直接实施医疗救助人次数(人次)	Number of Persons Direct Implementation of Medical Assistance(Person-times)	678583	683847
# 住院救助人次数 (人次)	Number of Persons Enjoying Medical Assistance Intpatient Services (Person-times)	178664	158562
# 门诊救助人次数 (人次)	Number of Persons Enjoying Medical Assistance Outpatient Services (Person-times)	499919	525285
生活无着人员救助人次数(人次)	Number of Poor Persons Enjoying Relief (Person-times)	40351	16853
# 未成年人救济人次数 (人次)	Number of Child Enjoying Relief (Person-times)	944	461
社会救助事业财政性支出(万元)	Expenses on Social Relief (10000 yuan)	127377	76712
自然灾害生活救助财政性支出 (万元)	Financial Relief Funds for Disasters (10000 yuan)	560	7243
社会福利	**Social Welfare**		
社会福利收养性单位数 (个)	Number of Social Welfare Adoption Units (unit)	150	173
社会福利收养性单位床位数(张)	Number of Beds in Social Welfare Adoption Units (unit)	54949	52490
年末社会福利收养性单位在院人数 (人)	Number of Persons in Social Welfare Adoption Units at Year-end (Person)	33255	28881
社会福利事业财政性支出(万元)	Expenses on Social Welfare (10000 yuan)	225041	221245
城乡社区服务	**Grassroots Social Security in Urban and Rural Areas**		
社区服务设施数 (个)	Number of Community Service Facilities in Urban Areas (unit)	2924	3329
# 社区服务中心(站) (个)	Centers of Community Service	2095	2212

注：1.2018年，优抚事业数据由广州市退役军人事务局提供，医疗救助数据由广州市医疗救助服务中心提供，其余数据由广州市民政局提供。

2.从2018年起，社会福利收养性单位相关数据不含优抚及转隶单位数据，2017年数据按同口径调整。

Note: I. The data on preferential care are provided by Guangzhou Bureau of Veterans Affairs, medical assistance data are provided by Guangzhou Medical Assistance Service Center. Other data are provided by Guangzhou Civil Affairs Bureau, in 2018.

II.Since 2018,the relevant data of social welfare adoptive units do not include the data of preferential care and subordinate units,and the data of 2017 are adjusted according to the same caliber.

18-33　社会组织机构情况
Social Organization Structure

单位：个　(unit)

项　　目	Item	2017	2018
社会组织机构数	**Number of social organizations**	**7592**	**7861**
# 社会团体	Social Group	3015	3261
民办非企业	Private non-enterprise Organization	4535	4536
基金会	Foundation	42	64
社会组织机构按行业分类	**Classified by Industry**		
1. 科学研究	Scientific Research	444	294
2. 生态环境	Ecological Environment	50	47
3. 教育	Education	2877	2872
4. 卫生	Hygienism	221	253
5. 社会服务	Social Service	999	1110
6. 文化	Culture	541	609
7. 体育	Physical Education	603	654
8. 法律	Law	12	34
9. 工商业服务	Industrial and Commercial Services	712	782
10. 宗教	Religion	16	16
11. 农村及农村发展	Rural and Rural Development	100	99
12. 职业及从业者组织	Organizations of Occupations and Practitioners	186	195
13. 国际及涉外组织	International and Foreign Organizations		
14. 其他	Others	831	896

注：本表数据由广州市民政局提供。
Note: The data in this table are provided by Guangzhou Municipal Civil Affairs Bureau.

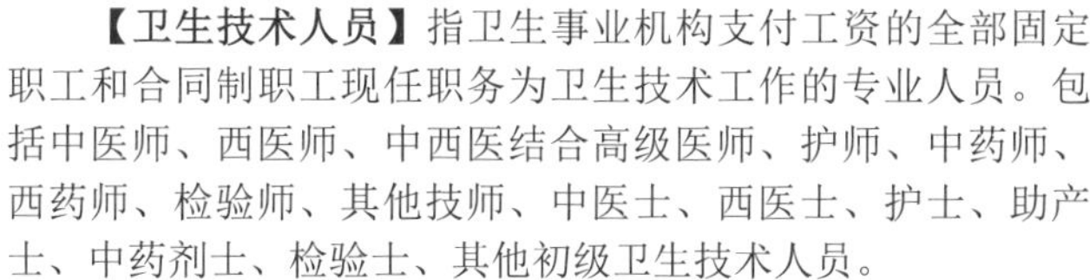

【卫生技术人员】指卫生事业机构支付工资的全部固定职工和合同制职工现任职务为卫生技术工作的专业人员。包括中医师、西医师、中西医结合高级医师、护师、中药师、西药师、检验师、其他技师、中医士、西医士、护士、助产士、中药剂士、检验士、其他初级卫生技术人员。

【医生】指经卫生部门审查合格，具有执业资格的医疗专业人员。

【社会福利收养性单位在院人数】包括民政部门管理的和城镇及农村集体举办的社会福利事业单位中收养的老人、少年儿童、缺乏生活自理能力的残疾人员和精神病人。

【律师】指依法取得律师执业证书，为社会提供法律服务的执业人员。

【公证员】指符合《公证法》规定的条件，在公证机构从事公证业务的执业人员。

【办理公证文书】指公证处在一定时期内办结的公证文书件数。公证文书是按司法部规定或批准的格式制作。包括国内公证和涉外公证两部分。其中国内公证分为经济合同公证和民事法律关系公证两大类。

【调解人员】是经群众选举或者接受聘任，在人民调解委员会领导下，从事调解工作的人员。

【调解民间纠纷】指调解委员会依照法律规定，根据自愿原则，用说服教育的方法调解社会上发生的有关民事权利和义务的争执，促成相关当事双方达到协议和谅解，解决纠纷。包括婚姻家庭纠纷，财产权益纠纷等，不包括法院受理调解的民事案件数。

【Medical Technical Personnel】 refer to all permanent medical staff and workers employed by medical institutions, including doctors of Chinese and Western medicine, senior doctors who integrate traditional Chinese therapeutics with Western therapeutics in practice, senior nurses, pharmacists of Chinese and Western medicine, laboratory specialists, other specialists, paramedics of Chinese and Western medicine, nurses, midwives, druggists in Chinese and Western medicine, laboratory technicians, other technicians, other practitioners of Chinese medicine, nursing attendants, pharmacological workers of Chinese and Western medicine, laboratory workers, and other primary medical technical personnel.

【Doctors】 refer to qualified professional medical workers approved to practice by public health departments.

【Number of People Taken in by adoption units of Social Welfare Institutions】 refers to the number of old people, children, totally dependent handicapped people and mental patients taken in by social welfare institutions run by civil affairs departments and those run by collective units in urban and rural areas.

【Lawyers】 are certified legal workers according to law, and provide legal service to the public.

【Notary Personnel】 refer to judicial workers of the state notary offices handling notarization work according to law.

【Notarized Documents】 refer to the documents settled by notary offices in a year. The nutria documents are drawn up in accordance with the regulations of the Ministry of Justice, including domestic documents and foreign-related documents. Domestic documents are divided into two major categories: documents on economic contracts and documents on civil legal relations.

【Mediators】 refer to workers who are selected or employed by the masses under the lead of people's mediation committees responsible for mediating in civil disputes and cases of slight infraction of the law.

【Mediation of Civil Disputes】 refers to mediation committees' work in mediating in civil disputes concerning civil rights and duties through persuasion and education in accordance with the provisions of law on a voluntary basis, so as to solve disputes by helping the parties involved come to an agreement and understanding. These disputes include divorce cases and disputes over property ownership, but exclude the civil cases to be handled by the court.

附录 APPENDIX

附 1 全国国民经济主要指标

Appendix Ⅰ. Main Indicators of National Economy of China

项　　目		Item		2017	2018
年末总人口	(万人)	Year-end Population	(10000 persons)	139008	139538
国内生产总值	(亿元)	Gross Domestic Product	(100 million yuan)	827122	900309
# 第一产业		Added Value of Agriculture		65468	64734
工业增加值		Added Value of Industry		279997	305160
全社会固定资产投资额	(亿元)	Total Investment in Fixed Assets	(100 million yuan)	641238	645675
社会消费品零售总额	(亿元)	Total Retail Sales of Consumer Goods	(100 million yuan)	366262	380987
货物周转量	(亿吨公里)	Total Freight To-kilometers	(100 million ton-km)	196130	205452
旅客周转量	(亿人公里)	Total Passener-kilometers	(100 million passenger-km)	32813	34213
邮政业务总量	(亿元)	Business Volume of Postal Services	(100 million yuan)	9764	12345
电信业务总量	(亿元)	Business Volume of Telecommunication Services	(100 million yuan)	27557	65556
货物进出口总额	(亿元)	Total Imports & Exports through Customs	(100 million yuan)	277923	305050
进口总额	(亿元)	Total Imports through Customs	(100 million yuan)	153321	140874
出口总额	(亿元)	Total Exports through Customs	(100 million yuan)	124602	164177
实际使用外商直接投资	(亿美元)	Amount of Capital Actually Used in Foreign Direct Investment	(USD 100 million)	1310	1350
一般公共预算收入	(亿元)	General Budgetary Expenditure	(100 million yuan)	172567	183352
居民消费价格总指数	(上年=100)	General Consumer Price Index	(preceding year=100)	101.6	102.1
城镇非私营单位职工平均工资	(元)	Average Wage of Fully Employed Staff and Workers in Urban Units	(yuan)	74318	82461
城镇居民年人均可支配收入	(元)	Per Capita Annual Disposable Income of Urban Residents	(yuan)	36396	39251
农村居民年人均可支配收入	(元)	Per Capita Annual Disposable Income of Rural Residents	(yuan)	13432	14617
在校学生数		Number of Enrolled Students by Level of School			
# 普通本专科学校	(万人)	Undergraduate in Regular HEIS	(10000 persons)	2753.6	2831.0
普通高中学校	(万人)	Regular Senior Secondary Schools	(10000 persons)	2374.5	2375.4
普通小学	(万人)	Primary Schools	(10000 persons)	10093.7	10339.3
医疗卫生机构床位数	(万张)	Hospital Beds	(10000 units)	785	845
卫生技术人员	(万人)	Medical Technical Personnel	(10000 persons)	891	950
# 执业医师和执业助理医师		Doctors and Assistant Medical Practitioners		335	358

注：1. 2018年为初步统计数据。

2. 规模以上港口的统计范围为年通过能力在100万吨以上的沿海港口和200万吨以上的内河港口，以及从事外贸、集装箱装卸的港口具体范围由交通运输部划定。

Note: I. The figures of 2018 are preliminary ststistics.

II. Data on production capacity and handing capacity include the seaports handing cargo more than 1 million tons. Inland river ports with turnover over 2 million tons and ports with operation in foreign trade and containing shipping. The specific scope are decided by the Administration of Transportation.

附 2　广东省国民经济主要指标

Appendix Ⅱ. Main Indicators of National Economy of Guangdong Province

项　　目		Item		2017	2018
年末常住人口	（万人）	Year-end Population	(10000 persons)	11169	11346
年末就业人员人数	（万人）	Year-end Employed Persons	(10000 persons)	6340.79	6508.65
地区生产总值	（亿元）	Gross Domestic Products	(100 million yuan)	89705.23	97277.77
人均地区生产总值	（元）	Per Capita GDP	(yuan)	80932	86412
固定资产投资额	（亿元）	Total Investment in Fixed Assets	(100 million yuan)	37477.96	
社会消费品零售总额	（亿元）	Total Retail Sales of Consumer Goods	(100 million yuan)	38200.07	39501.12
货物周转量	（亿吨公里）	Total Freight To-kilometers	(10 million ton-km)	28192.2	28644.77
旅客周转量	（亿人公里）	Total Passener-kilometers	(100 million passenger-km)	4140.29	4501.97
港口货物吞吐量	（万吨）	Volume of Freight Handled at Ports	(10000 tons)	198015	211037
邮电业务总量	（亿元）	Business Volume of Postal and Telecommunication Services	(100 million yuan)	6107.19	11010.28
进口总值	（亿元）	Total Imports	(100 million)	25976.00	28901.67
出口总值	（亿元）	Total Exports	(100 million)	42192.86	42744.06
实际利用外商直接投资	（亿美元）	Amount of Direct Foreign Capital Actually Used	(USD 100 million)	229.07	
地方一般公共预算收入	（亿元）	General Public Budgetary Revenue of Local Government	(100 million yuan)	11320.35	12105.26
地方一般公共预算支出	（亿元）	General Public Budgetary Expenditure of Local Government	(100 million yuan)	15037.48	15729.26
居民消费价格指数	（上年=100）	General Consumer Price Index	(preceding year=100)	101.5	102.2
工业生产者出厂价格指数	（上年=100）	Producer Price Index for Manufactured Goods	(preceding year=100)	103.3	101.8
工业生产者购进价格指数	（上年=100）	Producer Price Index for Purchased Goods	(preceding year=100)	105.3	102.5
城镇非私营单位就业人员年平均工资	（元）	Average Wage of Fully Employed Staff and Workers in Urban Units	(yuan)	79183	88636
城镇常住居民人均可支配收入	（元）	Per Capita Disposable Income of Urban Residents	(yuan)	40975	44341
农村常住居民人均可支配收入	（元）	Per Capita Disposable Income of Rural Residents	(yuan)	15780	17168
在校学生数	（万人）	Number of Enrolled Students by Level of School	(10000 persons)		
普通高等学校		Institutions of Higher Education		192.58	196.32
中等职业教育学校		Secondary Vocational Schools		99.39	86.73
普通中学		Regular Secondary Schools		545.37	556.18
小　学		Primary Schools		941.96	988.37
医院及卫生院床位	（万张）	Hospital Beds	(10000 units)	49.21	51.70
卫生技术人员	（万人）	Medical Technical Personnel	(10000 persons)	70.99	75.87
# 医　生		Doctors		25.89	27.78

附 3　中国香港特别行政区主要统计指标

Appendix Ⅲ. Main Indicators of Hong Kong Special Administrative Region

项　　目		Item		2017	2018
人口及生命统计		**Population and Vital Events**			
总人口(年中数)	(万人)	Mid-year Population	(10000 persons)	739.2	745.1
男　性		Male		339.3	341.0
女　性		Female		399.9	404.1
粗出生率	(‰)	Crude Birth Rate	(‰)	7.7	7.2
粗死亡率	(‰)	Crude Death Rate	(‰)	6.3	6.3
劳动、就业		**Labor and Employment**			
劳动人口	(万人)	Labor Force	(10000 persons)	394.7	397.9
劳动人口参与率	(%)	Labor Force Participation Rate	(%)	61.1	61.2
失业率	(%)	Unemployment Rate	(%)	3.1	2.8
就业不足率	(%)	Underemployment Rate	(%)	1.2	1.1
本地生产总值		**Gross Domestic Product**	**(GDP)**		
本地生产总值(按2016年环比物量计算)	(亿港元)	GDP	(in chained 2016 dollars, HKD 100 million)	25862	26644
人均本地生产总值(按2016年环比物量计算)	(港元)	Per Capita GDP	(in chained 2016 dollars, HKD)	349881	357584
本地生产总值(按当年价格计算)	(亿港元)	GDP	(at current prices, HKD 1000 million)	26625	28453
人均本地生产总值(按当年价格计算)	(港元)	Per Capita GDP	(at current prices, HKD)	360206	381870
本地居民总收入(按当年价格计算)	**(亿港元)**	**Gross National Income (at current prices) (GNI)**			
本地居民总收入	(亿港元)	GNI	(HKD 100 million)	27781	29869
人均本地居民总收入	(港元)	GNI per capita	(HKD)	375838	400878
工业生产		**Industrial Production**			
工业生产指数⑥	(2008年=100)	Index of Industrial Production	(2008 = 100)	93.1	94.3
工业电力消费量	(万亿焦耳)	Industrial Electricity Consumption	(Terajoule)	11196	11081
工业煤气消费量	(万亿焦耳)	Industrial Gas Consumption	(Terajoule)	1569	1717
对外商品贸易		**External Merchandise Trade**			
进口	(亿港元)	Imports	(CIF, HKD 100 million)	43570	47214
香港产品出口	(亿港元)	Domestic Exports	(HKD 100 million)	435	463
转口	(亿港元)	Re-exports	(HKD 100 million)	38324	41118

附 3 续表 continued

项　　目		Item		2017	2018
对外服务贸易		**Trade in Service**			
服务输出	（亿港元）	Exports of Service	(HKD 100 million)	8129.37	8922.59
服务进口	（亿港元）	Inports of Service	(HKD 100 million)	6055.06	6359.23
房屋及物业		**Housing and Property**			
已登记物业买卖合约涉及的价值		Value of registered Agreements for Sale			
住宅	（亿港元）	Residential	(HKD 100 million)	5563	5593
非住宅	（亿港元）	Non-Residential	(HKD 100 million)	1701	1821
总计⑦	（亿港元）	Total	(HKD 100 million)	7264	7414
楼宇售价指数	（1999年=100）	Property price index	(Year 1999=100)		
私人住宅单位		Private Residence		333.9	377.4
私人写字楼（甲级、乙级及丙级）		Private Office Building	(Grade A, B & C)	487.1	555.2
运输、通讯及旅游		**Transport , Communications and Tourism**			
进出香港货物总量	（万吨）	Inward and Outward Movements of Cargo	(10000 tons)		
总卸下		Total Discharged		19108	17581
总装上		Total Loaded		11772	10958
集装箱吞吐量	（万标准集装箱）	Container Throughput	(10000 TEUs)	2077	1960
电话服务	（万条操作线路）	Telephone Services	(10000 working lines)	415	411
访港旅客	（万人次）	Visitors Arrivals	(10000 person-times)	5847	6515
酒店入住率	（%）	Hotel Room Occupancy Rate	(%)	89	91
政府收支	**（亿港元）**	**Public Accounts**	**(HKD 100 million)**		
政府收入		Total Government Revenue		6198	5964
政府支出		Total Government Expenditure		4709	5378
消费价格指数	**（按年变动率）**	**Consumer Price Indices (Oct.2014 - Sept.2015 = 100)**			
综合消费价格指数		Composite Consumer Price Index		104.5	107.0
教育程度	**（万人）**	**Education**	**(Student enrolment by level of education) (10000 persons)**		
幼儿园学生人数		Kindergarten		18.30	17.62
小学学生人数		Primary		36.57	37.63
中学学生人数		Secondary		34.91	34.46
专上教育学生人数		Post-secondary		32.36	32.41

附 4 中国澳门特别行政区主要统计指标

Appendix Ⅳ. Main Indicators of Macao Special Administrative Region

项　　目		Item		2017	2018
人口及生命统计		**Population and Vital Events**			
年中人口估计	（万人）	Mid-year Estimates of Population	(10000 persons)	64.8	65.9
出生率	（‰）	Crude Birth Rate	(‰)	10.1	9.0
死亡率	（‰）	Crude Death Rate	(‰)	3.3	3.1
劳动、就业		**Labour**			
劳动人口	（万人）	Labour Force	(10000 persons)	38.7	39.2
劳动力参与率	（%）	Labour Force Participation Rate	(%)	70.8	70.9
失业率	（%）	Unemployment Rate	(%)	2.0	1.8
就业不足率	（%）	Underemployment Rate	(%)	0.4	0.5
本地生产总值		**Gross Domestic Product**			
按2016年不变价格计算		At Constant Prices	(2016)		
本地生产总值	（亿澳门元）	GDP	(100 million MOP)	3975.2	4162.4
人均本地生产总值	（万澳门元）	GDP per Capita	(100 million MOP)	61.3	63.0
按当年价格计算		At Current Prices			
本地生产总值	（亿澳门元）	GDP	(100 million MOP)	4057.9	4403.2
人均本地生产总值	（万澳门元）	GDP per Capita	(10000 MOP)	62.5	66.7
对外商品贸易		**External Merchandise Trade**			
出口总值	（亿澳门元）	Exports	(100 million MOP)	112.8	121.9
进口总值	（亿澳门元）	Imports	(100 million MOP)	758.5	901.0
运输、旅游		**Transport &Tourism**			
进出澳门货运车数目	（万次）	Lorries Entering and Departing Macao	(10000 times)	34.5	34.8
访澳旅客	（万人次）	Visitors Arrival	(10000 person-times)	3261.1	3580.4
酒店入住率	（%）	Hotel Room Occupancy Rate	(%)	87	91
财政收支		**Government Accounts**			
公共财政总收入	（亿澳门元）	Total Government Revenue	(100 million MOP)	1263.7	1342.0
公共财政总支出	（亿澳门元）	Total Government Expenditure	(100 million MOP)	813.0	803.3
消费价格指数		**Consumer Price Index**			
综合消费价格指数(2013年10月至2014年9月=100)		Composite Consumer Price Index (Oct.2013 - Sept.2014 = 100)		109.56	112.85
教　育		**Education**			
小学生	（人）	Primary Education	(person)	30169	32530
中学生	（人）	Secondary Education	(person)	26608	26022
高等教育学生	（人）	Higher Education	(person)	33098	34279

注：2018年数据在日后得到更多资料时会作出修订。

Notes: Figures of 2018 are subject to revision as more data become available.